U0113773

马占山将军传

马志伟 著

中国文史出版社

图书在版编目（CIP）数据

马占山将军传 / 马志伟著. -- 北京：中国文史出
版社, 2022.1

ISBN 978-7-5205-2880-1

Ⅰ.①马… Ⅱ.①马… Ⅲ.①马占山（1885-1950）
—传记 Ⅳ.①K825.2

中国版本图书馆CIP数据核字(2021)第028348号

责任编辑：刘　夏
装帧设计：欧阳春晓

出版发行：中国文史出版社
网　　址：www.wenshipress.com
社　　址：北京市海淀区西八里庄路69号　　邮编：100036
电　　话：010-81136606　81136602　81136603（发行部）
传　　真：010-81136655
印　　装：北京温林源印刷有限公司
经　　销：全国新华书店
开　　本：1/16
印　　张：27.25　　字　数：338千字
版　　次：2021年8月北京第1版
印　　次：2021年8月第1次印刷
定　　价：78.00元

题《马占山将军传》

爱国一生

何鲁丽

序

马占山将军，是一位叱咤风云的抗日民族英雄。

1931年，日本帝国主义发动"九一八"事变，由于国民党政府奉行不抵抗政策，日军得以长驱直入，一周之内，辽、吉沦丧，进逼黑龙江，中华民族处于危亡关头。

同年10月，出任黑龙江省代主席的马占山将军亲赴前线，以仅有的万余守军，迎头痛击了骄横一时的日本关东军。

江桥抗战，打响了中国人民抗击日本帝国主义侵略的第一枪，极大地鼓舞了全国人民同仇敌忾、奋起抗日的斗志，表明了中国人民驱除外敌的伟大民族精神。当年，江桥抗战震惊中外，马占山成了家喻户晓的人物。

我为马占山将军及爱国壮士的为国献身精神感奋不已，难以忘怀。

马占山将军的一生，是坎坷跌宕的一生，是追求进步的一生，是爱国的一生。他二次抗战失败后，退入苏联，取道欧洲回国，几次请缨再战；西安事变期间，他赞同中共主张，在张、杨提出的"八项主张"通电上率先签字；全国抗战爆发，他受任东北挺进军司令，奔赴西北疆场，扼守黄河之滨，与日本侵略军苦战八年，保卫了西北大后方，也保卫了延安。

在这期间，马占山将军曾到延安养伤，受到毛泽东主席和边区人民的隆重欢迎和盛情接待。毛泽东高度评价："……马占山将军年逾半百，仍在抗战的最前线与敌周旋，这种精神值得全国敬佩。"

抗战胜利后，国民党政府委任马占山为东北保安副司令，他称病久不赴任，后为和平解放北平作出了重要贡献。

马占山将军的晚年，得以目睹中国共产党领导的新中国，蒸蒸日上，一派兴旺发达的景象，他感佩万分，兴奋不已。

戎马一生的马占山将军，可谓有了一个圆满的晚节。

他在最后的日子里，还时刻怀念着海峡彼岸的亲朋旧部，不止一次地表达他企盼台湾早日回归祖国怀抱的殷殷期待，这让我们更加敬仰将军的高风亮节。

马占山将军的后人马志伟先生为其祖父收集了大量史料和将军诸多鲜为人知的生动事迹，精写成传，已经不是家史、家事，而是时代的需求和人民的希望。

今天，我们应以史为鉴，面向未来，应该牢记这段历史，大力弘扬爱国主义精神，将爱国之情、报国之志化为实际行动，在中国共产党的领导下，为全面建设小康社会，为中华民族的伟大复兴而努力奋斗。

周铁农

二〇〇五年七月

目　录　Contents

第三章　中国抗战第一枪 / 29

"九一八"事变爆发后，东北行辕奉行了不抵抗命令，日军趁势急占辽、吉，进逼黑龙江。

龙江大地，一时群龙无首，人心惶恐。

谁来支撑这个危急局面？

在隆隆的炮声中，马占山挺身出任黑龙江省代理主席兼军事总指挥，一场举世瞩目的有组织有规模的江桥抗战打响了……

第四章　艰难的抉择 / 97

江桥抗战失败了。

在日益险恶的局势里，退守海伦的马占山面临着严峻的抉择：是战？是降？

马占山审时度势，独闯敌穴，为待机再战，他选择了"降"。

然而，他不曾想到落入了日本关东军为他设下的圈套……

第五章　忍辱"降日"40天 / 135

这40天，是他痛苦屈辱的40天；这40天是真相大白的40天。

马占山以其独具的胆识和智慧，反设圈套，毅然率部离省，出走北上，召集旧部，运筹一场更大的抗战壮举。

然而，这40天也曾给人们留下重重疑团，有过不同的评论。

今天，将马占山这段经历的大量资料和文献汇集综合，并放在当时特定的历史条件下，加以审酌认定，结论则不辩自白了。

第六章　揭竿再起的抗日壮举 / 169

马占山率部回到黑河，向国内发出长电，倾吐他委屈周旋的经历，表达他抗战到底、收复国土的宏愿大志。

1932年5月15日，马占山高台阅兵，挥泪出征，在松嫩大地上，联络各地爱国军民，奔袭日伪统治的中心。

然而，两次出征的艰险和惨烈，是难以想象的。无数爱国者的血，洗涤了马占山的灵魂；无数民众的心，锻造了马占山的意志。

他，虽然又失败了，却从此步入了爱国爱民的新境界。

第七章　远游欧亚的沉思 / 231

异邦行旅，匆匆驻足，日夜盼望着回到魂牵梦萦的黑土地……

然而，富饶辽阔的东北已沦陷，白山黑水在呻吟，马占山只能在悲愤中沉思……

第八章　寓居津门 / 253

燕地风云起，津门思绪开。

马占山仿佛"闲庭信步"，又似"心平气定"。然而，思想的转折悄然完成。

日特屡施阴谋，一波未平一波又起……

第九章　在西安事变的日子里 / 285

应蒋约见，前往西安，西安事变，张、杨"兵谏"。

马占山紧随张、杨之后签名，八项主张通电全国。

斡旋栈道，明理通达，一切皆为平定纷争。

第十章　西北坚持八年抗战 / 303

忽如一夜十万兵，危城楼下英雄魂。

哈拉寨，一个名不见经传的荒僻山村，一夜之间闻名四面八方。马占山给这片土地注入了新的血液。

马占山偏居一隅，屡出奇兵。

革命领袖谈笑风生，欢迎马占山。他对中国共产党有了深切的了解……

第十一章　为和平解放北平而奔走 / 383

抗日战争胜利了。

马占山率部离开西北，心愿依旧，却不知身往何处。

他实践了一贯反对内战的主张，遥望东北，只能仰天长叹。

解放军兵临城下，马占山为和平解放北平而奔走……

"我生平理想的新型国家已建立，我虽因病与世长离，但可安慰于九泉之下……"

生命终结了，历史却留下来……

第一章
苦难的家世

一个贫苦的牧马少年，一个闯荡江湖的绿林好汉，苦难的成长历程，磨炼了他坚强的性格，凭智慧和勇敢，闯出了一条独特的人生道路。

落荒怀德

嘉庆初年，赤地千里。

近百万人被迫背井离乡，走上了逃荒之路。漫漫逃荒路上，随处可见衣衫褴褛、面黄肌瘦的人群，一路血泪，一路悲伤，一路无奈，遥远的目的地，只是一个虚幻的期待和美好的向往。谁也不知道等待他们的会是什么样的生活和命运。

河北丰润县（今唐山市丰润区）的一户马姓人家就夹裹在逃荒的人群中，一路向着东北盲目地颠簸而来……

最终，这家人来到了吉林省怀德县（今公主岭市）毛家城子村西炭窑屯。

这户人家就是马占山的祖父马万龙和他的妻子黄氏。

祖国的东北边疆，土地肥沃辽阔，盛产木材、人参、兽皮、山货、珍珠等特产，是一块美丽富饶的土地。汉族、满族、蒙古族、达斡尔族、鄂温克族、鄂伦春族和赫哲族人民，在长期的历史生活中，多民族共同居住在这块广袤的土地上。

黑龙江流域是满族的故乡，在清王朝统治的时代，被视作"龙兴之地"。明清之际，辽东地区由于战祸频仍而受到严重的破坏。大片的土地荒芜，人口大量减少。清政府为了田赋收入，掠夺劳动力，从顺治元年到康熙六年（1644—1667年）的23年间，曾颁发辽东招垦条例，奖励移民开垦，使辽河流域一度出现了繁荣的景象。

但这项有利于东北农业发展的政策旋即被废止。从康熙七年（1668年）开始，对东北实行了近二百年的封禁政策，禁止关内的汉族人民出关谋生。康熙七年下令"辽东授官永着停止"，并对出关的汉族人，实行"事先起票，过关记档"的限制手续。自乾隆朝开始，对东北的封禁日益强化。乾隆五年（1740年）谕："奉天沿海地方官，多拨官兵稽查，不许内地流民，再行偷越出口。山海关、喜峰口及九处边门，皆令守边旗员，沿边州县，严行禁阻。"对已迁入奉天境内的汉人，迫令取保入境，不愿者限十年内勒令回籍。乾隆二十七年（1762年）颁布《宁古塔等处禁止流民条例》，对柳条边外的吉林和黑龙江地区实行严厉的封禁。乾隆四十一年（1776年）重申禁令："盛京地方与山东、直隶接壤，流民渐集。若一旦驱逐，以致中失生计，出以设立州县管理。至吉林原不与汉地相接，不便令流民居住，今闻流审渐多。着传谕傅森，查明边理，并永行禁止流民，毋许入境。"柳条边以西以北的蒙古王公领地，也于乾隆三十七年（1772年）严行封禁，"违者照私开牧场例治罪"。自此，清王朝对东北地区实行了全面的封禁，吉林和黑龙江成为封禁的重点区。

清王朝在东北实行封禁的政策，主要原因有三：

其一是为了保持"龙兴之地"固有的风俗习惯。清朝以马背得天下，特别重视尚武精神和骑射本领，而东北旗民正是清王朝赖以统治全国的军力所在。乾隆四十一年上谕明确指出："盛京、吉林为本朝龙兴之地，若听流民杂处，殊与满洲风俗攸关。"因此，"永行禁止"流民入境。道光十三年（1833年），吉林绅士奏请建立考棚，令满族子弟应试。道光皇帝阅后斥道："朕恭阅列祖实录，俱以我满洲根本骑射为先。""况吉林为发祥之地，非各省驻防可比，尤应以骑射为重，何得专以应试为能，转致抛荒弓马旧业。""非朕教育族人之意也。保昌等率为此奏，殊属忘本，关系不小。保昌、倭楞泰，礼中堂官俱着传旨申饬，所奏俱不准行。"

其二是为了独占东北的特产。人参、珍珠是东北官员向清朝进贡的主要贡品，向来为皇室所独占。长白山以产参著称，更被列为禁区。对禁区内的"紧要隘口，或安设卡伦"，或"设立封堆，按时遣官巡查。一切采捕事项，均由专员办理，送达朝廷"。

其三则是为了维护满洲八旗的生计。为了保证满洲八旗兵力的来源，清政府在奉吉等地保留一部分上等土地或熟地，"仍留作本地官兵及京旗官兵随缺地亩之用""或以备退革兵丁恒产之用"。嘉庆八年（1803年）的上谕也指出："东三省为满洲之根基，若许移民杂居，私垦土地，势必危及旗人生计。"

以汉族为主的劳动人民，不顾清政府的禁令，纷纷偷越，翻长城，渡渤海，扶老携幼，担子偕妻，长途跋涉，源源不断地涌进东北移垦。东北的土地由此得到开发。随着封建租佃关系的发展，手工业和商业也发展起来。在广大农民长期反封禁斗争的推动下，清政府被迫作出了一些让步。这首先是因为，山东、直隶等地的农民为了生存，不顾清政府的禁令，从古北口、喜峰口进入东北，也有"泛海自天津、登州来者"。盛京、吉林的柳条边墙，已阻挡不住流民涌入东北的洪流。乾隆九年（1744年）和嘉庆元年（1796年），均援例允许关内饥民无业贫民出关谋食，实际上否定了封禁政策。其二则是东北旗人庄主，需要招徕更多的劳动力，地方官吏也希望招民垦地，以增加税收。各庄园主渴望人工，非但不加拒绝，反极尽招徕之能事，于是供垫牛粮籽种，白住房屋，能下田的去下田，能伐木的去伐木，能种菜的去种菜，能放羊的放羊，能喂猪的喂猪，铁匠送到铁匠炉，木匠送到木匠铺，各尽所能。并且"地方官吏亦与之有同一的希望，默认流民私垦，以时借词收其土地，地方既承认租佃权，增益官府收入，复以种种名目，清丈私垦土地，大事搜刮"。他们对清政府的禁令阳奉阴违。道高一尺，魔高一丈，越封禁人越多，辟地越广，最后清政府不得不承认："查办流民一节，竟成悬文。"

1860—1866年，东北爆发了大规模的农民起义，横扫辽、黑、吉三省，冲破了清朝为封禁而设置的樊篱和障碍。起义军纵横驰骋，不管什么封禁重地，都出入自由。甚至把奉天城变成了活动的中心。起义失败以后，清政府为了解决财政困难和不使"匪徒藏匿"，于咸丰、同治年间，实行部分的弛禁放荒，允许农民垦殖。

由于农业生产力的提高，东北的经济结构发生了重要的变化。在封禁时期，"据统计，'关东豆麦每年至上海者千余万石'"。当时，经济作物主要是棉、烟、麻和蚕丝，主要的手工业部门是酿酒业和榨油业。这些都促进了城镇贸易的发展。东陲重镇宁古塔、吉林乌拉、齐齐哈尔以及盛京等大城市，都有相当规模的商贸交易。奉天沿海和关内各省的贸易往来也十分密切。每年自春至秋，福建、浙江、江苏、山东、直隶五省商船往来贸易，至冬初全行回棹。东北的土特产运销各地。

1858—1860年第二次鸦片战争之后，根据《天津条约》，牛庄即后来的营口，被迫于1867年开埠。从此，东北被拖入了世界资本主义市场，成为外国资本家倾销商品和掠夺原料的半殖民地，西方宗教势力，也乘机接踵而来。

在19世纪八九十年代，清朝在东三省设防过程中，近代工业开始在东北出现了。为了增强边防军作战能力，筹集军饷以及从杜绝外人觊觎矿产出发，在东北以官轵、官督商办、官商合办、商办等方式，建立了一批近代军火工业和采矿业项目。80年代东北各地建立了电报局，1884年，旅顺、锦州、山海关至天津之间架设了电线。次年，电线延续架设到奉天。1886年，从奉天延长至吉林、宁古塔、珲春。1887年，从吉林架设到黑河。1891年4月，清政府决定修筑关东铁路，以林西现有铁路，接至吉林，另由沈阳造支路至营口。

为了加强边防实力，抵制沙俄侵边，清政府决定废除吉林东部边疆的封禁政策，一再下令"招民试垦""妥筹垦务"。办防期间不断派人"前往登、莱、青各州属招募"农民前来垦荒，同时又奏准朝鲜难民垦荒种地，"领照纳税租"。

1894年甲午战争之后，日本人长驱直入，侵占了东北大片土地。1895年4月17日《马关条约》签订，准许外国在中国投资办厂，大量外国过剩资本开始倾入中国。同年11月8日签订了《辽南条约》之后，1898年3月，沙俄在租借名义下，夺得旅顺和大连地区。1891年3月，沙俄开始修筑从莫斯科到海参崴的铁路。1896年6月3日清政府和沙俄签订了《中俄御敌互相援助条约》，即《中俄密约》。1898年9月8日签订了《中东铁路合同》。此路由我国满洲里入海拉尔、齐齐哈尔、哈尔滨、牡丹江，最后从绥芬河出境到达海参崴，长达1700多公里。1898年5月《旅大条约》签订之后，沙俄又得到了修筑中东铁路支线的权利，从而形成一条2800多公里的"丁"字形铁路。与此同时，沙俄以哈尔滨为中心，逐渐建立了许多重、轻工业工厂。

1900年6月末，沙俄集中10万兵力在外贝加尔、黑龙江、乌苏里江等处的中俄边境，7月9日，悍然发布命令，出动10万大军分七路先后侵入我国东北，妄图实现沙俄的扩张计划。1904年至1905年，日俄在东北地区进行了大规模的战争。

东北这块由各民族人民开发出来的富饶土地，就这样以半殖民地的方式进入了近代化的过程。

马占山祖父一家就生活在这样的时代。

当年怀德县很小，没有城池，东西一条直街，商家之墙为垣，南北各有水沟一条，借以为池，便是当初的县城了。怀德偏僻落后，是个蒙汉杂居的半山区，亦耕亦牧，土地肥沃，民风淳朴，居民多善骑，豪爽而热情。县城西北的毛家城子镇毛家城子村，是个不太大的村落，全村由几个小屯组成，西炭窑是其中的一屯，不过六七十户人家，四五百口人。

马万龙一家早出晚归，艰难地过着日子，后来夫妇俩生下了一个男孩，取名马纯，就是马占山的父亲。一家三口人过着清贫的生活，无依无靠的日子使马家生活在极度的贫苦中。

马纯长大后，家里依然一贫如洗，常年给屯里的地主做长工。贫苦人家的子弟多勤苦，马纯养成了勤劳、节俭、纯朴的性格，屯里的一户刘姓人家把女儿许配给了他，在屯里人的帮助下成了家。

勤劳是改变苦寒日子的唯一途径，渐渐地马家的日子有了一些起色，在屯里置下了几亩薄地，一家人省吃俭用，维持着生活，婚后几年刘氏相继生下了一男一女，即马占山和他的妹妹。

苦蒂姻缘

　　日子虽然过得清贫，但生活逐渐安定。马占山也渐渐长大了。一天从外村来了一对贫苦夫妇，挑着一副破箩筐，筐里坐着一个豆芽菜一样的男孩，手里牵着一个瘦骨伶仃的女孩子，一路乞讨着来到了马占山家。刘氏望着这家可怜的人家，十分地同情，就给了他们几碗饭吃，这对夫妇受宠若惊，交谈中，刘氏得知他们姓杜，是从关内逃荒到这里来的。在家乡实在活不下去了。刘氏看他们没地方去，就好意对这对夫妇说："咱们都是穷人家，如果你们夫妇没有地方去，就留在这里吧，总比讨吃要饭要好啊……"杜氏夫妇和儿女怀着十分感激的心情就留在了这里。

　　刘氏将家里的一间柴屋让给了这对夫妇和他的儿女。共同的生活遭际和相同的人生命运，使他们格外地亲切，相处得极为融洽。杜家在关内已没有亲人，得到马家的帮助和照顾，心里过意不去，就在马家做起了帮工。杜家的女儿杜赞义和马占山玩耍着，一天天长大，天长日久杜姓夫妇便有意把自己的女儿许配给马家做媳妇。从此，杜赞义来到马家做起了童养媳。添人进口，生活越发地艰难起来。苦中作乐，是天下所有贫寒人家的生活情态，马家和杜家怀着简单和朴素的生活愿望，共同在苦难的日子里跋涉。

　　清贫的生活并不能阻挡感情的萌发，马占山和杜赞义青梅竹马，两小无猜，在艰难中度过了两人的童年时代。马占山十二岁那年，天旱无雨，遭了年馑。家中没有粮食，马占山给地主放牧，杜赞义就挎着小篮子到处乞讨。一家人求借无门，生活在饥寒交迫之中。一天黄昏，刘氏和小杜赞义去一户人家借粮食，那家人非但不借，反而刻薄地奚落刘氏，刘氏和杜赞义两眼流着泪，空手而归。一家人坐在黑暗中，默默地等待着黑夜的来临，饥寒像夜色一样浓重，笼罩在全家的心头。马纯唉声叹气地走出门，消失在夜色中，一会儿他依然空着手回来，苦难、饥饿、寒冷、绝望彻底地击中了他，耷拉着头，软软地倒在了地上。刘氏见此情景，痛心疾首，百感交集，一病不起，不久便辞世而去，把这个令人心碎的家和苦难的生活都抛在了身后，压在了马纯的身上。

这一年，马纯三十五岁，马占山十二岁，马占山的妹妹七岁，杜赞义十五岁。

刘氏去世后，原本给地主放牧的马占山不得不另谋寻生之路，和父亲商量后，马占山离开家里到更远的姜家崴子村给大户人家放牧。这里地处蒙汉交界地带，户皆善骑，人皆善射，使马占山很快就掌握了骑射的本领。几年的工夫下来，马占山的骑术已出类拔萃，以善骑射而驰名。不管什么样的烈马，只要到了他的胯下，驯服得就像一只绵羊，纵马驰骋，百步穿杨，马占山已练就了一身出色的功夫。而杜赞义则毅然将自己的头发盘了起来，承担起沉重的劳动和家务，俨然一个马家的媳妇了。苦难中长大的女儿，总是有着天赋般的毅力和持家的本领，在杜赞义的操持下，将马家艰难的日子过了下来。

中东铁路中段正好穿过马占山的家乡怀德县，马占山目睹了沙俄烧毁房舍，劫掠财物，四野萧然的局面，心中感到愤愤不平。在心里埋下了第一粒仇恨的种子，随着年龄阅历的增长，这颗萌动的种子，终于孕育出一颗赤诚的爱国之心。

逼上黑虎山

马占山十五岁那一年，和杜赞义成了家。

日月如梭，马占山十九岁时，在本镇姜家崴子村大地主姜家放牧，姜家崴子村是个大村，土地十分集中。姜家是当地的富户，户主绰号姜大牙，马占山就专门为他家放马，每天日出而作，日落而息，早出晚归，十分辛苦。

东北地广人稀，特别是冬天，异常寒冷，遇到有风的时候，天地一片混沌。一天晚上，马占山放牧回来，发现少了一匹马，十分着急，翻身骑上一匹马，向山野驰去。薄暮中，满山都是他焦急的吆喝声，直到灯火都熄灭时，也没有找到，只好无可奈何地回来向主人报告了此事。姜大牙一口咬定，马被马占山偷着卖了，马占山坚决否认。姜大牙盛怒，叫人把马占山捆了起来，送到了警察分局，诬告马占山偷卖了他的马，叫马占山赔偿。马占山坚决不服。警察不分是非，不容马占山辩解，就将马占山拘押，马占山理直气壮地喊道，我没有偷。警察将马占山吊在房顶上，严刑拷打，马占山就是不认这个账！警察暴跳如雷，继续用刑，但马占山始终没有屈服。

而马占山全家却惊慌失措，没有别的办法，只好一边去筹钱，一边去警察局求情，最后找到马占山的舅舅，马占山的舅舅请求染坊的掌柜出面担保，将马占山从警察局里保了出来。父亲无奈，只好将地里的青苗全部卖掉，才算赔偿了姜家的马钱。马占山回到家中，知道家里是将口粮和地里的青苗全部卖掉才换了他的自由后，气愤不已，埋怨家里和父亲胆小怕事，更不应该卖掉口粮和青苗。他对父亲说："你保我出来又能如何，没有偷就是没有偷，永远也不能承认，你这样做不是等于承认我偷了马吗！"父亲想息事宁人，劝告马占山就忍了这口气吧。马占山不服，扬言此仇不报枉为男儿。父亲害怕他闯下大祸，百般规劝他，马占山就是不听，几次要去找姜大牙论理，都被父亲拦住了。父亲看着马占山整天怒气冲冲的样子，心里十分地不安，吃不香也睡不着觉。马占山看着父亲忧心忡忡的样子，只得将怒火按捺下来。

天道酬公，没想到过了几天，姜大牙走失的马，自己又回来了。姜大牙觉得很没有面子，拒不承认，也不肯将钱退回。马占山去找姜大牙说理，被父亲从姜家拉了回来，马占山望着有些懦弱的父亲，也不便再说什么了。世事崎岖，心愿难平，种种不尽如人意之事一齐涌上心头，耳闻目睹外国侵略者恃强凌弱，亲身体验了有钱人家颠倒黑白、指鹿为马的种种行径，国恨家仇集于一身，他心里恨透了姜大牙，一个夜黑风高的晚上，听着窗外呼呼的北风，心里的冤屈怎么也摁不下去，一怒之下，瞒着父亲和妻子，离开家庭上了黑虎山。从此开始了草莽生涯。

第二章
叱咤风云的奉军铁骑

凭着一身自幼练就的马上功夫和娴熟的枪法，马占山开始了他的戎马生涯。

在剿捕叛匪的激战中，他很快崭露头角，屡建战功。

直奉交战中，他驱兵入关，所向披靡，接着为平定郭松龄反奉倒戈，率部攻下白旗堡，成为东北军黑龙江骑兵的领军人物。

中东路事件后，马占山奉命镇守边关黑河，然而远在辽沈爆发的"九一八"事变，让他彻夜无眠，不得安宁……

走在刀锋上

转眼几个月过去了，马占山已身为绿林中的一名小头目，手下有十几个弟兄。

哈拉巴喇山地处怀德县秦家屯正西，这里山高岭峻，绿林好汉经常出没其间。据怀德县志记载："高百仞，其南靠西有石垒一所，青石嵯峨壁立，数仞山巅，有蒙古人堆石为敖包。南面有一古庙，西、南、北三面坡形陡峻，欲涉山巅，非从东北麓莫由以升。山麓自东北起，绵延数里，愈西南愈同，至近处又突起其巅，西南东北斜长。西至极处山势陡柱，而稍南转有虎昂回顾之势。"哈拉巴喇为蒙古语，汉意为黑虎，俗称黑虎山。因地处怀德、双辽（今为县级市）两县之界，为往来交通要道，多年来为绿林草莽所占，剪径为生。

马占山来到黑虎山后，凭着一身善于骑射的好功夫，很快便得到了赏识。

一天夜晚，他带着一帮弟兄闯进了姜家崴子村，踹开了姜大牙家的门，对姜大牙说："我马占山不是好惹的，我今天来，什么也不要，就要你的命！"

姜大牙一家吓得跪在地上，一起磕头求饶。

马占山对当年受辱挨打之事记忆犹新，哪肯善罢甘休，不容姜大牙分辩，将他痛打一顿，并警告姜大牙："今天老子不杀你，是让你们这些有钱有势的东西，认识认识老子的厉害，看你今后还敢不敢随便冤枉好人。"姜大牙挨打后，心有余悸，害怕马占山再来报复，随后就悄悄地迁到城里去了。

1904年2月，日俄战争爆发。这场掠夺我国东北领土的战争，给东北人民带来了极大的灾难，生产和生活遭到了空前的破坏，人民饱受蹂躏。

马占山目睹了这场战争。

沙俄侵略军长驱直入，到处烧杀抢掠，四处为虐，人民苦不堪言。帝国主义的罪恶罄竹难书，激起了怀德县居民的极大愤慨。马占山所率的绿林豪杰也纷纷加入反抗斗争。

日俄战争结束后，沙俄侵略军撤出怀德一带。清政府为恢复对地方的统治，着手收编各地民团，包括愿意归顺的"绿林好汉"在内。一时间，各地绿林豪杰纷纷投奔朝廷，担当维持地方秩序的武装力量。

马占山认为时机已到，率领手下弟兄被收编为地方保安队，地方官吏委任他为哨官。按清廷规定，一哨为100人或80人。

他就带着这哨人马，结束草莽生涯，开始了行伍生活。

1908年，清政府实行新政，在龙兴之地正式建省，改盛京将军为东三省总督。清政府调任提督张勋进驻怀德一带，张勋为扩充实力，将怀德的保安队统编为清政府的正规部队。

马占山依然任哨官，驻扎怀德县城。

任哨官不久的马占山，逐渐显露自己的军事才能。作战中，他的英勇善战，给指挥官留下了深刻印象。经过几年行伍生涯的磨炼，崭露头角的马占山，得到了吴俊升的赏识。

吴俊升，字兴权，山东历城县（今济南市历城区）人，时任奉天巡防营后路统领。吴俊升着意培养马占山，一直带在身边。从此，随着吴俊升的青云直上，马占山也开始步步高升。

1916年秋，蒙匪巴布扎布勾结日本侵略者，率众6000余人，进犯洮辽边境。时任旅长的吴俊升指挥军队作战。马占山一马当先，击溃了匪军，受到了吴俊升的提携。

蒙匪号称勤王军，以复兴清朝为号召与日本侵略军勾结，以郭家店为巢穴，利用南满铁路，代运军火。马占山率部包围了车站，使匪军无法活动。日本改用外交政策，向当局提出抗议，当局特令马占山部退回原地。日本侵略者这样蛮横无理的行为，激怒了他，马占山拒不执行命令。无奈东省当局竟然接受日本侵略者这一无理的要求，马占山部被迫撤离车站。日军佐藤旅团长，带领一个混成队，护送蒙匪回旗。途经怀德县城时，遭到怀德县军民的抗击，日军居然动用迫击炮轰击县城，死伤民众数十人。马占山得知此事后，非常愤慨。

日军沿途不断劫掠，所经之处村民死伤无数。马占山目睹乡里屡遭涂炭，既痛恨日军的残暴，又痛恨当局的无能。他感慨道："若有一日得势，我必教训教训这帮强盗，否则，怎能吞得下这口洋气！"

1918年，马占山因剿匪有功，被提任为营长。两年后，他跟随吴俊升开赴黑龙江省，即被提升为团长。随着吴俊升的升迁，马占山又升任陆军第十七师第五旅旅长。

1924年，第二次直奉战争爆发，奉系军阀张作霖与直系军阀吴佩孚展开决战。结果直系军阀因冯玉祥的倒戈，以失败告终。奉系军阀张作霖一跃成为北方军阀统帅。直奉战争后，马占山奉命调防河南新乡、驻马店。途中，目睹战争所造成的惨状，他感到十分痛心。

次年，爆发了郭松龄倒张事件。马占山被张作霖调往辽宁新民，参与对郭作战。

郭松龄，字茂宸。1883年生于奉天省渔樵寨（今属辽宁省沈阳市东陵区深井子街道）。郭幼年家贫，好读书，考入奉天陆军速成学堂。毕业后在盛京总队任卫队排长。

1913年，郭松龄考入在北京的陆军大学，毕业后任讲武堂教官，后到广东开始接触孙中山先生，思想受到孙的影响，并在广东韶关讲武堂任教。后到奉天讲武堂做教官，开始了与张学良的交往。张学良对郭的为人及其思想品德极为赞佩。

1920年，张学良任卫队旅长时，提升郭松龄为该卫队旅参谋长。在张学良的支持下，郭整顿讲武堂，创办教导队，革新除弊，颇有作为，为张学良所器重。第二次直奉战争期间，郭功劳卓著，升任第三军副军长。

郭松龄不满张作霖骄横恣纵、祸国殃民的行为，逐渐开始了他的反奉活动，被张氏父子知悉。

1925年11月22日，张作霖紧急电召郭松龄回奉。郭鉴于行动已被张作霖识破，遂提前行动，将所辖七万人改编为四个军，制订了详细的作战计划。

11月23日，郭松龄连发三个通电，要求张作霖下野，同时，宣布奉军与国民军停止敌对活动，倒戈行动自此开始。

郭松龄军事行动甚为迅速，26日攻下秦皇岛，27日克山海关，随即向沈阳方向推进，29日进占绥中，改所部为东北国民军，形势对郭

郭松龄倒戈反奉，后失败被枪杀

非常有利。

张作霖惊恐万状，忙调兵遣将，阻挡郭军的锋利之势。此时，奉军主力多在关内，张作霖除求助于日本帝国主义出兵外，急忙调集东三省的其他部队，并利用手中所控制的铁路，以阻挡郭部的前进。

12月12日，张作霖率吉、黑部分驻军与郭松龄部展开战斗，吴俊升即在其中。所部马占山作战英勇。郭军锐不可当，奉军节节败退。

12月13日，郭军主力与日本守备队遭遇。时值严冬，郭军军纪严明，推进很快。17日占领白旗堡（今新民市红旗乡），20日占领新民，22日郭军与奉军展开决战，吴俊升以马占山部为主力在白旗堡附近与郭军展开激战。

马部拼死战斗。郭亲临前线指挥，终因三面受敌，军队出现不稳，锐气受挫，导致大败。

24日，郭松龄偕夫人韩云秀及其少数机要人员向营口方向逃去。行至辽中县老达房（今沈阳市辽中区老大房镇）时，正值马占山所部营长王永清在此搜索。郭松龄夫妇藏入一民宅中的菜窖内，根据日本新民领事馆提供的情报，被王永清搜出，当即在张作霖的授意下，就地枪决了郭松龄夫妇。轰轰烈烈的倒戈运动即告失败。

1926年，马占山被提升为陆军骑兵第十七师师长，因镇压郭松龄有功，不久又被提升为骑兵第二军军长，一跃成为奉军中的高级将领。

镇守黑河

1930年春天，马占山由一名统军将领改任为黑河镇守使，兼驻地第三混成旅旅长。

黑河是中国东北边防重镇和通商口岸。长期以来，黑河一直被视为中苏（俄）两国关系变化的寒暑表。委任马占山镇守黑河，是张学良出于"中东路事件"爆发后的东北局势需要。

中东铁路，初称东清铁路，1912年，中华民国成立后改称中东铁路。

中东路以哈尔滨为轴心，东至绥芬河，西至满洲里，南至长春（长春至大连段的南满铁路，日俄战争后被日本人攫取），呈丁字形的走向，纵横东北地区，战略地位极为重要。

张作霖主政时期，按1924年中苏两国签订的"奉俄协定"，中东路为中苏两国共管，实际仍控制在苏方手中。

张学良主政后，对苏联采取了比他父亲强硬的政策，拟收回中东路的主权，也视为向易帜后的国民党政府进献的一份"厚礼"。

但是，张学良错误估计了当时在东北的苏、日两国实力，更被日本田中内阁倒台后的新内阁对东北局势的观望态度，特别是币原喜重郎外相的伪善外交蒙蔽，误以为日本对东北的威胁势减。

苏联则是"外强中干""国内异常混乱，困难重重，决不能打仗"，届时正是收回中东路的好机会。

张学良为了用武力收回中东铁路，取得国民政府的支持，专程抵北平和蒋介石会面。蒋介石允诺一旦开战，可出兵10万，另拨几百万军费，以表防止"赤化"的决心。

1929年7月10日，张学良强制性地接管了中东铁路的电报局，查封苏联远东贸易局、煤油局、商船局和商业联合会，撤换苏方局长，并裁减了大批苏方员工。

10月12日双方交战。战场分东、西两线。苏联远东特别集团军统辖的黑龙江舰队和黑龙江沿岸的步兵集团，进入松花江口，重创了东北军的松花江舰队，同江和富锦失守。接着，苏军占领了密山。

与此同时，苏军在西线发动了大规模围攻满洲里和扎赉诺尔东北军的战役。

直接指挥苏军作战的苏联远东特别集团军的司令布柳赫尔，即担任过广东革命政府军事顾问的加伦将军。用适逢90岁高龄的张学良的话说："那仗打得惨了，我们有一个旅全灭，是姓韩的，韩光第的旅，全灭。旅长、团长，自杀的自杀，阵亡的阵亡，全旅覆灭。"

另有8000余东北军官兵做了俘虏，其他军械、物资损失无算。

战后，张学良被迫声明同意恢复苏联在中东路的权益，中东路依旧归中、苏两国共管。中苏协议签订后，处于战争状态的中苏边境恢复往常。

中东路事件引发的中苏交战，一度使东北局势失衡。张学良一时负有日、苏南北腹背受敌的双重压力。在漫长中、苏边界线上的防务漏洞更是暴露无遗。选派忠于职守的实力派将才承担镇守边关的大任，成了张学良的当务之急。

张学良选定了马占山。

马占山是黑龙江督军吴俊升的爱将，是吴俊升把马占山从一个清军哨长步步提升为连长、营长、团长和骑兵第十七师师长、骑兵第二军军长。后又改任黑龙江省剿匪司令、黑龙江省骑兵总指挥。十几年间，马占山身先士卒，平定蒙匪叛乱，入关参加直奉交战，又镇压郭松龄部反叛，屡建战功，不愧是一位叱咤风云的奉军骁将。

吴俊升随张作霖在皇姑屯事件中被炸身亡。马占山为吴俊升料理善后，几次要杀死日本田中内阁派来的，名为吊唁实为窥探东北军政内情的代表林权助。为了不给日本人留下口实，他只得隐泪作罢，以待后报。

在张学良眼里，马占山是介乎父辈和同辈之间的一位不可多得的部将，他虽然够不上身边的近臣亲将，但是马占山在战场的威名和如同其父那般豪爽忠义，让他高看一眼。所以，张学良派马占山去镇守黑河，可谓审时度势、任人唯贤的选择。

1930年初，正是马占山心情苦闷、烦乱的时刻，他虽然没有受命参加中东路事件引起的在满洲里和扎赉诺尔的那场大战，但是东北军付出的极为惨痛的代价，是他在国内几度军阀混战中所少见的。

马占山同阵亡的东北军第十七旅旅长韩光第曾有过交好，他十分欣赏这位从东北讲武堂毕业的青年干才的英武之气和不怕死的精神。他曾断言比他小十几岁的后生旅长必有大用，却早早地饮弹身亡。

马占山当时不太清楚这个仗到底该不该打？该怎么打？他只是从直觉上认为，如今的苏联已不再是当年日俄战争中败于日本人旗下的沙皇俄国。他还从被苏方释放回来的东北军被俘官兵口中，听说了不少苏联国内的"奇事"。他对"红党"和"白党"有了一个大概的了解和认识。

1929年秋末，他的原配夫人杜氏在海伦病逝，这使马占山对时局疑惑的同时又生悲痛。他像安葬亡母那样，披麻戴孝，哭跪良久，用隆重的丧礼送走了比他长三岁、替他尽忠尽孝、受过大苦大难的夫人。

马占山毅然离开驻守了10年的海伦老营，离开了父老妻妾安生了10年的海伦。他把杜夫人生下的一对儿女留下为母亲守灵看墓，随身带走了几房姨太北上，前往黑河赴任。

黑河，地处中苏界河黑龙江上游和中游交接处，精奇里河口的右岸，距清代初年康熙年间建立第一任黑龙江将军衙门所在地的古城瑷珲70里。在中俄"瑷珲条约"签订之前，仍是中国居民居住的黄河屯和孟家屯所占地面，与我国江东六十四屯仅隔着精奇里河。

自1858年5月签订中俄"瑷珲条约"，沙皇俄国在与黑河隔江相对的江左地方建立布拉戈维申斯克（意为报喜城）为阿穆尔州首府以来，中俄两国边境贸易大兴，为方便两国商贾渡江往来，瑷珲城许多商号迁至原称大黑河屯的地方，于是黑河成为一座新兴的边境城市，逐渐取代了瑷珲的政治、经济和军事地位。

民国初年，黑河道尹公署始建黑河，管辖黑龙江数千公里边境线。由于和苏联阿穆尔州首府布拉戈维申斯克进行频繁的大宗贸易往来，黑河和布拉戈维申斯克被称作黑龙江两岸的"姊妹城"。

1929年10月爆发的"中东路事件"，中苏大规模的边境冲突虽然没发生在黑河防段，但是双方小规模的摩擦和边衅不断发生。历受帝俄侵扰，尤其是海兰泡大屠杀和江东六十四屯惨案之苦的黑河居民，判若惊弓之鸟，纷纷离境逃难。

1930年初春，马占山去黑河上任之时，尽管中苏双方已停战并签订了和约，然而黑河泛起的战争余波尚未平息，城里十室九空的萧条局面尚未根本改变。

马占山一班人马骑马乘车，从海伦，经讷河、嫩江，沿前清的古驿道，用了三天的时间抵达黑河。

已经卸任的黑河镇守使、黑河警备司令、第三混成旅旅长巴英额在黑河东大营副官处为马占山举行了不大不小的欢迎仪式，引荐驻守黑河的营级以上军官，并将他已搬出的公馆装饰一新，作为马占山家眷备用。

巴英额，本为八旗子弟，汉名吴凌云。清末曾任过镇边新军的北路管带。民国后编入东北军。1920年出任黑河警备司令、第三混成旅旅长，兼任黑河镇守使。至1930年离任，巴英额在黑河不挪不动地执掌了10年，当地人称其为"土皇上巴司令"。

巴英额和马占山交接之余，大有凄楚之感，因为他被调任的去处是没有兵权又寄人篱下的滨江关监督。

马占山从巴英额手里接下的是个乱摊子。当务之急是整顿兵员、清点军饷。他很快发现所谓第三混成旅在册编制均为全满全额。军册上历年标注的旅、营、连、排都是兵丁到位的满额，领取的军饷也都是满额，而实际兵员不足六成。

马占山心里明白，吃空饷是历朝历代掌兵人惯用的技法，尤其是身无战事、空驻一地的编制更是如此。

马占山用了一周的时间，视察所辖黑龙江沿线大小防地，让他倍加恼怒的是各处士兵多为不操不练、军纪涣散、欺压百姓之众。多年借边防之名，肆意勒索登岛与俄方互市的边民。

马占山历来整军治军有方，他掌握了驻军实情之后，大刀阔斧地撤了一批、换了一批、清了一批，还处决了几名民愤极大的营、连军官。不到一个月的时间，经过整训的黑河驻军，掀起实战演练之风，军风军纪大有好转。

马占山到黑河走马上任，整军习武是他的长项。让他犯难的是地方经济的急剧衰败，其中的症结在于两岸贸易的关闭。令人遗憾的是，黑河先后四任道尹和交涉首席代表的张寿增已于上年离任，接任的人是位熟悉俄情、交涉的边关大吏。如今，民国政府将黑河道尹公署降为黑河市政筹备处，从人员到职能都不能适应黑河振兴的需要。

大半生只战不守、只军不政的马占山，如今统管一方军政，兼顾发展民生，对他来说，不能不是件劳心费神的硬差。

马占山是个好动的人，没过几日，方圆不足数十里的黑河，几乎让他巡了个遍。

一日，他带副官、兵弁，出巡至距黑河市区八里处的一道山谷豁地，当地人称五道豁洛。他看见谷底有一座四角设置高大炮楼、四边架设电网的高墙大院，从山顶下望，园内洋楼、平房栉比，烟囱直耸入云，十分气派。

有人告诉他，这是黑河首富徐鹏远开设的酒厂，马占山没见徐鹏远之前，先看见酒厂大门的横匾额，上有"振边酒厂"四个大字。

这"振边"二字，正符马占山的心意，于是和这位未谋面的徐氏有了那么一点相通的灵犀。

马占山拜访了徐鹏远。

徐鹏远，字祥久，山东掖县人。早年跑崴子（海参崴）、庙街、海兰泡（布拉戈维申斯克），与俄人交结，懂俄语，识俄情。1900年"庚子俄乱"，沙俄进犯东北，一手制造海兰泡大屠杀，将在俄城居住、经商的5000余华人推进黑龙江活活淹死的时候，徐鹏远身置其中，泗渡过江，幸免于难。这位亲身体验了"受穷就要挨打"的山东汉子，在关内苦心经营，积攒了80万大洋，就在当年沙俄屠杀、推赶中国人的黑龙江右岸，建起了全部为德国进口设备的酒厂，起名为"振边酒厂"。

自1921年起到1929年间，振边酒厂生产的白酒远销苏联西伯利亚，尤其是远东诸城，成为俄国人最喜爱的烈酒，为黑河增加了大笔收入。自然，徐家在黑河也成为鹤立鸡群的富户。

徐鹏远和马占山恳谈的不是他的发家史，而是眼下的口岸关闭，边贸停止，他的酒无法销往苏联，产量急剧下降，大有倒闭之势的万般无奈的心情。

马占山问他："俄国人离了你的酒能行吗？"

马占山又问他："可有什么办法？"

徐鹏远说："肯定不行！"他说，"暂时只有一条路可走，就是走私白酒！"

马占山问："对岸是否有人过来贩酒？"徐鹏远直面如实回答："有！"马占山知道了徐鹏远的意思。他坦诚相告："只要是两岸有接有送，苏方有人暗保，我马占山不但不拦，而且暗作押运，以求万无一失。"

徐鹏远在马占山的支持下，果然将大宗白酒走私出境，而在中、苏的正式交往中，马占山又多次和苏方疏通，终于恢复了两国间的边境贸易。贸易即通，疏散到内地的边民不招自返，黑河街巷逐日繁华，人口骤然回升。

此外，马占山又结交了许多黑河的工商实业家，诸如逢源金厂的周保吉、大北采伐公司的侯老三、福德公司的刘琴堂等，共商振兴黑河大计。

马占山在黑河任上，不到半年的时间，不仅恢复了往日的局面，而且形成了以对苏边境贸易为中心的各行各业竞相发展的好势头。

1930年10月4日，国民政府加任马占山为黑河警备司令之衔，使他名副其实地主掌着边疆重镇黑河的内外军政大权。

这一年，是马占山平生最舒展、最得意的一年，和秣马出征、东征西讨的年月相比，他又多了几分政绩。对他来讲，许多事情都是新鲜的、生疏的，干好了也是深得民心的。

这一年，正是蒋介石和阎锡山、冯玉祥在东起山东，西至襄阳，南至长沙，北至河北的几千里战场，全面展开中原大战的一年。本来已经深深厌恶，并决心弃于军阀混战的张学良，采取了不偏不倚的立场。对双方的极力争取和诱惑不予理睬，尽管双方恶战两个月有余，张学良的30万东北军依然按兵不动。

对此，远在边镇黑河的马占山从心里拥护，因为历次奉军与各派系军阀的厮杀，他都是首当其冲者。马占山的旗下，在军阀混战中死伤无数，多少军阀派系之间，瞬时转友为敌，又转敌为友，多变无常，使他亲身感受多少血肉之拼不过是少数人的利益之争，意气之夺。

张学良迫于蒋介石一再拉拢引诱、重金收买，且派人为其30岁生日到沈阳祝寿。6月21日，南京政府任命张学良为全国陆海空军副总司令。在众人眼里，张学良简直就是一人之下、万人之上的中国二号人物。

东北易帜，张学良任海陆空军副总司令。张学良与蒋介石等在南京拜谒中山陵。

对此，身为张学良部将的马占山，深感荣光。

一直举棋不定、"坐山观虎斗"的张学良，最后采取武装调停的决策，下令东北军第四次入关，于9月进抵平津，致使中原大战急转直下，迅速宣告结束。张学良成了誉满中华的大功臣。

蒋介石为了酬谢张学良，授命他节制奉、吉、黑、晋、察、热、绥、鲁八省军队之权，并将北平、天津、青岛三市及河北、察哈尔两省划归奉系管辖。

张学良可谓"兵不血刃"地得到了他老子兴兵黩武难以维系的势力范围。身居黑河的马占山，更是由衷地敬佩少帅智胆超人的雄谋大略。

当他从无线电台里听到张学良应邀去南京，出席正在召开的国民党四中全会，一路受到热烈的迎送和空前盛大的恭迎典礼时，他兴奋地流下了眼泪，他的眼中似乎出现了身穿中华民国陆海空军副总司令上将呢服，胸佩青天白日勋章和一等宝鼎章的那位威武盖世的少帅形象。

马占山长叹一口气：四分五裂的中国终算是统一了！大动干戈的生涯总算结束了。从今以后，在东北任何一个角落，得以太平和安生。

这期间，他的心境如日中天，可谓一顺百顺。

黑河的马公馆坐落在临江的兴安大街上，在许多俄式建筑中，这座二层楼阁可谓典雅超群。明亮的玻璃大窗四周是细雕精磨的花砖，楼顶的房檐砌有磨成圆柱组合的栅墙。

连接楼内侧的是筑有雨搭棚的粗壮厚重的松木楼梯。与这栋楼东侧连体的有数十个明亮的用原木垒筑的俄式"木克楞"房。马占山的警卫连和工匠、杂役住在里边。

整套建筑都在三面高砖墙和一面木栅墙圈围之中，临江和面南皆有二重门相通。

公馆里的高大的俄式举架和宽敞明亮的客厅，远比他在海伦的公馆阔绰富丽得多。

杜夫人去世后，跟随马占山到黑河的三房姨太太搬进各自的居室，无不眼亮称快。

在主楼的东隅侧院还圈着十几匹马占山最喜爱的俄国马和蒙古马，有一个班的士兵负责驯马和管理马厩。

马占山素来不会跳舞，也听不惯演奏钢琴和洋式唱歌，他倒是喜欢听听京戏的老段子，尤其是欣赏武场的开打和刀马花旦的做派。临受命赴黑河之前，经人介绍，有位在黑龙江跑过"码头"的京剧刀马花旦、艺名为筱荷花的自愿进门，续了个"五姨太"。

马占山难得有闲，在家听筱荷花弹唱，看筱荷花拳脚的一招一式。高潮处，马占山常常呼好叫绝，好不痛快。

和那几位姨太太相比，她自然多了几分美相和才气。不管女人们心里作何想，筱荷花确是得宠一时，有人说在马家的女人中，她算是出了头。许多佳话传了出去，成了黑河街谈巷

黑河，马占山之将军楼

议的话题，就连马占山的兵营里，也无人不知筱荷花的名头。

马占山在黑河少有的一段闲情别致，是清末一位学底很厚的唱永孚老先生，每周按时来公馆教习他学习古文、恭练书法，他以老师尊称，可惜时间不长，待他再度抗战回黑河时，怕日后事态严重牵连唱先生，遂派人将他专程送回关内老家。所以说，马占山在伪府的那40天，在任何协议和文件上称不会写字而拒绝签字，那纯属蒙日本人罢了。

1931年初，张学良奉命离开沈阳大帅府，前往北平坐镇主政。乍看起来，这是蒋介石从未有过的慷慨许诺，实则是利用年轻而又缺乏政治经验的张学良对付中国共产党的革命势力和国民党内部的反蒋派，以维护蒋家王朝的独裁统治。

然而，中原大战结束之后，中国北方各省消停不足八个月，张学良所辖的石友三部就举起了反蒋叛张的旗帜，并且得到日本军方的大力支持和广东汪精卫、陈济棠另立的"国民政府"声援。

张学良立即调兵遣将，命万福麟为讨石逆军总司令，率东北军十几个旅的主力，兵分三个集团军开赴关内的河北邢台，仅用半个月的时间，将石友三叛乱平定。

至此，张学良一再调兵遣将入关"勤王"，为蒋介石控守华北，致使东北近30万的兵力，所剩不足半数。

到1931年"九一八"事变爆发时，东北方面的仅有兵力为：吉林省65000人；黑龙江省只有27000人；辽宁省包括参加讨伐石友三返回的部队，计30000余人，总计122000人，不及总兵力28万的一半。

这些情况于精明善算的马占山是一目了然的，他那颗刚放松下来的心又收紧了，他平日找人翻译苏联远东电台的新闻广播和时事述评，不断和内省同僚通话探听。

一个渐渐清晰的认识在他脑中形成了，那就是，东北最重要的威胁不是在北面，而是近在咫尺的东洋鬼子。

第三章
中国抗战第一枪

"九一八"事变爆发后,东北行辕奉行了不抵抗命令,日军趁势急占辽、吉,进逼黑龙江。

龙江大地,一时群龙无首,人心惶恐。

谁来支撑这个危急局面?

在隆隆的炮声中,马占山挺身出任黑龙江省代理主席兼军事总指挥,一场举世瞩目的有组织有规模的江桥抗战打响了……

一夜之变

1931年9月18日，偏月悬空，稀星闪耀。

辽沈大地像往常一样，沉浸在秋夜之中。沈阳城里，该睡的都睡了，该醒的还醒着，许多达官贵人家里已经在筹备中秋赏月了。

晚10时15分，距东北军第七旅驻守的北大营不足800米的南满铁路铁

1931年9月18日，日军装甲车侵入沈阳城

轨接头处，埋伏着化装成中国农民的日本兵，听得一声令下，将事先安装好的42个方形炸药包悍然点着，只听一声巨响，划破了寂静的夜空，睡梦中的人被惊醒：出事了！

然而，谁都难以预料：这一声响，竟成了中国现代史上中华民族失地受辱的大事件！

午夜刚过，天还未亮。从爆炸的方向，全副武装的日军步兵快速逼近北大营，后续部队紧跟其后，与此同时，日军炮兵准确地开炮射中营房。

驻守北大营的东北军王以哲第七旅的团长王铁汉在一片惊慌中，接到东北边防军长官公署参谋长荣臻的电话，询问情况之后，当即命令："将枪缴库，撤出营房，否则，你要负一切责任！"

第七旅旅长王以哲不在军中，七旅参谋长赵镇藩电话请示旅长王以哲，王以哲在电话中命令："不准开枪还击日军，谁惹出事谁负责任！"

两个电话一个口径，这说明"九一八"这天晚上之前，"不抵抗"的指令已经下达，而且都把"不抵抗"视为"责任"，用荣臻电话中的话说是："不抵抗，不准动，把枪放在库房里，挺着死，大家成仁，为国牺牲！"

这个荒唐得不能再荒唐的命令，成了大半个世纪国人唾骂、不能原谅的误国之耻！

第七旅团长王铁汉当即就说："敌人侵吞我国土，攻我兵营，斯可忍，则国格、人格全无法维持，而且现在官兵愤慨，都愿与北大营共存亡，敌人正在炮击本团营房，本团官兵势不能持枪待毙！"

但是，他的慷慨言辞已经无济于事，日军开始进攻，先用不炸的炮弹试探，然而不见中国军队有任何反应，便有恃无恐地大举进攻，闯入北大营。

日兵面对手无枪械、束手待命的中国士兵，举枪就射，中国士兵不敢擅自还击，纷纷倒毙在日兵的枪下。

中国士兵愤怒了！他们喊着、骂着，真是大官不在，小官无奈。

当一排排中国士兵被日军击倒，北大营的部分士兵不顾一切，从库里抢出武器，伏在北大营的东围墙和卡子门两侧，向日军猛烈还击。他们边打边撤，离开营房，退出了沈阳。

就这样，一夜之间，偌大的一个沈阳城，沦陷在日本侵略者手中。

一切都来得那么突然而又容易，甚至比日本关东军策划的省时省力得多。

还是在前一天的拂晓，日军的一个工兵中队开入了柳条沟地区，首先切断了交通。中午，日军抓住八个横跨铁路的当地农民，强迫他们穿上事先准备好的东北军的旧军装，莫名其妙地对他们说："你们违反了铁路的戒严令，惩罚的办法就是修半天铁路。"当日军拍摄了事先安排好的中国东北军"破坏"南满铁路的照片之后，枪杀了尚来不及脱下军衣的农民。

日本侵略者这种惯用的贼喊捉贼的伎俩，东北军的军政大员早已司空见惯，从而也就无人去辨认究竟哪个是"贼"，哪个不是"贼"。

9月17日下午，日军炮兵进入阵地，只待9月18日下达轰击北大营的命令。

其实，日本关东军发动突然事变的迹象早在三个月前已经祖露无遗：1931年6月，板垣征四郎和石原莞尔这两个关东军总部里的侵华急先锋就拟订了"柳条沟铁路爆破计划"。

与此同时，日本陆相宇垣在师团长会议上大肆叫嚣："要在东北四省内进行某种策动。在非常情况下，关东军应有自行决定颠覆张学良政府、占领'满蒙'的决心。"

为此，关东军司令部制定了"处理满蒙问题方案"，把发动突然事变的一切行动，列入计划之中。

日本军政当局又策动一个叫作"满洲青年联盟"的团体，宣称："东北在历史上、地理上、经济上以及国防上都是与我帝国密切不可分割的区域。""我们站起来的时刻终于来到了！"

7月，这个团体向东北和日本大肆散发宣传材料"满蒙三题"，叫嚣"日本理所当然地要在东北驻兵，进而打倒半封建的东北政权"。

同月，以板垣征四郎和石原莞尔为首的关东军参谋部对黑龙江进行了最后一次"北满参谋旅行"，基本完成了发动"九一八"事变的准备。

日军为进占东北，特将日本北海道寒冷地区组建的多门第二师团调遣到东北。1931年8月15日，由做过张作霖顾问的"中国通"本庄繁中将担任关东军司令官。

同年6月，在吉林省长春县境万宝山地区，借中朝农民租种中国土地之纷争，极力挑动和扩大冲突，在朝鲜掀起排华运动，制造了"万宝山事件"。7月，日军又导演了日本参谋本部间谍中村非法潜入中国边防重地被中国东北屯垦军抓获并处决的所谓"中村大尉事件"。

以上无不表明日本百般发端挑衅，制造一触即发的突然事件已经到了急不可待的疯狂程度。

当时和日后的人们，禁不住发问：此时此刻，东北的军政要员哪去了？

那天夜晚，中国陆海空军副总司令、东北边防军司令长官张学良，正和英国驻华大使夫妇，在北平戏院看戏，亲自鼓动为辽西水灾筹款捐献，兴致正浓。突然接到荣臻打来的十万火急的电话，立即返回他住的协和医院。他旋即听到"日军袭击北大营，进攻沈阳，我方已遵照蒋主席铣电指示，不予抵抗"。正要荣臻继续报告时，电话中断。

张学良心里不托底，随即用电话向南京请示，蒋介石让军事委员会办公厅主任熊斌转达："不能打！"

这个"不能打"是"不抵抗"用口语表达的同义语，这就是说，

"九一八"事变已经爆发,蒋介石丝毫没有改变他的既定方针,使得东北军的高级执政人员逍遥军外。

代理司令长官张作相回锦州老家为父治丧;参谋长荣臻在事变当天为父祝寿;黑龙江省主席万福麟尚在北平;就连第七旅旅长王以哲也不在军营内……

张学良执行蒋介石的不抵抗命令并非一厢情愿,此时,他在政治上的不成熟,表现在迷信蒋介石,为求得日本侵略者找不到发动侵略中国的借口,即使打也不还手,避免事态扩大,期待国联干预,甚至连"有备无患"的起码部署也空无一筹。

回望这段历史,客观地审视事变的由来始末,"九一八"事变的爆发,是日本帝国主义侵华既定国策和以蒋介石为代表的"先安内,后攘外"反动政策互动的必然结果。

若干年前,已年逾90岁的张学良说起"九一八"的"不抵抗",是这样说的:"'九一八'事变我判断错误了!所以,后来国人骂我,我说你骂我'九一八'事变不抵抗,我一点儿不服,不认这个账。我没有错。可是你要骂我作为一个封疆大吏,没有把日本的情形看明白,那我承认。为什么呢?我当时判断日本不能这么做,这样做对他不利。你们知道,我这个人胆大妄为的,如果我知道当时日本人要这么干,我会跟日本拼命的。"

我们完全可以理解,事隔大半个世纪的张学良将军,对国人的"责骂"一直铭记在心,仍然难以抑制义愤和冲动。这是即使他笃信基督,也终难化解的"心头症"。

张学良同时还说:"'九一八'事变不抵抗,不但书里这样说,现在很多人都在说,说这是'中央'(蒋介石)的命令,来替我洗刷。不是这样的,那个不抵抗的命令是我下的,说不抵抗是'中央'的命令,不是的，绝对不是的。"

我们不想有驳于已经作古的一位世纪老人，但是我们要说，不是为哪一个人洗刷，而是为历史明鉴。

1931年，日本关东军大举进犯东北，蒋介石正值第三次全力"围剿"中央苏区，被红军打得焦头烂额，无暇东顾；他还要应付汪精卫、陈济棠国民党反动派在广州另立国民政府的叛逆行动，以及石友三部"反蒋叛张"的大规模军事对抗。于是，蒋介石抛出了"先安内，后攘外"的基本政策。

所以，谁直接下令不抵抗并不重要，谋事无异，上下贯通地执行不抵抗政策才是问题的实质。

诚然，正如张学良所说，他有对日本侵略来势的"判断失误"之处。

东北是张学良的生养地；日军是杀害他父亲的元凶，尸骨未寒，家仇未报；张学良在中国各政治派别和军阀混战中，东北是他站立的根基。

一旦事态发展到日军兵不血刃地侵占了辽、吉两省，染指黑龙江的时刻，张学良不能不反思"不抵抗"酿成的恶果。

日本侵略者的铁蹄踏过辽、吉两省，进图黑龙江之际，不免也放慢了速度，因为被称为北满的黑龙江地面不属于日本在东北的势力范围。日俄战争之后，日本攫取了南满中东铁路的路段区域，北满中东铁路仍控制在苏俄手中，而且黑龙江又与苏联接壤，日本当局在尚未牢固地占领东北的时候，担心惹起日、苏冲突，故不得不在进犯黑龙江省的军事行动上改变一下策略，即利用汉奸队伍为前驱，轻取黑龙江。

"九一八"事变爆发的时候，黑龙江省政府主席万福麟远在北平，黑龙江省接到张学良不抵抗的电令和陆续听到辽、吉两省沦陷的消息后，军政衙署陷于群龙无首、一片慌乱之中。

万福麟电告将主持黑龙江省军政的权力交由警务处处长窦联芳及他自

己的儿子洮昂铁路局局长万国宾署理。窦联芳临危接任，一时间束手无策，而万国宾亦无主政之韬略，幸有边防军驻黑龙江副司令公署参谋长谢珂挺身维系全省的局面。

日本关东军军部见到此情此景，得意万分，大造日军长驱直入、势不可当的舆论，扰乱人心。

"九一八"事变爆发后，省城齐齐哈尔的城乡交易断绝，城内的居民未战即逃，迁往东部各县。城内学校一律放假，群众情绪十分混乱。

届时，黑龙江省内的东北军两个主力国防旅，即王永盛第二十九旅、于兆麟第三十旅已调往关内讨伐石友三叛军，所剩多为省防部队，主要有：驻昂昂溪、扎兰屯的张殿九步兵第一旅；驻海拉尔的苏炳文步兵第二旅；驻黑河的马占山步兵第三旅。尚有驻克山、拜泉的吴松林骑兵第一旅；驻满洲里、扎赉诺尔的程志远骑兵第二旅以及边防副司令公署直属的卫队团、炮兵团等为数不多的兵力，共计不足3万人。

黑龙江省防军武器装备十分落后，没有一架飞机，连对付飞机低空扫射的高射炮和高射机枪也没有。加上日军占据辽、吉两省，切断了黑龙江和关内的交通供给，这就给黑龙江省防军抵御日军的进攻造成了极端的困难。

马占山在黑河统辖的第三步兵旅，实际兵员仅有骑、步兵各一团，且分散在几千公里的边境线上。

马占山这位从不俯首受辱的东北骁将，远离张学良，无从知晓蒋介石和张学良之间互为利用、上下串通的内情，但是任人欺辱、任人宰割的现实，却难以吞咽。

"九一八"事变爆发后，马占山怒火升腾，水饭难咽，失去了往日的闲情别致，甚至连五夫人筱荷花的清唱，也感到厌烦不悦。家里人见他脸色难看，不敢声张喧哗，生怕哪一点惹怒了他，遭到责骂。

如果不把他派驻这么遥远，依着马占山的性格，他定会闯进帅府，责问少帅，这"不抵抗"到底打的是什么主意？

苦闷之中，他想起怀德老家，即当年日俄战争必争之地，百姓深受战火蹂躏之苦，正是为了收拾日本侵略的残局，马占山从黑虎山被招安从军，做了一名哨长。如今怀德轻易地成了日军铁蹄践踏之地。

马占山心里深藏着日本关东军在皇姑屯炸死老帅张作霖和知遇上司吴俊升的仇恨。这一切，促使马占山滋生不可动摇的念头：如果日本人欺到他马占山头上，他绝不束手待毙，他要豁出命决一死战，宁可玉碎而不求瓦全！

9月23日，马占山召集营长以上的联防军会议，通报了战局，动员全旅官兵清点并备足武器弹药，集中兵力演兵习武，以待听令出征。

他没有想到，这个"令"真的会落到他的头上。

"双十"赴任

10月10日，时称"双十节"，是中华民国的国庆日。

1931年"双十节"的庆典对于东北沦陷区，早已成为泡影。在日军铁蹄下，大多城里的市民把张学良易帜换来的"青天白日"旗叠藏于箱，不敢悬挂。

可是，一大早，边城黑河依然高挂着那面旗，依然张灯结彩，聚会庆祝。用黑河人的话说，这面旗不过才悬挂了两年有余，还没过"新鲜"劲儿呢！

这一天，尽管晴空万里，可马占山心里却难以开晴，他无法摆脱时局骤变给他心里带来的阴影，他也无法预测事态的发展变化。但是有一点他是深信不疑的，那就是日本人既侵占了辽、吉两省，绝不会让黑龙江平安无事、罢兵熄火，日军进犯黑龙江只是时间问题。

在他的筹划下，黑河举行了前所未有的阅兵式。

在东大营操场的两侧空地上，列队聚集着2000多名从沿黑龙江上下驻军营地开来的骑兵、步兵和少量的炮兵。

检阅台上，马占山身穿中将衔军呢服，身后是参谋长和几位上校团长，两侧为黑河城内各界名流绅商。为了不使对岸的苏方当局产生误会，特地邀请苏联远东军区阿穆尔舰队司令阿列克塞耶夫，以贵宾身份一起参阅。

操场四周，挤满了围观的黑河百姓。一时间，鼓号声声，军旗猎猎。

马占山在阅兵典礼上没有慷慨言辞，因为他心里别扭，无法从一纸"不抵抗"的军令说开，再引发对时局的评论，他经常在公众场合申明的"守土有责"的宗旨和军人的天职"就是服从命令"，如今竟成了相逆的词语。

马占山不想隔靴搔痒，说些不咸不淡的话，他事先安排三旅的团长徐景德，以国庆的名义发布命令，检阅他整训了一年有余的三旅官兵。

黑河的商民百姓看见威武整齐的持枪方阵，喊着震天动地的口号，无不振奋雀跃，一扫国将破、家将亡的晦暗情绪，似乎看到了同仇敌忾的希望。

检阅尚未结束，机要秘书陆文平急速从操场侧门跃到阅台上，台上的军政要员见陆秘书那副急不可待的样子，纷纷把视线移向马占山。

陆文平来到马占山身后，靴跟相碰，没等他说出"报告"二字，马占山令他回去再说。马占山不想因为突发的任何事变而扰乱民心。他泰然自若，不动声色，让他身前身后的僚属一时摸不着头脑。

两个小时后，马占山回到官署，令召陆文平，这才拿到有张学良签署的当日南京国民政府的电令，任命马占山为黑龙江省代理主席兼军事总指挥。电报中明令马占山赴省城齐齐哈尔，接任的日期为当年10月20日。

"双十节"这一天，马占山接到南京国民政府择日代理省主席和军事总指挥，这一集军政大权于一身的重任，不能不说是一件于国于民于马占山个人，都是问鼎千斤的大事。

马占山心里明白，任职的电令虽然是南京国民政府下达的，令他去替代万福麟的旨意是少帅张学良圈定的。前年，也是经张学良运筹帷幄，他马占山由海伦转任黑河镇边，以加强中东路事件后的东北边务，可谓以强将充虚边，以保万无一失，而今辽、吉沦陷，却让他支撑全省的局面，应对日军的节节北上，意在战，还是和？

张学良在"九一八"事变爆发后，接受蒋介石三令五申的不抵抗政策，亲自下达"不抵抗"的命令，却不想日本关东军以此为突破口，倾国之力，长驱直入，大有一举侵吞整个东北之势。

张学良遭舆论斥责，自不必说，而他内心的痛苦，无时无刻不在煎熬着他。他眼见他赖以生存和发迹并与中国派系军阀抗衡的根基几近丧失；他苦心经营的兵工厂和被誉为中国空军之最的200多架飞机轻落日人手中；他父子两代人积存的万贯家业连同他起居逍遥的大帅府，一并成为日本关东军的战获之物等等，他的"不抵抗"一纸命令，让他何颜以对关东父老！

张学良让马占山出山赴任，是他审时度势、权衡利弊的择定。当时黑龙江省驻军三位步兵旅旅长中，一旅旅长张殿九虽然是张作霖同辈的绿林派，然年近老态，凡事力不从心，更无进取之意；二旅旅长苏炳文，系东北军中"陆大"派，虽正当年华，尚缺乏大战的经验，且两个旅均为中东路护路部队，每旅只能抽调一个团兵力抗战。唯马占山久经征战，性格刚毅，在东北军中属绿林老派中的少壮将领，是张作霖和吴俊升的得意门将。显然，任用马占山之意，不在和，而在战。

随万福麟进北平的东北边防军驻黑龙江副司令秘书杨成基曾先后三次秘密潜回黑龙江省，与马占山会见，传达张学

1931年10月，国民政府电令马占山代理黑龙江省主席

良的旨意，为国联调查团来东北揭露日军侵略做好充分的准备，并特"慰劳江桥抗战出力的官兵"。

马占山领导的江桥抗战，不能说是自发性的军事抵抗行动，也不是"义勇军"抗战，尽管南京中央政府对马占山江桥抗战没有做事实上的增援和支助，它毕竟是中国军队有组织、有规模的抗战壮举。

话说回来，马占山接到电令，不敢稍怠，立即传令召集黑龙江沿线各团长、营长联席会议，传达国府电令，申明国难当头，守土有责，自己既已重任在身，不可贻误！他命令步兵李青山团200余人随其赴省城（齐齐哈尔），对留守的人员和驻军，马占山做了精心安排和部署。

10月11日，黑龙江已是秋风瑟瑟的时节。黑河西郊江畔码头，停泊着往来黑河和哈尔滨航路的最大的一艘江轮"大兴"号。

因军令火急，航务局贴出告示，原本售出的船票，一律退票，改为军需专航。码头上军警戒备，不得闲人进入。

按常理，一介地方大员荣升离任，该有鼓乐齐鸣、举城欢送的场面，然而马占山有言再三，他的赴任即是出征，军务在身，不可声张。马占山及所属200余军政人员并然登船，按序入舱，没有声响，也没有惜别，权当作一次常规调遣。

大兴轮是煤炭蒸汽机推转的后旋轮船，是哈尔滨航运局吃水最深的客轮，在界河里航行可谓庞然大物，昭然出众。

马占山随身的两名副官，一是杜海山，一是张凤岐，都是他最信任的贴身要员。杜海山是马占山原配杜夫人亲侄，称马占山为姑父。杜夫人临终时，特留遗嘱让杜海山跟随姑父，她好放心；张凤岐为人精明能干，且有一手好枪法，16岁在万福麟手下当兵，自1925年直奉交战时，19岁的张凤岐更名为张鹤川，就在马占山手下任副官，直至抗战胜利。

这两人一左一右跟护着马占山，马占山在头等船舱里没坐一会儿，就起身要到驾驶舱去，杜海山不知何意，说那里没有头等舱清静，没有躺身的地方。马占山说，站在那里，无掩无遮，望景方便。

驾驶舱俗称舵楼子，船长和操舵的大副见马占山前来，不知何故，不免有几分紧张。

马占山却平和地说，要看看江左岸的江东六十四屯。船长这才把心放下。

黑龙江自上源额尔古纳河和西伯利亚的石勒喀河汇合后，蜿蜒千里，顺流东下，西岸多为高山峻岭。自进入精奇里河口，两岸骤然平展无际，黑龙江主流改变了流向，从由西向东变为由北向南流淌。黑龙江两岸原为南北对应变成东西对应，所以江左岸的大片土地称之为江东平原。

江东平原土质极其肥沃，是黑龙江及其支流精奇里河两江的冲积平原，自古以来就居住着我国北方各民族，其中满族和达斡尔族居多。到了清中叶，汉族中原流民北上，又开垦了许多窝棚，后来成为远近闻名的"江东六十四屯"。

马占山初到黑河，即到古城瑷珲凭吊，求教于当年主写"万民折"，向北洋政府段祺瑞"呈请索要我江东六十四屯"的黑龙江省议员陈连悦，方知按1858年中俄双方签订的不平等的《中俄瑷珲条约》的规定，江东六十四屯仍归中国政府管辖，由"华人永远居住，俄人不得侵犯"。即是说，沙皇俄国强占黑龙江以北大片领土，唯江东六十四屯地方不在其内。

谁承想，到了庚子年（1900年），沙俄入侵东北之前，将居住在江东六十四屯内的中国居民和海兰泡的华侨，肆意屠杀和驱赶，制造了骇人听闻的"海兰泡大屠杀"和"江东六十四屯惨案"，把"瑷珲条约"明文规定属于中国的江东六十四屯，霸为俄有。

如今，马占山在船上望着大片黑黝黝的土地，不禁感慨万分。31年前黑龙江将军寿山本为瑷珲人，"庚子俄乱"前一年，官居瑷珲副都统兼镇边新军北路翼长，为抗俄力战不屈。最后，俄军兵临齐齐哈尔城下，头顶朝廷惩处抗俄将领的诏令，耳充俄国将军招降的通牒，毅然自杀殉国，遂成一代爱国忠良。

马占山每想起寿山将军，都要自喻自勉，他不止一次对部下喟叹，说他如今和寿将军当年的处境，竟相类同。

马占山一路感慨不已，思绪万端。经杜海山一再恳请，才回到舱内筹措到省后速办的几项大事。

马占山接国府电令后，想到黑龙江的精锐之师已调至关内平定石友三叛乱，所剩驻军屈指可数，且装备落后，必须迅速联合临近黑龙江省的其他东北军各部，互相配合，协同动作。

他顺江而下，目的是到哈尔滨会见吉林护路军司令丁超和依兰镇守使李杜，以通报信息和抗战的决心，待日军进犯黑龙江省时，形成南北钳压之势。他屈指算计，江轮大兴号驶进哈尔滨的时间为10月18日，略停几小时，转乘火车，19日到达齐齐哈尔，20日按电令时限出任省职。马占山刚刚上船就曾命令副官电告省府各部官员，离岗者必须速返岗位，否则以弃职逃脱问罪。

10月18日午后2时，大兴轮将要驶近哈尔滨时，黑龙江省政府驻哈尔滨外交办公室主任王鼎三乘汽艇从哈尔滨赶来，执旗上船，急见马占山，密告将军，东省特区长官张景惠等人在哈尔滨码头迎接。

对此，马占山极为警觉。其时，张景惠亲日的面目已公开，马占山假路赴省上任，正是他秉承日本主子的意图，包围说降马占山的时机。日本人知道张景惠在东北军中是比马占山资格老的张作霖近臣，马占山在平日里对他少不了几分敬重，谅他不敢当面驳回。

王鼎三把张景惠的来意说明之后，马占山怒气添升，当即决定在未到哈尔滨码头前秘密下船，从小站对青山乘东铁下午3时开往齐齐哈尔的火车，先进三等普通车厢，以防备有人认出，车开后，换乘头等车，于10月19日夜到达省城齐齐哈尔。

战降之争

当东北军奉命弃地撤离，一夜之间，日本关东军进占沈阳，几日内接连侵占辽、吉大片土地，眼见威逼黑龙江的时候，张学良一反前容，变得痛心疾首、坐卧不安起来。为了挽回丧权失地的局面，保存尚未落入日寇手中的实地，他任命马占山出任黑龙江省政府代主席兼军事总指挥，来执掌抵御日军大举进攻的大计。

本来日本关东军兵不血刃地占据辽、吉两省，急欲一鼓作气拿下黑龙江省这片沃土，却又不得不放慢了脚步。

这是因为关东军的首脑人物本庄繁、板垣征四郎等深知，日俄战争使得日本占据了在南满的势力范围，而北满即长春以南的东北北部地区，仍然在苏俄势力控制之下，哈尔滨特别行政区实际是苏联总领事馆及中东路苏方路局的所在地，是苏联的铁路员工及苏联侨民与流亡白俄混居地，又是28个国家驻哈领事馆的聚集地。日本关东军在未占据黑龙江省之前，对哈尔滨尚不敢轻举妄动。

本庄繁、板垣等认为黑龙江省没有日本驻军，缺少进军的内应，而且深知黑龙江驻军是吴俊升的直系旧部，敌日的旧仇仍在。本庄繁、板垣等议定，拟采取诱降的手段，把目标选定为洮南镇守使张海鹏。

张海鹏，又名张宪涛，土匪出身，和张作霖是同乡。民国初年，已经

38岁的张海鹏被收降，在辽宁领了个管带缺。

1919年，张海鹏投靠黑龙江督军孙烈臣，任第四混成旅旅长，后被调任哈满护路军司令。

1921年，张海鹏跟随孙烈臣调任吉林步兵第七旅旅长。1922年第一次直奉交战，张海鹏奉张作霖之命，在辽宁黑山县成立奉天第一游击队，任统领。

1924年第二次直奉交战，仍未战即归，退守洮南。1925年任洮南镇守使。

张海鹏自恃与张作霖、张作相、张景惠等为辽宁绿林同辈，却一直在权位和实力上矮人一头；张作霖死后，张学良接管东北军政大权，张海鹏却不在张家父子的核心圈子之内，他脑后暗生反骨。

1931年7月，日本"满铁"总裁内田康哉到洮南视察，洮南的爱国人士准备组织群众举行反日示威，张海鹏下令阻拦，亲往火车站欢迎内田康哉。

9月21日，日本驻黑龙江省城特务机关长林义秀去洮南诱降张海鹏，接着日本驻通辽领事友三和日本关东军特派员大石，轮番拉拢张海鹏。日方应允，日军占领黑龙江省，将委任张海鹏为省主席，张海鹏窃喜在心，加紧扩充军队，准备北攻齐齐哈尔。

然而，风既起，浪不静。张海鹏的种种迹象在省城齐齐哈尔掀起了阵阵波澜。万国宾派人去洮南面见张海鹏，探听

洮南镇守使、后投敌之张海鹏

虚实，张海鹏说："本人年近古稀，毫无野心，唯日本人压迫太甚，暂赴黑龙江省躲避亦无不可！"言外之意，前往黑龙江势在必行。

9月26日，日本关东军侵占洮南，提前委任张海鹏为黑龙江省主席和保安边防总司令。张海鹏于10月1日宣布"独立"，公开了卖身投靠日本主子的身份，成为日本关东军进犯黑龙江省的急前锋。为此，日本遣送3000多支步枪、200万发子弹及相当数量的机关枪、迫击炮和山炮等大批军需物资，还有20万元现钞。

张海鹏大肆扩军，将原有的4个骑兵团增至15个骑兵团，总兵力万余人。

10月15日，马占山由黑河出发上任的第四天，张海鹏派遣少将旅长徐景隆率兵3000余人由洮南进驻泰来，在嫩江哈尔葛大桥（通称为江桥）南岸挖壕筑垒。

省城齐齐哈尔代政的万国宾召开紧急会议，以省府委员赵仲仁、李维国等人为首的多数人极力叫嚣"不抵抗"，会议未决而散。

此时，张学良接到谢珂关于黑龙江形势告危的电告，回电称："如张逆海鹏图黑，应予以讨伐，但对于日军务须避免直接冲突。"表明在江桥抗战之前，张学良不再直接命令"不抵抗"，强调对日军"避免直接冲突"。

但是，无论是"直接"还是"间接"的冲突，总归是中、日双方的冲突。对此，谢珂做了直接对抗日军进犯的准备：

一、发军饷一个月，借支一个月军饷，以便安置家眷；

二、命徐宝珍率领卫队团，并配属炮兵营、工兵连、辎重连进入江桥北侧正面阵地，构筑阵地，并在桥南布设地雷；

三、命朴炳珊炮兵团两个营布防在齐齐哈尔城防区；

四、命吴松林第一骑兵旅，在齐齐哈尔城南布防；

五、命程志远第二骑兵旅一个团进至泰来附近；

六、命江桥守军将大桥拆毁三个桥孔……

10月16日拂晓，张海鹏一声令下，徐景隆率三个骑兵团为开路先锋，开赴至江桥南岸，遭到黑龙江省守桥部队和北岸阵地的猛烈痛击。徐景隆来不及督阵迎战，踏响黑龙江防军布下的地雷，被炸得血肉横飞，当场毙命。伪军大乱，抱头鼠窜，与刚进入阵地的伪迫击炮连相撞，没放一炮便掉头逃跑。

江桥正面守军徐宝珍卫队团，在朱凤阳团的策应下乘胜反击，苑崇谷旅两个团侧面夹击，张海鹏的三个骑兵团溃不成军，待张海鹏的主力赶到，已成兵败如山倒之势。

10月18日，江桥安然如故，江桥抗战第一阶段初战告捷。

这一战，使本庄繁和板垣征四郎的"以华制华"、不伤日军毫毛而得满洲全境的计划破灭了。

这一战，迫使本庄繁和板垣等关东军魁首，决心赤膊上阵，依仗关东军之强势，强渡嫩江，血洗黑土大地。

从10月18日至11月4日，两军对垒的江桥阵地出现了相对的沉寂。古今战例证明，战场上的沉寂意味着大战即将到来，敌我双方在这段沉寂的日子里，都在紧张的运筹之中。

10月19日晚，马占山历时八天，取水、陆两路绕行了4000余里，到达齐齐哈尔。

因江桥战事刚刚停息，省城尚处于一片焦虑和不安之中，参谋长谢珂几日彻夜未眠，马占山通知决定取消盛大欢迎仪式。

正在洮南准备迎接张海鹏出任伪黑龙江省主席的赵仲仁，闻讯马占山到任，便掉头转向，折回省垣，混在欢迎宴会的各界人士之中。他借举杯道贺之机，称："将军国难之际，出任黑龙江省代主席，实在是万难当道，举步维艰！如同经商无银，办工无器。目前，日军联合东北军资深势强之张海鹏共谋黑龙江省，即使入城受挫，但日军绝不会善罢甘休，如不采取相应措施，酿成大战，势在必然！"

不等赵仲仁把话说完，省府警务处有人报告说："日本人向洮南送去几列车军火，把张海鹏部装换一新，许多家什是咱们没见过的，加上日军为其作盾，若再打起来，我们就不会是前几天那个样子了！"

说着，上来一帮早就备好辞令的绅商代表，拱手"悉请马将军顾全地方，万不能孤注一掷，与日军抵抗！"

赵仲仁无耻地说："代行张学良少帅大权的东北军参谋长荣臻都不敢抵抗，何况黑省防军已被抽空，所剩无几，如抵抗岂不是以卵击石吗！"

一时间，欢迎宴会成了恐日、降日的喧嚣场所。

马占山忍着满腔的怒火，他不想把这第一次的见面搞成不欢而散的局面；他更不想让新闻界把省府里的消极尴尬的气氛透露给外界。于是，他站起来，一字一顿地大声宣称："此时此刻，距'九一八'事变爆发仅一个月，辽、吉两省已经沦陷，日军目前正在向黑龙江省策动之中，我自知这是不可回避的事实，日本人决不能让黑龙江省单独存在，而就此罢兵。我也深知，我黑龙江省兵力单薄，而且兵器不良，抵抗绝难持久，怎么办？让我这个刚上任的代主席，眼看着小日本和张海鹏，不费一枪一弹占领黑龙江省？任小日本欺负百姓，掠我资源，亡国亡土而不动？我要问，若是那样，国家的国格哪去了？民族的人格哪去了？所以，我必须申明，我马占山到省，不是坐享其成，混日子来了！守土有责，是本人的天职，不管有多大的困难，我马占山定为国家争国格，为民族争人格，必与日本一拼！"

一番喧闹被马占山的铿锵之声震慑得鸦雀无声，众人交目相望片刻，还是谢珂带头鼓掌，终让那些被压得喘不过气的爱国之士，眼睛明亮起来。

血战江桥

　　江桥，准确的称谓是嫩江哈尔葛大桥，其长度约767米，与后建的铁桥长度相当。

　　哈尔葛大桥在齐齐哈尔西南方向，距离省城130余里，位于今泰来县东北。桥南端的村屯，即为现在的江桥镇，属泰来县境（1931年时属龙江县）；桥北端为一片平坦的江滩冲积地，无山无壑，是两军对垒构阵的天然战场。再往北推10余里，则是齐齐哈尔通往四平尚未过桥的必经之地"大兴站"，如今地面为大兴镇。

　　在哈尔葛大桥南北两端的江桥镇和大兴站，如同两把大锁，把守这条铁路通道。

　　日本关东军全力争夺哈尔葛大桥，除了前述暂时回避苏联及各国使团云集哈尔滨的原因，还在于取得了一条从沈阳至齐齐哈尔，不经过哈尔滨折角路线，而是如同"三角形斜边"的捷路。

　　张海鹏伪军溃败于江桥，日本关东军准备直接进犯黑龙江。按照日本每次发动不义之战的惯例，总要制造一个事端，或寻找一个借口，以欺骗舆论，遮蔽真相。

　　根据日本陆相的授意："切望军方以掩护修桥为名，捕捉出兵齐齐哈尔之良机"，日本关东军以中国驻桥守军"破坏"桥洞为由，派人轮番向刚到任的马占山施加压力。

10月25日，日本驻齐齐哈尔领事清水携两名日本军官会见马占山，照会黑龙江省政府："洮昂铁路为满铁借款而修，此刻交通断阻，于满铁有利害关系，满铁将派工人前往修江桥。"

马占山当即答复："查洮昂铁路江桥，损坏轻微，已商该路局从速修理。我国铁路有自主权，且中国工人亦能修理如初，不须越俎代庖。"

清水的外交辞令遭到拒绝，又施以威逼引诱的手段："奉、吉两省已与日本合作，谅黑龙江一省之力，绝难抵抗。如不愿合作，张海鹏曾托本庄繁代说，愿出美金500万元请将军出国游历，请将军将黑龙江省和平让与张海鹏。"

马占山听了开口大笑："张海鹏和你们认错人了！我马占山奉命来省，不是来卖黑龙江的！你回去可以告诉本庄繁，他如果想得到黑龙江，可以拿血来换！不要看不起中国人，不要以为拿几个臭钱就能收买我！"

马占山说完起身而去，清水面红耳赤，灰溜溜地离开省府。

10月28日上午，清水再次来会见马占山，送交本庄繁签署的照会，依然老调重弹，文中还使用了种种恐吓的言辞。马占山拒而不见，

今日江桥南岸矗立着"江桥抗战纪念碑"

对日本照会置之不理。

28日下午，日本关东军驻齐齐哈尔武官林义秀少佐代表本庄繁登门会见马占山。他不再陈述"借贷修路"的老调，直接向中方提出，限令中方于11月3日中午修桥完工，如果届时不竣，"日本将派军队保护南满铁路工程师，执行修桥任务"。

马占山提出放宽时限，林义秀严加拒绝，匆匆而去。

28日晚，马占山接到洮昂路局报告："日本关东军多门师团及满铁守备队数千人，乘军列已开进洮南。师团长多门派人送函至路局，转告黑龙江省政府及张海鹏，将驻在洮昂路线的中国军队，务必速退出铁路线之外。"

可以说，日本关东军已经到了按捺不住、急待出兵的时刻；马占山到了忍无可忍、怒火攻心的地步。

据马占山的副官杜海山回忆：马占山一夜未睡，在屋内来回急步快走，把地毯都掀卷起来，弄得灰尘满屋飞扬……

他在万难之中，思考对策；在危机之中，寻求救国救民的出路。

30日清晨，马占山让副官传令，命卫队团团长徐宝珍、第三旅团长徐景德和骑兵第一旅旅长吴松林三人，随同他前往江桥视察。

马占山等乘汽车一路疾驶，警卫团的马队在前后护卫，出城沿公路向泰来方向奔去。

路上，马占山的脑中依然响着昨天赵仲仁带着200多商民，到省府苦求罢兵勿抗的哭声。他静心沉思，尽管这帮人打着顾全地方、为民请命的旗号，但是他们并不代表真正的平民百姓，实际上顾全的是他们的家业、他们的势力和他们自身的性命。他决计与日本侵略者抗争，守土保民何罪之有？

马占山在汽车里望着路两旁的庄稼民舍，望着放牛的娃子，望着从嫩江边上割草回来的草车，感叹道："日本人若要过江，这些不都完了吗？"

坐在身边的吴松林愤然地说："那还要我们有什么用！"

马占山不再说话，他和随同的实力派军官有着共同的心思：守土保民是中国自古至今忠臣良将的第一天职。

汽车和马队进入嫩江滩平地徐宝珍的防区，马占山令汽车停下，他远远望去，江水初退，江岸和沿铁路两旁露出黑黑的泥沼，大桥旁边的江岸两侧长满扬花的芦苇。

在老家种过庄稼的马占山抓起一把湿湿的黑土，说："多肥的土啊！"他突然转念说："好！这地形太好了！"

马占山捡起一块石头扔向泥沼地，石头像被吸住似的，坠入泥里。马占山命令徐宝珍，要充分利用这里的地形地势，趁江水初退，泥沼沉陷之机，将敌人诱入泥地，再突然发起猛攻，当敌人难以自拔之际，拼死猛追，短兵相接，痛杀不怠！

马占山特别告诫前线连、营指挥官，我军缺乏子弹，枪械落后，不到百米射程之内，绝不准许开枪射击。

马占山拍着一个年轻战士的肩膀说："一旦打响，我必亲来火线，与兄弟同生死！"

马占山所到之地，守在阵地上的将士群情激奋，抗敌信心倍加高涨，纷纷向将军发誓："与民族同生死，与国土共存亡！"

11月2日，日本驻黑龙江省武官（后为特务机关长）林义秀少佐代表本庄繁，向省府送达日军最后通牒。

通牒称限11月3日正午，中国军队必须撤退距桥梁10公里，声称若不应允，日军即以敌人视之。

即是说，3日正午，江桥无论是修完或修不完，中国军队都必须后撤，否则即开战。

当时黑龙江省防军驻扎在大兴站阵地，距江桥18里，不存在从桥上撤退的问题，马占山为表示无意开战，复函同意后撤，实则无兵可撤。

此刻，关东军司令官本庄繁一再打出林义秀这张牌，清水不再出面，等于在向马占山宣战，这再度掀起赵仲仁等投降日本的鼓噪和纠缠，马占山不得不再度申明："我是一省之长，守土有责，决不能将黑龙江寸土尺地，让于敌人。我的力量固然不够，他来欺负我，我已决定与日本拼命，保护我领土，保护我人民。如果我打错了，给国家惹出乱子来了，请你们把我的头割下，送到中央去领罪！"

侵华元凶之一、日本关东军司令官本庄繁

马占山说完这番话，眼泪纵流，激动不已。卫队团长徐宝珍拔出手枪，跳上桌子大喊："在座如果再有敢主张议和者，以汉奸论处！"

吓得这帮没有脊梁的民族败类瞠目结舌，不敢吭声。

至此，抗战的正气充满省城大街小巷，马占山铿锵有力的爱国言论极大地鼓舞着黑龙江军民的爱国斗志。

到了11月3日这天，我省防军已做好了迎战的准备：根据马占山的命令，卫队团第一营张洪勋部正面扼守桥梁及铁道；第三营张竟渡部和第二营王某部守在左翼高地；骑兵连张鼎新部和第二旅吴德林团的两个营，居其后驻守大兴站。

此时，天气尚暖，江水未冻。江岸大水过后，淤泥积水甚深，守军将士士气大振，正如有人说：天助我也！

自10月18日张海鹏兵败江桥至11月3日，已半月有余。这半个多月，正是马占山在一片纷乱无序之中走马上任、整军备战的时日，也是日本关东军调兵遣将、以备全力进犯黑龙江的日期。日本关东军司令本庄繁似乎将战前该做的都做了，该说的都说了，万事俱备，只需一逞了。

11月4日，日军派出小股部队从泰丰出发，5点抵江桥站下车，7点做架桥准备。日军第7中队以一机关枪小队沿铁路线北上，因桥路被破坏，日军军列缓行至中午到距大兴路尚有一公里处，遭遇马占山部的反击，机关枪、迫击炮从河岸阵地上射击，令日军措手不及，十余人受伤。军列中的日军主力迅速集合，偷袭中国守军江桥左翼的步兵岗哨，将陈家窝棚一组三人哨兵捕去，日军大部队随即进入桥北开阔地，摆出方阵，撑着日旗，架起山炮向我压来。

马占山接到告急报告，用电话命令卫队团长徐宝珍和步兵二旅吴德林团长："务要保持镇静，要诱敌前进，待敌进入百米有效射程之内，要全力予以打击，务将敌军全部歼灭。没有我的命令，擅自退却，致失一寸土地者，以军法从事。"

马占山三令五申的这番近距歼敌的战术，已在我守军连队广为响应。伏在阵地里的我军将士早已把枪膛压满子弹，瞄着密集的日军方阵向前逼近。

1931年11月4日中午1点左右，江桥保卫战打响了。这是中国军队有组织具规模的反侵略的首战。

冲在最前边的日军第16联队第7中队和日军工兵第7中队，向我大兴防军发起冲锋，却不见我军还击，日军更加有恃无恐，直起腰杆端枪挺进。

当日军进入百米内，只听一声令下，我军机枪、步枪一齐开火，弹如急雨，命中率极高，打得日军措手不及，排排倒地。

日军师团长多门想不到首开战端，竟遭如此激烈的反击，一时摸不着头脑，查问下属是否发现黑龙江守军有新式重武器。

战斗进行到下午3时，仍不见有丝毫松懈，马占山接到报告，手握电话，连声叫好。他不停地指挥督战，鼓舞士气，鏖战过午，日军伤亡惨重，纷纷溃至南岸。

也就在双方大规模接火时分，日本关东军司令部派林义秀和日本书记官早崎会求见马占山，建议双方代表商谈两军如何避免冲突的办法。马占山令秘书韩树业全权与林义秀、早崎乘车前往昂昂溪，会同省防守军中段指挥石兰斌到前线视察。

按双方约定，石兰斌和林义秀分别向进入阵地的两国士兵训诫，彼此均得严守纪律，避免冲突。然而，当石兰斌集合部队即要训话之际，林义秀竟逼迫石兰斌签发撤军的命令，并强迫他立即执行。

原来，所谓严守"纪律"，就是按日方的最后通牒无条件地撤出大兴站阵地。

石兰斌当即以本人是步兵第三旅参谋长，无权下令为由，予以拒绝。

此时，江桥左翼防线战斗正在激烈进行，石兰斌负责的江桥正面尚未开战，林义秀见逼我撤军的目的未达到，便愤然要双方代表乘专车返回省城，而马占山则乘车迎面开向大兴站主阵地。

下午3时，林义秀不肯善罢甘休，要求双方代表再赴前线，汽车经过大兴站，正值日军开始向我大兴站阵地发起进攻。日军飞机多架不明车中乘坐何人，竟向专车投弹，汽车被掀翻，将双方代表震出车外，昏躺在地，半天才苏醒过来，其中日军副官被送进省城医院。

日军下午以几倍兵力，加强了进攻的规模，集中向我大兴站阵地压来。

500名日军在野炮的配合下，高执太阳旗，向距大兴站四五里的我军左翼阵地进攻，牵制我侧面部队，而以主力部队编成密集形方阵向我大兴站主阵地猛攻，企图在中央突破，击溃我军。

日军的这种战术，造成了大兴主阵地异常紧张的局面，大有"精神胜利法"的黑云压顶之势。

在阵前指挥的马占山当即回令："敌人以密集队形攻我阵地，正暴露他轻敌的弱点，我们一定要充分利用敌人的弱点，一鼓作气歼灭！要按照上午所下的命令，等候敌人进入百米内再枪炮齐发。你们的猛烈枪声即是全线攻击的联络信号，枪声即起，猛攻开始，万不能提前行动！"

按照马占山的命令，阵地守军一弹未发，以设井擒虎之势，凝视当面向我军突进的日军。

日军的先头部队分作若干组队，交互前进，殿后的炮火十分猛烈，一时压得我军难以抬头。

接着，日军后续的大部队，仍以密集队形蜂拥而上，当进入我军极为有效的射程之内，徐宝珍挥枪高喊："打！"

霎时，憋足了劲的全线将士扣动枪机，射出千万颗仇恨的子弹，卷起了一片回应侵略者的狂涛。左翼阵地趁势反攻，形成夹击敌人的铁钳之势。

顿时，日军排排中弹，方阵大乱，"太阳"落地，死伤成片。

遭到重挫的日军尽管锐气顿消，却不回头溃逃。徐宝珍见状令号兵吹起冲锋号，我全线守军勇士跃出战壕，冲入敌军队内，展开白刃战。

大兴阵地外喊杀震天，刀光闪动，血流满地，混战多时。这时，日军纵然天上有飞机盘旋、多门火炮已装弹及铁甲车殿后，都已经成无用之物。两军均失去了新式武器的作用，像古代战争那样，双方陷入了真正的血肉之拼。

日军终于向江桥溃退了。

中国守军哪肯罢休，拼命追击，马占山预设在江岸芦苇塘中的伏兵，趁势开枪堵截。日军遭到前后左右的围歼，血肉横飞，遗尸遍野，活命者有的陷入泥沼，有的跳落江中，惨相万状。

残敌正抱头乱窜之时，日军援军赶到，刚过江桥立足未稳，又被我骑兵夹击，拦腰将敌冲散。一股逃回南岸；日军嫩江支队占据的左翼高地小土山，陷入我军四方包围之中，苦苦支撑……

马占山将军

这场血战历时五个小时，至晚8时，江北岸所见的只是血肉模糊的日军尸体和散遗遍地的武器。

日军败逃回嫩江南岸，用探照灯向我北岸阵地照射，又以重炮射击，接着改变过桥战术，遣百只江船，满载日军暗渡，被我早早发现。一阵猛烈火力的阻击，日军留下死伤落水者，狼狈退回。

这天夜里，日军炮声彻夜不息，仍做不肯示弱状。

马占山抖落浑身的尘埃，精神异常振奋，他为自己的部下不畏强暴、英勇杀敌所感动；他为不可动摇的民族精神而自豪；他为那些为国捐躯的年轻生命而痛惜。

马占山走出指挥所，走向阵地，示意不要惊动抱枪而睡的战士，更大的战斗还在后边。

4日这一天，日军参战部队为多门师团步兵16联队的3个大队，及南满铁路守备部队的几个大队，加上配属的飞机及轻重炮兵，共计6000余人，伤亡百人以上。

中国守军方面参战的仅有卫队团步兵三营、骑兵一连及省防军步兵第二旅两个营，共2700余人，伤亡300余人。

对于这一天的战况，李顿为首的国联调查团的报告载道："此役，据日本向国联调查团报告称：双方开火后，步兵16联队长滨本大佐见所部所处之地位，极其困难，乃将其所有占用的军队，开往增援，经过一番迅速侦察后，彼即深信在此低湿之地面上，正面攻击实在不可能，日军乃欲脱离所处之困难地位，舍向左翼采取包围形势外，几无他法。于是彼即调集其预备队，向中国左翼进攻，但因人数过少，且无法使大炮进至较近距离之故，直至午后8时半，始将该地占领，而是日无法再向前进。"

为了迎击日军更大规模的进犯，马占山对全线的守军做了调整和部署：调苑崇谷的暂编第一旅（即兴安屯垦军）于6日前抵达大兴站；程志远骑兵第二旅朱凤阳团、涂全胜团火速赶往昂昂溪集结。

命令驻齐齐哈尔的所有部队开往前线，又征调800民工，到前线协助抢修工事。

11月5日拂晓3时，日军出动，总兵力共8000余人，向嫩江北岸中国守军阵地猛攻。出动飞机10余架、火炮30余门，从空中到陆地压向我军，以掩护日军渡江。

我江岸守军猛烈还击，打得渡船左右漂荡，日兵纷纷落水，江面漂起片片污血。

由于敌人炮火猛烈，我守岸部队损失严重，不得不暂时退伏到渡口的两翼。

将近中午的时候，日军大部队冒炮火渡江，在北岸完成集结后，发起大规模冲锋，由远矢忠中尉率部解救了被包围在"东岗湾子"的嫩江支队。日军进入我大兴阵地。

省防军增援的步兵第二旅吴德林团和骑兵第一旅萨力布团赶到，跃入阵地与日军火并，打退了日军多次冲锋。

马占山于前线激战正酣的11时左右，偕省防军参谋处处长金奎璧及10余名卫士，分乘大小汽车直奔大兴前线。

马占山一行在日军炮火的轰击下，开足马力，左拐右旋，躲过一个个弹坑，溅起阵阵尘土。马占山命令司机以最快的速度接近前沿战斗最激烈的地方。这时，日军三架飞机低空下旋，连投数弹，并用机枪尾追扫射。

日军用火车运送伤员（张树明提供）

马占山车行周围，炸片横飞，弹落如雨。马占山所乘的指挥车车篷着弹若筛，幸好人无伤亡，车没熄火，一路直奔大兴阵地，情势甚险。

阵地守军见总指挥马将军冒死赶来，顿时呼声大作，士气高昂，犹如天降神兵，其力无穷。

马占山向满脸烟黑、身沾血迹的战士端端正正地敬了个

日军运送死亡士兵（张树明提供）

军礼，紧握拳头以示抗战到底，随即执望远镜察看日军进攻的态势，立即亲自指挥正面部队发起进攻，命令骑兵从两翼包围日军，日军几乎陷入口袋之中，幸有南路可退。

血战到傍晚，日军开始溃退过江，省防军乘胜追击，直至江岸。马占山又令守军将配合日军进攻的张海鹏伪军之一部，圈在江滩泥沼一带，迅速将其击溃。到了入夜时分，江北岸再次见不到日军的踪迹。

5日这一天，日本关东军又增调两个大队和三个中队的炮兵，总集结兵力达8000多人，却依旧被赶回嫩江南岸，留下多具尸体。

省防军卫队团骑兵连中校连长张鼎新、一营桑排长殉国，士兵伤亡200余人。

5日的战况，据李顿国联调查团的报告所述："此役，据日本向国联调查团报告：关东军司令部，接得关于此项情报（即4日战役之情况）之报告后，立派大批军队前往增援。是日（4日）晚间有步兵一营开到，日军得援，乃于11月5日拂晓，重取攻势。经两个小时后，到达中国军队第一道阵地。据滨本大佐本人致调查团报告称，中国军队在该地有极坚固之战壕，并有自动机枪70架，日军之攻势，至此完全停顿。中国军队用步兵及骑兵实行包围式之反攻，日军蒙受极大之损失，而不得不向后撤退！"

鏖战了两天的马占山，望着冒着点点青烟、尚来不及收尸的战场，心情十分沉重。他的感觉如同两个人拼杀，一个人用尽全力将对手打倒，打倒的站起来变成了另一个人，那个尽全力的人依旧不变，却已经是筋疲力尽了。

夜里，大兴阵地只有搬运弹药的动静和擦拭枪支的声音，没有人出声，也没有人回头品味几个小时前的殊死搏杀，整个阵地静得让人窒息。所有的人都在静静地等待下一场生死较量。

11月6日晨2时，天还未亮，日军开始更加猛烈地炮击。马占山从炮声中判断，敌人又增添了首次上阵的大部队。

果然如是，日军又调铃木旅团数千人前来增援。

4时，在飞机、野炮的配合下，日军第三次冲过江桥，向守军发动全线猛攻。

日机凭着中国守军一无空军二无高射枪炮，疯狂地进行低空侦察。日军炮兵阵地也加大多门火炮的密集射击，瞄准我大兴主阵地倾泻了大量炮弹。

中国守军尚未和日军步兵接火，各段阵地多处被炸塌，人员伤亡惨重。许多士兵仰头冲日机开枪，只见低飞的驾驶员露出满脸狞笑，中国士兵怒火填胸，破口大骂。

这时，本归马占山直辖的步兵第三旅二团派两个营前来增援，和固守阵地的将士合力抗击从正面进攻的日军，日军溃下复上，拉锯多次，争夺异常猛烈，一直打到将近中午。中国守军主线阵地几乎被日军枪炮摧毁，来不及补修，难成掩体。当日军再度逼近我军时，我守军索性跃出战壕，端枪冲上，与日军肉搏。

两军厮杀，混战一起，日军的炮火再次失去效力，日军虽拼命应对，终因气竭不支，兵溃败逃。

11月6日，在江桥激战中牺牲的马占山部士兵

在另一片开阔地，中日双方的骑兵马队相向冲杀，在马背上展开激烈的劈杀战。省防军骑兵团长萨力布一马当先，挥刀斩敌，指挥骁勇的骑士，将日军骑兵围堵追杀，萨力布不幸中弹负伤，日军趁隙溃出，激战直至午后6时。

接连三天的阵地战，我军总共毙伤日军及伪军近千人，我军伤亡近2000人。

第三天的激战结束后，大兴阵地的工事已被全部摧毁。

马占山将军看着连战三日的士兵倒卧在坑壕内，腹空无食，异常疲困，实在不忍连续再战，他心里一再盘算，所能调动增援的大部分部队都在一、二道防线，大兴阵地实在无援军可替换。

为了保存实力，暂缓时机，马占山当机立断，下令我军变换阵地，将主力撤到距大兴站18里的三间房第二道防线。

恶战三间房

三间房，原是齐齐哈尔通向泰来的一个村落，北距齐齐哈尔70里。自从洮昂铁路和滨洲铁路通车后，这里成了北满交通的一个重要枢纽。南来北往的列车要在三间房北昂昂溪车站侧线挂车。

三间房至大兴站之间，地面开阔，无山可守，无水可阻，是两军搏杀开展阵地战的天然战场。

日军欲夺取黑龙江省城，过了江桥和大兴站，必经之地就是三间房。

马占山在江桥战役尚未打响的时候，就把三间房作为和日军决战的重要防线，以此为守护省城齐齐哈尔的最后一道关卡。

此时，马占山决定，同日军激战了三天三夜的徐宝珍卫队团和一线的省防军休整补充，令张

江桥抗战中之马占山将军

殿九旅的吴德林团和第三旅的李青山团沿汤池至三间房铁路线的正面战场设防，作为三间房主阵地的前沿；又令吴松林旅的两个团于大伯岱经汤池至乌诺头左右设防，保障汤池两翼的安全。这样，在三间房阵地和大兴站之间，形成了以汤池为中心，东西两翼为辅助的阵势。

马占山将最具实力的苑崇谷暂编第一旅放在三角阵势之后，作为与日军决战的看家之旅。

苑崇谷，江桥抗战前任东北兴安屯垦军旅长。苑崇谷旅本是张学良东北军的精锐部队之一，不仅装备好，战斗力强，而且素质高、纪律严。自张学良主政以后，为保存军事实力，将东北军邹作华的炮兵旅和苑崇谷的步兵旅移驻到远离"南满"日本势力范围的洮南以北的兴安地区，号称兴安屯垦军，实则和屯垦并无多大关系。

1931年夏，日本关东军为探明兴安屯垦军实力，派遣特务中村大尉，化装为蒙古人，未经中国政府和驻军许可，潜入屯垦军驻地，被苑崇谷旅查获，就地枪决，这就是所谓的"中村事件"。

江桥抗战爆发后，苑崇谷识破洮南镇守使张海鹏降日的真相，于10月率部开往嫩江哈尔葛大桥附近的他拉哈地区，宣布接受马占山将军指挥，誓与黑龙江省军民合作，与日军战斗到底。

马占山对苑崇谷临阵加盟，尤为赞佩和器重，宣布将屯垦旅改编为黑龙江省防军暂编第一旅。苑崇谷成为马占山所辖部队一员得力的干将，驻守在三间房、小新屯和大伯岱一线。

马占山又令程志远骑兵第二旅的三个团分别驻守在护守齐齐哈尔的底线——昂昂溪周围设防。

黑龙江省防军主动有序地撤离大兴阵地，让日军一时摸不着头脑。

11月6日夜，日军用重炮无具体目标地向前伸延轰击，直到7日凌晨1时停止。

马占山和副官来到三间房阵地前沿，焦急地等待着北方冬日不肯轻易露面的晨曦，一再传令抓紧时间加固阵地，备足弹药。守在最前面的士兵，不可在百米之外向日军射击，务必等敌人进入最有效的射程再开火。

五个小时的停顿，让日军前线指挥官、联队长滨本大佐绞尽脑汁，在他看来，6日的胶着战最后日军仍是"气竭不支，狼狈逃窜"，中国军队根本没到溃逃的程度。

这个曾在辽吉大地长驱直入、不可一世的日军大佐，急于求胜的心理驱使他发出向嫩江北岸纵深方向进攻的命令。

7日凌晨5时许，日军骑兵在密集炮火的掩护下，拥进大兴阵地。大兴车站空无一人，阵地上看不见一具阵亡士兵的尸体，也没有一件失落的武器。

日军没遇到伏击。滨本命令骑兵从大官屯和小新屯出发，顺公路进攻中国军队尚未占稳的三间房、蘑菇溪、红旗营子阵地。他没料到潜伏在树丛和苇塘里的中国守军孙鸿裕团，突然跃起猛击。日军骑兵马失前蹄，人落鞍下。吴松林派骑兵乘势自北向南向正面大兴站发起反攻，日军处于夹击之中。双方激战至中午，日军丢下多具尸体，被迫停止进攻。我三间房阵地如同在门前滚过了一阵惊雷急雨，纹丝未动。

日军北进受挫，变得谨慎起来。日军多门师团长下令出动空军，对我三间房阵地狂轰滥炸。七八架日机飞抵我三间房阵地上空，低旋投弹，阵地上黑烟暴起，沙土飞扬，守军士兵伤亡不断。

多门在电话里疯狂地喝令日机轮番不停地轰炸。我军阵地许多官兵与日军肉搏尚存，却倒在敌机轰炸的血泊里。士兵们不怕牺牲，以20人为一组，仰卧地上，用步枪射击，竟击伤一架日机，令其摇晃而逃窜。

被敌机激红了眼睛的炮手们，把平射的山炮放置在坑内，将炮身崛起，朝日机连施数炮，击落了一架日机。

损失了两架日机，打击了日本空军的气焰，日机犹如鹞子坠空，风筝脱线，投弹率大大降低。

1931年11月10日的《滨江日报》报道了这天的战绩："进犯洮昂之日本空军，自7日晨起，更番以两架战斗机北来侦察。一经觅得我军散兵线后，必横陈机体，遥遥相对，于是其重炮队取准目标，排比轰射，我最前线卫队团伤亡特多。殆即因此，然久经压迫，愤极思报，而日机竟亦肆无顾忌，低飞追逐，甚或投弹放枪。我军某营遂于其来时，一律卧地仰射，果中一机，踉跄遁走，至捕获之一机，系被我掩埋之山炮射落。当解抵江垣时，一般民众，莫不欢呼腾跃，请缨前驱，即俘之步兵，亦达10余名。马占山总指挥迟至深夜，方由阵地返江。日军经斯挫折，今日遂由江桥站南退60里。上午约11点钟，仅派战机一架，来江桥高空侦察，然别无任何动作，现江桥方面，业由屯垦军完全收复。"

马占山一直守在三间房阵地，曾两次到前沿视察，亲自指挥了阵前守军用步枪射击日机的战斗。当他眼望着来自大兴站方向的日军在空旷的原野上消遁的时候，心里并不轻松，他意识到更加激烈、更加残酷的恶战还在后面。他召开旅、团长军事会议，决定重新部署防线和分配兵力。新设的第一道防线位于大兴站及大兴站以北，大兴站至江桥为前沿阵

日军增援的装甲车

地，由骑兵第一旅吴松林旅长指挥；第二道防线位于三间房，由步兵第一旅张殿九旅长指挥；第三道防线位于小新屯、蘑菇溪一带，由步兵第二旅苏炳文旅长和骑兵第二旅程志远旅长指挥。

各旅、团长匆匆而去，天已入夜。马占山从来不是好大喜功之人，但在此生死存亡之时，他想到闷头抗敌总不是办法，随即传令副官长，连夜向中央政府和北平发出虞电，报告连日激战及退至三间房的经过，表达自己抗战到底的决心：

> 日本图谋北满，野心暴露、举世瞩瞩、无庸讳言。此次借口修理江桥，大举进攻，我军力图自卫，只可相与周旋。连日激战，昼攻夜袭，恣意残杀，致我死伤枕藉。日军武器精良，胜我百倍，明知黑龙江省联络已绝，呼援不应，仅以一隅之兵力，焉能抵日人一国之大军。前方将士莫不深明大义，慷慨激昂，大有气吞河岳、敌忾同仇之势，兼之占山受国家倚畀之深，人民寄托之重，目睹辽吉沦胥，黑龙江省危如累卵，与其坐失国土，委诸父老于不顾，毋宁牺牲一切，奋斗到底。如蒙天佑，或可保持一时，而获最后之侥幸。本日日本军迭派飞机，向我连续掷弹，一面调集兵力逐渐推进。观测情况，恐于最短期间，必将大肆图攻。占山守土有责，一息尚存，决不敢使寸尺之地，沦于异族，惟有本我初衷，誓与周旋，始终坚持，绝不屈让。惟海内明达，其谅察焉。除已誓率前方将士，一致决死相拼，并将最近情况电向国联声请设法制止，静候世界各国公理之解决外，务恳全国父老，努力振作，以救危亡，不胜愤慨之至。

马占山这份虞电，可谓慷慨悲壮，感人至深。字里行间申明大义，决死相拼，并无半点绝望乞援之意。

马占山连等两日，不见中央政府有任何回音，心里着实发凉。但是让他欣慰的是全国各地民众纷纷通电声援，高度赞扬他的抗战壮举，足以证明全国民众和他站在一起。他异军突起，奋力抗战得到了人民的理解和支持。

为了让国人能够真实准确地了解江桥抗战的真相，又向全国发出了详细陈述江桥抗战原委的通电，即著名的1931年11月10日灰电（略）。

这封通电在全国掀起了洪涛大波，引发了举国上下的援马声浪。

11月8日至11日，江桥战事暂告沉寂。日军驻齐齐哈尔武官林义秀少佐粉墨登场，亲赴省府，向马占山递交本庄繁通牒一件，内称要求马占山立即辞职，速将黑龙江省政权交给张海鹏，否则，日本军即进占黑龙江省城齐齐哈尔，并限于本日夜12时答复。

马占山阅完通牒，没做任何答复，转身走去。林义秀在省府遭冷遇，关东军司令本庄繁十分恼火，两日之后，本庄繁从沈阳发直电，再次通牒马占山：

（一）马主席下野。

（二）撤退在齐齐哈尔之黑龙江军队。

（三）要求日本军有进昂昂溪之权。

以上要求限当夜12时答复。

这实际上是向马占山公开宣布日军将脱离江桥的圈限北进，无异于日方的最后通牒。

还必须提及的是日本关东军总部，面临来自日本陆军总部的压力和国内不主张急于进逼"北满"，担心惹起国际上诸多麻烦的政客们的反对。

在"南满"长驱直入，轻取辽、吉两省的关东军，反而在江桥之战滨本步兵联队、第二骑兵联队相继遭到重创，多门师团的长谷旅团和天野旅团损失惨重。英国《泰晤士报》和上海出版的英文《密勒氏评论》载长文赞扬中国军队的正义之战，称马占山为中国的抗日民族英雄。

日本陆相南次郎派陆军参谋总长质询关东军司令官本庄繁，发布了日本天皇的第120号命令：

一、鉴于目前国内外形势，对北满的方针是，暂不采取积极的作战行动。

二、修理嫩江桥的护卫部队，为最低限度地完成任务，应将其作战行动限制在占领通过大兴车站附近的铁路线一带。

关东军司令本庄繁的得力参谋片仓和板垣，对陆军总参谋长下达的第120号命令极力反对，叫嚷："连关东军司令官都难以指挥的卫队行动，由本土那些浑蛋来指挥，结果等于剥夺了司令官的指挥权。这是关系到确立统帅权的一件大事。"

这正中本庄繁的未言苦衷，即攻占"北满"是日本的国策，如果在他指挥的关东军暂时失利的时候，由他人接替关东军的指挥权，岂不等于让人坐收渔翁之利。于是，他虽然没有公开抗命，却决定急速增派第二师团的主力和第39混成旅团一部，支援陷于泥潭之中的多门师团，并向日本本土陆军总部发出了措辞强硬的报告：

关于总长第120号电，我部已遵照主要精神执行，但对以故意挑衅之中国军队，应仅满足于占领救援阵地或应在一举击退中国军之后再撤回救援阵地，这只能由前线部队理解我军方针之后自行处理，首先应根据敌情和地形区别对待。

如现在撤军，给人以这样一种感觉，即日军只能在弱小的中国军面前逞威，一旦遇到以苏联为后盾的中国军时就袖手旁观。这使人产生轻侮之念，给治理"满蒙"所带来之不良影响，实不堪忍受。今事态既已发展至此，即使后方有若干缺陷，我军亦决心举可能之兵力，不失时机地主动给黑龙江省方面之敌军主力以迎头痛击。若现在决然行动，在最短期间即可奏效。但愿相信我和关东军将士的一点衷心，对黑龙江军的作战，请完全交由我军相机处理。特呈报意见如上。

本庄繁的报告，甚为奏效，日本陆军总部不再坚持第120号命令的意图。因为以日本外相币原为代表的本土政界人物见关东军进攻北满并没有引起苏俄政府的抗议，甚至也没有抓住苏联方面援助马占山抗日的确凿事实，那种不敢明露的侵吞北满的野心顿时膨胀起来。但是，不论关东军的首脑人物还是日本陆军本部，都极力玩弄苏俄在幕后援助马占山抗战的骗术。

这一方面是为了给日军在江桥遭受挫败，找到维护脸面的口实；另一方面，则是故意采用无中生有制造"北满"时局日趋紧张，不先下手则后患无穷的舆论。

马占山心中十分明了日本关东军节外生枝的意图，他针对西方记者提出黑龙江省守军中是否有苏军人员参战的疑问，向世界各国通电：

近据日方一再宣传，谓我黑龙江军有与苏俄密结，并有用俄教官等情。经郑重声明，绝非事实，谅蒙中外明达洞鉴无遗。最近又复捏词，谓俄人加入我军作战，阵亡多人云云。闻之尤深惊骇。查我方尊重国联决议案，极力避免军事扩大，故曾一再退让，绝未与日军作战。嗣因日军着着逼近，大有非直捣省垣不可之势，占山守土有责，不忍将我黑龙江省父老兄弟弃之不顾，大好山河沦于异族，乃为自卫计，激励士气，坚决支持，所有布置前方者，仅我数千共患难之将士，为国捐躯，亦正我军人应尽之天职，并无求援外人之事。占山素以人格战胜一切为本旨，特再郑重声明，统望友邦贤豪，海内明达，共鉴此情，无任切盼之至。

以上这则通电无济于阻遏日本关东军总部实施的外交攻势和进攻计划，本庄繁向日本陆军总部明确申明"'北满'问题已无政治解决之余地"，"如不迅速使黑龙江省局势稳定下来，'南满'一带的局势就不能稳定；冬季即将来临，一旦错失现在这个时机，就只得延至明春才能行动，因此，出兵齐齐哈尔是重要的……"

在日方对中国黑龙江守军施以外交攻势的同时，本庄繁下令调集的日军增援部队相继赶到嫩江江桥南岸，组成了以多门师团为主力，辖属步兵第30联队、步兵第70联队、步兵第4联队、步兵第27联队；骑兵第2联队、骑兵第28联队；野炮兵第26联队以及附属部队，总兵力13000余人，归多门中将统一指挥，其中不包括参战的伪军。

11月12日，沉寂了四天的江桥终于不再沉寂了。

下午1时许，在强大炮火的配合下，日军约500骑兵向中国守军第二道防线左翼最单薄的乌诺头、张家花园和三间房等处猛攻。我阵地多处告急，据守左翼前沿的吴松林旅奋起抵抗，激战40分钟，迫使日军退却。战事稍停一个小时，日军以重炮8门、飞机10多架地空联合轰炸守军阵地，由天野、长谷、铃木三旅团长指挥的左右翼，满铁守备队司令森连指挥中路，共计7000多日军分三路呈口袋式的进攻阵势向我三间房推进。

我守军战壕被敌炮火截断，多处失去防御作用。前方总指挥苑崇谷旅长万分着急，恰值马占山赶到三间房阵地，立即下令增派张殿九旅孙鸿裕团进入一线参战。

马占山临阵指挥，三个旅合成一体，士气顿时高涨，抗击越来越猛，一直血战到午后6时，日军终于招架不住，在炮兵的掩护下，不得不拖着死伤的日兵撤退。

日军撤出后，双方又炮战多时，直到晚8时多，才停火歇战。

马占山急电驻扎满洲里和扎赉诺尔的程志远第二骑兵旅的两个团，星夜开到昂昂溪，同时命令三间房总指挥部进驻距三间房30余里的昂昂溪火车站。

11月13日早5时，日军出动500余名步兵，在飞机和火炮的掩护下，直冲我乌诺头阵地，企图集中力量突破我防线的一环，直插我军腹部。在吴松林旅长的指挥下，将敌人遏制在阵前，双方交战到上午10时，日军不得不拨马回头，再度败下阵来。

到了太阳落山，天色漆黑的时候，日军炮火再起，天边一片血红。日军旅团长天野指挥步兵一个联队、骑兵一个联队，共3000余人，配以野炮30余门，重炮8门，由正面向我阵地进攻。

日军旅团长长谷则指挥步骑混合联队约2000余人，自正面绕往景德镇一侧向我军进攻。

日军发动的夜战比白天凶猛数倍。中国一方的苑崇谷、吴松林和张殿九三个旅长一起上阵，在各自负责的阵地上挥刀督战，合力顶住日军的冲击压力。从晚8时直打到午夜12时，日军再次败北。日军趁双方激战之机，将江桥修复完毕。

这天，身在省城齐齐哈尔日本领事馆的林义秀，派人秘密走出领事馆前往省府，再次递交关东军司令本庄繁的最后通牒，内容依然为：一、马占山立即下野；二、黑龙江军撤退齐齐哈尔；三、日本自由进出洮昂线路各地。

马占山接到日方通牒，异常愤怒。因自11月8日起，他曾下令派人监视日本领事馆，禁止日方人员出入，不想日方躲过监视，竟将电文送到他手里。马占山下令将监视日本领事馆人员就地法办，将日本领事馆所有人员一律驱逐出境。为恪守外交道义，派专人护送领事馆人员乘车赴哈尔滨。从此时起，省城内暂无日本人士。

11月14日，天未放亮，日军以小股部队偷袭我军汤池和蘑菇溪之间的第二道防线，试探中国守军的虚实。天亮时，敌人出动飞机掩护700余步骑兵猛扑我军阵地，用重炮轰击我方工事。占据大兴站的日军以十余门大炮作掩护，在坦克的配合下，向我军阵地压来。

日军的进攻目标集中，中国守军一时难以调集支援。为了减少敌人炮火下的损失，守在战壕内的士兵上好刺刀，跃出战壕迎着敌人展开肉搏，压倒了日军的气焰，激战至早8时，日军不得不溃退。

中国守军利用短暂的时机，重整防线，苑崇谷总指挥命徐景德和萨力布两个团扼守蘑菇溪，又调卫队团两个营补充到位。两个小时后，日军长谷旅团长指挥骑步兵2000余人，在六架飞机的掩护下，分两股呈包围攻势，由左右两侧夹攻通向三间房阵地的前沿阵地汤池。

中国守军用迫击炮集中打击日军密集的部位，将日军前后联络截断，至上午11时40分，日军招架不住，再次退却。

嫩江铁桥，马占山部与日军反复激战处

日军连攻三日不见

起色，损失严重，天野、长谷、铃木和森连几个旅团长所辖的兵力已经精疲力竭，难以再战。多门师团长不想将他在"满洲"建立头功、足遍辽吉两省的心腹之师全部葬送在江桥一战。他不得不下令停火休整，并向日本陆相连发急电，速求调集援军后再全力大战。

11月15日、16日两日，三间房第二道防线再度沉静下来，日本政府请驻朝鲜弘前第81混成旅团和本土广崎混成旅团分别开拔，用时两天，抵达东北，由南满铁路沈阳至长春段，停开半天客货车，专程运送到四洮路抵洮南站，转赴嫩江江桥。

中国守军一方，仅有绥化县李云吉率领的保安大队1000余人前来增援，改编为第一独立团，加入正面阵地。与日军相比，判若杯水车薪，让人无不揪心顿足。

在举兵侵犯之前，本庄繁再次通告马占山：

一、马军向北撤至齐齐哈尔，凡此项集中攻打齐齐哈尔及昂昂溪之军队，须退回原驻地；

二、马军不得驻扎中东铁路以南地方；

三、洮南路局管理，马不得妨碍，否则日军即时采取必要而有效之手段。

马占山的答复：

一、齐齐哈尔、昂昂溪乃完全为中国领土，马占山军队为中国政府军队，其在本国领土驻扎，日本政府系根据何种理由，横加干涉？

二、中东铁路南北均为中国领土，日本政府无权过问。

三、洮昂路虽系借款筑成，但主权完全属于中国，非债权者军方所能擅专，此乃世界各国所公认。毫无理由之要求，碍难以接受。

马占山将电报发至沈阳本庄繁，又向南京政府和北平张学良电告原委，任其定夺。

这一夜，马占山毫无困意，窗外寒风呼啸，抽打着地上的积雪，马占山命副官测一下气温，回报说，已降到零下30摄氏度。

11月17日，又是拂晓时刻，日军开始向我三间房阵地进攻，战事非常激烈。

马占山昨夜想到的是江面已结厚冰，泥沼完全冻结，日军的装甲车、坦克可以在江面任何一处开足马力行进，加上日方大批援军已到，此次来势必凶猛异常。

早8时，马占山亲临三间房阵地，命令涂全胜团长率骑兵抄敌后路，让敌后顾有忧。涂全胜率骑兵飞速突出，一度占领被放弃的大兴站，并要抵嫩江大桥，但骑兵只能攻不能守，没有后续步兵跟上，只得拨马退回。

重创日军的马占山部官兵

此次进攻，日军增至3万余人，统由多门师团长指挥。

一路日军为长谷旅团长的旅顺炮兵联队4000余人，攻我正面阵地。中国守军为苑崇谷旅全部及步兵第三旅李少峰团，计3000人。日军以骑兵扰守军左右两翼，步兵主力正面进攻，反复冲锋十余次，均被守军击返。从凌晨战到深夜，近20个小时，战事始终未停。

二路日军为朝鲜混成旅团骑兵两联队，攻我守军右翼英老爷坟、汤池一带。该地守军为第二骑兵旅程志远部。

三路日军为天野旅团全部，配以四辆坦克，攻我守军左翼韭菜沟、前后官地、新立屯一带。该地中国守军为第一骑兵旅吴松林部刘斌、萨力布两个团。

中国守军步骑兵共计4000余人。日军数倍于我，轮番冲锋，虽十余次，多有喘息之机。而我方阵地全部兵力均在最前沿，不得稍有松懈，甚至没有一隙进食充饥的时间，加上军用食品储存处被炸，后运未到，爱国将士疲饿不堪，全凭一股强烈的民族大恨支撑，奋勇杀敌。

整个阵地上，喊杀声震天，刀光血影，两军胶着，无进无退，通夜未停。

就在11月17日这一天，南京中央电台广播：国民党第四届全会议决，黑龙江省代理主席兼军事总指挥马占山守土尽职，功在国家，实任为黑龙江

马占山部的少年兵（张树明提供）

省政府主席，兼东北边防军副司令官，以陆军上将待遇。

尽管没有派兵援物之意，决议中将主席去掉"代理"二字，又晋以"上将"待遇，说明在全国人民的高声呼吁之下，蒋介石尚不敢冒天下之大不韪而倒行逆施。

决议传谕到前方，将士无不欢呼雀跃，期望后援成为现实。

同一天，日本首相致电马占山将军，称中日两国事件，应由外交解决，日本政府已令日军遵照外交解决，希望将军停战，勿再扩大，等等。

马占山当即复电，表明日军如果撤出黑龙江省疆域之外，一切事项可由外交解决，否则只有实行我守土有责等语。

江桥之战打到这种程度，日本首相来电文唱"外交解决"论调，完全是为了掩盖其穷凶极恶的侵略面目。

11月18日，一夜未停的鏖战，到凌晨2点，日军坦克冲进我军阵地，掩护步兵和轻机枪队，扫射前进。守军战壕外设置的木桩铁丝网被损毁，防御地堡多被砸塌，各团、营阵地被机枪炮火断隔，不能相互策应。日军骑兵从大小新立屯的左后方形成包围，守军腹背受敌，在战壕内占据不住，被逼跳出战壕与敌人肉搏，但是我军人数过少，守军骑兵的马匹多半伤亡，不能整列拒敌。

由于战事时间过长，守军弹药将尽，且炮身连发过多，热度

马占山部在三间房抗击日军的战壕（张树明提供）

今日江桥抗战纪念公园

过高，频出故障，实难对垒相持，不得不边打边撤，进驻蘑菇溪新置阵地。

马占山趁势率手枪队反攻，他顶着敌人的枪林弹雨，高声督战，守军士气大振，一鼓作气，将敌击溃。

下午3时，中国守军夺回三间房阵地，血战中吴德林团长受重伤。

正当马占山督师和日军拼杀的时候，涂全胜团长率部迂回大兴站，于中午12时绕到敌人身后，将敌军多门司令部包围，击毙日军官30余名，并虏获多门师团长的汽车，车内有金票10余万元。扼守在战壕内的日军，被守军全部歼灭。

中国守军趁势向大兴站反攻数次，但因激战两天一夜，损失过重，不得不撤回蘑菇溪阵地。

马占山不忍在敌我相差悬殊之际，把忠勇无畏的将士全部拼尽。18日下午，他沉下心，下达了总退却令，守军向第四道防线乌黑马防线转移。

下午5时，马占山乘指挥车由蘑菇溪返回省城，仅带随从十余名。路过大民屯发现百余名日军骑兵向我阵地后方包抄。马占山跳下汽车，占据一座小高地，以猛烈的机枪火力，将敌击溃，脱险返回省城。少校副官魏道五阵亡。

19日，日军联队追击我转移守军，在杨家屯被全数歼灭。致使多门确认黑龙江守军撤退是有计划有组织的行动，不敢再贸然追击。

至此，嫩江江桥抗战宣告结束。

江桥抗战是距1931年"九一八"事变爆发四十多天后中国抗日战事有组织有规模的首战。从11月4日至19日计16天的苦战，双方先后骤升三次激战高潮。日军总兵力为30000余人，同时参战达10000多人。中国守军总兵力计13000余人，同时参战不过3000人。

日军除常规机枪外，配有坦克、飞机、重炮、装甲车等；中国守军仅有少量迫击炮和机枪，步枪只在百米射程内有效，两军相差悬殊，不成比例。

江桥一战，让日军尝到了失败的滋味，也看到东北军民保家卫土的决心。马占山将军的抗战事迹让国人为之一振。

援马声浪

马占山亲临前线指挥江桥抗战，犹如惊雷轰顶，炸开了省城齐齐哈尔低沉得让人窒息的阴云。人们不再惶恐不安地准备逃难，那尘嚣一时苦求马占山不要"以卵击石"的恐日、降日之流，也没了声响。齐齐哈尔街头巷尾，到处是走出家门奔走相告的市民，人们兴奋地议论着战局，赞扬着马将军，整个城里的气氛紧张而又热烈。

前线将士浴血奋战的消息，不断在《黑龙江民报》上刊登，人人争相传阅，《黑龙江民报》成了抢手的快讯，加上不断有从江桥前线回来的民工，兴奋地传述着亲眼所见的振奋人心的战况，更加激起了爱国民众同仇敌忾、支援前线的热情。

这座北疆古城，出现了前所未有的万民一心、保国保民的感人景象。尽管人涌街巷，忙于支前，社会秩序却井然，就连盗贼也销声匿迹了。

从全省各地急调江桥前线的部队剧增，后勤供给一时接应不上，伤员运送不下来，支前运输成为刻不容缓的大事。省府发布战时总动员令，省城公安局一、二、三署的人员，受命在城内外路口设岗征调民工、马匹和车辆。霎时，强制性的征调变成了心甘情愿的支前行动。许多进出城的赶车民众痛快地卸下车上无关物品，扬鞭掉头驱向指定地点装载军需物资。成百上千辆马车排成长阵，来往于省城和江桥之间。

江桥附近有几个不大的村屯，无力承担将大量米面制熟的任务，而前线阵地激战连连，又无埋灶生火的条件。供给数千官兵的军粮，必须是从齐齐哈尔专运的熟食干粮。马占山特把省城商务会会长请到省府，由省防军驻江省副司令长官公署参谋长谢珂代为部署全市餐饮服务业为前线赶制干粮的任务。

商务会是城内大小商号店铺的行业组织，接令后即派人分头通知各街区分会，不到一天的时间，省城全部饭馆、面铺都迅速地行动起来。

仅芙蓉街、永安里一带的饭馆，就有同心园、天一坊、同乐园、富有园、味美斋、美春华等数十家灶火日夜升腾，倍加忙碌，不得休息。

最初，各家饭馆可半日挂幌营业，半日从商务会领出44斤的小袋面粉，每袋面粉蒸出52斤馒头的定额。后来领出的面粉是大袋精制军用"沙子面"，面袋为斜纹布做成，袋底印有绿色菱形戳记，以防有人另做他用。七天之后，所有城街的饭馆一律不再挂幌，停止营业，全天赶制军用食品。有的饭馆为了表示全力为前线服务，用大木板把前门交叉钉死，贴上"停业支前"的告示。

江桥开战后，进城的交通实行管制，平日卖炭和卖柴的马车进不了城，饭馆的燃料极度缺乏，各饭店自想办法解决燃料，把做好的馒头和大饼晾凉，装进面袋交给商务会，由插着小黄旗的支前马车装运，源源不断地送往前线。

省城民众自发地组织战地服务团，为前线守军运送弹药、军粮，抢救护理伤员，掩埋阵亡将士的遗体。

江桥阵地连日鏖战，战壕塌损严重，急需修垒。大批的工人、市民、学生自动地携锹带镐，冒着日军的炮火抢修战壕，为我军展开反击减少了伤亡。

省城民众团体募集10万余元抗日慰问金，捐送几百头猪羊和大量战备物资。

国难当头的马占山越发体验到真正为他做后盾的是民众，是血肉相连的民众。他嘴边常说的"守土保民"，已经深深地刻在他的心上。

1931年11月17日，哈尔滨出版的《滨江日报》以"马占山万岁"为题发表评论，这篇评论为多家报刊转载，一时间在全国上下激起了强烈的反响。

文中道："黑龙江中国的军队，已经在日军横暴下，孤军奋战了。嫩江江畔的赤血，都是我们中国血性男儿的瑰宝，江桥上面枕尸遍野，他们都唱着为国而死的挽歌，先着我们而牺牲了，黑龙江的中国军队，可以说是真正的捍卫国土的勇士。

中国有多少军队？东三省有多少军队？沈阳吉林相继陷落了，东三省的领土，已经遍插暴日的国旗，中国军队人人都荷着杀敌的枪械，享受民脂民膏的供养，东三省已经版图变色了，中国的军队所蒙的耻辱是何等重大。但是马占山还只一个。

中国军人马占山先生，你鼓着勇气，洒着热血，在这白山黑水之间，孤军苦斗。你的英武，是值得四万万同胞敬仰……

12月6日，上海青年300多人组成"赴东北援马抗日团"。团长张少杰在火车站向欢送者致悲壮的诀别词："除非我们死，我们决不回来！"

中国军人呀！中国军人的魂呀！马占山已经敲着警钟，请你们起来，布告上的保民卫国，要希望你们去实行吗！最后我们高呼着：中国军人马占山万岁！"

这是一声含泪涌血的呐喊；这是一声撕裂心肺的呼唤！每个有良知的中国人读了不能不动情，每个有中国心的同胞读了不能不热血沸腾。

哈尔滨各界最先组织慰问团，载着大量慰问品，迎着江桥抗战的枪炮声北上齐齐哈尔，慰问前线的伤员和坚守阵地的爱国官兵。

紧接着来自全国各地的援马声浪，一波又一波地推向高潮。慰问信、慰问电如若漫天飞雪，飘落龙江大地。冲在最前面的是全国学界的抗日救亡团体和爱国青年学生。

北平东北学生抗日救国会发给马占山将军的电文称："倭奴逞暴，全国震惊。今更称兵北犯，侵我齐昂，我公今号召义师，共御寇仇……望我公督率健儿，再接再厉。岂维捍外，亦所以振内。本会同人，迫留燕冀，但有热血，誓随公洒。"

北平郁文学院的电文称："孤军御寇，忠勇堪称，为民族增光……仍希努力夺还疆土。"

自江桥抗战第一枪打响后，哈尔滨、上海、北平、南京、天津等地的大中学生纷纷走上街头，举行集会和游行示威，发表通电，宣传抗日，强烈要求中央政府停止内战，一致对外。

中国红十字会会长朱庆澜、南

中国福昌烟公司出品"马占山将军"牌香烟

中国红十字会会长朱庆澜将军

洋兄弟烟草公司简氏兄弟和上海申报社长史量才等知名人士先后发起了募捐活动。据载，自1931年11月20日至1932年2月18日止，仅上海的援马捐款达13万余元。

为了宣传马占山的抗日壮举，中国福昌烟公司特生产"马占山将军"牌香烟，深得广大民众欢迎，迅速畅销内外。

声援江桥抗战的声浪很快波及海外，得到了广大侨胞的极大响应。许多中国留学生和驻外记者怀着强烈的爱国热情，奋笔疾书，详述江桥抗战可歌可泣的战绩，表示了满腔为国人助威壮胆的豪情。一篇署名仲雨的中国留学生将发自美国的通讯，登载于1931年11月17日上海的《生活》周刊上，摘其主要部分如下：

一鸣惊人的马占山将军，现已名满全美了。在两星期前，不但世界人士不闻马占山之名，即咱们中国人自己也绝少知道。

自上周日寇进攻黑省，想一鼓作气地攻下齐齐哈尔以完成其"大满洲"的好梦，不意兵至江桥即被我黑龙江代主席马占山将军迎头痛击，大败而回。此项消息当晚传到美国，翌晨，各地报纸均竞载此项宝贵信息，对此消息均报以警励的语句，作极大的标题，如"中国将军对日宣战！""中国人痛惩顽敌！""中国军队大败日军！"两个月来含羞的悲愤生活，竟于一朝之间略得洗涤，这种精神上的安慰，真非语言所能形容。我爱国侨胞对此伟大军人，真有一种说不出的钦崇和敬爱！连日纽约、芝加哥、旧金山等华侨团体慰劳马将军文电有如雪片飞来，文人墨士更竞诗文赞颂其人，各地报纸更争传其籍贯里居、生平概略。

记者曾接华侨友人来函云，当彼初读马将军击败倭寇的新闻时，感情激越，于不知不觉中泣涕如雨，致将报纸湿透，此中滋味真是又甜又苦，亦喜亦悲。我们中国因为有了这么一个马将军，顿使被人讽为缺乏军人资格的中国民族，放出异彩，顿使世界各国对于中国民族之观感为之一变。

前日（11月14日）旧金山华侨慰问黑省将士会，派员募捐，虽大雨如注，各募捐员仍冒雨进行，捐款者甚为踊跃，抗日前线将士牺牲性命尚且不惜，区区捐款算个什么！昨日已将此款折合中国洋二万五千元汇交哈尔滨商会转交马将军慰劳黑省将士，该会仍继续进行募捐。

最有趣的，这几日来，外国学生遇见了我们，都爱问："你们的马将军好吗？今天的报说他又打败了日本军！"在这儿，我们忍痛地附带着说几句关于张海鹏的话。张海鹏之变，我们认为是一件万分紧要而不可忽略的事情。我们中国人自己看见了这样的消息，更羞愧难当，最怕的是外国同学频频叩问这"坏蛋"，任你怎样善于辞令的人，遇到这样的叩问，你有什么办法避免羞辱呢？国内的人对于这样痛心的事件感想如何，我们无从知道，我们在海外的人真是气够了。哼！这样的禽兽不如的东西，怎么配在这儿说呢，这样的禽兽除了把他投畀豺虎外，我永不愿再提他的名字。最可怜的是他部下几千没脑子的盲从兵士，他们天天在那里帮同敌寇，残杀骨肉，他们做的什么，他们绝不知道！呜呼！无教育不可以为国，无教育的军人更足以祸国，于兹弥天国难中，我们仍不能忘却立国之本的教育。

在此，不赘如述，是因为这篇夹叙夹议的文章极其真实生动地反映了江桥抗战在海外华侨和爱国民众中唤起的强烈回响，也真实地表达了远离祖国的中华赤子忧国忧民、爱憎分明的情怀。报道的时间已经接近江桥抗战的尾声，而消息的传递则正值江桥战役最激烈的时刻，可想而知，江桥抗战不仅在国内，而且在全世界成为人人瞩目、为之震惊的大事件，在一定程度上打破了西方殖民国家持有的中国人是软弱可欺的民族偏见。

美国的华盛顿、纽约、芝加哥等城市的华侨发起组织全美洲反日大同盟，发表通电，声援马占山。旧金山华侨捐款100万美元。加拿大华侨电汇商务银行捐款24000加元和15万法郎。秘鲁华侨捐款两万美元。在欧洲，英国华侨和英国知名人士成立中国人民之友社，法国华侨成立中华民众救国会，号召华侨合力救亡，解囊相助，更有著名华侨人士胡文虎、胡文豹兄弟多次捐款，累计上百万美元。

新加坡华侨巨商胡文虎夫妇捐巨款支援江桥抗战

南亚的马来西亚、新加坡、雅加达等地的华侨很早就行动起来。爱国华侨领袖陈嘉庚发起召开侨民大会，致电"国联"，要求"履行各种条约，维护世界和平"，号召侨民"鼓动志气，激励爱国，抵制日货，开展反日宣传"。

更有许多爱国华侨组织了"援马占山抗日团""抗日铁血团"等赴东北参战，不少人牺牲在日军的炮火下。两个月内，留日学生和华侨先后弃学弃商回国共约7000多人。

江桥抗战，从开始就得到了苏联和世界人民的道义上的支持和援助。

1931年10月16日，苏联的《真理报》、美国的《纽约时报》、英国的《泰晤士报》等权威报纸纷纷以显著位置报道江桥抗战的最新消息，谴责日本帝国主义侵华罪行。

出于国际主义义务和自身安全考虑的苏联政府，在"九一八"事变后，发表一系列的声援中国人民、反对日本向中国东北发动侵略的声明或评论，旗帜鲜明地揭露和谴责日本关东军北进以实现其独占满洲的目的。

苏联的正义立场和对日军在江桥战役中的密切关注，成为对日本关东军进占北满的巨大压力，在客观上起到了支持马占山抗战的作用。

马占山上任之初，曾频频向国民党南京政府和张学良的北平行辕通电禀报一步步的战情，陈述黑龙江守军武器粮饷和兵员的匮乏，然而除了应万众之呼声将省主席前的"代理"抹掉外，绝无分文和一卒的后援。然而，马占山抗日孤军却不孤心，他真正领悟了战争胜利之源在于民众，这是他自江桥抗战每每在军民大众面前能够挥泪慷慨陈词、保土保民的精神动力。

作为奉系军阀的一名骁将，在军阀混战中，他舍命厮杀，一马当先，然而，他听到的是遭受战火涂炭的民众哀号，看见的是强逼上阵的士兵横尸遍野。胜败对于他都不曾揪肠揪心，荣华升迁是对他的回报。然而，江桥抗战则是马占山一生军旅生涯的转折点，尽管他历经坎坷，一波三折，在他不平常的后半生，他心里无时不萦绕着"民众"二字。为了民众，他可屈可伸，可官可民；为了民众，他反对内战，接受中国共产党的主张，直至抗战最后胜利。

撤离省垣

11月18日夜晚，马占山乘指挥车率随身马队返回省城，一路上耳边依然响着两军在阵前的拼杀声，眼前仍旧是为掩护他脱险而阵亡的副官魏道五的身影，让他不能不律己反思，血战江桥，终至败退的原因何在？

想来想去他以为原因有五：一是三间房无可利用之地形，平原一片，无险可守，非用武之区。江桥战役打响，守军不期退失大兴江桥可以据守的险要之地，于11月6日亲临前线督师反攻，因援军不到，未能一鼓作气收复江桥，不得已退守三间房阵地。

当时明知三间房阵地难以扼守，坚持到11月16日，盼望国联限制日军的决议案能生效，日军或稍存顾忌不再进逼。然而日军不顾一切，悍然大举进攻，我军难以固守，转成被动局面。

二是三间房、汤池等我军据守地带为河流积沙区域，难以垒筑坚实的战壕，日军飞机、坦克和重炮的轮番轰炸，瞬间夷为平地。

三是黑龙江精锐之师均开往关内，用于江桥作战的部队多为驻守各方的骑兵，并非野战部队，且不少是老弱之军，缺乏大战经验，各团营间有空隙，不能连成一片，致使日军炮火得以轰击我军最密集处，切割我军的联络。

四是我军炮火器械远落后于日军，日军重炮射程30里，我军野炮不过15里。日军重炮排发，我军士兵只得苦守战壕。日军见我军没有援军替换，便出动小股部队袭扰，以拖垮我军，再集中炮火和兵力攻击我军薄弱环节。

五是11月17日晚双方交战最激烈之时，令调哈满铁路两步兵团增援，然而届时未到。日军在坦克掩护下，击破我军右翼，三间房全线临危。

马占山的五条战败原因句句为实，分析得冷静而客观，10天之后，他还曾对专访的《申报》记者作了专门阐述。他俨然一位精于战策的军事家，但他不是政治家，尚不能完全认识到他一手指挥的江桥之战在当时特定的社会和历史条件下，能取得如此战绩已实属不易，况且以"一省之力抵一国之强军"，中日实力对比如此悬殊的情况下，所表现的不屈的民族精神和大无畏的牺牲精神，起到了鼓舞全国人民奋起爱国抗日的巨大作用。

马占山细心查找的败退原因，只可以看作是两军对垒交战的诸多不利条件直接发生的效用。即或守军占据着有利地形地势，战壕筑地不是积沙之地，两个团的后续部队提前赶到，再增加若干远射程的重炮，等等，在当时的中国社会的大背景之下，蒋介石的国民党政府以"攘外必先安内"为总方针对待日本帝国主义侵占东北，那么任何得不到后援的抗战行为，岂有不败之理。

哈尔滨特区行政长官、后投敌任伪满洲国总理大臣之张景惠

所以，江桥抗战退败的根本原因，就是国民党中央政府丧失民族尊严和立场的反动政治酿成的直接后果。

事实上，从江桥抗战之初，马占山就在降日、屈日和恐日的各色人物包围之中，他绞尽脑汁、百般应答的都是平日不敢轻易冒犯的军政要人。

在江桥抗战最激烈的时候，哈尔滨特区行政长官张景惠和马占山数通电话，称"无论如何，兵士先退，秀芳（马占山字）你可不退，留在省城，与日方晤面，谈一办法"。

准备降日的张景惠提出的这个办法无疑是"投降"的办法，马占山回答："四爷为东北之老长官，命令焉敢不听，唯马占山自信系一好男儿，绝不降日本，四爷如降日本，则人各有志，不必相强。如四爷受日本委托来黑主政，吾在原则上不反对，但须左右无日人，如仍用日本人充顾问，或日兵仍驻省城，则四爷等于投降日本，占山亦以敌人一律对付，尽我力量，以相周旋。"

张景惠不久出任伪黑龙江省省长，曾派张兰钧、李会川两名代表，前往海伦求见马占山，表述赴齐齐哈尔接任省长为不得已而为之，以求谅解。马占山坚持如前态度，表示如果张景惠不再受日人支配，甘愿听其一切命令，"否则就是亡国奴支配下的亡国奴，我绝不干，唯有拼命到底"。

但是，马占山并没有完全割断他和张景惠之间在老东北军中属前后两辈的旧情，他既然已经到了这一步，就不能不探明日本政府的决策人物到底想在东三省玩弄什么把戏？他极想赢得一个喘息的机会，以待重整旗鼓而不是一蹶不振地沉沦下去。

那么，日后究竟如何办？暂且留待后面叙述。

马占山有组织地撤归省城，日军师团长多门中将没有命令各路日军乘势追击。可马占山清楚，两军于省城重开战局，不可避免，但是回城的少量守军与日军主力相拼，最多只能坚持三四个小时，他可以如同庚子俄难时黑龙江将军寿山那般壮烈殉国，毁掉这座有数百年历史的将军府所在的古城，却难以挽回眼前颓势。

徐景德团长是马占山从黑河带出来的三旅干将，他急切地等待马占山下达撤退命令，深感马占山在省城多待一分钟就增加一分危险，苦劝他赶快离开。

马占山隔窗望着整装待发的骑兵队伍，许多人头上还缠着绷带，沉吟片刻，决定坐火车离城，前往齐齐哈尔以北的克山县城。他命令徐景德率部最后离开省城，敌人不进城门，绝不能先退。

11月18日夜，马占山电告张学良北平行辕，全军将退出省垣。19日凌晨4时，马占山率黑龙江军、政两署人员依次退出省城，恳请商务会组织商团维持城内秩序。马占山临行前，又委托商务会将在城中拘押的江桥抗战中俘获的日军人员交还日军，以不伤害各医院治疗的数百名中国伤员为交换条件。

当日上午9时，日军主力进占距齐齐哈尔15里的榆树屯，用重炮轰击马占山刚刚撤离几个小时的省城，接着日军前锋于中午越过中东铁路乌黑站中国守军第四道防线。下午2时，日军骑兵入城。下午5时，日军第二师团长多门二郎率千余人进入古城齐齐哈尔，分驻城内各处。

多门将日军总部安置在马占山的边防副司令长官公署，感慨万分，一个多月前日军长驱直入，进占辽、吉，想不到在嫩江江桥却付出了沉重的代价，丢掉了他大半个家当。

不甘罢休的多门师团长令第二骑兵联队若松大佐率骑兵400余人，尽速离城，向马占山退却的方向追击，当日兵赶到距省城东60里的杨家屯、九道沟子处，遭到事先埋伏的中国守军围击。为马占山两署人员殿后的徐景德团长闻声率部折回奋击。日军骑兵三面受敌，想从冰冻的苇塘冲出，

日军进占齐齐哈尔

又被当地大户杨桂堂和李广埋伏的编练民团迎头痛击，400多日军骑兵伤亡溃逃。

至此，日军进攻暂告一段落，中日双方的格局发生了新的变化。

11月20日，马占山率省城军政两署及各路领兵长官抵达克山。

克山，是南距齐齐哈尔300多里的黑龙江一座老县城，为黑龙江骑兵第一旅旅长吴松林的驻地。当时由马占山指挥的分驻各地的部队尚有2万余人。当务之急是就地收容散落的部队，从速配备防务。

经过两天的紧急调遣，马占山于11月22日，主持召开了军事会议，重新讨论布防问题。谢珂、程志远、吴松林、苑崇谷、朴炳珊、徐宝珍、金奎璧等凡在江桥抗战发挥重要作用的各路旅、团长均参加了会议。

马占山看着跟他出生入死、血拼江桥的战将，顿生怜爱之心，但大敌当前，不是褒奖的时候。他沉下心，发布军令：决定程志远为骑兵总指挥，吴松林为副总指挥，驻克山；程志远旅的朱凤阳团和吴松林旅的王克镇团（绥化保安队改编）驻泰安镇（今依安）；苑崇谷为步兵总指挥，徐宝珍为副总指挥，驻拜泉；其他各部由总指挥分别布防，炮兵辎重驻于海伦，警备司令由朴炳珊担任，负责海伦地方治安。

马占山重新布防，表明已将军事主力置放在齐齐哈尔以北的克山、拜泉和海伦一带，接近小兴安岭余脉的东荒地域，再往北可进驻北部边境黑河，对日军基本采取守势，而海伦则是他多年屯兵扎营的旧地，处于克山、绥化、海伦、拜泉"四大粮仓"之中心，有足够的粮食保证部队的给养，是他早就选定的退居之地。

11月23日，马占山到达海伦。

当时的海伦县城，东西南北四条大街，东西长，南北短。最繁华的十字街头，大小商号毗连，城乡物资齐聚，来往车辆络绎不绝，为马占山重整旗鼓，与日军再战提供了较为丰富的物资基础。

马占山和所辖军政两署驻在"广信当"（初为广信涌油坊）。当天，向北平张学良通电称："占山率军、政两署人员移驻海伦，部队分驻克山、拜泉等地，敬待后命。"

省府委员、民政厅厅长刘廷选，建设厅厅长马景桂，教育厅厅长郑林皋，省党部委员潘景武、吴焕章、王宾卿、王化南等，也先后到达海伦。

省府下属的军械、参谋、副官、军需、民政、财务、稽查、保安八大处，分设在裕泰永、兴合宫、兴合恒几家大商号里。

这些大商号都筑有高墙深院，四角设有炮台，有炮勇日夜把守，院内的青砖大瓦房坚固宽敞，既实用又安全。

待两署各处人员到齐之后，广信当经理亲自张罗，杀猪宰羊，为马占山将军及其部下接风洗尘。在宴会上，马占山颇为动情地说："我这算是退守老家了，乡亲故旧如此好吃好喝地供着，真叫我马某惭愧啊！将来抗日必有胜利之日，到那时候，我马某定当 投笔从戎。马占山令苑崇谷旅长将要求入伍的学生组织成"学生团"，担负各地各路的抗日宣传工作。对来自关内各地的"援马团"及分散的青年学生，发通电请各报馆转各省市加以劝阻，婉谢其爱国热忱，减少不必要的牺牲。

蒙古王公要求马占山收编蒙旗精壮牧民，自成一军，集中训练，随时听候指挥。

为保管好海内外各地的慰军捐款，马占山派张瑞三专门负责，来往于海伦、哈尔滨两地，随时报告捐款汇存的情况。

11月下旬，马占山在海伦召开黑龙江省各界民众代表大会，他亲自动员全省人民积极参加抗战，支援前线，激励爱国军民抗战到底。

当全国各地的民众代表和青年学生纷纷顶风冒寒来海伦支援马占山抗战的时候，有两个并不在其内的人秘密潜入，会见马占山。一个是马占山

马占山在海伦的住宅

到省城赴任之初就公开打着降日的旗号、不顾羞耻三番五次劝降的赵仲仁；另一个是精通日语，后为伪满黑龙江省省长的哈尔滨义祥火磨经理韩云阶。

这两人的面目在军政两署中昭然若揭，马占山不拒不杀，曾引起周围人们的疑惑。参谋长谢珂当面建议马占山"远离此辈"。马占山说"赵仲仁胆小怕事，韩是买卖人，无关轻重"，不以为然。而实际上，这两人为日后日本关东军高级参谋板垣征四郎到海伦会见马占山起了马前卒的作用。

新中国成立后，当事人谢珂的这段回忆，被看作是马占山后来"降日"的征兆。事实上，当日本关东军在江桥严重受挫之后，在地处高寒的"北满"地区，不得不制造以政治进攻暂代军事进攻的和平假象，并收买利用和马占山有旧关系的赵、韩二人从中游说，将马占山请入瓮内。

马占山不拒绝会见赵、韩二人，所言"无关轻重"并非由衷。当时，在"久战无援，弹尽力竭"的极为严峻的形势下，他想利用赵、韩求得应变的方策，甚至表面上不顾部将的劝告，造成无意再战，任凭日本谋占东北的假象，事态的发展，证明马占山实施的是一条未果的缓兵之计。

第四章
艰难的抉择

江桥抗战失败了。

在日益险恶的局势里，退守海伦的马占山面临着严峻的抉择：是战？是降？

马占山审时度势，独闯敌穴，为待机再战，他选择了"降"。

然而，他不曾想到落入了日本关东军为他设下的圈套……

夜见板垣

鏖战半月有余的江桥一战，到了1931年11月下旬已经销声匿迹。自11月22日马占山由克山转退海伦，在较短的时间内安顿下省府各厅及重新部署了江省各方部队之后，日本关东军既没有乘势进攻，马占山的守军也没有回头反攻，然而谁都知道，这种局面绝不会长久，双方都在暗地算尽机关，紧锣密鼓地实施战略转移，军事较量暂时收敛。

江桥之战双方尚在血拼之时，日本陆军本部曾提出"使其不战而屈服乃是上策"的主张。11月13日，日本陆相南次郎大将决定控制关东军的行动，指示关东军与马占山谈判，改变一味地逼马占山下野交权的做法。当时关东军司令本庄繁采取拖延的态度，没有立即从命。待马占山指挥部队有组织地撤出最后一道防线，退居海伦之时，才意识到单纯的军事进攻已经不合时宜。

因为日本关东军多门师团死伤过重，大伤元气，日军不再会如同轻取辽、吉两省那样拿下黑龙江；同时，日本侵占东北，已经引起国际舆论的强烈谴责，国联调查团不期将来到东北，再度开战，会让日本更加被动；而以锦州为中心，辽、吉义勇军的抵抗，也使在黑龙江的关东军受到了牵制。

要想在国联调查团到来之前，迅速扶植起伪满傀儡政权，就必须尽快地解决黑龙江问题。

因此，对难以战降的马占山实行诱降，成了日本陆军本部和关东军的一致谋略。

此时，退居海伦的马占山依然在全国舆论赞誉的巅峰上，他的一举一动、一言一行皆在万目洞察之中。马占山从不避讳中外记者的采访，也不拒绝在公众面前露面，他发表的言论和发出的通电没有因为在江桥战役的最终失利而降低格调。但是，马占山的眼前不会抹掉江桥血战中那数千名英勇抗战、以身殉国的将士身影；他的耳边也不会消失黑龙江省民众支援他的声声呐喊；他更清楚从布满尸骨的冰雪阵地上撤下来的疲惫不堪的军旅，是多么需要休整和补充。然而，不见蒋介石国民政府有任何实质性的一枪一弹的援助，马占山派出前往南京求援的特差李铭新，受到了蒋介石的冷遇，只领来个200元遣回的路费。

和当时许多人一样，马占山更看重的是国联调查团的到来，张学良两次密派东北边防军驻黑龙江副司令秘书杨成基潜回龙江，千叮咛万嘱咐占山一定配合国联调查团，做好充分准备，报告日本侵略东北的详情，期待用国联的压力，逼迫日本关东军撤军。

处于多重因素掣肘的马占山，最需要的是求得时间，延长缓兵的机会。对于日本方面的种种诱降，他改变了一概回绝不容面谈的策略，采取了顺势利导、将计就计的对策。

而日本关东军司令部本庄繁要想诱降马占山，必须有相当地位和影响的人物来充当牵线人。他把目光锁定在张景惠身上。

张景惠是东北军元老派，位高权重，曾和张作霖结拜兄弟，张学良执掌东北军政大权后，表面上和张景惠还维系着以往的密切关系，实则将其置于圈外，一直不受器重。张景惠为此怀恨在心。

1931年，"九一八"事变爆发不几日，位居哈尔滨特区行政长官的张景惠就向日本关东军司令官本庄繁投靠，以表"合作""效力"的衷肠，没等日军攻陷哈尔滨，他就声明脱离南京国民政府，宣布成立东省特别治安区维持会，自任会长。

在本庄繁眼里，张景惠是跳出来、送上门的"亲善"人物，借助他的手，可以尽快占领多重势力控制的哈尔滨，进而利用他在东北军中的旧关系，诱降马占山。

11月19日，马占山撤离黑龙江省。20日，本庄繁迫不及待地推出张景惠到齐齐哈尔就任伪黑龙江省长。

然而，张景惠接职赴任并不称心。他不愿离开苦心经营的哈尔滨特区，自认为在盘根错节的各国势力之中，他尚游刃有余，且活得自在，而在兵匪聚众的黑龙江则远不如马占山势力雄厚。

张景惠到了齐齐哈尔，立即拨通海伦黑龙江省府的电话，苦劝马占山洞察时局，思虑事态发展的趋势，万不能断了退路。他甚至蛮动"感情"地要和马占山联手治理黑龙江，请他接受黑龙江省警备司令的职位。

在电话里，马占山义正词严地正告，张景惠任黑龙江省省长，他可以听令服从，但是如果投降日本，一定会像对待汉奸那样对待他。

深知马占山血性的张景惠，自知眼下已不是马占山对他礼让三分的年代，从此不肯轻易冒犯马占山，他利用早就在关东军司令部和马占山之间上蹿下跳的汉奸赵仲仁和韩云阶，去海伦软磨硬泡马占山。

当时，官场无人不晓赵仲仁，多少年来，人们称他为"劣绅"，准确地说他是"政客"。当年，他贿选当上国会议员，又参加"安福俱乐部"，转而在工商界发迹，成为官、商两道的活跃人物。吴俊升时代，赵仲仁由黑龙江省森林局长跃为呼伦贝尔道尹。万福麟时代，赵仲仁成了一位"资深"的省府委员。

自马占山赴省到任，赵仲仁就率一群惜命的富商豪绅，哭求马占山"抗战无益，抗战必败"，闹得省城沸沸扬扬，不得安宁。马占山退守海伦，他频繁地往来于张景惠和马占山之间，当着日本人吹嘘和马占山的密切关系；当着马占山又自诩为知日人物，从而提高自己的地位。

11月28日，赵仲仁打电话给马占山的参谋长谢珂，心平气和地说："黑龙江省大局已定，现哈尔滨警备队一部已赴黑龙江省维持治安，准于29日进省接防，张长官即派代理。请转致马主席，将黑龙江省印信及财政等权力交出来，将来张长官如任东北最高职务时，黑龙江省主席，兄弟担保，仍属马主席。" 谢珂当即驳斥："请你不必费心思，眼下我军反攻之心坚决，全军上下一致，凡在马主席部下，如有敢言与日军妥协者，无论何人，皆有诛杀之权。"

赵仲仁无奈，不得不免了直接会见马占山的企图。

日本关东军迫于进攻锦州和国联李顿调查团明春来满，急着解决马占山的问题。11月30日，进驻黑龙江省的多门师团长致函马占山，提出威胁利诱的种种条件，马占山对此不屑一顾，置之不理。

日本关东军鉴于诱降马占山的方针既定，那些不可一世的头面人物，只得遏制住愤怒的情绪，决定由关东军高级参谋板垣征四郎大佐亲自出马，前往海伦诱降。

这个打前站的人物不再是赵仲仁，而是韩云阶。韩云阶是哈尔滨义祥火磨经理，早年毕业于日本名古屋高等工业学校，会说一口流利的日语，回国后结识了许多在东北的日本军政要人。本庄繁认为韩云阶出面为板垣牵线，不会像赵仲仁那般遭人恼怒。

韩云阶到沈阳受本庄繁召见，领接了任务后速返哈尔滨，到达海伦已经是傍晚，通过万福麟在海伦经营粮栈的管事人，求见马占山。

马占山对韩云阶早有耳闻。第一次世界大战期间，给中东路俄商收购小麦，转运欧洲，发了横财，很是个场面人物。他耐着性子，听韩大讲一通"抵抗无益"的胡言。

据韩云阶后来回忆："开始先生好像不大介意，但后来逐渐注意倾听了，到天明时，他终于说：'以前我从来没有听到过像你这样出色的谈话，由于你这一夜的谈话，我完全明白了。'"

马占山到底明白了什么？是明白了"抵抗无益、抵抗必败"的汉奸逻辑，还是明白了日本人的诱降圈套？

后来，当韩云阶兴致勃勃地向日本关东军总部表白深入"虎穴"的功劳时，他却不知道当了一把马占山反圈套的中介人。

1931年12月6日，板垣征四郎偕同关东军财务顾问驹井德三、翻译福岛、主计枼官及英法记者到达哈尔滨，下榻于北满大和旅馆，首先会见哈尔滨特区行政长官张景惠和汉奸赵仲仁。

当天下午1时，飞往黑龙江省齐齐哈尔会见日军旅团长铃木，详细部署去海伦诱降马占山可能出现不测的方案。

两个小时后，板垣返回哈尔滨，指令张景惠和赵仲仁，当他面给马占山挂电话，通报日本关东军高级参谋板垣大佐亲自去海伦与马占山会谈。

马占山当即拒绝："黑龙江省东部民气甚盛，老百姓仇恨日本人，日军切勿前来，倘发生意外事故，本人无法负责。"

赵仲仁不甘挂机，说："日本人是敬仰马将军的威名，专程前来拜访，别无他意！"

马占山转言说："我已经退出省城，已经没有必要再和日本人接触！"

这时，急不可待的板垣一把抢过电话，说："马将军好，我代表关东军司令官本庄繁中将请马将军回省城……"

马占山不等他说完，放下电话不再作答。板垣无论怎么摇动电话，都无人再应答。

12月7日上午8时，板垣决定火速前往，率随员及日本驻哈尔滨领事馆官员彬山冈野及《朝日新闻》《每日新闻》记者，在赵仲仁和前黑龙江省政府秘书韩述彭的引导下，乘汽车从冰道上渡过松花江，去马家船口，登呼海路火车。随后，在哈尔滨欧罗巴旅馆和马迭尔旅馆下榻的英、法、德及中国记者闻讯赶上这趟火车，抢采具有爆炸性的新闻，但是到了发车时间，却不见列车启动。

板垣征四郎

原来，板垣此时前往海伦仍心怀忐忑，他让赵仲仁和马占山再通电话，以防吃闭门羹。

赵仲仁好不容易和马占山接上话，他故意强调板垣已经上了开往海伦的专车，急等回音。马占山不紧不慢地推说："已经说过既退出省城，日本人没必要前来干涉，就是到海伦，我也不见！"赵仲仁故意激将地说"你不见不丈夫"，这让马占山改变了主意，同意在呼海路中途的绥化站会晤。

板垣见马占山终于开了个口，命令专车启动，下午1时50分抵达绥化站，但绥化是土匪出没、十分落后的小县城，没有地方接纳如此显赫的高官和洋人，更没有会谈的合适场所。

赵仲仁又在电话里苦求马占山希望在海伦见面，双方足足僵持了两个小时，马占山才勉强同意。但他强调必须让中外记者搭普通列车先行一步。他决定在会见板垣之前，首先接见记者。

板垣征四郎一行到海伦已是晚8时。马占山派副官前往车站把板垣的人引到广信当休息，各报记者集中在益泰永商店。

谢珂奉马占山之命，带翻译到广信当先与板垣见面。板垣不认得谢珂，但他研究过马占山的照片，刚和谢珂会面，就直呼："本人要求拜见马占山将军。"

赵仲仁赶忙上前要作翻译，谢珂的眼睛却盯着板垣不去理睬他，说："本人是黑龙江省防军副总指挥兼参谋长谢珂，马主席现在公务在身，贵官可以向我说明来意，由我向马主席报告后，再决定会见时间。"

谢珂的气势不容板垣作任何争辩，他失去了不可一世的霸气，恭维地说："本人十分钦佩马将军的英勇，此次是慕名亲善，前来拜见，别无他意，千万千万不要误会。"

谢珂冷冷一笑："有书面文件吗？我可以转呈马主席。"

板垣连忙摆手："没有，没有。"

谢珂寒暄两句，转身告别，赵仲仁刚想说什么，谢珂已经走出了房门，没有给他留半点插言的机会。

马占山听罢谢珂的报告，笑了。马占山决意把板垣晾一个时辰，先分别会见中外记者之后再约见板垣。

晚10时多，马占山在办公处首先会见以《哈尔滨公报》记者崔铁肩为首的中国新闻记者团。等待多时的记者们知道板垣身边有赵仲仁和韩云阶两个汉奸一左一右，无疑是要对马占山发起诱降攻势，而身处困境的马占山态度究竟如何？将一定会在国内外引起轩然大波。然而，他们走进省府大院时，见到中国官兵保持高度警惕，坚守各自的岗位时，似乎感觉到了这里没有丝毫解甲的投降气氛。

当马占山不卑不亢地出现在记者面前时，记者们纷纷起立报以热烈的掌声。

马占山环顾片刻，不紧不慢地说："请各位来，就是要告诉各位，请国人相信我马某人，决不辜负东北同胞和全国人民的期望，不管日本人如何来利诱威胁，我马某决不能做降将军与日军妥协！"

记者们对马占山明确的态度，再次报以掌声，随后提出了许多问题，马占山均一一作答。他最后强调："诸位发表有关海伦会见的消息必须是口径一致，以免日人来此而使外界发生种种猜测和误会。"

接见完中国记者，马占山应邀合影，以表诚意。

晚11时半，马占山接见随板垣来海伦的外国记者。早就想目睹中国名将的洋人记者，鸦雀无声地恭听马占山的声明："此次中日事件，实属不幸，不过本人守土有责，不能不谋自卫，今后希望日、英、法等国舆论界，不分界限，共同努力，使此类不幸事件永不发生，则世界真正和平，方能实现。"

马占山的话语中，只字不提板垣来海伦会见的事，更不谈中日之间是战是和的前途，他表达的是近乎面对国联调查团的呼声，外国记者种种怪问，没有难倒他。

板垣心神不宁地等到午夜12时，才见马占山和谢珂带翻译来到广信当。赵仲仁和韩云阶自恃朋友相见，抢先上去抱拳问安。一些中外记者也被请进客厅。

双方略作寒暄，板垣向马占山递上关东军司令官本庄繁的名片，说：

"我是代表帝国关东军司令官本庄繁向贵方提出两项要求：一是，双方以前的冲突，已成为过去，今后当各不相犯，才算结束；二是，东北地方在目前环境支配下，中日双方确应有彻底合作的必要。敝国关东军司令官尊重贵主席旨意，希望贵主席变更抗日举动，对关东军的真意，予以完全同意。双方倘能立刻停止军事行动，则敝国司令官本着以前救济东北民众之意，决定仍将黑省军权交由贵主席担任，以共维东亚之和平。本人又有声明者：敝国关东军已下最大的决心，决不许东北任何有抗日举动之继续存在，即敝国政府亦有整个之计划使其实现，为将来彻底改造东三省之步骤。至敝国关东军对于呼海、齐克路所以无所表示者，因钦佩贵主席之英勇，故不即实行军事计划"云云。

从板垣这番话中，择其实质即请马占山执掌黑龙江省的一省军权，条件是放弃一切抵抗日军的举动，这无疑是诱降的要害。

马占山已经听得明明白白，他回答："关于贵代表所提第一项，本主席极端赞成。前次冲突，本主席为保全国土，实为环境促成，此后，尚望双方遵照贵代表意见施行。关于第二项，亦极同意，但必须尊重中国主权，为诚意的亲善。黑龙江省此次所采取的行动，纯属自卫，本主席受命中国中央政府，不知其他，对于中日间的一切纠纷亦望贵国政府与敝国政府早日获得正当的解决。"

马占山的回答，说明他不但通晓外交辞令，而且能有礼有节地针对板垣的种种诱惑明确提出"必须尊重中国主权"的根本条件，否则一切都是虚的。

板垣经过这番对答，自知已无法把话题深入，便毫无章法地连提三问：一、此次冲突系一时误会，能否即此谅解？二、对此次战事观感如何？三、现在究竟作何态度？对日军是否仍持反抗行动？

对此，马占山早就没了多大的兴趣，只作草草应对。此时，赵仲仁按捺不住故意问板垣："贵方所提不再继续抗日行动，是否请马主席签字？"板垣忙点头称是。

谢珂当即站起来说："所谓对日态度问题，如日方不来攻我，我们决不反攻。签字一节，必须召集团以上军官会议才能决定，否则马主席一人签字，也不能生效。"

后来，关东军财务顾问驹井德三回忆："当时板垣把事先准备好的军事协定文书拿出来，给马占山看，并且读了一遍，要求他签字捺印。但是，一字不识、绿林出身的马占山颇感为难，他直率地分辩自己没有学历素养，并发自内心地说：'马占山是男子汉大丈夫，既然同你们面对面地直接谈判就决不会毁约，怎么样？请相信男子汉大丈夫马占山一言。'听了他的话，我们也十分爽快地撤回了前言，决定不签订军事协定了。"

不管谢珂和驹井德三以各自的立场，在叙述细节上有多大的差异，马占山拒绝签字是确定无疑的，马占山并非一字不识，他不但会写自己的名字，而且还练就了一手好字。

显然，板垣和驹井德三等被马占山蒙蔽了，不然，他不会急电身在沈阳的本庄繁和哈尔滨的土肥原，如同谢珂所见："状至喜悦，若有莫大收获者。"

然而，马占山还是失误了。他在中外记者的簇拥下，被板垣拉至沙发当中，板垣等围他而坐，留下了让世人大为惊愕的照片。那张已经脸无敌意的照片，很快被视为特大新闻，刊登在中外各报的显著位置上。

会谈中，卖身投靠日本人的韩云阶和赵仲仁竟不顾廉耻，刁难我方、逢迎日方，其所作所为激怒了所有在场的中国人。

韩云阶中间上厕所，被马占山的卫士赵振东拦住，用枪顶着他的脑袋，问他是不是中国人，为什么总向着日本人，韩云阶竟吓得尿了裤子……

当板垣返回，赵仲仁留下殿后，在广信当被谢珂撞见，谢珂冷着脸对他说："昨天看你那个德行，我真想一枪收拾了你，你在海伦小心挨黑枣儿！"

这一夜，直到天亮，马占山才睡了一会儿。

举棋难定

1931年12月8日午夜，马占山没有在板垣诱降的议定书上签字，却在数十道镁光灯下，被拍下了一张无论如何也抹不掉的合影。这张日后被以显著位置刊登在中外大小报端的照片，成了板垣征四郎诱降成功的证据。更为严重的是，当举国上下见到被盛誉为抗日民族英雄的马占山和日本关东军侵华急先锋握手言欢时，将会产生如何反响？在嫩江江桥浴血抗敌的将士又该如何作想？

马占山认为在"纪要"上不签字，就等于诱降无效，照张相不过是个应景的事。待谢珂将可能出现的后果摆出来，马占山双眉紧皱，当即说："以我主席的名义发通电，正告国人，以澄清事实，免得误会！"

就在板垣登车返回哈尔滨的当天，由马占山签发的电文发向全国，他在通电中历数欧战以来，参战各国的先知先觉："痛人类之相残，鉴武力之非计，乃倡议非战公约、国联盟约等公理信条，以为解决国际争执之原则，而求世界人类之生趣，相互共存共荣。大势所趋，天演进境，决不容十八世纪的武力政策，以灭种亡国，侵地占城为能事者，再横行于寰宇。"

接着，马占山又在电文中陈述日本军阀违背人意，不顾公理，悍然兴兵，占我辽、吉，又得寸进尺，进犯黑龙江省，我守军被迫还击的过程。

马占山在电文中，鲜明地表示了他抗战的决心："占山一介武夫，谬主省政，上感国家倚畀之殷，下凛同胞责望之切，守土系属天职，自己斯为神圣，若入寇，不拒奚为！前以不忍省垣惨遭兵燹，未能与城偕亡，对我国民方觉惭愧不胜。乃重荷海内外同胞错爱弗已，既承谆谆训勉复蒙纷纷助款接济，大义如此，虽死难辞，惟有谨率我黑龙江省民众，从事自救，此身存在，誓不屈服。夫人孰不死，与其奴颜婢膝以苟生，曷若保国卫民而早死，此中去存，已具决心，敬以此对我中华民国四万万同胞掬诚宣誓，乞垂察焉。"

就在马占山向全国发出通电的当天，哈尔滨特区行政长官张景惠，邀马占山前往松花江边的松浦镇会晤。他在板垣离开海伦只有几个小时，急着见马占山，绝不是个人的行为，而是本庄繁的又一着棋。

马占山没有拒绝张景惠的"邀请"，于12月10日，即发出通电的第二天，率参谋长谢珂、警备司令朴炳珊、警务处处长金奎璧等人乘车抵达呼兰附近小城镇松浦，暂住呼海铁路局局长高云昆公馆。届时，尚不见张景惠的人影。当日下午4时，马占山派参谋长谢珂前去哈尔滨南岗花园张景惠公馆，接洽会晤事项。

12月11日晨，张景惠、赵仲仁、魏绳武、李子英等在警备总队长于镜寰和手枪队几百人的护卫下，由谢珂引导来到松浦镇会面。

会谈戒备森严，如临大敌，地点设在呼海铁路局大厅。由于没有记者在场，商谈的内容始终没有披露。有人传张、马二人会面是"叙旧"，不是会谈，故而没有公开发表的必要。这纯粹是一派欺人之谈。

在日本侵略者进犯东北的危急时刻，有谁不知道张景惠、赵仲仁等人的汉奸面目？

令人费解的是，刚刚通电力表决心抗战到底的马占山和此等人物会晤，到底想干什么？

从这次封闭式的会晤、排斥记者、不向外宣的事实表明，所谈内容和马占山向全国通电的内容必有相悖之处。谢珂、朴炳珊等抗战派代表，他们日后的言论没有涉及这是一次诱降马占山的会晤。

实际上是会晤双方彼此进行试探、周旋，求得双方利益的暂时平衡，彼此都在揣摩对方的底牌。日本关东军总部急于打出和马占山有"故旧之交"的张景惠这张牌，诱使马占山入套；马占山则想利用日本军方提出的相关条件，保存实力，兴师再战。

张景惠明白，对马占山最有诱惑力的不是任他为伪黑龙江省省长，或者给他更高的汉奸地位，而是允许他保存实力和实行不加干涉的自治。

因此，张景惠只能扮作马占山和日本人之间的牵线人，尚不能直接充当日本关东军的代言人。

张景惠和马占山会晤后，一直不肯按日本关东军的旨意抛出江省独立宣言，他提出马占山的抗战政府实力强大，而且以和他并非知己为由，在马占山不认可的情况下不能宣布江省独立，甚至拒绝出任黑龙江省省长。

这表明，张景惠在会晤时，许诺他赴省就任省长，尽快把省长位置让出来，以待马占山返省就职。

马占山对张景惠的许诺，即使不可信，也终可以争得一定的时间。

日本关东军总部绝不会眼看着马占山按着自己的意图拖下去，在诱降马占山的同时，又施展种种军事压力，迫使马占山尽快就范。

12月13日，即马占山在海伦夜见板垣第五天，日军突派500多骑兵向齐齐哈尔和海伦之间二道屯第二防线发起进攻，被中国守军击溃。

14日，日军骑兵100多人又在齐克路的塔哈尔和林甸之间与中国守军激战，中国守军势单力薄，不得不退到宁年、富海待援。

马占山调程志远部急速增援，又派苑崇谷部和学生团前往助战。

事隔两天之后，双方兵力骤增，战事异常激烈，日军铃木旅团伤亡惨重，共毙命1700多人，受伤者达1400多人。中国守军伤亡也相当严重。

20日，日军大规模调动兵力，宣称决不放弃"北满"，扬言"围剿"辽西东北军和抗日义勇军得手之后，全力围攻马占山。

马占山退守海伦之初，以守势来调整各部，尚无立即反攻的计划。此刻，他横下心准备转守为攻，乘其不备，夺回省城。他委任韩述彭为兵站司令，鲍汝霖为帮办，调动吴松林、苑崇谷、程志远各旅集中于齐克路一带，以待下达反攻的总攻击令。

当马占山举棋欲落之时，他停住了手，他想到这番用兵的规模，按军规常理，必须请示北平行辕张学良，不可贸然行动。然而，身居北平的张学良仍处于蒋介石的掣肘之下，幻想"国联"出面主持"公道"。江桥抗战的爆发，他曾摩拳擦掌，暗表支持，因为马占山打的是防御战，当马占山发出一封封请命反攻的电文时，他却迟迟不作答复。

马占山落入了攻不得、守不得的两难境地，他只好把调集的几个旅的兵力，暂且收拢在鳌龙沟、宁年两地待命。

马占山不得不继续同张景惠一伙汉奸周旋，派遣涂全胜、朱凤阳两个团余部编成的一营兵力开进齐齐哈尔，以示与张景惠合作。

张景惠急忙命代省长吉祥，省商务会长杨春秋、韩雨之、李维周等前往海伦接迎马占山返省，同时电召省城熟悉黑龙江各路军、政头目的刘钧衡来哈尔滨，谋划欢迎马占山入城的仪式，确定1月29日为马占山进城的"良辰吉日"。

张景惠将其精心策划的方案电告马占山，马占山虽然表示同意，却一连几日不见有任何起身的动静。张景惠身边的韩云阶向马占山连发电报，又派人再三催促，均不见马占山回音。张景惠冒汗了，一时竟不知所措。

此时的马占山在急等张学良的命令。为了走出困境，马占山接着向国民党南京政府主席林森、外交部部长陈友仁通电恳请，望中央尽快决策：

前者日人攻击锦县，准备进展，率以日方连续增兵，锦军遂受重创。黑龙江省悬隔边疆，兵单力薄，饷械两缺，未敢冒昧一试。现锦州已失，榆关以东，已非我有，乃日人乘其余胜，来海要挟威迫，百计应付，难期避免。复查辽省臧主席业经就职，哈尔滨张长官，已通电兼领黑龙江省省政府主席。黑龙江省情形，已如釜底游鱼，环境实属危险。占山以身许国，本无所顾，策念人民涂炭为堪虑耳。唯有相机应付，情形如何，结果难料。惟恳迅即定策，设法交涉，以解危亡。苦久无办法，则东省永无恢复之望矣。特电陈词，伏乞采纳。

这字字如血的乞电，表明了马占山进退两难、身孤力单如若弃儿般的心境。然而，国民党中央的大员们置若罔闻，无动于衷，不肯赐复一字。日本关东军司令本庄繁眼见马占山不仅毫无返省之意，又集结重兵以待反攻，于是不等马占山下令，抢先于1月27日调动炮兵联队和装甲车开赴齐克路，向马占山待命的部队发起进攻。

1月28、29两日，又组织汉奸土匪从两翼寻衅，马占山处于内外夹击的险境。

黑龙江各旅守军在遭受日军围攻之际，又闻外传马占山受张景惠之流的诱降，已与日本关东军高参握手言和，军心大为涣散，弱化了与日军血拼的锐气。守军官兵最不可理解的是领军人物何以丧失尊严，丢掉气节，而不力主再战？

马占山最怕的就是以讹传讹，丧失军心民心。为了澄清事实，于2月1日，以他为首的黑龙江守军的15位将领向全国联名通电：

国民政府，蒋总司令、张副司令钧鉴：本军抗日，前已力尽援绝，暂退海伦。一以图整理部曲，联合友军，俾作最后战斗；一以冀外交有效，日方觉悟，而得相当解决。枕戈待旦，誓死御侮，区区之心，业于佳电通告奉闻。讵意日本军阀，倒行逆施，既侵我领土，摧残我政权之完整；复强占东铁，破坏欧亚交通。近更变本加厉，肆其凶焰，于东北之毒流正涌，对东南之爪牙又张。冀以浪人策略，解决东北善后，以海陆淫威，强关东南新局，同恶相济，无所不用其极。

苟彼武力足恃，则世界从此绝无公理之存留，倘我人心不死，应全国一致，共作奋斗之牺牲。国如丧亡，家于何有？古训昭垂。无或侥幸。国难益急矣！责任愈重矣！占山等谨率部曲，效死杀敌，念兹在兹，义无返顾。

惟望我海内外同胞，共凛匹夫有责之义。群起动员，毋任个个击破，而保我子孙，还我河山，在此一举。

彼有良械，我有热血，精神终胜物质，胜算贵在决心。

祸燃眉急，望共图之。并盼各友邦人士，一致主持公道，勤挚陈词。不胜引领之至。

马占山、谢珂、苏炳文、程志远、张殿九、苑崇谷、吴松林、王尔瞻、崔伯山、徐景德、朴炳珊、徐宝珍、石兰斌、周兴岐、陈海胜等同叩东印。

通电发出后，守军官兵精神大振，纷纷表示愿与日军决一死战。

15位抗战将领的联合通电，算是把马占山偃旗息鼓和日本人合作的舆论暂时平息了，然而马占山清楚地看到，此时黑龙江守军即便全军出动，也不过几旅之众，要想反攻，收复失地，必须联络各地抗日义勇军，实行全国总动员，方能彻底击败侵略者。

2月4日，马占山向国民党党部、北平张学良、各省政府、爱国团体及全国父老兄弟通电。这一次，他不是直呼告急求援，而是煞费苦心，引史鉴事提出抗日救国的诸多具体主张和建议：

溯自日人侵占沈阳以来，迄今半载，东北东南大部靡乱，外祸连绵，日渐扩大。依赖国联，有同画饼，国民自卫，实为当务之急。

倾日本全国陆军不能与吉、黑军及义勇军决最后之雌雄；天津则被击于保安队，一蹶不振；锦西则被义勇军截击，至再至三。倾日本全国之海军空军，而不得逞于上海一隅，捉襟见肘，伎俩已穷，此国人共闻见者也。

日本国幼臣强，藩阀以黩武为跻政发财之捷径，内阁太阿倒持，不能统一政局，政象荡激迭见，意见至为纷歧。

北煽白俄以启衅于苏俄，虽为一种阻俄助华之用意；远摈国联以动列强之稳怒，实无异效当年之德意志而自杀。忽而热吉，忽而津沽，忽而沪宁，忽而汕粤，其军事步骤及程序，似已全盘俱乱，毫无一定主张。此又国人所共闻共见者也。

考之东洋海战史，以元帝之强而渡海东征，乃即败血丑；郑成功以一隅窥长江，而败于下游；甲午之战，我国海舰东渡而覆；日俄之役，波罗的海舰队没于亚东。千里之师，向无结果；重洋渡战，援应为难。

中国军事家最喜爱背孤击虚，最忌背虚击孤。以此种理例证之，日本虽三次用纳音属金流年对外之作战，而本年形势，终必大败，无可讳言，此又国人可以预料者也。

当今之日，诚使我中国全国党员民众、男女老幼，下一最后决心，勿以祸不临头，即不必出而互助。除宣战、外交责任上之军事问题，应由政府各当局及党中同志负之外，凡我各省市及各族同志，宜仿今次上海人士自救之新法，有钱者筹金助饷，无钱者出命赴敌，买刀卖犊，典籍易弹。由各省纯粹人民自治团体，召集义勇军，大省五万人，小省二三万人，大市一万人，小市三五千人，咄咄之间，一百万义勇军，不难即日完竣。然后，公推一二素有经验、老成练达之在野军事专家，如冯焕章、吴子玉、李协和者，为国民义勇军总司令，将义勇军之编练组织，实行扩大，完全抛开政府之关系，由人民自卫之基点上，为唯一之立场。而对日实行不宣而战。

以上30万人驻防江海各岸，以70万人开赴山海关外。

第一，在驱逐东三省日军，恢复失地，兼以雪甲午之耻；

第二，进一步恢复失地后，索回台湾，扶助韩国独立，悬此目的不达不止。一俟军事底定，此种义勇军，即立时自行解散，各归田里。

兵法云：知己知彼，百战百胜。方今日本军略政象，均不整齐，如我国肯为一劳永逸之计，则唯有由国民自决，向日本实行作战而已。或曰宣战不易，此指国际间两政府言也。现在日军到处攻我，亦并未宣战也；我各地反攻，亦并未宣战也，今如大举进击又何所忌避战。倘政府对此大规模义勇军，佯为弗睹，不加干涉，阴则利用之，以为政府外交之后盾，如日本之于便衣队焉，安见不有戚继光、俞大猷之人崛起田间乎？时乎时乎不再来，一鼓作气，再而衰，中国之兴亡，在此一举，日本之存灭，亦在此一举。愿吾全国仔细思之，仔细图之。

马占山在这洋洋千言的电文里，为国民党中央政府设身处地构想了诸多具体的行动方案，但是，他尚不能识破蒋介石对日实施不抵抗政策的根本在于"先安内，后攘外"，建立消除异己的一党专政。江西瑞金的红色政权已经让蒋介石焦头烂额，终日不得安宁，岂能容"百万义勇军"一起动作？

在国民党中央既定的对日不抵抗方针下，马占山的苦苦谏言不过是一纸清谈，照例听不到半点回应，如石沉大海。这对马占山不能不算是一次迎头碰壁。

马占山发出通电的前一天，东铁护路军总司令丁超和依兰镇守使李杜联合吉林抗日义勇军冯占海部，在哈尔滨正式成立抗日自卫军，发表了"抗日宣言"。马占山决定反攻黑龙江省，支持李杜，但日本关东军早已摸透了马占山的意图，从长春和北面调来5000日军集中于齐齐哈尔。本庄繁派汉奸韩云阶前往齐克路，向中国守军几位旅长言明进攻黑龙江省的"利害"。

2月4日，日军在飞机、坦克掩护下，分三路大举进攻哈尔滨市区。李杜亲临前线指挥，抗日将士奋力抵抗，终因义勇军内部出现降敌事变和脱逃的官兵，保卫哈尔滨的防线大有溃散之势。

马占山闻讯速派苑崇谷旅前去增援，行至何家沟附近，遭日军袭击，伤亡甚重。2月5日，日伪军占领哈尔滨，南北合攻哈尔滨的行动宣告失败。

至此，黑土大地上的两个中心城市先后落入日本侵略者手中，马占山进退维谷，陷入更加艰难的处境。

独闯敌穴

马占山于1931年12月7日在海伦会见日军高参板垣征四郎，10日前往哈尔滨松浦镇和张景惠会晤，并且答应于1932年1月29日返省坐镇。这么做是为了争取时间，一面等待国民党南京政府的最后决策，一面准备借返回省城齐齐哈尔的机会，率部沿洮昂铁路进攻洮辽，与热河方面义勇军南北夹击日军。

此时，丁超、李杜的吉林自卫军，受到来自哈长线的日军多门师团的压迫，难以招架，不仅给马占山南下造成了阻隔，而且，北部的日军铃木旅团与多门师团形成了对哈尔滨的合围之势。

1月29日，张景惠、赵仲仁和韩云阶等人，做好了迎接马占山返省入城准备，却不见马占山的影子。他们哪里知道马占山正应李杜的恳请，赶派程志远骑兵旅沿齐克路开向齐齐哈尔城下，以牵制日军铃木旅团开赴哈尔滨。

2月1日，马占山等15名将领联名通电全国，发表抗战到底的决心。

这使得请马占山"入瓮"的企图化为泡影，日本关东军的首脑大有受骗之窘。

2月2日，从齐齐哈尔出城开至昂昂溪车站的日军铃木旅团，将南下车辆扣留，开赴烟筒屯，准备向哈尔滨进发，接到马占山及其将领的联名通电，又得知马占山的张殿九旅抵达安达一段铁路，准备截击的消息，立即终止前进，连夜返回省城。

驻洮昂路的日军骑兵千余人受命和铃木旅团联成一体，在省城设防，以待攻城。马占山派到省城附近的涂全胜、朱凤阳两个骑兵团，恐遭日军包围，急退至齐克路塔哈尔桥。在韩云阶的百般鼓惑下，程志远旅长下令停止向省城前进。

马占山为防止日军由齐克路进攻海伦，命令吴松林、徐宝珍各部沿该线路布防。这样，使得原订的进攻省城的计划，忽而转为抵制日军出城进攻海伦的计划。

2月3日，吉林驻双城的二十五旅张广喜团，在和日军尚未接火之时，先行溃败。二十六旅二团随之撤退。李杜急调马宪章旅增援，向三闸堡进驻，击退日军装甲车进攻。

2月4日晨，日伪军步、骑兵分兵两路，在炮火和飞机的掩护下，以装甲车为前锋，向吉林自卫军全线进攻。

李杜、丁超亲自指挥，中国守军拼死相抵，血战多时，终因日军飞机低空扫射轰炸，我方骑兵和炮兵失去联系，被迫后撤。

形势万分危急，丁超、李杜急电马占山增援，马占山即派进驻哈北庙台子站的苑崇谷旅支援。

也就在这一天，马占山向国民党南京政府发出长篇通电，提出抗日救国的诸多具体主张，条条款款如若"望梅止渴"，而这"梅"不过是难见踪迹的幻影。

2月5日，日军对哈尔滨发起总攻，先集中攻击顾乡屯、偏脸子、何家沟和新正阳河四处中国守军。日军飞机轮番向我轰炸扫射，我骑兵损失惨重。

苑崇谷旅在何家沟被日军包围，伤亡甚重。上午10时，哈尔滨市内的交通全部停止，商户闭门。下午2时半，日军若松联队从上号（香坊）攻入，占领无线电台和26旅兵营后进入西马家沟。午后3时，日军进抵南岗八乍市和铁路局，守军被迫向哈市东北撤退。4时40分，日军滨本联队沿铁路线进占哈铁总站。哈尔滨遂告陷落。

这一天，正值中国传统的农历除夕，全市大街小巷没有鞭炮声，只有枪炮声。

大年初一，马占山才得知哈尔滨陷落的消息，震惊不已。他虽只有苑崇谷部遭重创，大部分黑龙江守军尚按兵未动，但是，他兵临省城牵制日军进攻哈尔滨的计划落空。遥相呼应的哈、齐两个中心城市全都落入日军手中。形势急转直下，马占山落入日军从哈长路和齐克路调兵夹击的境地，散驻各处的马占山部队也陷入被切割瓦解的危险。

至此，战局发生了根本性的变化，马占山面临的不再是待机反攻，而是生死存亡的危机。

马占山曾回忆说："我看不行了，非想法子不可，不缓和一下，全军有覆灭的可能，我于是决定假投降，同小鬼子较一较智能。"

何谓马占山的"法子"，一句话，就是"假投降"。

用马占山的话说："李植初（李杜字）退出哈尔滨后，我一看有被包抄的危险，必得赶快想个急救法子，以便整理部队与他们再拼。于是出乎小鬼子的意料，在一天早晨，我突然过江来哈尔滨，到了王象九（马占山的朋友，即黑龙江省驻哈外交办事处主任王鼎三）宅，我才打电话给多门，说我来会他，他非常惊奇，便约定在满铁俱乐部见面。"

马占山赴哈要会见日军师团长多门中将的决定，引起了身边高级将领们的非议，认为"此去必凶多吉少"。

吴松林旅长直言"士兵刚到海伦时，得感冒不少，现在完全好了，受冻伤的士兵，也已渐愈，战斗力已经增强。日本人要打，咱就和他打。"

参谋长谢珂更是反对："军中不可一日无帅，为保证马主席安全起见，我意不去为好！"

程志远旅长另有所见地说："我陪马主席前往，同去同归，万一不测，死就死在一块。"

然而，谁也改变不了马占山既定的决心，他平静地说："也就是三天两天，诸位该干什么就干什么，同心协力吧！"

可以想见，当初，日本关东军高级参谋板垣征四郎求见马占山，是在马占山警卫森严的海伦省府之内，担心人身安全的不是马占山，而是板垣，为此，板垣曾专程赴江省布置铃木旅团以备不测；如今，马占山主动赴哈会见多门，为表"诚意"，只能轻身简从，冒死一举。

1932年2月8日（农历正月初三）凌晨，马占山只带卫士长杜海山、副官长张凤岐和翻译韩树业及汽车司机，秘密登上呼海路的专列，向呼兰开去。

列车到呼兰站，马占山等下车，改乘汽车横过坚冰覆盖的松花江，直奔江省驻哈外交办事处王鼎三家中，由王出面约谢介石（后任伪满洲国外交大臣）面述来意。

谢介石先是大吃一惊，见马占山确单车独行，当即向日本关东军驻哈特务机关长土肥原转达马占山"此行系根据板垣海伦会谈，来和多门会晤"，日方很快传话约定双方在哈尔滨南岗南满铁道会社（铁路俱乐部）会见。

这时的马占山身穿长衫便衣，内藏两支手枪，卫士长杜海山衣内藏一支手枪，外佩一支匣枪。汽车里也暗藏枪支。

马占山密嘱杜海山："把汽车停在门外，敞开车门，车不熄火，如闻枪声，即将门卫击毙。我在里边对付多门，小心仔细，不要慌。"

"南满"铁道会社位于哈尔滨车站街，是一座接待日本政要人物的豪华旅馆。出发之前,谢介石见杜海山的神色威严,腰间又佩带匣枪,恐一旦双方闹僵,惹出乱子,劝杜海山把枪摘掉。马占山略思片刻,遂命杜海山卸掉匣枪。

马占山后来回忆:"我身上带两支手枪,有16粒子弹,如果话不投机,或小鬼子有意加害我,我用一支枪的8粒子弹先打死屋内的7个日本人,当然包括多门在内。再用另一支枪的8粒子弹打死哨兵和门岗,打到门口,坐上汽车就跑,绝不能白便宜了日本鬼子。我打枪有把握,所以心里有底。"

当谢介石将马占山引入"南满"铁道会社,院内卫兵林立,如临大敌。多门亲自迎出门外。这两个在江桥血战的中、日最高指挥官握手寒暄,互致问候。

多门对待贵客一般请马占山步入客厅,等候在客厅的七名日本军官,手按枪柄三面环立,关东军哈尔滨特务机关长土肥原也在其中。

马占山环顾四座,没有坐在主宾位置上,而是坐在靠门处的屋角,背后两面是墙,以防日本人从身后暗算。他没有脱下大衣,将一只手习惯性地插在大襟里,抓住兜里的手枪,真若动手不用掏枪,就可以开枪射击。

这时,停在门外的汽车一直没有熄火,杜海山和张凤岐密切监视着客厅里的动静,只要有异常的声音传出,便立即破门而入。

据杜海山回忆,双方相谈两小时,情形如下:

多门:马先生此来,事前没有通知,请将来此的意见告知。

马占山:因板垣先生上次去海伦,表示希望和平,并允江省自治。日本无政治领土野心。我来此即商谈江省自治问题,我想一切纷争都可和平解决,故尔只身前来,以表诚意。希望日方重视诺言,开诚相见。

多门：你既只身前来，真是英雄，我皇军决不小气，不会扣留或加害你。

马占山：我只身前来，早把生死置之度外，愿听贵军对江省自治的办法。

多门：黑龙江省可以自治，惟需设日本顾问数人。

马占山：黑龙江省既然自治，不设顾问，才是名实相符。

多门：马先生既来此，各事都好办，黑龙江省有马先生，一切当然不能与奉天、吉林一样办法，我想本庄司令亦无异议。

多门即嘱土肥原以电话请示本庄繁的意见。少顷，土肥原返回。

多门：本庄司令已来电话，只要不打仗，诸事都好办。

多门说完，与土肥原皆面现喜悦之色，多门嘱以电话告马迭尔备宴，约马占山午餐。

马占山见多门很容易地接受了他的要求，恐另有阴谋，被骗加害。如果多门临时脱身，和其他人拼命，实不合算。因此他说：不必去吃饭了，如有怀疑，我愿留在此处，以待事情最后解决；如无异议，我就告辞了，时间太长了，恐我部下发生误会。

马占山在说话间，注视多门神色尚无异状，似无怀疑之处。

多门与土肥原齐说：不要紧，吃过饭再回去，日军决不怀疑，亦决不做卑鄙无耻的事。

马占山回答：可以。

中午12时，双方一同到马迭尔饭店进午餐，多门与土肥原都表现极其客气的态度。到午后1点多钟吃完饭，马占山向多门及土肥原告别。回到外交办事处，王鼎三正焦急无措，见他安然归来，欣喜若狂。午后3时，马占山渡江，改乘火车返回海伦。

　　这段文字真实地记载了马占山不顾个人安危，只身闯入日军营垒，多门和遥控多门的本庄繁十分震惊和被动的情形。在日本人眼里，以死亡逼迫马占山是不可能的，只有顺势诱导，将马占山稳住，再步步设套，直至勒缰收口，让他束手就范。

　　马占山本来做了最坏的准备，不想多门和土肥原秉承本庄繁旨意，以君子之礼相待，许下了"只要不打仗，诸事都好办"的诺言，且为马占山敞门送行，这一招对马占山来说，比刀剑压颈还厉害，他似乎有了一种非战非降的第三条路，那就是联省自治。

　　马占山这一判断，导致了他日后的一系列行动，只是当他付出了极其惨痛的代价之后，才从严重的失误中拔出脚来，不过那已是后话了。

　　马占山返回海伦的第二天，即2月9日，召集营以上军官开会，当众说明只身前往哈尔滨和多门会晤的经过，到会的人多数同意接受江省自治的条件，与日军讲和。

　　然而，军署参谋长谢珂、副官长唐凤甲和旅长苑崇谷对马占山想要回省垣的决定，表示坚决反对，认为那将正中日本人的圈套。

　　马占山情绪激昂地说："我们抗日的初衷是不改变的，现在与日军讲和，不过是为了缓和紧张形势的一种临时办法，借此争取时间，整理部队，为继续抗战做好准备，我们不可因此松懈下去。你们回队后，要加强训练，向士兵讲解抗日的意义。至于外交方面，由我完全应付，你们不必挂虑。"

　　马占山的这番话是真言还是假意？这曾是评说马占山真、假投降的重要根据。今天，可以毫无保留地认定这是他的真心本意。他抗日的初衷是没有改变的，如果仅从他执意回省，有条件地向日本人"投降"，判定他是在自己的下属面前，托词借故，自找台阶，那就不好理解马占山在一个多月之后，何以付出那么大的代价，冒死从日军控制下率队出走，再度抗战。

谢珂、唐凤甲和苑崇谷三人不同意马占山的缓兵之计，认为这将正中日本人"套降"的阴谋，后果不堪设想。然而，他们又拗不过马占山的既定计划，当场表示："如果主席执意回省，我们只好辞职。"

马占山没有申斥他们，也没有挽留他们，他当众表示："留去自愿，愿回省的跟我走，不愿去的听从自便，欲走的我当资助。"

马占山之所以这般，一是怕这三位的情绪影响他假降计划的实施，二是他们毕竟是和马占山出生入死、坚决抗战的爱将，马占山内心是既难舍也不能不舍。当谢珂等三人交出军权，化装离开海伦之际，马占山心里定然不是滋味。

但是，在马占山决定回省"自治"的关键时刻，谢珂等人分道扬镳的消息震动了日军高层人物。不日，谢珂于途中露相，被日军扣留，日本人全然知道了他和马占山决裂的原因，于是对于马占山不再抵抗、和日本人讲和，以求全省自治，已经不再置疑。

今天，追思复想马占山要离开海伦舍掉几个抗战爱将的举动，无异于向日本关东军司令官本庄繁作出决心"投降"的姿态，可谓"小不忍则乱大谋"，这也为马占山最后得以突然反戈出走，布下了第一道不容怀疑的烟幕。

"四巨头"真相

　　1932年2月8日，马占山在哈尔滨和日军多门师团长秘密会晤，返回海伦后，脑中一直想着多门说的话，即："江省有马先生，一切当然不能与奉天、吉林一样的办法。"这就是说，对马占山承诺的"江省自治"，是比辽、吉两省要放宽尺度的"自治"，当然，也包括在自治的江省不设日本顾问在内。让马占山反复琢磨的是土肥原当时向本庄繁打电话请示，本庄繁回话说："只要不打仗，诸事都好办。"

　　这对于一心想以"江省自治"的名义保留军权、待机再战的马占山，产生了巨大的诱惑力。而此刻，日本人又偏偏抓住了他的这一心理，派汉奸赵仲仁奔走于多门、张景惠和马占山之间。

　　马占山刚回海伦，赵仲仁随后即到。他躲在马占山的内室转达本庄繁的旨意："江省自治问题，必须马先生到奉天与本庄繁司令官面商，倘有什么怀疑，土肥原可以做人质。"

　　马占山明白，时任哈尔滨特务机关长的土肥原，可是日本关东军举足轻重的人物，拿他做人质，日本人可谓付出了大本钱，或者说是诚意不容怀疑了。

　　作为平生持重侠义、吃软不吃硬的马占山，自然不能"小气"了，他爽快地说："不需土肥原做人质，我去就是了。"

赵仲仁得意地笑了，嘴里却说："主席真够意思！"

马占山没有再和部将商议，于2月15日晚乘火车到哈尔滨，16日上午10时，和韩云阶一同乘日本军用飞机飞抵奉天。

马占山第一次乘飞机，初始还觉得新鲜，日军那种客舱不大的小型飞机还算平稳，可是飞过长春之后，飞机遇上气流，开始摇晃起来，马占山脸色渐青，感到不舒服。韩云阶猜他可能是没有吸鸦片，问他怎么样，他只是摇头，没有说话。这一次，不像上次去哈尔滨只身会见多门那样，身边有精干的警卫，身上有压满子弹的手枪，他做好了谈不好就拼的准备；此刻，他将和日本关东军最高司令官见面，就是"拼"也不可能有机会，这使他隐隐地产生了一种飞落密网的感觉。

当天下午1时许，飞机在奉天机场落地。

日本关东军司令官本庄繁一改凡中国军官来奉，一律不去机场迎接的惯例，亲率板垣征四郎、张景惠和奉天市长赵欣伯等20多人到机场迎接马占山。

马占山走下飞机，不卑不亢地和本庄繁握手寒暄，不多说一句。

本庄繁犹如庄主，当下就作了安排："马先生先到张景惠长官家里休息，明天上午10点钟会晤，并请马先生共进午餐。"他转身又嘱板垣陪马占山一同到张景惠家。

本庄繁不把马占山安排在日方控制的宾馆里，而是引入张景惠的私宅，这显然是因为张景惠和马占山有着较深的旧交，马占山不仅和张景惠能说些和日本人不能说的话，而和张景惠的大老婆也很熟，不管马占山在张宅有些什么动作，都能通过张景惠这个被封的"东北行政委员会"主任，传递到本庄繁的耳朵里，使之毫不费力地摸清马占山的心思和意向。

马占山走进张景惠家，脱掉大衣，四下观望，客厅里一派中西合璧的家居，很是舒适阔绰，和他在海伦起居的简朴无法相比。他心里暗骂：

"怪不得，为日本人这样卖力！"

张景惠似乎看出了他的心思，拉着长声说："自古说，和为贵，不战而安啊！"马占山没有作声，他在想本庄繁在机场见面没有透露只字"联省自治"是什么意思？

马占山刚在沙发上落座，茶未过二道，本庄繁率板垣等日本关东军要人又登门而来，对马占山进行礼节性拜访。这中间从分开到见面不足一个小时，本庄繁依然是寒暄不绝，满口空话，没有一句实话。然而，马占山看出了本庄繁身边的板垣征四郎，昂头傲视，不见了在海伦时的那般恭维模样。

本庄繁走完过场，说了三个小时之后，由辽宁省省长臧式毅和奉天市长赵欣伯在日本大和旅馆举行欢迎宴会。本庄繁走后，他见张景惠拐弯抹角也不谈实话，这时的马占山似乎有了几分警觉。

晚上，大和旅馆宴会厅里灯火辉煌，中外记者团的人数比本庄繁为首的关东军决策人物还多。这大概是日军占领沈阳以来规格最高的宴会。可以看出，本庄繁下大气力制造声势，想让所有人都知道，这位赫赫有名的"抗日英雄"已经乖乖入席了。

在这之前，奉天市长赵欣伯按着日本主子的旨意，已经把即将召开"四巨头会议"、准备"建立新国家"的消息亲口传了出去，几家日伪报纸已经提前披露了，只不过马占山没看到罢了。

马占山成了记者们最为抢手的新闻人物，他们中的许多人虽然没见过马占山，但从传闻中知道："他土匪出身，没上过学，矮个子，有特色的泥鳅相，'北满'的统治者。"

马占山跨进大厅，记者们蜂拥而上，他们突然发现马占山的身材、长相和被日本人在皇姑屯炸死的奉天军阀张作霖，有着惊人的相似，而且从气质上都具有东北绿林帮的枭雄风度。

记者将马占山围了个水泄不通，为他拍照，请他签字，或者开口发问，一时间把张景惠、臧式毅等人抛在一边。只有赵欣伯忙上忙下，恰似个管家。

在这种场合，马占山的头脑十分清醒。他面带笑意，频频点头，既不签字，也不作答。

宴会将要开始的时候，马占山突然言称身体不适，起身告辞，退出大厅。

大厅内一阵骚动，等着采录马占山的中外记者不知所措，猜不出马占山出了什么变故。

本庄繁紧皱眉头，不动声色，和身边的板垣嘀咕了几句，装作无动于衷的样子示意赵欣伯把晚宴办下去。

赵欣伯派人陪马占山坐汽车回到张景惠府上，日本宪兵的汽车尾随其后，以防他途中生事。

马占山进门，装作不见外的样子，直奔张景惠当家的大老婆房间。那个见过世面的女人不见马占山身后有张景惠，不知出了什么事，忙问：

"兄弟，宴会这么快就散了？"

马占山苦着脸说："我感冒了，身上不舒服。嫂子，给我热杯牛奶吧。"

使女给热奶的工夫，张景惠的老婆凑近马占山说："兄弟，连张大帅都斗不过日本人，你们能折腾明白吗？"

马占山不想和她多说，他喝了杯热牛奶，又抽了两个烟泡，闭目养起神来。

张景惠满身酒气回来，见马占山打不起精神的样子，就说："准是在飞机上感冒了，韩云阶这小子是咋陪的！"

马占山还没说上几句，张景惠的秘书忙进内室报告，赵欣伯市长来电话说，臧式毅、熙洽和板垣征四郎、翻译中岛多吉都去赵欣伯家开会，请张长官和马主席赶快赴会！

马占山没想到日本人这么快把几个一省之长全都召集在赵欣伯家，他想到"垫戏"过后，大戏该开场了。

直到这时候，张景惠从沙发上拉起马占山，才说："走吧，咱们开个'联省自治'会议。"

马占山一听说"联省自治"，心里豁然一亮，他忙穿好衣帽，和张景惠登上汽车前往赵公馆。

赵家会议厅里的座次席位已经做了精心的安排，正前是四个同一式样的沙发，面对四个沙发是摆成半圆形的十几对沙发靠椅，围成马蹄形的圆形会场。沙发和靠椅前摆放着茶几式的长条矮桌。

四个沙发前的矮桌上虽然没有摆放就座人的名签，但赵欣伯在引导来人入座时，完全按事先的方案，首席是张景惠，次席是马占山，三席是熙洽，四席是臧式毅，这就是日本关东军总部设计的所谓"东北行政委员会"的"四巨头"，显然领衔的角色是张景惠。

马占山（右二）参加了四巨头会议

待这四个人坐定，记者的镁光灯闪烁不停，从而为日本帝国主义侵华留下了一张永远不可抹掉的证据。

马占山见会前的气氛十分紧张，个个都锁口无言，他终于按捺不住，向左右的三个"巨头"开口说道："咱们一致主张东三省自治，不脱离中国。日本如允许我们这个要求，在其他问题上，我们可以在让步的情况下予以解决。"

他没有料到，他的表示没有得到任何赞同和响应。

在日本人尚未到场的一刻，张景惠、臧式毅和熙洽左右开弓，几乎向他讲明了一个意思："日本劫持溥仪，就是要制造'满洲国'，这已是势在必行的事，无法挽回！"

马占山怔住了，他环视着屋内每一个人，三个人只有在这一时刻现出了对他蔑视的苦笑。马占山一下子明白了，所谓"联省自治"不过是日本人引他入套的诱饵，而这三个人物则是在本庄繁导演下，给他合演了一场双簧戏。

马占山极力控制住自己，尽力地做出"早有所知"的样子，随便敷衍了几句。

据日本驻齐齐哈尔特务机关长林义秀《回顾"建国"之初的黑龙江省》一文载：

午后1时左右（2月16日），关东军通知本官（指林义秀本人），奉天派和吉林派相互争吵，不去会场（指"四巨头"会场）。其原因是，如在这次会上成为重要的委员，就会在"建国"后的内阁中取得重要的官职，他们为此相互争夺。将这一情况对马占山一讲，他非常愤怒地说："怎么在此时互相争权夺势！我要在此之际报答去年12月以来关东军，特别是板垣先生的恩德。"

他毅然离场，前往作为会场的赵欣伯的公馆。听到这个情况，无论是奉、吉两派还是张景惠都立即赶来。

马占山和张景惠单独在一起的时候，不可能对他做那一番"愤怒"的表白，但可以说明会前的汉奸之间的权力之争，是日本人提前交了底，不知底的只有马占山。张景惠之所以在日本人面前为马占山"涂脂"，不过是为了表明拉马占山入套的"功劳"罢了。

不多时，本庄繁、板垣征四郎带翻译中岛多吉进来，会议宣布开始，会场内一片寂静，讨论的果然不是什么"联省自治"，而是关于建立伪满洲国的诸项事宜。

板垣讲话之前，神态傲慢，根本不看马占山一眼，他宣布"新国家建设大纲"，没有丝毫讨论的口气，更没有征求意见的余地，他一口气读了半个小时，中岛又翻译了半个多小时。

马占山聚精会神地听，板垣满口说的都是"立宪共和制""国号""元首""行政委员会""执政"等名词，根本没有"联省自治""日本不予干涉"的字样。马占山见张景惠、臧式毅和熙洽脸上扬扬自得，毫无惊愕的样子，更觉自己上当受骗。他想日本人把他和三个汉奸摆在一块，无非作为东北三省和哈尔滨特别市的代表来签字画押，他必须想出对付的办法。

这天晚上，在板垣征四郎直接操纵下，采取举手的方式，会议通过了"新国家建设大纲"和"东北行政委员会"。

日本关东军指定张景惠任伪东北行政委员会委员长、马占山任伪黑龙江省省长、臧式毅任伪奉天省省长、熙洽任伪吉林省省长、汤玉麟任伪热河省主席。

所有的程序走完，会议宣布明日（2月17日）正式成立"东北行政委员会"，起草并通过"独立宣言"。这时其实已经是17日凌晨3点。

2月17日上午，会议继续召开。

在起草"独立宣言"的时候，马占山突然叫着"头痛"，离座呕吐了几次。本庄繁一直在观察马占山。昨天晚宴上，他对马占山称病提前退席怀疑不解，今早前来赴会，特地带来日本医生要查个究竟。本庄繁示意日本医生马上给马占山诊断，结果是感冒。

本庄繁当众对马占山表示十分关切，劝马占山退场回去休息。在会场门外的记者，见马占山满脸不爽地从里边走出来，不知又发生了什么事情，后听说马占山因患病难以坚持，才平息下来。

没有马占山在场的"四巨头"会议，变成了"三巨头"，会议进行得更为畅行无阻，所谓讨论"独立宣言"的条目，只是念了一遍就一致通过，根本没容讨论。

张景惠第一个在"宣言"上签字，接着，臧式毅、熙洽签字，"四巨头"只差马占山。

本庄繁向张景惠递了一个眼色，会议刚结束，张景惠即拿着"宣言书"乘车回家，见马占山正在床上和衣休息，急着说："我们都同意了，签了字，只剩下老弟你了，你看同意就签字吧！"

马占山欠了欠身子说："请转告各位委员和本庄繁司令官，我马某既来开会，就是同意，请相信，马占山以人格担保。"

马占山在张景惠面前，没有如同在海伦和板垣征四郎会见那样，佯说自己"不识字"，而只说拿"人格担保"，因为张景惠知道他能够亲笔签名，更知道马占山的倔强性格，不敢硬逼着他签字。

马占山回绝了签字，并对张景惠说："这里的事情都办完了，我今天就返回北满去，那边的事情很复杂！"

马占山说得不错，他知道"四巨头"的照片公布于世，必然要引起一片哗然，将直接影响海伦的省府上下以及他权柄之下的各路人马，让他唯一值得庆幸的是，他毕竟没有签字画押。

在回省的路上，马占山曾对副官长张凤岐说："他们让我签字，我就是不签！若签了字岂不成了真正的书面合同了吗？"

应该说，马占山从拒绝签字开始，就为自己的所有行为划了一条界线，如果说在"四巨头"会议之前，他对所谓"联省自治"还抱有幻想的话，当日本人撕破了面纱，露出建立傀儡政权的狰狞面目时，幻想顷刻破灭，他急速调整了对待日本人的策略，而后所有的行动都是他演戏罢了。

在"四巨头"会议上，马占山已经隐去了在哈尔滨会见日军多门师团长的那番"拼命"的准备，他以极大的耐性克制自己，不动声色，不表赞否，使在场的本庄繁等日军高官和汉奸头目对他揣摩不透。

临走之前，马占山特意去告别本庄繁。本庄繁一反此前"恭迎"的假象，坐在沙发椅上，连屁股也没抬一下，更没给马占山让座。

马占山自感人格受到极大的侮辱，按着他的铁血性格，恨不得掏枪施弹，来个痛快，但是他没有，甚至没有一点"不悦"的表现。

马占山站着，本庄繁坐着，劈头就问："李杜反对我们，你为什么打电报响应？竟和他们同谋？"

马占山坦然回答："请不要忘记，那个时候，我们正同你们敌对，李杜将军抗日和我的宗旨一样，都是为了保卫国家而战，都是在尽军人的天职。他响应我，我响应他，都是正常的，没有什么可奇怪！说良心话，我若不是弹尽粮绝，若不是你们答应我们，日方没有领土野心，不驻军，不干政，我们还打你们，谁来同你们讲和？军人的本色是能打就打，不能打就死。我没有死，就已经愧对中国人了。"

本庄繁听了马占山这番义正词严的话，震惊不已，一扫脸上的傲气，竟哈哈大笑起来，他似乎从马占山身上看到了他崇尚的那种"武士道精神"。本庄繁从座位上站起来，上前拉住马占山的手，连声说："好，好样的！马将军不愧是条汉子！"

本庄繁听说马占山是来告辞的，便亲自通话，给他挂了一节专列车厢由奉天返回哈尔滨。

2月18日早6时50分，日本关东军司令官本庄繁再次打破惯例，亲往车站为马占山送行，陪同前往的日军要人和汉奸头目对马占山刮目相看，似乎是日本人不动干戈诱降马占山的计划已大功告成。马占山脸上此时表现出得意和矜持，只有他自己知道，这是多么地酸楚。

第五章
忍辱"降日"40天

这40天，是他痛苦屈辱的40天；这40天是真相大白的40天。

马占山以其独具的胆识和智慧，反设圈套，毅然率部离省，出走北上，召集旧部，运筹一场更大的抗战壮举。

然而，这40天也曾给人们留下重重疑团，有过不同的评论。

今天，将马占山这段经历的大量资料和文献汇集综合，并放在当时特定的历史条件下，加以审酌认定，结论则不辩自白了。

"俯首"返省

1932年2月8日，马占山于哈尔滨会见日军第2师团长多门，2月16日去奉天参加"四巨头"会议，消息传出，立即引起他所辖部队的强烈震动，也引起了全国民众中的一片混乱，猜疑、指责和失望之声不绝。

这该是马占山心里预料之中的。从哈尔滨回到海伦后，马占山第一件事情就是和国民党南京政府取得联系，并向全国民众来解释自己的行为。2月21日，他发出了一份与以往格调不同的通电：

溯自黑龙江省事变，于兹四月，环境情形，日益复杂。现既进不能以救国难，退不足以全地方，真所谓力竭声嘶，莫可为计也。占山不才，谬蒙国人所期许，几欲决然舍去，以图自爱自好，惟为部曲所不容，人民所挽阻。伏念个人之虚誉，无足轻重；人民之灾害，如水益深。且自将军东移以后，土匪蜂起，动辄千数百人，烧杀抢掠，十室九空，几经痛剿，现始稍稍敛迹。若再陷入无政府状态，转瞬春耕逾时，则人民之灾歉流离，益属无所底止，此占山日夜萦怀而不能忍然置之者也。现在惟有一面应付事机，一面另谋瓜代，于最短期间，接替有人，应即负咎引退，以谢国人，希鉴察焉。

这份低调的通电，表达了他进退两难的痛苦心境，也道出了自退出省垣率部东移后，黑龙江地面处于无政府状态的重重危机，表明他企盼尽快有人来接替，好"负咎引退"的态度。

在这前一天，韩云阶和赵仲仁又窜到海伦，劝促他起身回省。

继2月9日马占山召集营以上军官说明他意欲返回省城之后，时隔12天，他依然在老地方就同一话题，再次召集营以上军官开会。

不过，已经没有了上一次集会谢珂、苑崇谷和唐凤甲义正词严地反对和断然交权离去的场面，尽管他如何向部下发誓，决不会投降日本人，但会场里依然鸦雀无声，既没有人反对，也没有人赞同。

此刻马占山心里如同挨了几记闷棍，倒不如听几句骂声。他想打破可怕的沉寂，指着身后的卫队营营长谷振寰说："我决不卖国求荣，向敌人投降。你们问问小谷营长，他知道我是什么样的人。回省以后，希望你们好好练兵，补充补充武器装备，大家团结一致，听从我的命令。"

马占山的这番言辞并非遮掩自己的假话，他几次告诫部下"等待时机，听从命令"，这既可理解为与他一起"归顺日本人"，也可理解为"伺机再战"，只是在日本人密切观察他的一举一动之际，他不可能直言明说罢了。临行前，马占山特地为江桥抗战阵亡的将士开了追悼会。

2月23日上午8时，马占山率随行人员自海伦登上火车，顺呼海路往南取道松花江南岸的马家船口，经庙台子改乘滨洲路火车返回省城齐齐哈尔。

在庙台子上车之前，他在站台上面对全体随行文武官员，再次申明："为了保存一线生机不得不通权达变，应付事态，但决不投降日本人，全体军政人员保持镇静，同心协力，祸福共当，以渡难关。"

马占山话说到此，声音哽咽，几欲落泪，但是他止住了。

2月23日这一天，距马占山指挥江桥抗战到最后从省城撤出的时间，只隔三个月零四天。这百天离乱，马占山历经了他预想不到的事情。不论他怎样表白，省城的人们已经不会倾城欢迎他入城，迎接他的只有日本关东军与韩云阶、赵仲仁之流鼓噪起来的啦啦队。

在马占山动身之前，坚决主战的青年军官们暗地里在海伦到省城的公路上设卡，企图拦截马占山回省。马占山也许有了几分猜测，竟舍近求远，绕过路卡，从呼海路转道去省城。

当时尚未离队的旅长苑崇谷听到这个消息，立即返回驻地拜泉，将他指挥的一旅屯垦军委托给朴炳珊，自己悄然离队入关。

2月23日下午1点钟，马占山所乘专列到达齐齐哈尔车站。在鞭炮声和军乐鼓号声中，马占山一身戎装，率200多名卫队及省府各厅处官员步下车厢。

到站台上欢迎的多是日中两方军队首脑，还有经韩云阶、赵仲仁圈定的各界"代表"。

日军旅团长铃木少将、特务机关长林义秀、领事清水站在队列的前沿。先行返省的骑兵旅旅长程志远、旅长吴松林和团长涂全胜也在其列。

根据关东军总部的命令，在欢迎马占山的仪式上，做了炫耀武力的特别安排。出动阵容可观的日军仪仗队行持枪礼，中、小队长行"撇刀礼"。日本炮兵发射100多发炮弹，待马占山走出站台时，日本军用飞机从头顶低空掠过，投撒花花绿绿的传单。

马占山和铃木等日本人匆匆握手。他走到自己部下面前，把手握得很重很重，他极力克制住情绪，平静如常地走进已经发动的汽车，直奔他原来所在的东北边防军副司令公署，也是省府所在地的大院。

日本关东军司令官本庄繁一直担心马占山从海伦回去有变，他为马占山设计的返省日程，安排得十分小心，以免引起马占山疑惑，以致前功尽弃。铃木按着本庄繁的命令，调派日军驻城南营房，马占山卫队驻城内北部营盘,即军署东院卫队团原驻营房。马占山所辖大部分军队分别驻守在距城40里的城西北和城东营盘。中、日军队的驻地界线泾渭分明,在表面上给马占山主掌军权留有足够的空间。

马占山走进离开三个多月的旧地,其间大部分物品,照旧未动,只是桌柜已空,马占山环视四周,酸楚万分。

晚上,铃木举行宴会欢迎马占山回省赴任。中、日军方少校以上军官应召赴宴,气氛紧张而不热烈。

铃木首先说了一通"中日提携、相互合作"的虚词,话间不乏对马占山的恭维,却没有一句让马占山主持全省军政、实行自治的词语。马占山一脸严肃,回敬道:"自古以来,军人都是各为其国,有时为了国家之事,化友为敌,互相交锋,大动干戈;有时化敌为友,握手言和,今天我们就是化敌为友。我马占山是一介武夫,请诸位多加谅解。今天,既然是欢迎酒会,先声明不会喝酒,只此一杯!"

马占山和铃木彼此碰杯,将酒一饮而尽。日军军官早已按捺不住,趁势大喝起来,而中方军官却只是沾唇微饮,全无酒兴。整个宴会,气氛十分不协调。

2月24日,在黑龙江省府礼堂举行马占山就任伪省府主席的典礼。

当马占山走进会场时,见事先布置在礼堂大门外的国民党的党旗和国旗被勒令摘掉,非常不悦,更让他恼火的是日本人事先已把日本贵官席安排在上,其右才是他"省长"之席,以下是他的几位旅长和省府留用人员。

日方的铃木、土肥原、林义秀、清水和村田等都在日本贵官席上。

日本关东军给他委派的顾问村田,在马占山赴会前,拿出早已写好的"就职宣言",并派人替他代读。马占山先听了一遍,提出"文中辱华过甚",拒绝照此宣用,他临时命秘书另外起草一份。开会前,马占山首先简单寒暄几句，接着让韩云阶代他宣读：

　　此次东北事变，我黑龙江省亦因一时误解，不幸引起战争，演成混乱局势，以至人民受此涂炭，遭此战祸，土匪横行，金融梗塞，商民极感痛苦。目下时届春耕，若不注意民食，恐秋收无望。占山猥以轻材，不明政治，自知原非胜任，惟对于我黑省人民之困苦，难以坐视。最近因黑省民众之敦促，迫于公义，实不得不勉膺艰巨，故本救民之热诚，以负地方之重任。年来东北苦于军事耗费，政治失常，而租税负担累年递增，失业者日渐其多，老弱者死于沟壑，强梁者铤而走险，随致土匪横行，民不聊生。官府不察致乱之源，亟思补救，乃滥发纸币，钱法日坏，物价高昂，商店因之倒闭。占山服官黑省有年，深知此弊，早具改善之决心，此番更赖日本友邦表示无领土之企图，互作经济之提携，从此有善邻好意之援助，真诚之亲善，定当锐意革新，增进民生福利。目下当务之急，即先举办全省清乡，肃清匪患，裁汰冗兵，整理财政，减轻民众负担，注意金融调剂。至于整顿交通，开放富源，均为当务之急。且今后对于官吏确定登用之途，明示黜陟之道，毅然改进，则黑省前途，实利赖焉。占山不敏，素知我省地大物博，人情朴厚，果能上下一心，定能造成天下之乐土。今当就任长官伊始，谨此披沥至诚，聊申志愿，尚祈中外鉴察。

　　马占山在就职宣言中，以绝大部分言辞历述黑龙江目前的民生之苦，以及省政瘫痪，匪患猖獗，财政失控等情，尤其把"日本友邦表示无领土之企图"作前提，一并作为他回省赴任的依据，以求国人理解。

　　他在"内忧"和"外患"之间，让日本人更感觉到他顾及的是"内忧"，而不是"外患"。

从马占山前前后后的几篇讲话中可以看出，他处于不想让国人误解，又不能让日本人识破的两难之中。

韩云阶代宣完毕，又用日语熟练地翻译了全文，铃木旅团长边听边点头，以示满意。就职结束后，他握着马占山的手，异常亲热地说："马将军家眷还在黑河吧？那里气候太冷，还是接来的方便！"

马占山知道铃木是想把他的家眷放在身边，作为控制马占山的一条绳索，他装作顺从即命令副官："准备好车，明天就去黑河接家眷！"

马占山虽当着铃木的面嘱令去黑河接家眷，而实际上却一直迟迟不动。

马占山赴任不几日，就感到日本人套在他身上的绳索，在步步勒紧，他再三申明的"既然是自治，自不必用日本顾问"，但根本无人理睬。他任命省府官员，必经日本关东军本部同意，省府各厅的处长均设关东军派驻的顾问。马占山的日本顾问村田，更是密切地监视他的一举一动。按着马占山以往的脾气，早就该怒不可遏地直面开骂了。他把大火压住，只是冒了点小火，以示他心中的不满："日本人过问的事太多，我难以一一回答，凡事得有个办事的规矩，不能随意干扰！这样容易给他人造成我不称职的印象。"

村田听了他在情理之中的牢骚，并没迁怒，只说："此事我也知道，可是纠正起来也困难。"

一次，日本顾问村田未经请示闯入马占山办公室，马占山脸色大变，撵他出去，村田只好向他道歉退出。马占山曾有意让军务处给日本顾问制作刻有"顾问"两字的银牌，挂在日本人身上，以让门卫放行。村田以给日本人丢面子为由，表示反对。

所有这些，不过是马占山有意把日本人的目光圈定在他的身边琐事，从而不怀疑他准备发动的大举措。

马占山回省拿出秉公不怠的样子，首先进行"清乡裁军"。从表面上看，清除各地的匪患（许多是带有抗日性质的绿林绺子），裁撤曾跟随马占山抗战的各地驻军，此举表面上合日本关东军总部的意图，而实则马占山以"清乡裁军"为名，积极扩充民团，训练壮丁，密切和所属各部队的联系，就地训练，增加给养，以备后用。

2月末，马占山召开军政会议，各旅、团长和各县县长及省内士绅应召到会。就地方治安事宜，作出三项决议：

一、充实保甲，训练壮丁，以资防匪。

二、调查民有枪支子弹及马匹，严加取缔，以免济匪。

三、春耕要多种谷麦，以备剿匪供给军队人马给养。

同时召开的军务会议，对整顿军备，配备可靠的军旅才干等事宜作出如下决定：

一、训练各部队，以备裁弱留强。

二、分配各部队防地。

三、委任原驻黑河之步兵第三旅团长徐景德为黑河警备司令。

四、第一军赴拜泉，马占山兼任军长，委吴松林代军长，邓文为旅长。

五、各县县长统带各地民团，进行训练，以资防匪。

在军政两会上所议定的诸项内容，都在日本顾问的监控之下，然而村田等人不仅没有发现马占山的真正意图，反觉马占山已有和日本人合作的诚意。

会后，马占山立即秘密派人分驻各县，协助县长训练民团，大县委派一名军官，小县合两三县委派一名军官，以待发动时即刻统一编制、统一指挥。

马占山又密派军署参议王静修赶赴拜泉，将储备的枪支弹药运往黑河、龙门、通北等靠近苏联的北部县份。又在齐齐哈尔城外建立军火库，储存上千支枪和40余万发子弹。马占山脱离省城之前，亲自督办李军械官，将这批枪械秘密装上汽车，运往龙门、通北农村大户储备，待日后使用方便。

正在此时，林义秀接本庄繁命令，要求马占山尽快裁减军队，马占山要求本庄繁拨借500万元裁军费用，本庄繁答应分四次拨款交付。第一笔借款50万元，交马占山亲自保管，以备支用。马占山将其中10万元汇至黑河，令军需处处长田庆功在黑河就地购买军粮，款用尽再来电续拨。

明眼人皆知，黑河地处山区，产粮甚少，哪有购买军粮之余额，田庆功暗知，马占山再度发动之日即在近期。果然，马占山传令各驻防长官，为特别紧要之时各部队薪饷不能照发，必需有备无患，向军需处提前借款，即使借支10万或者50万，也不必军需处记账。

这后一则，分明是马占山故意谋划的反常规行为，引起了身边人的极大疑虑，以为他"精神失常"，劝说不要亲自处理这种事情，马占山不以为意地谈笑而过。

屈指可算，从2月24日马占山返省就职到3月8日去长春参加"建国会"的10余天里，他没有观望，也没有犹豫，他装作稳坐封疆大吏宝座的样子，暗地里紧锣密鼓地整顿调遣军队，储备大量的军用物资，以便尽快翻手扯旗，再度抗战。

"开国"丑剧

1932年3月7日，日本驻哈尔滨特务机关长土肥原到齐齐哈尔，代表关东军司令官本庄繁邀请马占山去长春，参加伪满洲国"建国"典礼。

此时，马占山正在因去奉天参加"四巨头"会议，日本人把承诺他的"联省自治"抛至九霄云外，讨论的却是"满洲国建国大纲"而气恼不已。事隔10余天，竟让他去捧场祝贺，感情上实在通不过。马占山对土肥原直言："江省系自治区域，不管外事，我不能前往。"

土肥原丝毫不让地说："外国开国大典，友邦都派使者光临。我特地前来邀你，你还是跟我一起去吧！"

马占山怕坚持不去会引起日本人的疑心，遂不再坚持，答应同土肥原一同前往，借此机会亲眼看看"满洲国"到底是什么样子。

说起"满洲国"，在日伪营垒内部一直有"帝制"和"共和制"两种纷争。

早在1931年9月22日，关东军就已正式提出将清朝废帝溥仪作为"满洲新政权的元首"。10月10日，关东军总部决定派土肥原贤二大佐前往天津，通过各种手段扰乱天津，在混乱中把隐居在天津日租界宫岛街静园的溥仪劫持到东北。

时任奉天特务机关长的土肥原，准备担任关东军设在华北指挥机关的长官，携带数目相当可观的筹办经费，天津就在他掌管的势力范围。

10月27日，土肥原从奉天前往天津执行上述计划。当时日本本土的币原外相则"坚决反对抬出溥仪"，其理由是："'宣统帝'的出山虽与独立国的建立并无直接关系，但外界认为'满洲独立国'是由我方策划的，尽管'宣统'采取自己逃出的形式，但外界不会轻信，而且对此类事件的真相加以保密是极为困难的。通过11月16日召开国际联盟理事会，对以任何方式带走'宣统皇帝'都将激起世界舆论的愤慨，出现对我极为不利的情况。今后，随着世界舆论的平静，必将逐步着手于该地区建设方面的工作，对我在这方面煞费苦心的计划，也会带来莫大障碍。再则，现今'满蒙'地区的居民绝大多数是汉族，因此，拥立'宣统皇帝'，在'满洲'各地名声也不好，何况对中国本部和世界各国的影响，在反革命、反民主主义阴谋等口号下，情况更可想而知。这样就会出现日中之间永远不可能谅解的局面。总之，我认为拥立'宣统皇帝'的计划，完全是一个时代的错误，它恐怕对将来帝国在'满蒙'的经营也留下严重的祸根。"（日本外务省11月1日第81号密电）

除了币原外相外，当时的日本陆相南次郎大将和坂西利八郎中将等人也都反对拥立溥仪，认为这是一个时代的错误。

这就是通常所说日本侵华势力中的"鹰派"和"鸽派"，在建立一个什么样的"满洲"傀儡政权上的分歧。

日本驻天津总领事桑岛主计接到币原外相的上述训令，在日本租界内严加戒备，以防止溥仪被裹胁逃出，这无疑是对已经准备前往天津，企图通过各种手段制造混乱，挟持溥仪逃离天津的土肥原当头一棒。于是，关东军总部于11月4日以高级参谋板垣征四郎大佐的名义，致电陆军省军务局局长，向外务省提出抗议，迫其撤除以上训令。与此同时，土肥原加紧按原计划到天津采取行动。然而，板垣的顶头上司本庄繁认为板垣定的时间为时尚早，"北满"的黑龙江政权尚在抗战派将领马占山手中，土肥原只得暂时延期行动。

1931年11月3日夜，这位奉天特务机关长会见了溥仪，代表关东军司令官本庄繁"恭请"溥仪去东北的消息第二天传了出去，不少人向溥仪提出忠告，劝他"不要认贼作父，要顾惜中国人的尊严"，弄得溥仪一时间无所适从，拿不定主意。

土肥原为了达到他挟持溥仪的最终目的，11月8日，指使日本特务在日租界的华人街制造暴乱，或在送给溥仪的礼品中放炸弹，给溥仪打黑电话、写黑信，对其进行威胁恫吓，并组织汉奸便衣队在华界大肆骚扰。

日本驻军乘机宣布戒严，切断了日本租界和华界的交通，还把装甲车开到溥仪居住的静园门口，名曰"保护"。

在一片"暴乱"的烟雾中，11月10日晚，溥仪终于在土肥原精心安排下，半强制半自愿地登上日船"淡路丸"，偷渡海河、渤海，于11月13日到达营口的"满铁"码头，关东军派特务立即把溥仪和郑孝胥等人送到汤岗子，封锁在翠阁温泉旅馆，与外界隔绝。几天后又把溥仪护送到大连软禁，溥仪顿生如飞鸟落笼般的悲苦之情。

本庄繁原想在国联调查团到达东北之前，导演出个"满洲国"来，可是由于"北满"一直平定不下，被诱降的马占山，以"联省自治"为条件，同关东军讨价还价，致使"满洲国"依然是一纸空头协议。本庄繁连"共和制"的"满洲国"还没建立起来，何谈遭内外反对的帝制"满洲国"呢！于是和板垣决定亲自赶到大连，要给一心想做皇帝的溥仪一点颜色看看。

本庄繁一见溥仪，开口就说："日前陛下提出要恢复'大清帝国'，办不到！关东军流血牺牲是为了建设'满洲'新天地，不是复辟清皇朝，日本当局考虑，陛下可以做'满洲国'的执政！"

溥仪张口结舌地问："那我这皇帝的名义呢？"

板垣在一旁按捺不住："大总统、皇帝、执政的一个样！"

溥仪生气地说："在天津时，你们答应过我来东北，就是当皇帝。不当皇帝，我还回天津去。"

溥仪说话时带着哭腔，本庄繁不想听他号丧，便敷衍他说："国联调查团要来东北，我们尽快把新国家成立起来，帝号以后再说。"不想，溥仪来了执拗劲儿："我是清朝末代宣统帝，不是民国臣子！"板垣立即向他开火："你不同意，我们自己干！成立'满洲共和国'！"

说完，板垣和本庄繁起身就走，把溥仪晾在那里。一直在溥仪身边的那位皇帝的师爷郑孝胥，深感事态严重，不敢再唆使溥仪固执下去，忙说："日本人咱可得罪不起，如果日本人急了，自己干起来，我们这些人都还能弄个官做做，那陛下您呢？"

溥仪傻眼了，害怕了。他让郑孝胥赶快去见本庄繁，当面替他道歉，撤回他称帝的要求。于是，帝制和共和之争算是平息下来。

至此，本庄繁导演的"满洲国"丑剧，万事俱备，只欠马占山到位了。

3月8日，溥仪和随同的遗老遗少从汤岗子来到长春。

长春，清末叫宽城子，原为中东路的一个小站，由于京哈铁路和宽图铁路都以宽城子为交叉点，北至松嫩平原，南通沈阳、山海关，东接图们江，成了重要的交通枢纽，民国年间改名为长春。日本人把伪满洲国的"新京"定在长春，是看中了它重要的地理位置。

这天的长春，戒备森严。街道打扫得干干净净，马路上特意撒了一层黄（皇）土，商号民户被勒令挂起了日"满"国旗。

在长春车站迎候新执政溥仪的日伪新贵有清朝旧臣郑孝胥、罗振玉等，东北奉系有张景惠、臧式毅、熙洽、张海鹏、谢介石等。此时，马占山已到长春，但他不在其列。

几小时之后，日本关东军司令官本庄繁到达长春，关东军派人迫令溥仪到车站迎接。溥仪还来不及洗漱又要起身恭迎日本人，实在是大辱其身，不合常礼。经熙洽等人再三请求，改派郑孝胥代行迎接。

3月9日，在前吉长道尹公署衙门，溥仪就任"执政"典礼揭幕，"满洲国"宣告成立，溥仪作为执政终于被推上傀儡的座位。参加典礼的除了日本关东军的高官大员外，伪满人物有郑孝胥、罗振玉、张景惠、臧式毅、熙洽、张海鹏、谢介石、赵欣伯及蒙古王公贵福、凌升等，仍然没有马占山。

典礼开始，全体向溥仪三鞠躬，再由张景惠、臧式毅向溥仪献"执政之印"，由郑孝胥代读"执政宣言"。溥仪身穿西式长尾礼服，始终不说一句话，从表及里呈傀儡状。

3月10日，即"执政典礼"第二天早晨，日本关东军财务顾问驹井德三和张景惠、臧式毅前往马占山驻地约其出席"第一次国务会议"。尹秀峰在《回省四十日工作简述》中有一段记载，照录如下：

驹井：今日关东军命令，开第一次国务会议，拟将东三省脱离中国统治，成立"满洲帝国"，我们来约马主席出席。

将军（马占山）：黑龙江省是自治特区，与我无关，我不能参加。

驹井：成立"满洲国"之必要及经过，马先生不知道，张景惠、张海鹏、熙洽他们知道。

将军：那么，他们知道，算他们的，我不必参与（此时翻译韩云阶恐发生意外，不敢直译，改译曰：马先生病了，可派代表出席）。

将军：代表列席旁听是可以的，如有涉及江省自治，我决不承认

（此时驹井面色已变，有立时加害之险，臧式毅急为之解释）。

臧式毅：马先生他是军人，只有一个脑子，认定一条路，一时不易更改，请原谅他，最好他不参加此会，派人代表也好。（驹井赞同派赵仲仁代表。）

旋据赵仲仁报告会议情形，各省用日本人为总务、警务厅长，但黑龙江省暂缓三个月实行。

就是说，"执政典礼"和第二天的"第一次国务会议"，都遭到了马占山的拒绝。

在"第一次国务会议"上，根据关东军提出的名单，任命郑孝胥为"国务院"总理兼"文教部"总长、臧式毅为"民政部"总长兼奉天省省长、谢介石为"外交部"总长、马占山为"军政部"总长兼黑龙江省省长、熙洽为"财政部"总长兼吉林省省长、赵欣伯为"立法院"院长、于仲汉为"监察院"院长、林启为"最高法院"院长、张景惠为"参议府"议长兼"北满特区"长官等。驹井德三为"国务院"总务长官。

截止到3月11日，日本关东军把"满洲国"开国的一切程序安排完毕，公布于世，然而日本政府迫于各国舆论的强烈谴责和中国人民及南京政府的强烈反对，一直未敢公开承认，待拖了半年时间，才于9月6日的日本内阁会议上作出承认伪满洲国的决定。

马占山在长春一共停留五天，其间两次重大的"会议"都没参加，而在临返回的前一天（3月11日），他去拜见了已经是伪满洲国执政的溥仪，见身旁未有日本人，他和溥仪之间有一段耐人寻味的谈话，特摘录如下：

将军：日人把你骗来做"满洲国"执政，简直是亡国的高力士。

照昨天、今天开会的情形，"满洲国"成立后，一切由日本人操纵，而成为关东军的"满洲国",已将我们老家断送完了,先生对此作何感想?

溥仪:我赤手空拳,有什么办法。

将军:(略)

溥仪:(上略)。听郑孝胥说你要回去,你不要太急,我们老乡只有你一个人有血性,真爱国,我要有力,必帮助你完成你的人格。我很爱你,我今天见你如此英雄,我极喜欢。(下略)

(转引同上)

后据马占山江桥抗战时期的参谋长谢珂回忆,马占山于1931年年底去哈会见张景惠后,回海伦时对他说过,当年自己曾怀着好奇心,于直奉战争时随别人到天津张园去拜见过溥仪。他给溥仪叩了个头,彼此谈了些话,溥仪送给他一幅古画,一个古瓶,并记住了马占山。

以此可见,马占山在长春去见溥仪,彼此能说这番话就不足为奇了。

马占山从长春回到省城齐齐哈尔,脑子里常浮现溥仪被囚在"樊笼"里那副样子,耳边也常响起溥仪对他说的话,萌生了将溥仪劫持出来,一举摧毁伪满洲国的计划。他从属下选出两名爱将,他们曾因率众为匪,被捕获入狱,马占山见其刚勇善战,释放收编,二人领兵抗战,屡建奇功,晋升为旅长,一名叫李忠义,一名叫张希武。马占山密令二人率部"哗变",逃往长春,投降日本,拉拢熙洽,寻机将溥仪劫持到"北满"。李、张二人领悟了马占山这一特殊行动的意图,甘愿冒险效死,在所不辞。当把一切行动计划确定之后,马占山故意托词李、张不听命令,当众将其驱逐,二人一"怒"之下,回队立即"哗变",率部3000人向南逃窜,马占山遂命令吴松林、邓文率部追击。这一切,都在昭然之中。

然而,李忠义和张希武率部跑到长春附近,狡猾的日本军方却不肯收容，而且对溥仪的监控更加严密，根本无隙可乘。似乎有人泄露军机，这一番苦肉计不得不以流产告终，但可以从中看出，马占山对伪满洲国存有势不两立的痛恶之心。

反设圈套

　　1932年3月12日，马占山离开长春，返回省城齐齐哈尔。一直跟随着马占山的汉奸韩云阶本愿留在长春伪满洲国中央就职，鉴于马占山在长春的"执政典礼"期间，总是不够顺从，关东军总部指令他不要离开马占山，决定他作为伪黑龙江省政府的财政厅厅长兼实业厅厅长伴马同行。

　　马占山返省途中路经哈尔滨，已近傍晚，韩云阶劝他暂住一宿。此时的马占山只能下榻在日本特务机关严密控制的大和旅馆（铁路俱乐部）。没有多时，副官张凤岐进来报告，说有一个人认识马主席，有要事求见。马占山见周围尚无人监视，叫他把那个人领进来。待门开人进，一个商人模样的人出现在他面前。

　　马占山一下子认出："是你？"

　　来人叫杨成基，是张学良身边的东北边防军驻黑龙江省副司令秘书。自"九一八"事变以来，曾作为张学良的密使两次潜入黑龙江。一次是马占山到齐齐哈尔赴任黑龙江省代主席之初，杨成基从北京经北宁、四洮，顺洮昂铁路到达齐齐哈尔。一路上看见冒充蒙古商人的日本间谍在洮南一带大肆活动，正是张海鹏大举进犯江桥之际；第二次杨成基会见马占山，正是江桥抗战最激烈、日军损失惨重的时候。两次的任务都是当面交付张学良和万福麟给马占山的信，了解马占山抗战的态度，同时对江桥抗战的将士表示慰问。而第二次见面，杨成基特地传达张、万对马占山的指示，即国联调查团不久将来东北调查，要他做好向调查团介绍日军侵略黑龙江的准备。

而这一次杨成基见到马占山，情况发生了太大的变化。马占山降日已尽人皆知，张学良急于知道马占山降日的真相，万不能在国联调查团与马占山见面时出现差错。

杨成基探清马占山参加伪满洲国开国典礼后，回齐齐哈尔途经哈尔滨的准确消息，提前住在他的老朋友赵云路家。当天夜间见到马占山，面交张学良和万福麟的信。由于马占山身处日本人的监控之下，两人见面十分危险。马占山只是悄悄说伪满洲国初建的情况和他所处的种种困难，不容他直言回省的打算，马占山只简言相告："回去告知，我另有打算，决不会投降。"

杨成基特别强调国联调查团不期来东北，希望他"届时和调查团见面，申诉东北被侵占实情"。

马占山听了，深感随时有被日本人探听的可能，忙说："你赶快回去，不要在这里久留。"

这次会见，两人虽只略谈几句，但对于马占山回省策划自己的行动计划起了非常重要的作用。在他看来，虽然身陷囹圄，但毕竟不算是孤立无助，他开始加快"行动"的步伐。

马占山回省后，土肥原派人催促他尽快到"新京"出任伪满洲国的军政部部长，马占山早已看破了日本人借他上调赴任之机，趁势解除他兵权的阴谋。他以各地驻军急需稳定为名，派参议王静修前往长春，担任军政部次长，代行部长职务，以作权宜之计。

马占山的这一安排，关东军司令官本庄繁虽然心里不悦，但也认识到稳定北满军队非马无他，只得同意。但齐齐哈尔城内的日军头目铃木美通旅团长等完全换了一副脸孔，急不可耐地让他交出军权。

他们不仅未从省城齐齐哈尔撤军，而且肆意扩大在城内的占领防区，和马占山的守备部队越来越近，时刻都有爆发武装冲突的可能。

最让马占山不能容忍的是黑龙江军政两署的大小公务，必得日本顾问同意，才能施行。连马占山自己的行踪，也在日本特务的监控之下。

日本人一再允诺的"黑省自治"，连最后的一点伪装也剥落无遗，变成地地道道的黑省"日"治了。

日本关东军对马占山一面加紧内控，一面又大造舆论，将马占山扮作伪满洲国的"开国元勋"，连同张景惠、熙洽、臧式毅四人照片一并印在伪满小学的教科书上，让世人认定这位名扬四海的抗日民族英雄，现在已经成了日本关东军的"台柱子"。更让马占山不能容忍的是，日本人拿马占山参加伪满洲国开国大典作为最有说服力的"证据"，向国联调查团表明"满洲国"竟如此合乎东北的"民意"。

所有的宣传舆论和马占山"降日"的事实，引起了全国舆论的大哗。曾几何时的援马声浪，一下子转成了"讨马声浪"，民族英雄的桂冠转眼间换成"卖国贼""大汉奸"的帽子，扣在马占山的头上。不仅如此，浙江财阀、南洋华侨和内地的团体，纷纷登报强烈要求马占山退还抗日捐款，一路走红的"马占山"牌香烟也无人问津。

马占山从长春回到齐齐哈尔，一下车就听说他的黑河大本营发生"抗日"兵变的消息，而且还抄了他的家。

黑河本是马占山执掌军政大权的后方基地，是他最可信赖的直辖部队驻扎地，他所有的行动计划中都把地处边境的黑河当作可攻可守的重要堡垒，如今，他想不到后院竟起火了，这对他是最沉重的打击。

但是马占山没有慌乱，他让自己最信任的少将参议韩家麟通过情报处的内线尽快了解事情的真相。

原来，马占山从黑河赴省时任命的黑河市政筹备处处长齐肇豫见马占山竟也"降"了日本，其不甘为日本人效劳，一气之下辞职。接替他的沈庭荣和代理黑河镇守使崔震宇，一时不明马占山"降日"的真相，更难以安抚留守黑河的近两个团的官兵，而几个在部队中享有威望的干将，早已随马占山前往抗日的第一线，镇守使崔震宇不过是三旅的后任参谋长。

远在省城千里之外的黑河东、西两大兵营，在发生兵变前就已有了变乱不安的种种迹象，但是马占山忽奉天、忽长春的往来活动，使黑河守备处难以联系，没能将事态处置在萌发之中。

马占山很快了解到，黑河的兵变并非抗日义举，而是打着抗日旗号的叛乱。

3月9日晚，黑河西大营步兵团团长崔伯山部下的一个连长在操场鸣枪，宣告"抗日"，接着东大营的一部分士兵群起响应，然而1000多名呼喊着抗日的乱兵没有任何抗日的举动，而是蜂拥上街，抢劫商家民户，殴打不从的民众，小小的黑河被闹得乌烟瘴气，鸡犬不宁。叛兵的一个连长带人闯进马占山公馆，将马占山留在黑河俗称"筱荷花"的五姨太轮奸，屋内的细软洗劫一空。叛兵走后，筱荷花上吊自尽。

叛兵抢完黑河，顺沿江公路流窜，所到之地，必抢无疑，直掠至逊克、奇克一带。

马占山痛下军令，特派驻守海伦的黑河警备司令、黑龙江步兵第三旅旅长徐景德带兵回剿，一直追至逊克县逊河镇山后，将叛兵全部消灭。

马占山在日本人面前，把出兵进剿黑河兵变，故意说成是镇压抗日的部队，给日本关东军造成马占山不惜痛杀自己的人马，以求和日本合作的印象，这也为马占山以后去"安抚"各地驻军，提供了出师的名目。

此时的马占山，要想不让日本人看出他"行动"之前的任何破绽，就必须把自己打扮成俯首帖耳，甘当"降将"，最多不过是怕失军权，一再要求日本人给一点"自治"宽限的样子，他对自己的诈降不能做丝毫解释，对针对自己的辱骂必须默然忍受。

日本关东军的谋士们想用舆论把马占山死死捆绑住，派日本新闻界人士偕同红极一时的川岛芳子来到齐齐哈尔，以壮声势。马占山强装笑脸，出面接见，和川岛芳子连连合影。

应该说，这是一种万难忍受的人格侮辱，其内心痛苦可想而知。

他的儿子马奎在马占山尚没返省就任伪职的时候，历尽艰辛，辗转跑到上海，这时突然给他来了一封信，信中先述父亲为国抗战，名扬天下，为全家带来了荣耀，做儿子的感到骄傲，接着笔锋一转，说近日风传你投降日本，当了伪省长，如果是真，"你就不是我父，我也不是你儿"云云。

马占山手里攥着这封信，有苦难言，连自己的亲骨肉尚且如此，何况别人了！手下的人劝他，宽慰他，可谁都知道，这不是劝的事情。

马占山苦闷难挨的时候，夜里常独自一人在房前院后散步。有一夜，他暗听两个内卫在窃窃私语："谁能想到，连他妈老头子也投降了！"

马占山没有冒火怒骂，他悄悄地躲开了。

从长春回来不几日，马占山趁夜黑星稀，孤身到将军府后院一座小庙去进香。那小庙本是黑龙江历届督军太太们烧香拜佛之地，马占山一个大男人到那儿去烧香，被卫兵排长发现，报告了卫队营长谷振寰，谷振寰叫醒了马占山最信任的少将参议韩家麟，这两人前去拉劝马占山回房，生怕被日本人发现。

马占山回到内室，对他俩声音哽咽地说："我马占山到了这个地步，连自己的儿子都骂我是汉奸！"

谷振寰悄声地对他说："将军，听我一句话！从明日起必须振作起来，极力和日本人周旋，千万不要叫他们生疑，我们只有一字，忍！什么也不能说！关在人家的笼子里，别无他计！"

从来不怕死的马占山，此时哭得让人心疼，他说："我就是死了也不投降！关公还封金挂印呢，我决不去长春就任他娘的军政部长。你俩是最知道我的，要死咱就死在一起，要活咱们活在一起！"

他们三人一直密议到天亮，马占山心里似乎轻松了许多。

一天，马占山接到日本驻齐齐哈尔特务机关长林义秀的电话，通知他关东军司令官本庄繁已经来到哈尔滨，不日将来黑龙江视察。

马占山和本庄繁曾在奉天和长春见了两次面，本庄繁还从未到过黑龙江，按常有的军人反正的逻辑，这将是"擒贼要擒王"的千载难逢的好时机，但马占山稳住了，他不仅没做任何非常的安排，还特意在本庄繁到齐齐哈尔的前一天，驱车前往位于城南的日本特务机关，主动呈送恭迎本庄繁的接待计划。

林义秀见马占山如此屈尊低就，大为高兴，居然像老友相见那般攀谈起来："将军连日劳顿，听说身体有些不适，理该好好休息，我本人惭愧没能登门探望，反倒劳您屈尊前来，真是不好意思！"

马占山满脸带笑地寒暄了几句，始终恭听着林义秀"日满亲善"的高论，当林义秀要求马占山陪同本庄繁去江桥视察双方阵地时，马占山立即拒绝："那我就没有必要陪同了！"

等马占山回到省署不多时，林义秀接到本庄繁的命令，非由马占山陪同他到江桥阵地视察不可。林义秀又驱车赶到省署，宣明此意，马占山只得同意，却提出了一个条件："视察时我的话毫无顾忌，如果能谅解我就去。"

林义秀忙说："本庄繁司令官很欣赏你的为人，由你陪同他，他会很高兴。"这实际上是默许他可以和本庄繁谈得随便些。

第二天，本庄繁到齐齐哈尔，最想视察的就是关东军付出惨痛代价与马占山的中国守军鏖战半个多月的江桥战场，他想亲自弄明白关东军的主力师团何以在武器和兵力都远远落后于日军的黑龙江地面，遇到难以想象的强烈抵抗。他想和马占山以兵家论战的身份，把在战场上不能对话的问题谈出来。

马占山和本庄繁到达战地后，见到我军将士阵亡的墓群，他跳下汽车，在墓前立正，恭恭敬敬地抬起右手，向为国捐躯的死难官兵敬礼。

车上的本庄繁见状，不敢阻拦，不敢动作，他似乎明白了江桥一役，中国军队冒死拼杀、以身许国的真谛所在。

当本庄繁来到日军重兵进攻我军设在小新屯、蘑菇屯一带的第三道防线时，马占山用手抓起一把焦土，俨然解析一盘红蓝对阵的棋步说："我的守军在这里集中，当时因为骑兵牵动，以致动摇，如果步兵一团早10分钟开到，至少还能再战二日。"

马占山和本庄繁来到三间房第二道防线和大兴站第一道防线时，只见战坑累累，残弹遍地，树木焦黑。本庄繁长叹一口气，他完全可以想象双方近战激烈的程度。马占山说："很显然，日方重武器将我守军战壕摧毁，失去屏障的我守军，没有重武器抵御，因此败退。"

本庄繁得意地连说："幺西，幺西！"

视察完毕，本庄繁和马占山沿着那条兵车战马驱行的栈道回到省城，马占山为本庄繁在龙江饭店设宴，关东军参谋旅行团的所有成员及居留齐齐哈尔的日本侨民会会长都在受邀之列。

马占山在致辞中说："黑龙江省系自治区域，希望本庄先生履行不干涉自治及无领土野心和撤退军队之承诺；日本居留民在此安分守业，自在我保护之内。"

本庄答词称："马先生所云，均极赞同，军队必撤出黑龙江省，日本居留民须守法，否则，马先生法办。"

马占山所说如同在海伦会见板垣征四郎时，对日方提出的要求，但此时完全是策略之言。马占山已经看清，本庄繁既然在奉天"讨论"伪满洲国建国大纲时，决然不提"自治"二字，在"满洲国"已经粉墨登场，重谈"自治"，纯属无稽之谈。马占山的真正意图是让日本人把他当成只有一根神经的"自治"狂，本庄的回答犹如安顿一个"痴梦者"。显然马占山骗过了本庄繁。

日本关东军把套在马占山脖子上的锁链，一天比一天勒得紧。马占山在军署里的行动，事无巨细，一律得经日本顾问批准，方能生效。日军情报机构时刻严密地注视着马占山部队的动向，一再要求马占山整军裁军，更急不可待地对黑龙江进行大肆经济掠夺，迫使马占山接受"南满"铁道株式会社抛出的"黑龙江省官银号复业资金借款合同"，向黑龙江放高利贷，并以呼海铁路为担保，让马占山在合同上签字。

马占山没有严词反对，也没有公开作答，像所有的"协议"一样，他拒绝签字，理由如前。他把所有这些，都视为"无所谓"的样子。

为了进一步麻痹日本人，马占山开始"不理"政事，"厌烦"军务，当着日本顾问的面，训斥向他报告军情的副官，表现把一切都看透了，一切都不在乎的玩世不恭的样子。他是个从不上妓院的人，却一连几日在日本料理（娱乐场）——"满铁"公所召妓饮酒，竹战（打麻将）连圈，闹至深夜，竟不回省署。他放声扬言："英雄无用武之地，特以醇酒女人终志。"大有当年蔡锷在京，麻痹袁世凯那种派头。

马占山有意放风说，他不期将去长春就任"军政部长"，并把他的卫队营下放到黑河的步兵三旅二团之中，以示割断跟腔的"尾巴"，做个轻松自在的满洲高官。

日本人把他这种放纵失态的表现，看在眼里，乐在心上，对他的戒备和监视也似乎放松下来，恨不得有一天他卧毙在酒泥之中。

背敌潜出

自从江桥抗战失败,马占山退守海伦之日起,"伺机待战"成了他和日本人周旋、暗地调遣、忍辱"投降"的根本出发点。对马占山来讲,"伺机"并非无目标的等待,最初,他打算在秋收之后,农民把粮食收到家,部队的给养有了源头的时候,再举旗抗战。但是,马占山返省就任伪黑龙江省省长之后,他发现"联省自治"早已化为泡影,他掌管的军政大权被迅速削减,日本人给他头上戴的"紧箍咒"越勒越紧,已经容不得他做较长时间的准备。于是,他决定改为拟冰消雪化,大地回春,能伸出手执枪挥刀,再动手不迟。然而,随着日本人故意抬出马占山作为东北民意拥护"满洲国"的一张佐证王牌,海内外的讨马呼声不断高涨,再不行动,他将有口难言,真成了国人痛斥的汉奸卖国贼。

1933年3月下旬,马占山派往南京向国民政府报告战况、请求支持的参议韩树业,绕道潜回齐齐哈尔,向他密报国联调查团即将来东北的消息。马占山极为振奋,决定尽快发动各部队,举行反正抗日。其时,马占山出走的兵马粮草已在秘密筹备之中,唯独让他放心不下的是他的那一大家子人。

马占山派徐景德回黑河平定兵变之后,留在黑河的三房姨太中,除筱荷花悬梁自尽,他派人把那两个姨太送入关内。他女儿一家和另一个姨太在海伦。两个月以前，马占山曾执意让女儿马玉文动身去哈尔滨临产。当时，全家人不理解他是什么意思，但又不能违抗，正准备第二天启程，当夜，马玉文把孩子生下，一家人没有走成。

1月中旬，马占山从驻地回家，要求家人速离海伦去黑河，再从黑河过江到苏联，转道入关，他只说"如果走不成，后果难以设想"。马占山儿子马奎夫妇、女儿马玉文和女婿陶英麟，万福麟的儿子万国宾，还有马占山的一个姨太同乘汽车从海伦出发，颠簸了100多里，到了拜泉，马玉文产后体亏，出现大流血导致休克，十分危险。到黑河还有数百里山路，马玉文只得随夫返回海伦。万国宾和马奎夫妇按原定路线，到达黑河转道苏联入关。

到了3月中旬，马占山已不能脱身回海伦，遂派少将参议韩家麟，专程安排马玉文夫妇离开海伦，去哈尔滨。

　　马玉文回忆："一天，韩到我家对我们说：'老爷子叫我接你们去省城，快准备行李。'当天晚上，韩又暗中告诉我：'老爷子让你们赶快离开这里，不是去省城，是去哈尔滨。'到了深夜，韩又对我和我爱人说：'到哈尔滨的火车票已买好，并且已给你们接好了哈尔滨十六道街皮草公司的关系，还取得英麟作皮草公司收账员的证件。'并把收账员的名片交给英麟，连连嘱咐：'让英麟脱下西装和皮鞋，穿棉袍和布鞋，化装成商人，就说带家属去天津探亲。'

　　"翌日，出发前韩又悄悄说：'现在我们的处境很危险，老爷子到省城是万不得已，是暂时的。你们到了哈尔滨赶快去大连。'韩再三叮咛：'一路上千万小心，不能露马脚，决不能让日本人知道你们是马占山将军的家眷，否则就全完了……'

　　"……我们到天津的第二天，就从《大公报》的号外上看到了父亲'率部反正'重举抗日旗帜的消息。"

马占山把家人送走，心里轻松了许多。正当他加快做出走的准备的时候，日本关东军派人前来调查黑龙江省财政开支的情况。

马占山手里除握有各方捐助的款额外，还有一部分是本庄繁为马占山裁军用的贷款，其中大约800万元款项已经支付各地驻军，以备后用，如查出来，马占山的秘密将昭然若揭。一心想取代马占山当省长的赵仲仁，旁敲侧击地对马占山说："日本军部生气了，如果资金的详细用途交代不清，就会把你投进监狱！"

马占山回敬他："我当然能交代清楚！"他借故去日本特务机关拜访林义秀，愁容不展地说："近来有许多不愉快的事情发生了。"

林义秀假装不知道地说："什么事情？"

马占山故作惊讶地说："难道你还不知道？新京派人调查黑龙江省的财政账目，我从上任到今年正月，总共花费了710万元。关东军方面对款项的用途持不信任态度，我这个省长还干不干了？"

此时，林义秀已被马占山不理省政的烟幕迷惑，他忙安慰说："对这种事情，伤心也是没用的，为了建设新满洲，一两千万元怎么处理都没有什么了不起的。你放心，一切都由我来承担，你就像坐在大船上一样，翻不了的！"

当时在场的日军旅团长铃木美通少将也说："啊！您有些累了，请军医检查一下，用点安眠药，好好睡觉！"

马占山主动述冤的举动，取得了好效果。日本人查账的事暂时就此了结。

参议韩家麟送走马占山的家眷后，按照马占山的预先部署，到海伦、拜泉、讷河、克山等地巡视，秘密授意各县县长和驻军长官接连向省府报告驻军有不稳的迹象，以造成马占山所辖部队有兵变的可能。

　　马占山如期接到各地发来的电报，便一份接一份向日军铃木旅团长和林义秀报告。时值黑河兵变不久，日本人怕兵变会像传染病一样扩散到各地，接到报告，都信以为真。

　　马占山故意对韩云阶、赵仲仁说："我作为省长和警备司令官，担负黑龙江省的全部责任。但是从新京（长春）回来后，还没检阅过自己的部下。我想借检阅之机，再巡视各地人民的生活状况和民心安定的情况，也好防乱在先。"

　　韩云阶和赵仲仁之流唯恐马占山部队再度抗战，砸了他们升官发财的美梦，对马占山的出巡安抚极为赞同。林义秀向本庄繁报告，称安抚那些不安分的中国军人的差事，非马占山莫属，本庄繁当即同意，于是马占山视察各地驻防部队的准备工作，从暗地摆到了明处。

　　马占山电令黑河警备司令部军需处处长田庆功立即赴省，晋升为黑龙江省边防总署军需处处长，以统筹军需给养。田庆功火速赶到省城，与原军需处处长佯装交接，深夜里按照马占山的密令，将70万元巨款及省府、边防总署的印信，派人专程送往黑河。马占山恐有差错，亲自督看田庆功把成捆的钱款装入箱内，又细阅贴在箱面的运往各县的税票，避免日本人生疑。

　　为能顺利通过日军的关卡，马占山请林义秀从日本特务机关派人送新委任的黑河市政筹备处处长郎官普、县长韩树业出城，车上装着送往黑河的全部现款。汽车经过南大街大旅社日本军岗位时，日兵见车上有日本人乘坐，便放行通过。

　　这笔巨款一经出省，汽车很快进入了自己的防区，马占山心里托了底。

　　时间在一天天地流过，准备随行的人马车辆，远远超过马占山出巡的常规数量，若稍有不慎，就会引起日本人的怀疑。

　　马占山在紧张准备的时刻，得知关东军司令官本庄繁的生日即将到来，他装作为本庄繁祝寿煞费苦心的样子，别出心裁地定制一座银质包金寿星，银质金花两盆，在金色标签上写着本庄繁的大名，一并摆放在省府大楼前厅，供往来之人注目欣赏。马占山特邀日军驻省城司令官铃木少将前来观赏，并慷慨赠送他两匹上等洋马和一套银器，铃木十分高兴。马占山乘机向他小别，说要到外县检查卫队，铃木约定他回来之日，为他接风洗尘，没有半点怀疑。

马占山还给在哈尔滨的林义秀打电话，说如果他视察时间拖后，赶不上本庄繁生辰，请他把"贺礼"转交给本庄繁，林义秀欣然答应。

马占山出走的一切准备就绪。

3月31日夜晚，马占山把黑龙江省盐款1400万元、呼海路借款金票700万元，加上税款300万元，总计2400万元，从银行里提出。将经过检修装有重要物资的12辆军用卡车、6辆轿车趁夜开出，又牵出300多匹军马，陆续从北门悄然出走。

4月2日凌晨，马占山命令步兵一营、骑兵一营先行出城，全副武装的步兵乘12辆军用卡车尾随其后。

由骑兵营长张凯文专门携管马占山的乘骑，以赴马场打猎为名，奔至城外。

待所有随行人员安全出城后，马占山一身戎装，带随身警卫，乘军用汽车开出省府。

马占山回望他几进几出的省府大院，心中感慨万千。汽车走出省府不远，车轮陷入泥沟，不能前行，马占山下车，不见有人跟踪，命令将油门关闭，硬是让卫兵们人推肩扛把车拖出，这时天边已发白，马占山的汽车、马队顺着官路，直奔克山而去。

马占山出走第二天，林义秀从哈尔滨返回，接到马占山从拜泉县发来的电报，内称："占山兹以拜泉视察防军有哗变之消息，为抚慰防务起见，必须亲往一行，迟三二日，由哈尔滨绕道返省。临行匆促，未及亲辞，殊甚歉疚，两日之内，即可旋省。所有军、民两政，暂由参谋长张文涛、秘书长董继武，分别代行。至省垣秩序，由骑兵第二旅旅长程志远负责维持。"

马占山率领的离省城出走的队伍，计有200多名骑兵，12辆乘载步兵和物资的汽车，同在一条路上北行，可谓浩浩荡荡，声势不小，然而从准备到出发竟没有走漏风声，更没有人向日本人告密请功，这不仅说明马占山筹划得非常严密和精细，更表明马占山的举动，正合爱国官兵之意，他们终于有了跟随马占山再度抗战的出头之日。

至此，马占山"降日"真相大白。

马占山率队行进在300年前清军驱兵进剿从西伯利亚入侵的"罗刹"的驿道上。他的心境是那么昂扬坦荡，他的眼睛是那么深邃而明亮。此刻，压在他头上的唾骂和声讨，如铁石翻倒，还他个一身轻松。从此，他再也不用施展什么缓兵诈降之计，即便战死在抗日疆场上，也在所不辞。

如果说马占山在筹划脱身出走中，能够称得上"失误"的事，只有一件。

据儿岛襄所著《满洲帝国》所载："4月10日，大连日本宪兵分队根据谍报人员报告，对同一天从天津起航进港的'长平丸号'货船进行检查，并扣留了80箱装有黑龙江省官银号纸币、哈大洋3000万元的木箱。这是马占山委托北平财政部印刷的，发货单写有'伦敦洋行承担运输，到货地点由齐齐哈尔改为海伦'。如果把这种纸币的储备与反正通电，联系起来考虑，便可以判断出马占山的反叛意图。但关东军司令部仍然希望马占山能返回齐齐哈尔。因为，马占山可能受部下蒙骗而轻举妄动，如果如此，他也可能省悟过来。"

日本人抓住了马占山"反叛"的把柄已为时过晚，但依然希望他能省悟过来，这说明本庄繁等日本高官对马占山判断的错误。他们钻进了马占山的圈套，尚不知所以然。

4月2日，马占山抵达克山，立即召开营团以上军官会议。在会上，他把憋在肚子里的话倾泻出来：

> 余因不甘心为亡国奴，特设计出脱日人之圈套，而与我甘苦共患之诸兄弟，重聚于此间，余前此之对日停战言和，实系顺应环境之一种权变手段。

奉命到场的军官，本以为是来听伪满洲国"大臣"马占山的训话，万万想不到，说出这一番惊人之语，顿时惊诧万分，鸦雀无声，静得若有根银针落地也能听见。

> 吾值此生死关头，亟宜痛下决心，团结一致，奋斗到底，贯彻初衷，益以强权世界，公理公道，昧而不伸，唯有铁血，始堪自卫，徒恃哀吁，焉有人生。况分属军人，志在以身报国，苟有一线之机不减，自应鼓舞勇气，而为国家尽其最后之牺牲。凡为官为吏，不过一时职业之选择，民族之保存，始为骨头之归宿。有时官吏可以不为，但自身之骨头，则不可以卖掉。乃世有自命聪明之人，如其某辈于斯，大难临头之际，尚企图因缘现状不利，是不仅卖掉自身的骨头，连坟墓中祖宗之残肢枯骸，亦一并拍卖矣。至余个人之毁誉得失，实无暇顾及。且亦不必顾及。
>
> 余一生之道德观，有两言可以概括之，即"生命付诸造化，名誉但问良心"。昔日江桥鏖战之马占山固如此，今日退驻黑河之马占山仍如此，推而至于肝脑涂地后之马占山，亦莫不如此。区区此心，祗宜为我生死相共之诸兄弟告之，而不愿对好为苛论责人之雅人言也。

这是马占山许多讲演中最富有激情且感人肺腑的演讲，他极有针对性地抨击那些卖自己骨头更卖祖宗骨头的卖国贼，也道出了他对那些"好为苛论责人之雅人"的蔑视。他一生的道德观，应验了那两句名言"生命付诸造化，名誉但问良心"，放在他所处的特定时空，便是"为国家尽其最后之牺牲"。

事先接到马占山电报的李杜、丁超等"北满"抗日部队的代表，已在拜泉等候。

4月3日凌晨，松嫩平原仍是朔风凛冽，寒风刺骨。拜泉县城突然传令，召集县政府各机关人员和各界代表到城门前集合。

朴炳珊和动员出来的方方面面代表和民众集中到拜泉县城的西门夹道欢迎马占山。

马占山和随行人员在车上，远远看见黑压压的人群在呼啸的冷风中向他们挥手，更是感动不已，许多人都流了泪。马占山下车，摘下帽子，向鼓掌瞩目的人们致谢。朴炳珊忍住眼泪向他敬了个长长的军礼，马占山紧紧地握住他的手，如同久别的亲人，无泪无语地凝视着……

马占山两次召集拜泉各机关单位的大小官员和民众团体负责人开会。他当众高呼："与日本侵略者抗战到底！决不归顺伪满洲国！"接着，他宣布了一系列的任命和布防的决定。

马占山要求社会各方："各按应尽职务照常办公，并体察国难当头的大局，更应公正协商合作，顾全大局，共同努力，尽到保卫国家的重任。"

驻守拜泉的第三混成旅旅长朴炳珊，在江桥抗战时是第一线指挥官，也是马占山营垒中抗日最坚决的爱国将领。苑崇谷走后，将其一旅之众交给朴炳珊，他所辖总兵力达4000余人，当他得知马占山从日军严控下的省城率众出走的时候，万分激动，他深知这一步走得是多么难，又多么险，蒙在他心头上的误解消除了。

马占山在朴炳珊旅长的宅内召集各方代表开会，就如何联合对日作战问题进行协商。大家受马占山的抗日义举的感动，气氛异常热烈，认为当前抗战的首要问题是解决各自为营、分散作战的问题，一致希望组织起来，联合作战，共同行动，以将日军各个击破。

会上，决定分三路与日军决战：南路军——以李海青部与吴松林旅联合作战，主动进攻长春；

中路军——由李杜、丁超部肃清哈绥路沿线之日军，马占山部金希钧炮九团配合，向哈尔滨推进；

北路军——以程志远旅为内应，歼灭龙江之日军，并以徐宝珍团由江桥出击，以断绝日军归路；

由马占山亲率朴炳珊、李炳文、张翔阁等部和他的步兵第三旅，为各路援军。

这是一个全方位的进军计划，三路军的直接目标是三个中心城市——长春、哈尔滨和齐齐哈尔。同时，这也是一个战线过长、目标过大而难以实施的计划。这已为后来的事实所证明。各路领军人物中，如丁超、程志远等人在日军的巨大压力下，相继偃旗息鼓，投靠敌人。

4月4日，马占山途经讷河。驻守讷河的徐宝珍旅为马占山举行了阅兵式，一身戎装、气派威武的马占山，骑着高头白马，在嘹亮的军号声中，绕场阅兵一周。

马占山慷慨激昂的讲演，再度掀起了军民的爱国热情。

4月7日，马占山的人马经拉哈站、嫩江，进入小兴安岭北麓，站在高高的北大兴安岭主峰上，黑河方向的远天云霞，正在召唤着忘记了疲劳，忘记了坎坷，回归故地的马占山将军。

第六章
揭竿再起的抗日壮举

马占山率部回到黑河，向国内发出长电，倾吐他委屈周旋的经历，表达他抗战到底、收复国土的宏愿大志。

1932年5月15日，马占山高台阅兵，挥泪出征，在松嫩大地上，联络各地爱国军民，奔袭日伪统治的中心。

然而，两次出征的艰险和惨烈，是难以想象的。无数爱国者的血，洗涤了马占山的灵魂；无数民众的心，锻造了马占山的意志。

他，虽然又失败了，却从此步入了爱国爱民的新境界。

黑河通电

马占山从省城出走，每到一地都及时向林义秀发电，报告一路的情况，4月5日，他离开克山开赴讷河之时，却密令留在海伦的部下给林义秀发电称："顷将由拜赴海，巡阅呼海沿线一带驻军，归途尚须转道赴哈，与张长官接洽要务，计程三五日，即可返省。"

马占山将自己的行踪谎报为呼海线路，而且几次都把哈尔滨说成返省的必经之地，目的是转移日本人跟踪他去黑河的视线。这份电报发出之后，关东军总部一连几天不见马占山的回声。林义秀正在狐疑之际，4月7日，突然从黑河传来马占山电报，称："已顺道直抵黑河，途中偶病感冒，亟待休养，俟春暖开江，再行回省。"

日本人恍然大悟，原来马占山已经远走高飞，回省无期。本庄繁、铃木、板垣、土肥原、驹井几乎关东军所有的高官大员纷纷向马占山发电，一再恳请他尽快回省，什么要求都好说好谈。本庄繁发电就日军从齐齐哈尔撤出问题辩解，甚至抛出铃木做"替罪羊"，称："铃木延缓撤兵，殊属非是，已令申斥，望回省，定撤退。"

然而，此时日本人对马占山所有的承诺，都失去了效用。他已经彻底看清了本庄繁的强盗嘴脸，怒不可遏地即令复电："允许撤兵，违延不撤，狼子野心，毫无信义，誓必灭此丑类，复我疆土！"

至此，日本人所有诱降马占山的把戏，宣告最后失败。

4月7日，当马占山率部顺古驿道从嫩江，经科洛、大岭、三站、二站进入小兴安岭北坡最后一道山峦，眼前是一片平展无际的肥沃平原。黑龙江像一条银色飘带在远处闪亮。大江的南北两岸，中苏两国近在咫尺。马占山想日本侵略者纵然有一口鲸吞东北的野心，却不敢把狼腿伸向苏联远东重兵的眼皮底下。

黑河，作为中国边陲的百年门户，和苏联对岸的远东城市布拉戈维申斯克俗称姊妹之城，有着十分密切的经济往来和侨民互居的传统。

1929年爆发的"中东路事件"，黑河口岸一度关闭，现今已经恢复如常。

马占山在黑河任镇守使兼第三旅旅长虽只一年，一直把黑河当作他可进可退的大本营和可靠的后方基地。

1931年10月10日，马占山乘"大兴"号江轮赴省城就任黑龙江省代主席，黑河人曾举城欢送；江桥抗战打响，重创日军，黑河人曾欢呼雀跃；马占山"降日""四巨头"的照片到处张贴，黑河人曾痛心疾首。其间，马占山旧部哗变，大肆抢劫，黑河人叫苦不迭。

而离别半年之后，今天马占山又带队返回，再次举旗抗日，黑河人奔走相告，精神大振，比沿途路经之地气氛更加热烈。

马占山在临近黑河南城门时，命令步兵下车，整理装束，与骑兵按序列队入城，和倾城夹道迎接的民众，自然地形成了庄重的入城仪式。

马占山换乘战马，位在卫队营骑列中间勒马缓行，他见百姓冒寒扶老携幼站在路旁，睁着渴望的双眼，不停地呼叫着"马将军""马主席"，他强忍眼泪，下马步行，频频向人们招手致意……

马占山进入黑河城内，没有马上回到他的宅第，而是直奔三旅司令部驻地东大营。在东大营门前的练兵场上，检阅了留守黑河城内的步兵团和骑兵团，登台宣布重新组建的黑龙江省政府和黑龙江省军署机关均设在东大营。接着，在大街小巷张贴安民告示，通令全省各县行政部门，从即日起一律听从现省府的统一领导，违者以叛国论罪。

与此同时，马占山颁布整编令，将绥兰路的部队调回嫩江，加强与黑河的联系；原窦联芳所辖五个保安大队，改编为三个步兵旅，每个步兵旅，配发40挺机关枪、五门大炮；电召潜居呼伦的苑崇谷和在齐齐哈尔的暂编第二旅旅长徐宝珍部速来黑河待命。

马占山抵达黑河的第二天，来到已是人走楼空的公馆。宅内只有一个班的卫兵守护。他从楼下到楼上，逐屋查看，走进姨太太筱荷花上吊自尽的房间，驻足良久，倍感凄凉。他一声长叹，转身而去。

他命令陪同的徐景德旅长，保护好这座俄式楼房，不得有人搬进，将来他一定会回来看看。

两天之内，马占山将一切安排就绪。4月9日，他向北平张学良、南京国民政府及国内各报馆发出通电：

> 占山兹由海伦忍痛应付，暂返省垣，本拟忍至春耕后，再时举动，兹以国联调查团行抵东北，日人强奸民意，谓我东北人民，自愿脱离中央，以遂其侵略政策而欺骗国联调查团。时机急迫，故事先将军队分布东边一带，于月之七日，急来黑河。所有军政各机关，即时成立，照常办公，并将日人强制满洲伪政府种种阴谋，整理清楚，俾得宣诸国联调查团，以揭穿其侵我阴谋。占山一息尚存，誓本以身许国之初衷，决不负期许之至意。

这是马占山出走、抵达黑河的第一份通电，文字虽不多，但其提前行动的步步安排跃然文中，以作为张学良一再告诫他向国联调查团报告，务必做好准备的交代。

马占山虽然是一位勇闯沙场的武将，但他在政治格斗和国际纷争中，亲身感受到舆论可以抬人，也可以杀人；舆论可以伸张正义，也可以谬种流传。马占山身边一直有几位通达政务又文笔快捷的秘书，在他授意下快速拟出种种文稿、电文。

黑河地处偏僻，马占山揭竿而起的消息传出后，与各地各部来往电文应接不暇，因电台设备简陋，不具备发长电的功能。马占山派人过江通过中国政府驻苏联阿穆尔州首府布拉戈维申斯克（海兰泡）领事馆转发他的重要长文通电。

4月12日，马占山由布拉戈维申斯克向国内外发出了第一份全面如实地揭露日本帝国主义策划伪满洲国的阴谋和他反正抗日的长篇通电：

> 溯自暴日以武力侵占辽吉后，虽其代表芳泽，屡向国际间声明，决不破坏中华领土之完整，但其事实积极进兵，并吞黑龙江省之志，日益迫切。初则利用张海鹏部进攻，继则竟公然以保护黑龙江省为名，调集大队日军，进迫省垣。我方以尊重国际联合会决议案及非战公约，竭力避免冲突，冀以保持世界和平，免地方之糜烂，并屡电我施代表提出国联，促彼反省。乃封豕长蛇，得寸进尺，狼子野心，贪而无厌。占山守土有责，遂不得不实行我国家自卫权，以兵戎相见。当时我军义愤填膺，人怀死志，昼夜凶战，气薄云霄。卒以军械不敌，益以敌方飞机，日向省城内外居民投掷炸弹。占山因重人民之吁请，并尊重国联之公决，始将所部撤退海伦一带，此已往与敌战争经过之事实，业经迭电宣布，谅邀共鉴。迨撤退海伦后，正在积极补充军实，作最后之奋斗，而哈尔滨之战继起，遂一面派队堵截驻江日军攻哈，一面以主力军队助丁超，计划从两军衔接，东西声援，遂使暴

寇军力，永不得逞。不意我军甫抵松花江北岸之马家船口，而丁、李各军已不支而退却，日方知我军援哈举动，决计由齐克、呼海铁路，用重兵夹击，以期消灭我军实力。但是时也，前有强敌进逼，后无要隘扼守，内而械窳弹缺，外而山悬援绝，危急存亡，间不容发。占山自幼从戎，历经战阵，生死二字，久已置之度外，顾念死或重于泰山，或轻于鸿毛。若驱一军忠义，以与强寇锐利无情之炮火相搏，结果徒供一时之牺牲，快敌人之心，则恢复之机，益将绝望。反复思维，欲解决目前难关，惟有相机应付，缓敌进击，庶可保存我军现有之实力。俟时机一到，再图反攻，并可藉探日人侵略我方之真确计划，故不惜冒险赴哈，会晤日本多门中将，以虚与委蛇之宗旨，搪塞其间，而东北一线之生机，庶得保留，此占山应付日人经过之曲折苦衷也。

夫国际间最重信义道德，未有徒恃暴力欺骗，而可以得世界文明各国之同情者。乃日本不顾一切，甘冒不韪，其计划之毒，出人意表，兹者国联调查团不日东来，若不将占山四十余日亲见亲闻之日人种种阴谋揭破，宣告于世界，谁复知日人之鬼蜮伎俩，更谁知我东三省3000万民众，处此万劫不复之地狱耶。当二月十六日，占山为明察日人制造满洲伪政府之真相起见，又因日方邀请，复冒险赴辽宁会议，翌日晤关东军司令本庄。据称东三省大部，已被日军占领，仅吉黑一小部分，谅难抵抗，希与日方合作等语。是晚又强迫在赵欣伯宅会议，凡占山所提取消伪国家产出之方案，咸被日方拒绝。十八日托病返回海伦。旋据赵仲仁报告，十九日日军部竟强迫张景惠成立伪国筹备委员会，并令张景惠赵仲仁率日方所收买辽吉黑三省之伪国代表12人，同赴旅顺，敦请溥仪为伪国执政，并由日方授意溥仪三次推辞，代表三次敦请，始完使命。三月九日伪国政府成立之期，占山本

拟托故不从，为避免日方生疑计，不得已去长春一行。十日日方充
伪国务院总务厅长之驹井及伪高等顾问板垣，以军部命令，开国务会
议，发表伪政府设总务厅，掌管各部一切实权；凡有命令，不经该厅
签字盖章，即不能执行。十一日板垣、驹井又在国务会议发表，日本
军部将来拟由日人充任伪政府官吏之半数，及各伪省府官吏十分之
四，现在经减少，仅派加新政府百数十名，旋经议及日人入籍问题，
熙洽曾有审慎之提议，当被驹井、板垣等严词申斥，并谓凡居留东省
之日人，均由铁血换来，自应隶属新国，无审慎之必要。至于是否脱
离日本国籍，日人自有权衡，不容他人过问。复又发表辽吉黑三省各
设总务厅，并警务厅均由日人充任，总揽各省全权，惟黑龙江省总
务、警务两厅，以占山极力反对，故暂允缓三月后。迫至十六日本庄
来江视察阵地，曾谓日本已具决心，无论如何牺牲，决不放弃东三
省，如有反对新国家者，即由日本军队完全担任扫灭责任，纵有第三
国出面干涉，亦必与之宣战，至于政令，自可接步进行，惟须经驻在
日军之许可乃可。驻哈特务机关长土肥原，及驻江铃木旅团长声称，
日本得东三省后，种种军事材料充足，将北侵苏联，东抗美国，胥于
此绎立基础。又复于土地、交通、金融、教育为积极之侵略。伪国务
院决议：（一）凡东北土地，已经出放者，若地主为官吏旧军阀则全
数没收，若民户亩数较多者，则以官价收买其半数，其未经出放者，
悉数收归伪国所有，以备日政府实行移民之用。（二）呼海铁路为我
黑龙江省运粮之枢纽，日人与张景惠立约。以十分之一代价三百万
元，强迫抵押，虽订期50年，实无异于永久占领，又恐占山不能承认
商补签字，当被严词拒绝，近闻又向伪国交通部进行矣。（三）筹设
满洲伪国家银行，仿朝鲜银行办法，以为操纵金融，吸我脂膏之企
图。（四）摧残我学校，侵略我文化，凡学校除驻兵外，将我原有部

定各级兴发爱国之教科书，悉加删改，参以亲日意旨，以尽其消灭我民族性之能事。而于言论，尤极摧残，甚至假造舆论，淆惑听闻，抑且惨杀智识阶级。凡曾受教育具有爱国心者，屠杀活埋。如前财政总长阎廷瑞、洮索路局长张魁恩等，均遭惨案。综观以上之事实，是日人吞并东三省之野心，破坏世界和平公约，已露骨表现之。对国际间犹谬称满洲新国之成立，为东北民众自决之行为，而实则迫勒威胁，无所不用其极。所谓民意，纯出日人制造而已。语云，一手掩盖天下人之耳目，此之谓也。

占山一介武夫，愧乏原问，惟上承国家倚畀之重，下受人民付托之殷，故延月以来，不惜只身冒险，忍辱受谤，以与汉贼不两立国仇，虚相周旋。所以然者，不过欲俟农民春耕之际，所部稍事苏息，再图大举，以竟全功。现在日方假造之伪国真相已明，调查团不日东来，乘机策动，此正其时。业将所部军队，暗中分布要隘，于四月七日急来黑河，所有黑龙江军政两署重要人员，先已密遣到黑，关防印信一并携带，即日照常工作。进图规复虽明知势孤力薄，难支大厦，然救国情殷，义无返顾，济河焚舟，早具决心。我胜则为少康之一旅，败则效田横之五百。一息尚存，誓与倭奴周旋到底，成则力钝，在所不计。呜呼，国家不造，祸起强邻，白山淞沪，同罹浩劫，此后不斩楼兰，誓不生还，惟委曲求全之苦衷，恐不为国人所见谅，故将中间经过之详细情形，电达左右。昔日壮缪归曹，志在汉室，子房辅刘，心切存韩。占山庸遇，心窃慕焉，知我罪我，惟在邦人君子。临电悲愤，不知所云。

在同一天，马占山全面详尽地将日本侵略者不顾国际公法侵占我东北，用极其卑鄙的手段，强奸民意，扶植傀儡，建立伪满洲国，以及从政治、经济和文化上侵略掠夺东北的罪恶，拟成长电，向国联调查团发出。全文如下：

　　上海中国电报局转洛阳国民政府、北平张绥靖主任钧鉴：兹拟通知国联调查团一电，谨恳译转。查自满洲人民与我汉族混合，三百年来，居处满洲，相安无事。政治文化、习俗语言宗教，莫不相同，故一九一一年之政治革命，虽将清政府推倒，改制共和，而汉人与满人之间，不特无丝毫仇恨之表现，且满与汉人名词上之分别，亦随之而消灭于无形，此固世界人士略明中国形势者所共见共闻，当非占山一人之私见也。故所谓满人与满洲者，已成为历史上之名词绝无引用于今日之价值。而日人必欲据为奇货，窃用此字典上之陈旧名词，分裂我民族，割据我土地，不图于二十世纪之文明世界，尚有藐视国际正义惨无人道之行为，诚为破坏东亚和平之导火线也。查国联盟约第十条，有"联合会会员，担任尊重并保持所有联合会各会员之领土完整"之规定，又一九二二年华盛顿九国条约，有"保证中国领土行政之完整，及东三省门户开放与机会均等"各规定，此皆不便于日本并吞东三省之企图，乃假借民众自决之名义，用绑匪手段，强劫逊帝溥仪，自天津挟赴旅顺。又威迫利诱原有东三省之官吏，演成一幕滑稽剧，溥仪尝于途中屡次欲自杀，均为监视之日人所发觉而阻止，欲死不得。足见其所处之境遇，亦云苦矣。

　　占山奉国民政府命令，充任黑龙江省政府主席，兼任东北边防军驻江副司令官，凡黑龙江省防，占山责无旁贷。乃至去岁"九一八"事起，日军先后占领辽吉两省，又蓄意图黑，以修复嫩江桥为名，偷袭我军。占山立即身列前线，力图自卫，互相以炮火周旋者，计越二周，以器败弹尽，困守海伦。而日本军司令部，屡次遣人来，谓辽吉两省军政当局，现已预定组织两省新政权办法。俟新权成立，日本即当退兵，决无干涉行政之意，惟黑龙江一省为梗，致陷全部于不安，如重三省治安，即日回省，黑龙江政权无条件交还，至省当日军自可立时撤退等语。同时并有辽吉两省伪长官，由日本授意，派人来言，谓新政权确保独立性质，因即允予回省，借以察看情形，再行定夺。我返省后，日人以堂堂国家，不顾信义，顿时食言，不但一兵未撤，转倒利用三省一致为名，成立一伪国家，以为实行侵吞之梯阶，有是政务委员也，黑龙江省长也，陆军总长也，伪名稠叠而至。占山得借此窥暴日之肺腑，伪国之真相，以贡献于吾维持世界和平主张国际公道当世唯一机关之贵会，是亦不幸中之大幸也。兹将一月以来占山实地经历之日记，择要披露于贵调查团之前，以资参考，幸垂览焉。

二月十六日，勉循日人要求，乘飞机赴辽会议，二月十七日晤本庄繁，据称日军已占东三省大部，仅黑龙江及吉林之一小部分，绝难抵抗，请与日人合心。是晚在赵欣伯宅开会，凡占山所提取消伪国家产生之方案，竟被日方板垣严词拒绝，是日会议无结果而散。二月十八日，托病乘车返海伦。旋据赵仲仁报告，十九日日军司令部命张景惠成立新国家筹备委员会，又迫令张景惠、赵仲仁率同辽吉黑三省由日贿买伪代表12人，同赴大连，敦请溥仪为伪执政，并授意溥仪，三次推辞，代表三次敦请，始完使命。

三月八日，日人复再三邀赴长春，占山本拟托故推委，又恐转生猜疑，不得已赴长春迎接溥仪。九日溥仪就伪执政职，一切仪节，皆由日人主持，傀儡登场，此之谓也。最可恨者，是日本庄繁来长监视溥仪就职，令溥仪必须恭往车站迎接，经一再恳请，稍留体面，当允由国务总理郑孝胥代表，足见本庄繁直以监统自居。其所谓共存共荣者，完全欺骗伎俩也。

三月十日，日方由驹井、板垣持日军部命令，开伪国务会议，同时并发表满洲伪政府设总务厅长，由日人充任掌管各部一切实权，凡不经该伪厅长签字盖章，一切政令不得进行。三月十一日，大佐参谋板垣、伪总务厅长驹井，在伪国务会议上声称，日政府原拟在新政府及各伪省府官员中，参加半数，现经竭力减少，仅在长春新政府加入日人百数十名。又称日人居住东三省者，即属新国家国籍，凡一切公权均与满人一律享受。至是否脱离日本国籍，自有权衡，他人不得过问。当派定辽吉两省应由日人充任之总务厅警务厅长，掌管各该省一切实权，凡不经其签字盖章，一切政令不得施行，并拟定黑龙江省暂缓三月，再行派定。

三月十六日，本庄繁来齐齐哈尔，并视察大兴地方，于途次谈话云：（一）日本全国已具决心，宁拼任何牺牲，决不放弃东三省。（二）无论何人有反对新政府者，当由日本军队负完全剿灭责任。（三）如有任何第三国出面干涉，已下与之宣战最后之决心。（四）关于一切政令，自可按步进行，惟须经过驻在地之日本军部及特务机关许可，方能实行。又伪国务院议决：（一）凡东北之土地，已经出放者，若地主为官吏旧军阀则全数没收，若民户亩数较多者，则以官价收买其半数，其未经出放者，悉数收归伪国所有，以备日政府移民之用。（二）呼海铁道为黑龙江省粮运之枢纽，日人与张景惠定约，以十分之一代价三百万元，强迫抵押，订期50年，实不异于永久占领，恐占山不承认，商补签字，虽经严词拒绝，近又向伪国交通部强迫进行矣。（三）筹设伪国家满洲银行，如朝鲜银行之办法，以为操纵金融吸收脂膏之企图。（四）摧残我学校，侵略我文化，凡学校除驻兵外，将我原有部定各级启发爱国之教科书，悉加删改，参以亲日意旨，以尽其消灭我民族之能事。又驻哈特务机关长土肥原及铃木旅团长，曾声称日本既得东三省，一俟经费充实，交凭之以为作战之策源地，始能北侵苏俄，东抗美国，间及其他各国，以上为占山所亲历事实之经过情形。现辽吉二省各县，均派有日人两名，办理特务事宜，凡事不经许可者，不能进行。所有东三省各报馆电报电话，均由日人背后主持。而报纸除顺从日本意旨外，实无真正之舆论。现因贵调查团行将东来，日人对于知识阶级分子，均予警告，凡有不利于日本之言论者，即予以断然之处置；凡有反对日本之人，均被日人在黑夜间闯入家中，逮捕杀戮，并警告其家，如将消息泄露，同样对付。阎廷瑞、张魁恩等悉遭杀戮。即所谓东三省庆贺伪国成立之民意，均系日人伪造，现又收买无赖奸民，宣传其德政。以上为占山调查所得之事实。兹闻贵调查团业已惠临吾国，占山为救计，遂决然冒最大之危险，设计自日军严密监视下之齐齐哈尔，潜来黑河。执行黑龙江省政府职权，一切政务，秉承中央，照常进行。用将满洲伪国组织之实情颠末，供献于特奉使命来华之贵调查团，及世界欲明此事真相人士之前。兹敢以十二万分之诚意，立誓宣告曰，吾东三省实无一人甘愿脱离本国，自外生存者，即今从事于伪政府之官吏，均被日军严重之监视，已失却其自由。务请贵调查团对于此层特别注意，加以实地之调查，以作诚实之报告，则世界人类和平之前途，方得保障。贵调查团之有功于全世界人道，亦得永垂不朽焉。

再者占山尤有进者，客岁秋间，吾华侨在朝鲜被炸死者数百人，财产损失数百万，吾国政府何尝借口于保侨，遣一兵一将入朝鲜。近年以来，日侨在吾国境内，并未发生若何危险。而该国政府竟借口保护侨民生命财产，悍然出兵，侵占我东三省，攻据我淞沪。两相比较，世界主持公道者自有公论，且日本侨民遍于五洲各国，倘该国政府有时亦借口保护侨民，派兵遣将，侵略其侨民所在地，则吾实为世界之和平危焉。尚祈贵调查团三思之。除迳电日内瓦敝国颜代表外，特此通电，顺颂公祺。黑龙江省政府主席马占山（十二日）发自黑河。

电文中，马占山历数江桥抗战和退至海伦有目共睹的全过程，接着从支援哈尔滨保卫战开始，陈述了哈尔滨陷落后，"前有强敌进逼，后无要隘扼守，内而械窳弹缺，外而山悬援绝，危急存亡，间不容发"。进而表明他与日本人周旋的曲折苦衷。字里行间，阐明他"降日"的目的是为渡过难关，"惟有相机应付，缓敌进击，庶可保存我军现有之实力，俟时机一到，再图反攻，并可借探日人侵略我方之真确计划"。

马占山身陷囹圄，外遭声讨，为不让日本人识破卧薪尝胆、以待再举的计谋，他只能听之任之，不可做丝毫的申辩，只有在这一刻，他才得以用满腔激昂的剖腹之词，将自己向天下袒露无遗。

这篇电文，让人深深感到这位敢在与敌厮杀中抛头颅、洒热血的英雄，却受不了骨肉同胞不明真相的辱骂。马占山爱国舍身的刚烈性格，已历历在目，不待赘述。

这两篇长电，是马占山向全中国、全世界发布的声讨和控诉日本帝国主义侵略东北的檄文。全文在真实可信的基础上，具有强烈的感召力和说服力，比起他从黑河赴省就职时的思想境界，有了极为深刻的飞跃，他的爱国抗战意志更加坚定、更加成熟。

挥泪誓师

马占山率部于黑河揭竿而起、再度抗日的壮举，在全国引起了巨大的反响，一度消沉的东北各地抗日武装，纷纷重整旗鼓，奔赴抗日的战场。黑河一时成为各路抗日队伍归奔的中心。

但是，随着日军源源不断从日本本土和朝鲜调入，攻下锦州，侵占热河，又驱兵山海关，于喜峰口和中国军队宋哲元部大战，切断了华北和东北的通道，撤退到关内的东北军和华北国民党军队即或回援黑龙江抗战，也已经失去了有利时机，更何况和南京政府近在咫尺的上海"一·二八"淞沪抗战，由于得不到援兵，孤军奋战的十九路军最终不得不转胜为败。

战局的恶化，让马占山深感对南京政府兵援物援的期待，已化为泡影。他在向南京国民政府的通电中，已不再苦求苦盼援军，而是把抗战的希望寄托于东北军民的抗日武装。

早在退守海伦的时候，马占山就曾留了一手，他以剿匪为名，号令黑龙江东北部各县政府编练民团，由所在驻军负责训练，以备后用。届时，已有20多个县办民团，共计60000多人，枪马至少有半数。

马占山对南京政府授予的各种眼花缭乱的官衔，已经不再介意，他到黑河不几日，联合省内各县民团，成立了黑龙江抗日救国义勇军总司令部，对被推举为义勇军总司令，他十分珍重。

江桥抗战时的马占山，完全是政府军的行为，那么从这时起，马占山抗战，已经具有抗日义勇军的性质，他发号施令的旗帜是"联合抗日"，而不单纯是"省府命令"。

他所选任的各地义勇军的首领，都是就地择录的地方绅士、在乡军人，代表地方的省议员或所在驻军的旅团长兼任。没有军队的建制，不论人数多少，统称为"司令"。其名单如下：

梁振铎（海伦）、卢明谦（甘南）、徐子英（泰来）、张晶三（通北、拜泉）、张墨林（克山、克东）、南廷芳（德都、北安）、李天德（兰西、望奎）、李云集（绥化、庆成）、才鸿猷（呼兰、兰西）、焦景斌（汤原、通河、木兰）、李忠义（安达）、张希五（肇东、肇州）、徐海亭（嫩江、讷河）、张庆禄（巴彦）、陈大凡（绥滨）、温瑞廷（龙门）、韩云禄（铁力）、吴索伦（山林游击队）。

在不长的时间，马占山共收编、整顿正规军和义勇军，号称10万抗日大军，可称为一支雄厚的力量。从此，义勇军抗日的号角响彻黑土大地、大江南北、长城内外。

马占山虽然对国联调查团的到来仍寄予很大的希望，并且做了亲自报告的充分准备，但他丝毫没有放松向日军发起全面进攻、以武力驱逐侵略者的安排。

马占山在出征前，命令临近哈尔滨的才鸿猷为先锋部队，开赴松花江北马家窝棚里小屯一带，仅距松浦站日军阵地二里待命。又调遣黑龙江东北各部共计25000多兵力，布防齐克路沿线，准备夺取省城齐齐哈尔，把进攻的目标锁定为哈尔滨和齐齐哈尔两个中心城市。

马占山以黑龙江省政府主席和东北边防军驻黑龙江省副司令的名义，

东北义勇军

向省署厅、处及各市、县政府部门发电明誓："本主席与日周旋，虽马革裹尸，已在所不惜！"

马占山的声音传遍大江南北，气贯长城内外，他以百倍的精力和勇气，以破釜沉舟誓死抗战到底的决心，赢得最为广泛的同情者和支持者。他甚至把联合抗战的工作，做到了日伪营垒之中。

1932年4月26日，马占山以个人名义向长春伪满洲国皇帝溥仪发出如下宥电：

> 长春溥浩然公鉴：自民国成立以后，占山待罪戎行，无因缘相见。兹者日人构祸，我公以退闲之身，复被日人居为奇货而获，当复辟前晋谒时，辱蒙假之温谕，示以腹心，私裹感愤，不知所报。
>
> 回江以后回忆在长春时所见所闻，确悉日人利用我公为傀儡，以遂其宰割东北之野心，俾为朝鲜之续。虽屡经声言无领土主权之侵略，即张燕卿、谢介石等亦屡言日人决重信义，实能扶助满洲成一独立完整之国家。而会议席上以日人入籍问题，驹井严斥熙洽，其侵略情形已可

概见。更以国联调查团行将东来，深恐满洲国之成立为国际窥破，乃假东北人民自决之题目以欺蒙世界者，更厚诬我公，厚诬东北。若长此因循，则调查团去后，是非已被其颠倒，东北将永无恢复之希望，我公亦将无所表白，一旦国府出师讨伐，我公不仅为民国之罪人，抑且重复民元以天下为公之心。即不然，国府纵弃东北于不顾，而我公以俎上之肉，釜中之鱼，不出数年，日人必仍出其并吞朝鲜之故伎，深恐有清三百年来深仁厚泽，不斩于国民革命之手，而断送于日人铁蹄之下，是则占山必所为危，不敢不慨陈于我公之前者也。

为今之计，欲绝处求生，惟有俟国联调查团到达长春于接见之时，将日人压迫我公及组织政府之非出己意，各种情形，据实详述，一方面请求该团保护我公出国。如是，则日人于国际监视之下，断不敢加害于我公，将来中华复兴，我公以青年有为之身，必能受全国人民之推戴，重为民国之元首。即使虎口不易幸脱，而因此牺牲，我公英名，亦千秋万古永为后世所钦佩，较之身生樊笼，因循坐误者，其得失不可以道理计矣。兹占山已乘此调查团将到之际，借查访为名，亲至黑河，整军经武。为收复失地之计，一面已通告世界，表明日人之真相，使鬼蜮伎俩无所遁形，竭我驽骀，挞彼横暴，誓死与之周旋，即不幸失利，虽一兵一卒决不放手，以报我公，以报全族。想我公天资聪明，必当有以善处之也。临电神驰，不胜惶恐待命之至，马占山叩宥印。

同时，马占山又向伪满洲国总理大臣郑孝胥发出电报：

长春郑苏戡先生公鉴：前者参与会议，获亲杖履，窃以先生道德学问，海内宗仰。当辛亥革命之后，眷怀清室，辅弼逊帝，以先朝老臣自居，此固各行其是，未敢厚非。惟是先生既忠于逊清，则所谓赵氏一块肉者，当必思爱护而保全之，今则日人挑衅，袭我东北，组所谓满洲新国家者，劫浩然公以为傀儡，先生即感前清之恩泽，膺师保之重任，乃不加谏阻，且复慷慨不问。日本人即以浩然公为奇货，先生又以浩然公为孤注，步张勋复辟之后尘。夫张勋复辟，未尝丝毫借助外人，然全国所共愤，一蹶而浩然公不能安居北平矣。今先生又较张勋而益下之，乃欲借助外人共图恢复，试问日人何爱于浩然公，而必扶植之，内幕戏剧，不揭可知。先生竟凭之为孤注之一掷，浩然公而有知，当不以先生为是。即浩然公之列祖列宗而有灵，亦必以先生为此举断送其子孙，求为中华民国之一平民而不可得也。忠于逊清，固如是乎？

尝闻君子爱人以德，细人则以姑息，先生而细人也。占山失言，否则，当必有以处此。近国联调查团将至，乘机反正，此正其时，占山今已返驻黑河，重组省府。业将日人假造新国家之种种阴谋揭破宣告于调查团，一面整饬戎行；进而为第二步之工作，深望先生幡然觉悟，速将浩然公被日人胁迫情形，详细电知于调查团，则我方之证见益明，而日人之受打击益重，当必有持公道而扶正义者。且浩然公之为人，聪明卓绝，见事理甚明。记在长春时，曾执占山之手而私谓曰："我今身在虎口，无知之何，辛亥之役，我恐人民涂炭，因而逊位，现在何至如此，我求死不得耳！"言之泪下，彼时占山亦为泪下。余已知浩然公对于此事，痛心已极。先生而果忠于逊清者，必能及此变计，速谋保全之方。占山武人，未尝读书，且于前清亦未尝膺一命之荣，然而爱浩然公之心，自问当不后于人。先生现在辅佐浩然公，可以造膝进言，与言之而能见听者亦推先生。尚望为之虑深远。乘调查团莅长时，亟谋摆脱，则浩然公犹可以自免，即先生亦不致为国人所共弃，而丧失其从前之名望，不然恐有非占山忍言者也。临电彷徨，维亮察不宣。

　　这两份电报，可谓有理有情，苦口婆心，让人动容。可惜在日本顾问和日本特务严密监控下的傀儡，哪里能见到成为"叛逃者"马占山发来的电报，其下落只能为日本关东军存档了。况且，即或收到了电报，他们哪有那个硬骨头敢冒死回应呢。

　　马占山从返回黑河到率部出征共计38天中，计发出长篇通电10余份，在各种集会上演讲10余次，除了陈述他在伪府40天中应付日本人的曲折苦衷，详尽揭露日本帝国主义侵略东北、制造伪满洲国傀儡政权的过程，表达抗战到底的决心外，还对各方人士及民众进行告诫和嘱托，表现了一位戎马将军难得的济世精神和爱民品德。

　　4月23日，马占山在宴请黑河各界代表时，就"先治国后齐家"为话题，讲道：

　　　　我自事变以来，历数月的光景，留心考察人人爱国之心，大约可分两种：一种为诚实的爱国，本诸天良以救中国，牺牲个人之生命财产，及一切利益而与倭寇奋斗，如各处有组织的义勇军是也，但此种爱国人士，如在辽、吉、哈、长及省城等处，已不多见。因偶发一语或作一事，而近于爱国行为者，或有反日举动者，倘被亲日派或卖国贼所觉察，即为彼辈所陷害，因此之故爱国之士敛迹。

　　　　一种为敷衍的爱国，即是有爱国之名而无爱国之实，所有一切行动完全为落伍的。他们的工作，亦不过是贴几张标语，喊几个口号而已，既无补于国家，反遗外人以口实。深愿同胞以后要做忠诚的爱国，不要做那敷衍的爱国，因为敷衍的爱国是无滋味的，是无效果的。昔圣人云："欲治其国先齐其家"，余谓："先治其国后齐其家"。并望诸君本"国家兴亡，匹夫有责"之语共相勉励！群策群力共赴国难，譬如家有男丁五口，应当一人看家，四人出赴国难；家有男丁六口，应当五人赴国难，余此类推。

东省人民目前枪械尚未被日寇抢尽，若到时仍不抵抗，恐一年半载之后，倭寇在我东省实行清乡，所有民间枪械均被敛去，到那时候，我们变成了绵羊一般，任日人宰杀，必为朝鲜之续了。欲不作亡国奴恐不可能也！深望同胞及时猛醒，力挽狂澜！

又现在最无耻者为东省之一般官吏，国难如此紧急，彼等满不在乎，仍是蝇营狗苟，钻谋发财，只要不丢官，认贼作父亦甘心，名节廉耻概不顾及。就伪国政府阁员而论，臧式毅、熙洽、郑孝胥之流，受尽驹井的唾骂侮辱，不一而足，然彼等宽处之泰然，真可谓寡廉鲜耻已极。彼等既已甘心为奴，即不足挂齿矣！所希望者，今日在座诸位，务望各尽所长，各竭所能，或有消息随时报告，或有意见尽可陈述，凡有益于我东省前途，无不言听计从，尽可采纳，愿我同胞共勉！

这篇记录成文的讲演，思路清晰，旁征博引，文白结合，而且语重心长，极具感召，其宣传鼓动能力，非草莽英雄所能。

马占山率部出征，不忘后方民生大计，把抗击日寇和保护人民的利益紧密联系在一起，于5月15日出征这一天，发出《告绅商要重视八件大事书》（简称《告绅商书》）和《告农民要紧记七件大事书》（简称《告农民书》）。用他纯朴、通俗的语言，对民众作最后的希望和嘱托，号召民众关心、支持抗战，要求各尽其职，各守其责，在生产上做出成绩，支援前线，夺取最后胜利。

在此，将马占山两篇著名的亲自授语的文告，转录其下。

《告绅商书》

国家不幸，遭受了日本军阀的蛮横压迫，五千里的国土，被暴日强占；三千万的人民为倭寇蹂躏，是可忍，孰不可忍！本主席与日军周旋半载以上的功夫，经过了数场血战。用尽了外交的折冲，都未能挽回国土，解救人民，真是坐不安席。几经筹划，认为只有暂来黑河，调集部属，团结全民，联络各方，用满腔热血和军民威力，与敌人作最长期的抵抗。这种决心，是与日俱在，丝毫不能稍移的。诸位绅商，是本主席依重阶层，是人民信赖的领袖，更是具备着觉悟的思想和爱国的热诚，尤其是居于国家生产的中枢地位，救国护民的责任，是要很负责的担当起来。这是不用说的。因此，本主席很诚恳的向诸位相约几件很重要的事：（一）发展中国民族工商各业，用以开拓富源，抵制仇货；（二）维持金融，稳定市面；（三）援助省、县政府，肃清腐政，福国利民；（四）接济国家军队，用抗日敌；（五）培养民气，以作持久战斗后盾；（六）铲除汉奸，使日军无恃；（七）拥护国权，恢复领土；（八）提倡道德，挽救民风。本主席为国的苦心，看过我的通电宣言是都可觉得。我的救国策划与步骤，一观我的一切布置，也都可以一目了然，这里我不必再详细的申说。本主席所最切望于你们的，就是以上所举的八件事，希望你们能特别加以重视。认真的办理，如有正当建议和改善的方略，都可以随时随地向本主席提出，无不尽量采纳。本主席也就可以放心的去策动实力，以期早日达到我们共同的救国目的，雪此国耻，共享太平，国家幸甚，民众幸甚。

《告农民书》

亲爱的农民们：日本的万恶军阀，用武力强占我们的东三省，已经八个多月了。在这八个多月的工夫，日本军人的枪炮，实在说是打遍了我们东三省各地，日本兵所到的地方，大概你们都亲眼看见了。他们那些凶暴的行为，杀人啦，放火啦，奸淫啦，抢夺啦，逼迫啦，也许亲身受过，被日军害的有房不敢住，有饭不得吃，有衣不得穿，有路不敢行，有地不能种，有亲不敢投，这些被害的情形，真是言之痛心，思之落泪。只有本主席现在防守的地方，还算没被日本军人祸害，可是也已经吓得你们东奔西逃，不得安生了。本主席的责任，就是保卫国土，爱护人民；本主席的能力，就是领导爱国的军民人等去打倒外力的压迫，保安地面。现在，日本军人在中国境内竟这样的横行霸道，人们遭受这样的痛苦，说起来真痛恨万分，恨不得一下子把日本的野蛮凶狠的军人，立刻打出中国境外，叫你们快快地安居乐业，好好地种地养家，我的心才能得安。但是打出日本军队，不是一句话、一天内就能办得到的事情，所以，本主席自从日本军队强占东三省后，都是天天打算怎样办法，直到今天才把军队调好，预备机会一到，就和敌人开仗。本主席已定决心，要在很快的几个月里，把日本军队打出去。可是，我的军队无论如何的爱国爱民，如何的能打仗，然而没有粮食吃是不成的。本主席深知你们是安分的好百姓，爱国的好人民，打走日本军队的心是和我一样的，所以，在没和日军开仗之先，我要恳切的嘱咐你们大家几件应当办的事：（一）你们要养家求活，军队要和日军开仗，少了粮食吃，都是不行的。所以春天的地是要好好种的，种地下种是要钱，你们要保全自己和帮助国家的军队，都应当赶快想尽方法去张罗钱，不要灰心，不要觉着为难不好办，就不愿去种，耽误了救国大事，种地要多种可吃的粮食，至为至要。请你们放心，赶快好好种地吧；（二）本主席既决心要打日本，各地方一定都得安排军队，这些军队都是不害人民的，全是要打日军的，你们都一点不要怕他们，军队如果有求着你们的时候，能办到的就帮助他们，因为他们是拿着性命去打日本军队的呀；（三）自从日本强占东三省，以后一切的事，日本都要管，中国官军都不甘给日本办事，所以地方的事，也就不愿意负责多管，因为这个原因，就有一班不安分的人，以为有机可乘，就抢起你们来了。这是太不好的事情，你们要明白，日本已经把我们欺负够受了，要再加上土匪的自己抢自己的祸患，不是更糟了吗？所以你们都应当劝说和防范他们这些不安分的人，叫他们卖力气去打日本，不可自相残害。这不但救了国家，也救了他个人。如果还有不听劝说的人，可以报告临近的军警去剿灭他们；（四）在你们的家中，为自卫打算，收藏些枪支弹药，这东西日本军阀是最注意的，如果收藏不好，一旦被日方发觉是有身家性命的危险。本主席对这件事非常的担心，希望你们好好收藏，至为要紧；（五）现在人民受不了日军军阀的压迫，不甘心去当亡国奴，就纠合同志，组织抵抗日本军阀的义勇军，这是非常好的现象。但是这种义勇军，差不多都没有受过军事训练，缺少军队纪律的。他们的行动，往往有很不相当的地方，甚至听说常有抢劫的行为。本主席对于他们的爱国热心，是非常赞成的，对他们中间的时有不法的行为是不能同意的，望你们明白这种道理，制止他们的越轨行为，援助他们的爱国事业；（六）为日本军阀强占东三省的事情，国际联盟会派来一个调查团，专来调查日本在东三省的不守国际联盟盟约的行为，和日本军阀在东三省八个月来的种种侵略国土、压迫军民的实在情形。他们这一来，日本军阀一定又要收买些汉奸走狗，作他们欺骗国际联盟的工具。本主席早已亲眼看见了日本这种办法，所以，现在要告诉你们，如果有日本人或给日本人做事的中国人，来用金钱运动你们，或用武力压迫你们，叫你们对国联调查团说伪满洲国是民意造成的，伪国头脑都是你们选举或赞成的，你们要是爱中国的人民，就要决不承认。如果你们只贪图有目前的一点小恩惠，承认伪满洲国是民意建立的国家，就在你们这一句话上，很可能把中国的东三省白白的送给日本了。所以，我要实实在在的告诉你们，千万不可贪图眼前的小便宜，叫东三省的中国人作永久的亡国奴；（七）本主席听说日本人常常爱到各县各乡来探听我们的情形，这件事是非常危险的，我已经通令所属一体严禁日人入境。但是，日本人诡计多端，他一定是想尽法子来打听的。所以，特别要你们帮助来严防，遇有日人入境，你们就要立刻拒绝他，因为咱们是这块土地的主人，是有权不叫他走动的。虽有护照，也一样的不能放行，紧记紧记。这七件大事，都是很重要的。你们不可随便听听就算了，因为地不种，就要没粮食吃，没有粮食吃，军队就不能打仗，不打日本，你们就没法得平安。本主席已经舍出死来去打日本军队，你们就应当好好多种庄稼，来养活国家军队，等打跑了日本军队，咱们大家好一块的安心享受幸福，事关救国大计。本主席深望你们明白这事关系特别重要，务要努力春耕，预备快快救国，这是救你们百姓自己身家啦。

马占山誓师通电和《告绅商书》《告农民书》发出后，黑龙江省抗日斗争如火如荼地在各地开展起来。

在出发之前，马占山作如下部署：黑河警备司令徐景德、市政筹备处处长郎官普，为留守黑河的军政长官；少将参议韩家麟、秘书长韩树业为出征军的最高参谋，执掌军政大权；省府八大处外，增设宣传处，以为宣传群众，鼓动士气；黑河原有的骑兵团加以扩编和补充，为远征主力，步兵团留守黑河；决定把省政府文职人员留下，司令官公署的主要人员皆随军出征。

5月15日早晨7时，抗战出征的部队集合在黑河西大营门前操场。除了威武的军旅，还有黑河各界的代表和闻讯赶来的民众前来送行，场面十分隆重严肃。

马占山将军全副武装，一身豪气，站在全体将士面前。他讲话时，摘掉了帽子，慷慨激昂，挥泪侃谈，在当时没有扩音器的条件下，数千人的广场上，鸦雀无声，唯能听见的是强忍的抽泣声。

马占山以其独特的洪亮嗓音，申明出征抗战的大义，指出战争是残酷的、艰苦的，难以在短期内取得最后的胜利，必须有长期抗战的思想准备。他嘱咐官兵不要有后顾之忧，家属必能得到后方人民的照顾。有了人民的支持，我们必能取得最后胜利。

8时，马占山下达出发命令，他跃上枣红战马，面含微笑，告别了黑河，步上了南去的大道。随身副官和卫队团、马弁队在军号声中，乘马紧随其后，接着，出征大军徐徐启程。士气旺盛的骑兵团先行，马占山与卫队团为中军，部分官兵和军需大队殿后，总计2000余人。

这一天，马占山向南京中央党部林森、蒋介石、汪精卫、张学良、万福麟、吴佩孚、朱子桥、阎锡山、陈诚、蒋光鼐、蔡廷锴、冯玉祥等国民政府委员发出了向哈尔滨方向挺进的誓师通电：

> 窃占山自潜离龙江，振旅黑水，倏忽匝月，远念国人属望之殷，近睹桑梓陷溺之惨，国恨私仇，锥心刻骨，规复之责，朝夕不敢忘怀。现幸所部军队，布置悉已就绪，业于本月十五日统率全体将士，由黑河出发。三军敌忾，志复山河。在昔韩亡子房奋，秦帝鲁珽耻，少康以一旅而兴夏，田单以即墨而复齐。后之视今，亦犹今之视昔，谨将誓师之词，撮要布闻，幸辱教焉。日本山田武吉氏，尝著"满蒙"根本大策，其中有曰，"满蒙"为清室发祥之地而拥立废帝宣统，日本则掌握其政治财政军事，及其一切实权。读此而知今日伪国组织，悉基于彼方数十年来研究之结果，而非一朝一夕偶然之故。顾彼已知今日之东三省，并非满人世有之满洲乎。曩昔汉武之时，已设辽东都尉，下逮朱元璋灭元以后，常置辽东之兵，采屯田制以防胡

人，后爱新觉罗氏，崛起浑河流域，由是假道以入主中原。是知东三省者，实为吾数千年先民栉风沐雨，胼手胝足，驱猛兽，辟榛莱，戮力开发，以遗吾时代子孙之世产。苟吾子孙堂构不绍，析薪弗负，或竟为日本揭箧提囊负之而去，生则无所容于当世，死亦何面目以见列祖列宗地下乎！彼日阀者，性嗜残杀，畏强侮弱，见利忘义，尤其鼠窃狗盗，为彼伧固有之天性。是以有明一代，吾山东江浙沿海一带，最苦倭患。其来也如乌合，其去也如兽走，择肥而噬，饱扬以去。幸赖戚继光用浙兵之力，加以重创，其氛始息。及至光绪甲午，乘清室凌夷之际，构衅高丽，图吞辽东，虽阻于俄德法三国之干涉，而我台湾、朝鲜因以割弃。复经战胜强俄，攘得中东路及旅大之租借权，更视辽东被彼禁脔。自是以后，日本违约驻兵置警三省，残杀之案，日有所闻。最重者，如民五之郑家屯事件，九年扰乱延吉事件，十八年之日警枪杀新民屯人民事件，以及最近之万宝山朝鲜事件，二十年间血迹遍于全境，盖其目的无非在挑拨衅端，以图实行占领。吾政府不愿破坏和平，事事隐忍退让，彼见计不得售，乃不惜倒行逆施，冒天下之大不韪，而有客岁"九一八"事变之发生，诬吾拆断南满铁路为口实，一举而毁吾兵工厂，夺吾飞机场，以数小时之时间，占据辽吉两省重要都邑，财产供其抢掠，人们遭其屠戮。于是挟持废帝，创立伪国，执政尸其朝会，官员备为走狗，大权所寄，悉在军部。晋缴充蹊，坑阱塞路，举手挂网罗，动足触机陷。群谈者显戮于市，腹非者暗杀于室。至于强淫妇女，活埋无辜，霸占民产，尤彼所引以为快举者。最近复下令，于铁道傍二十里之内，不得种植高粱，不顾民食，唯彼戎车之是利，较夫晋之尽东齐亩，其强暴犹逾百倍，推其用心，岂不欲吾三省人民自洗其颈，尽伏于刀俎而后快耶！夫吾国民受日辱深矣，忍之可谓久矣。顾佛经有言，天下唯忍辱力最大，电不蓄则不猛，风不蕴则不烈。今吾全体军士，务当善用此最大之力，以扫荡丑类，还我河山。吾今日为复故土而战，为雪我国耻而战，认定目标，锲而弗舍，师直为壮，何敌不摧。呜呼！吾三省土地虽广，安容木履儿之越步，吾三省山林虽秀，何许八字腿之行。若其野草已枯，或迟彼膏血以润，要知沟壑深邃，愿假其尸骨以填。

马占山在黑河出征誓师会上的告别演讲和他向南京国民政府及所有高官军阀发出的誓师通电，无不充满了与日军决战的孤注一掷的悲壮气氛。他不能不想到，与江桥抗战时的形势相论，敌我力量的对比已经更加悬殊，局面更加恶化。所以，他公开宣布抗战是长期的、艰苦的，但是对他来说，这是唯一的出路，也是不容动摇的正路。

2000多人马走在当年从瑷珲通往墨尔根（嫩江）的兵马驿道上，途经1900年寿山将军指挥抗击沙俄入侵的北大岭战场，当年黑河镇守使的二品衔瑷珲副都统凤翔，亲发400枪，在这里流血战死。他该是浮想联翩，不甘壮志未了人先忧。

马占山从黑河上路，对许多人来说，这将是一场生死诀别。

马占山副官处有一位年轻的副官王玉，是东北讲武堂毕业生，曾在东北军韩光第旅任见习军官。1929年"中东路事件"爆发，韩光第旅在满洲里被苏军大败，几乎全军覆灭，王玉被俘。苏联当局对东北军几千名战俘实行宽大，集中学习、参观，进行十分有效的红色教育。

王玉遣返后，重新安排于程志远旅，后调副司令公署任上尉副官，参加了江桥抗战和黑河举旗再战的全过程。他十分钦佩和赞赏马占山爱国抗日、不畏强敌的意志和高尚品格。同时，他非常了解当时联合的各路武装涣散游离的状态，对马占山抗战的前途十分忧虑。他在苏联已经知道中国共产党在瑞金发出的抗日救亡宣言，明白了只有中国共产党才能救中国的道理，但是身处北部边陲，和中央苏区相距遥遥。他决定不跟马占山二次出征，过江投奔苏联，做了一名苏联远东情报局对日的情报员，最后通过新疆奔向延安，成为中国共产党的军事指挥员。

王玉的道路在马占山部队里是一条很难合众的"个路"，但是，可以说明马占山的壮行，从开始就具有他难以克服的种种不利因素，决定了他与日本侵略者的对抗，将是一场更加惨烈、更加悲壮的战争。

再攻哈尔滨

当初，马占山脱离省垣向北进发，到了第一站拜泉，电召李杜、丁超等各部队代表召开了一次重要的军事会议，制订了兵分三路共同作战的计划，意在同时分别进攻"北满"的三个中心城市，即长春、哈尔滨和齐齐哈尔，以期将日军从吉、黑两省彻底驱除。

然而，当马占山返回黑河之后，通过对当时日军占据东北各地兵力的了解和分析，他开始认识到拜泉会议制订的"速战速决"作战方案，不仅目标过多，而且战线过长。在5月15日出征誓师会上，他宣布抗战是长期的、艰苦的，"很难在短期内取得胜利和结束，要有长期抗战的思想准备"。

他坐镇黑河期间，调整了作战方案，把向南攻取长春的兵力收缩为集中进攻具有战略中心地位的哈尔滨。

马占山命令先锋部队才鸿猷旅开赴松花江北岸的马家窝棚、黑水屯一带，距松浦站日军阵地仅二里处待命。接着调遣25000多兵力，分置齐克路沿线，和驻守齐齐哈尔的程志远旅里应外合，准备一举攻下齐齐哈尔，切断日军对哈尔滨的回应。

马占山将英勇善战的骑兵一旅二团团长邓文，委任为骑兵第四旅旅长；任骑兵第一旅旅长吴松林为骑兵总指挥，移驻海伦，统率呼海路沿线各部相机配合才鸿猷旅进攻哈尔滨。

4月中旬，哈尔滨日军密令呼海路局备车五列，运兵北上"剿匪"，邓文闻讯派人星夜将松浦站所有车辆开到海伦，使日军计划落空。日军平贺旅团的一个联队遂进驻松浦车站，驻呼兰的才鸿猷旅与其接火，马占山电令吴松林和邓文驰往增援。

邓文部途经绥化时，召集绥化义勇军司令李云集、兰西义勇军司令李天德等，研究作战部署，就部队给养、枪支弹药的供给一一落实，沿途掀起了军民团结、士气高涨的抗敌热潮。

邓文、才鸿猷、李云集、李天德各部在呼兰河南岸黑小屯东西一带，构建阵地。日军不断用重炮轰击，飞机轮番低空轰炸扫射，中国守军没有高射武器，白天不能出击，只得任其肆虐，一到夜间便跃壕出击，时有斩获。

5月15日，马占山的誓师通电发出后，他下令黑龙江省全体总动员，向哈尔滨发起猛攻，黑龙江省各路抗日武装群起响应。

5月16日，才鸿猷旅于松浦镇和日军正式交火，将储备日军物资的呼海路局大楼烧毁，抵近松花江北岸。

由李海青率领的救国军300余人，进攻哈尔滨以东乌吉密河一带日军，接着一面坡、海林、牡丹江一带的民团纷纷袭扰驻地日军。东南方向的战火烧向哈尔滨。

5月23日，才鸿猷部将士与日军血战呼兰，击毙大量日兵，将日军压逼到松花江边。中国军队隔江向哈尔滨道外日军指挥所猛烈射击，日军设在哈尔滨的营盘指挥部，已在中国军队的炮火射程之内。中国军队南、北夹击哈尔滨的形势即要形成。

就在马占山精神大振，一鼓作气将要攻下哈尔滨之际，留驻江省齐齐哈尔曾在江桥抗战立下战功的旅长程志远，不仅没有按照事先的约定，占领齐齐哈尔作为内应，以吸引进攻哈尔滨的日军，反而叛国投降日军，反戈回击曾和他一起出生入死的弟兄，调转枪口进攻呼海路沿线的马占山部。呼兰、绥化、兰西相继失守，这无疑给增援的日军造成了喘息反扑的机会。

日军调来天野旅团、平贺旅团、广濑旅团和汉奸张海鹏部，出动飞机狂轰滥炸，向哈尔滨城下的马占山部队发起猛攻，使攻城胜利在望的各部，一下子处于被动局面。

此时，日军已经腾出手来，集中力量击破马占山会攻哈尔滨的各方力量。在本庄繁的亲自指挥下，调动几个旅团的日军封锁了哈尔滨至佳木斯之间的松花江水域，猛烈攻打吉林自卫军丁超、李杜部集结地依兰，迫使其撤退到下江的富锦、同江一带，造成从东北方向会攻哈尔滨出现断臂之危，进而和黑龙江马占山部失去联络。

进攻哈尔滨的形势，急剧恶化。

5月29日，马占山率部到达海伦。

马占山无论是南下进攻哈尔滨，还是北上进攻齐齐哈尔，海伦都是地处中心的大本营。

至此，马占山三进三出海伦，他在这里已经结下了深深的地缘和亲缘，他的结发之妻杜夫人的墓就葬在海伦，可谓他熟悉海伦胜于老家怀德。海伦人称他为父母官，他称海伦人为自己的再生"父母"。

马占山的人马入城，海伦大街小巷迎接的热烈场面自不待言，而日军调集重兵进攻海伦的严峻形势接踵而来。马占山来不及休整，第二天即率队出城作战。

这一天，即5月30日，天刚放亮，六架从哈尔滨起飞的日军飞机，在海伦上空投掷50余枚炸弹，并用机枪低空扫射城内居民。在大十字街及两市场投掷硫黄弹数十枚，街道两旁民宅顷刻起火，烧毁大小商号20余家，民户50余家，炸死居民30余人。住在东大街广信当的马占山见满街大火，只身冒着纷落的弹雨，高声呼喊，督令民众救火。当时，惊散的居民只顾逃命，哪里顾及救火，马占山目睹百姓被炸的惨状，禁不住悲痛流泪，口里喊着："这都是我给海伦带来的灾祸啊！"卫兵和副官拉劝他赶紧回屋内躲避，马占山大声说："我不怕死，躲什么！"

日机在海伦盘旋投弹40分钟，直到把炸弹全部掷尽，才折头飞回。

马占山立即指挥2000多人的队伍奔向海伦城南与日军作战，终因弹药不足，抵不住日军集中重武器的猛攻，不得不退至城内。

当日，马占山在海伦召开紧急军事会议，制定抗敌的对策。决定改变集中攻打哈尔滨的作战计划，采取能守就守，不能守就走，出其不意、攻其不备的战术，不打消耗战，以保存自己的力量。

至此，马占山抗击日军的战略经历了由全面发动、分路出击到集中力量、重点进攻，又转而灵活机动、攻其不备的三次变化，表明在日军兵源不断增加、抗战队伍内部出现分裂和叛敌的情况下，马占山针锋相对的阵地战和运动战失去了应有的效用，不得不采取流动战术。但是，在强敌屡屡分路截击的不利条件下，已经挽回不了被动的局面。

海伦军事会议之后，马占山令一路人马攻入安达县境。

本庄繁亲自坐镇哈尔滨，出动两个师团的日军和吉林、黑龙江的全部伪军，以程志远部为先锋，把攻击的目标紧紧地锁定在海伦方向的马占山主力部队，切断李海青对马占山的回援，从齐克路和呼海路南北两个方向夹击位于海伦一线的马部主力。

5月31日，马占山率部退至海北镇。为切断日军的退路，他下令调才鸿猷旅、李天德义勇军计1500多人，向望奎、绥化一带转移。

当马占山所辖各部及义勇军和日军力战不支之时，唯有李海青的义勇军在安达洪家店一战告捷，歼灭日军200余人。

这位李海青，名忠义，原为黑龙江省有名的绿林头目，后被马占山收编为骑兵团长。"九一八"事变前，因罪入监。江桥抗战时，马占山将其释放，成立民众自卫军，在三肇一带开展抗日斗争，大力收编山林胡匪，

东北义勇军

一度发展至2万余人。马占山再度抗战，李海青率部在哈尔滨外围阻击日军，截获列车，占领肇东县城。

日军要打破马占山进攻哈尔滨的计划，把李海青部队看作最大的障碍。

日军14师团在熙洽和张海鹏1万多汉奸军的配合下，大举向李海青部进攻，李海青神出鬼没地到处打击日军，忽而进兵丰乐、扶余，忽而占领满沟和对青山，接着突袭安达，打得日军摸不到其踪影。然而，马占山此时已经无力进攻哈尔滨。

另一支吉林义勇军冯占海部，在哈尔滨以南五常、方正和延寿一带与日军辗转作战，人马不断壮大，至1932年6月初，已拥有5万余人，但马占山撤退到通北，相距千里，即或攻下了阿城，也只能是"远水不解近渴"。

6月1日，马占山率部由海北镇（也称天主堂）向通北县撤退。马占山令大队人马向正北方向突进，他率一小部向海北镇西南方向行进，走至距海北镇十里处，为躲避日机轰炸，又折回海伦附近的三门谢家（在黑宝井村某农户家），会见了国联调查团李顿委员长密派的美国记者海米斯和另一位瑞士记者。在日军的炮火中，马占山向两位特殊的记者申述了抗战的由来和他的政治主张。

两名调查团的记者尚未离去，日军的追击炮声又起，日军飞机轮番跟踪轰炸。

6月3日，日军平贺旅团突破马占山部防线，海伦失陷。

侃谈海米斯

现在的人们很难理解大半个世纪前，中国的官方和民众对国际联盟派调查团来中国调停和解决日本帝国主义侵占东北问题的那种渴望的心理。但是，历史正是如此。自从1931年"九一八"事变爆发伊始，奉行不抵抗政策的国民党政府和"易旗"不久的张学良，都以屈辱和忍让来表示和平解决日本侵华问题的诚意。无论是南京政府，还有北平行辕张学良给马占山所有的电讯中，都无一例外让他做和国联调查团会见的充分准备，并不明确表态支持马占山的抗战行动，甚至那些在强敌面前看不到抗战希望的人们，也把国联调查团视为"救世主"，急切地盼望着国联调查团早日到来。

马占山和所有消极抗日、坐视等待国联调查团的人们不同的是，他以武装抗战表明中国人民反对日本帝国主义侵略和建立伪满洲国的坚定立场，用日军侵略东北的大量铁的事实供国联调查团查明真相，以迫使日本政府停战撤军。

从马占山屈身参加"四巨头"会议和伪建国大典到变更行动日期，提前脱离伪府，无不是受国联调查团的牵动。张学良派密使三次会见马占山并交代的内容，也主要是要求他做好会见国联调查团的充分准备。

1932年4月12日，马占山向国联调查团发出洋洋数千字的通电。

4月，北平抗日救国会负责人车向忱途经哈尔滨，只身一人，历尽艰辛，到达黑河。马占山见到车向忱，接过张学良的密令和抗日救国会给他的信，心情十分激动。

马占山陈述了与日本人曲折周旋、冒险出走的经历之后，车向忱着重强调一定利用国联调查团到来的时机，做好充分准备，全面彻底揭露日军的侵略罪行。他建议在国联调查团到来之前，先发表一份致国联调查团的宣言，以期达到先声夺人的作用。

4月17日，马占山向国联调查团再发一份通电宣言。

马占山得知国联调查团到达哈尔滨，立即派两名参议姜松年和王子馨为代表，分别去哈尔滨和齐齐哈尔，要求调查团到海伦和马占山见面会谈。

此时，马占山以为笼罩在东北大地之上的亡国丧权的阴云即将消散，抗战胜利的曙光就在前面。他尚不知国联调查团的性质和真正意图，更不知操纵国联调查团的幕后背景。

就在马占山期盼能和调查团在海伦会见的时候，王子馨潜入齐齐哈尔，不幸被日军发现逮捕，酷刑逼问，打得他遍体鳞伤，从身上搜出了马占山写给调查团的信件。信中揭露了半年多来，日本侵略东北的桩桩件件罪恶。字字句句充满了不甘屈辱、伸张正义的铿锵之言。日本特务机关长林义秀本来对马占山将其蒙蔽欺骗就恼羞成怒，遂令人把王子馨装入麻袋，从楼上掷下，惨死在他曾为之抗战奔波的省城。

前往哈尔滨的姜松年，躲过了日本宪兵和汉奸警察的盯梢，趁其不备，走进哈尔滨东大直街的美国驻哈总领事馆，在三楼见到了国联调查团委员长李顿和其他成员。

国联调查团委员长李顿，为英国伯爵，曾任印度代理总督，当时任英国枢密院顾问。

委员有：法国克劳德陆军中将，曾任驻华军队参谋长、法属印度支那军司令官，当时任殖民地防御委员会主席、军事参议官。

美国麦考益陆军少将，曾任菲律宾副总督。

德国希民博士，殖民地政策专家，曾任德属东非洲总督。

意大利马克提伯爵，曾任驻南美各国公使。

此外还有中国的顾维钧和日本的吉田伊三郎为陪查员。就其身份和担任的职务，可见调查团成员清一色是西方国家的殖民高官和具有丰富殖民统治经验的专家。

李顿调查团于2月3日由日内瓦启程，没有先到中国东北，而是绕道美国和日本。在日本会见了天皇、首相犬养毅、外相芳泽、陆相荒木等日本政府的决策人物。首先听取了这些诬告中国"以暴力对待外国，片面变动条约""损害日本权益"引起的"九一八"事变云云。

3月14日，调查团抵达上海。26日在南京会见了以蒋介石为首的国民政府要员。4月9日，抵达北平，会见了张学良及东北其他军政要员。4月21日，抵达沈阳。其时，距国联通过派遣调查团来东北的决议发布之日，已过四个月有余。

1932年4月21日，以李顿为首的国联调查团来到东北

调查团在东北的六周时间，一路走访了沈阳、长春、吉林、哈尔滨、大连、旅顺、锦州等城，会见了以日本关东军司令官本庄繁为首的日伪军政要人，接见了由日方安排的所谓各界团体的代表。

可以说，在姜松年冒

死潜入哈尔滨之前，李顿调查团尚未会见中国真正的抗战部队的代表和黑龙江省政府的官员，听的净是要求、请求之类的恳请之词和日方制造的种种谎言。

纵然有爱国团体和人士冒生命之危险寄交许多揭露日本侵略罪行的信件，但是很难具体全面地陈述日本关东军以武力侵占和政治讹诈的黑幕，也很难说清中国军民抗战的真实情况。

调查团在没有事先安排的情况下，突然见到马占山的代表姜松年，从日本枪口下溜了进来，不能不为之一震。

在此，将杜海山的回忆节录如下：

姜参议首述马占山对调查团的到来，表示感谢及欢迎之意；然后邀请调查团到海伦晤谈，并请视察所属部队情况和义勇军游击队情形，以及民众抗日情绪；说明军民都期待调查团真正明了东北实地真相，作公正的报告。

李顿委员长感谢马将军的欢迎，并说明来此的任务：表示会见马将军是来到东北的最大目的，必尽全力完成使命，满足马将军之希望，民众之要求。

继由美国委员麦考益、专家勃来克斯雷（美国克拉克大学教授）及美国领事汉森，继续提出许多问题，请姜代表答复。调查团以勃来克斯雷为中心代表发问，其问答是：

问：马将军现在在什么地方？

答：海伦。

问：祝马将军平安，永久平安。

答：谨代表马将军谢谢，祝诸位平安。

问：马将军对敝团最大的希望是什么？

答：马将军对贵团最大的希望是，将东北非武装民众的意见和已经武装起来的民众抗战实况，宣布到世界，使各国人士明了耳目的欺骗；希望国联实行规约，制裁侵略国日本，以争取远东及世界和平。

问：马将军对今后抗战的态度如何？

答：马将军经常向所属军民训话，海可枯，石可烂，国土未复，抗战永久不变，即剩最后一滴血，也要洒在战场上。

问：马将军既要坚决抗战，对武器的补充怎么办？

答：马将军的办法：（1）战前有相当数量的储备；（2）可以从敌人手中买到步枪、轻重机枪及子弹；（3）从伪满军手中亦可买到，比如与伪满军作战，伪满军把弹药置于地上后退，我军再前进来拣。类此办法很多。

问：马将军曾接受世界上其他国家的帮助没有？

答：从抗战开始，直到现在，并未接受任何一个国家或任何一个外国人的帮助。

问：听说马将军队伍所戴臂章，都是红色的，那是什么意思？

答：红色臂章，有种种意义：（1）象征铁血，即以我之血与敌人的铁相拼。（2）灰色军服，佩红色臂章，远看容易识别。（3）中国习惯以红色为吉祥。马将军率部抗战，保卫国家，最后胜利自是吉祥。因此种种，故用红色。诸位知道日本军戴红帽子，他是什么意思呢？

（调查团全笑了）

［作者注：调查团是想以"红色"为话题，借日本制造马占山抗战背后有苏联支援的舆论，提出马占山抗战与苏联是否有关。说明在此前，日本当局已把这一问题提交给调查团。］

问：听说马将军有七架飞机，那是从什么地方来的？

答：黑龙江省从来就没有一架飞机，现时正在呼海路马家船口松浦站一带与敌人作战，如有飞机还不用来轰炸敌人的阵地吗？

问：谁和谁作战？

答：马将军的军队和日本军在江北作战。

问：我们听说是日军在江北剿匪。

答：马将军队伍在江北已与日军打了两天了（调查团相视而笑），并无匪人。

问：我们很愿意听你们的炮声打到哈尔滨（第三天真听到了）。东北民众意见究竟如何？

答：民众反对日本侵略中国，反对日本为了侵略一手制造的伪满洲国，如果民众真信任日本人，拥护伪组织，为什么还起来搞义勇军，牺牲性命财产去打日本呢？

问：我们到海伦的问题，我们虽然愿意与马将军晤谈，听说江北土匪很多，食宿亦不方便，所以就不去了。

答：这又是日本的造谣。江北并无土匪，路上安全，马将军负全责，沿呼海路线，全是马将军的部队。沿途布置步哨，决无危险。马将军欢迎诸位到海伦，是因为此行对于抗战前途将有重大的影响，我方绝对保证安全。至于食宿，早已准备妥当，希望能去才好。

问：容我们商量后，明天此时答复。

答：很好。

问：你同顾博士（顾维钧）见面没有？

答：没有见面。

问：为什么没见呢？

答：顾博士住所外边，诸位看见有几个人在巡逻吧？（有一位回答说，大约四五个人）共四个人，一个是伪满警察，一个是穿伪满宪兵制服的日本人，两个会说英语的便衣侦探。顾博士的住处除日本唆使的人能进去外，其他人进不去。所以，我无法与顾博士见面。

问：不是那样严重吧？

答：不仅顾博士被监视，即诸位所坐的汽车，开车人旁边坐的那人，就是至少会说两国话的侦探（他们都笑了，好像不信有此事）。

问：我们给你的名片千万不要带在身上，倘被日本人搜出，那可太危险了。

答：谢谢，我是不带的。

问：你同我们相见，不怕日本人知道吗？

答：在未与诸位见面的时候，我很害怕，现在已完成了马将军交给我的使命，即使日本知道了，发生危险，我亦不怕。

谈话就此结束，调查团下楼返回住所。汉森仍在客厅陪姜代表。半小时后，见美国领事馆四周侦探已散，汉森派人引导姜代表从地下室后门，进一杂货店，由此出去。

姜松年离开美国总领事馆，第二天去呼兰，见到正准备进攻哈尔滨的邓文军长。邓文因兼有护送国联调查团的使命，让他再去和调查团谈好去海伦会见马占山的准确时间。第三天，姜松年返回哈尔滨，在美国副领事李连青家见到麦考益和勃来克斯雷。姜松年把秘密得到的土肥原圈定的监视调查团的名单，交给勃来克斯雷。勃来克斯雷忙将名单收起来，表示感谢。当姜松年提出调查团去海伦的时间问题时，麦考益却说："我们不能去见马将军了，这实在是我们来东北的最大憾事。"

姜松年再三要求，并说马将军为了和调查团见面，已经做了各方面的安排，安全没有任何问题。麦考益回答："我们再作商量，明天下午你同汉森在电话中确定。"

次日，姜松年接到美国驻哈总领事汉森的电话，通告调查团已决定明早7时离开哈尔滨南下，不能与马占山见面。

姜松年没能搬动国联调查团来海伦，匆匆从哈尔滨返回，向马占山报告了他会见调查团的详细经过。

此时，马占山似乎感到，他把国联调查团看得太重了，他那股急切想会见调查团的迫切心情，冷却了许多。

也就是这时，由于程志远叛变投降，助纣为虐地出兵齐克路，袭击海伦，加上丁超、李杜败退富锦、同江一带，和马占山失去联络，本庄繁趁势调动所有关东军各部向马占山发起强大攻势，使进攻哈尔滨指日可待的局势急转直下。

5月24日晨，本庄繁下达总攻击令。双方血战两日，马占山不得已而退却。

26日，马占山到达海伦。31日，马占山带队撤至海北镇。

6月1日，马占山部向通北县撤退。

这时，马占山接到报告，国联调查团委员长李顿密派美国记者海米斯和一位瑞士记者，由邓文军长护送，越过火线，要和他会面。

他立即决定在距海伦不远的三门谢家驻足会见。

两名外国记者和马占山相互寒暄问候之后，很快转入正题。

马占山开门见山地说："关于日本制造伪满洲国的内幕，我已于4月12日、17日，由黑河两次致北平贵调查团的电报内谈过了。此前不久，又派王子馨、姜松年分赴齐齐哈尔、哈尔滨，代表本人向贵团面陈。不幸王子馨因事泄露，在齐齐哈尔被日本人惨杀。姜松年幸能到哈面见贵团，完成使命。现在再简要地向两位先生说明，我曾亲到过沈阳、长春，对日本用强力一手制造伪满洲国的内幕，知道得详细真实。我在长春面见溥仪，问他为什么甘作日本的傀儡，他说他'在天津是被日本人像绑票一样绑来的，到了长春就如同坐监狱，被监视起来，言语行动，全不自由，只要你们有办法，回到黑龙江，好好干，我即死了亦愿意'。他说完话，直淌眼泪，几乎要哭出声来。郑孝胥年老昏聩，到了长春，才知被骗。臧式毅受暴力威胁，被日寇牵着鼻子，叫他们干什么，就得干什么，叫他们说什么，就得说什么，稍违日寇之意，或抗而不从，即被拘禁，再抗不服，就遭残杀。日寇谎言'满洲人独立''东三省自治'，又说'伪满洲国的成立，出于东三省的民意和拥护'，这完全是造谣，挂羊头卖狗肉，以欺骗国联，欺骗世界。我马占山敢发誓，敢保证，全东三省3500万人中，找不出真心赞成伪满洲国的。"

关于抗战的经过，马占山说："上年江桥之战，敌方有多门师团、铁道守备队、旅顺炮兵团，配以飞机、坦克、装甲车等，约两万多人。我军在前线作战的，统共仅3000来人。从11月4日开火到16日，敌人屡遭惨败。本庄向他政府求援，由东京派来广崎混成旅团、朝鲜派来弘前旅团，同时增援，兵力超过3万之多。由17日战到18日，我军始终奋勇抵抗，但因为仅有之兵力，作战时间过久，补充困难，才转移防地，想两位先生早就明了。其后，敌人改用欺骗手段骗我，我要将计就计，利用机会，整理我的军队，与敌假意周旋。到今年3月底，民团编好了，军队亦整理就绪，我率部设法离开了省城，继续抗击敌人，现时正在呼海路上与敌拼战。我决心要把敌人打走，将日本一手制造的伪满洲国消灭，才能罢休。"

海米斯睁大了眼睛，听马占山侃侃而谈，真切地感受到了这位被誉为"民族英雄"的人物的一身正气，但是，他已经看见日本关东军和那些降日的伪军正气焰极嚣张地展开强大的攻势，于是问道："偌大的中国，将军在边省黑龙江抗战，究竟有多大意义呢？"

这一问，可以说击中了马占山的痛处，但是，这也确在他意料之中。他只是微微一笑，说："这很简单，我是中国人，又是黑龙江省的主席，负守土保民的责任，日寇侵略我国疆土，残害我国同胞，我当然要打他。对于子弹的来源，并无外国人接济，有自民间贡献来的，亦有从日本商人手中买来的。如果子弹打光了，我还有刀矛棍棒，最后，还有我的头颅热血。我现在毫无顾虑，唯一的心愿，就是把日寇打走，消灭伪组织——'满洲国'，收复我东北三省同胞安居乐业的国土。"

海米斯始终快速地记录着马占山的慷慨豪迈之语，他从心底佩服这位硬骨头中国将军，且不说他是国联调查团在火线上会见马占山的唯一代表，就是从记者的角度，他也有了太多太多的新闻亮点，只此，他和那位瑞士记者亦满足了。

马占山已来不及为二人备酒送行，他恳托二位向李顿委员长及调查团全体委员致敬，遂派可靠武装人员送往安达车站，前往哈尔滨。

马占山望着他们离去的身影，心想：我该说的都说了……

松嫩胶战

1932年6月1日，马占山于海伦附近的三门谢家告别国联调查团代表海米斯之后，即率2000多人向南进发。

从6月2日起，日军对马占山各部沿齐克路和呼海路沿线的通北、克山、克东、海伦、海北、绥化等，长达1000余里的县、镇施行狂轰滥炸，无辜百姓伤亡惨重，民宅商家被夷为平地，以切断马占山进攻哈尔滨和齐齐哈尔的路线。

3日，海伦、海北镇相继失陷。

马占山失去了两个屯兵的大本营和指挥中心地，陷于流动无助状态，为阻止从呼海路南进的日军，马占山从黑河带来的直属骑兵团石兰斌奉命驰赴呼海路四方台布防，不料日军同时赶到，双方激战两日，相持不下，日军飞机成批轮番轰炸，石部战马死伤甚重。

5日，石兰斌奉马占山之命避开铁路线，撤至距海伦西南30里的强家店，疯狂的日军骑步兵尾追不放。

马占山盛怒之下，亲率卫队和手枪队火速增援，又调邓文军一团兵力，急驰参战，反击日军，我军气势顿时高涨，战地喊杀声震天，遂将日军击溃。

马占山直属卫队得到了短暂的休整机会，但是集中在海伦和海北的日军绝不肯放过打击的这一核心目标。

马占山命令两支主力部队，即才鸿猷军和邓文军，分别进攻海伦和海北。

其命令要点如下：

1．日军平贺旅团，自据海伦、海北后，已有向我进犯迹象。

2．为先发制人，主动出击，我军即向海伦、海北发起进攻。

3．军长邓文的所有部队，于6月15日攻取海北镇，并由司令部卫队团张云亭副团长率一营兵力协助。

4．军长才鸿猷部同时（6月15日）向海伦进攻，如不能攻克，也必须牵制日军，使其不能增援海北日军。

马占山坐镇孙家油坊行署指挥全局。

马占山的军令表明，他极力想从急转直下的被动局面中脱出，变被动挨打为主动进攻，以他实力最强的邓文部和才鸿猷部为两翼，同时进攻海伦和海北，以切割两地日军之间的支援，而他将根据战局的变化，相应而动。

15日，邓文向海北镇进攻，然而四面战壕难以跨越。当日晚，邓文命令官兵从农家各抱一捆烧火用的谷草，将战壕填平，突入城内，向日军发起猛攻。敌人莫及提防，死伤甚多，残敌撤至天兴泉酒厂院内，凭借高墙铁门，顽抗死守。

16日晨，日机六架飞至海北轰炸，海伦方面增援的日军也已赶到，邓军不得不撤出，仍回时泉镇据守。

交战中，日军一名大队长和100多名士兵毙命。我军副团长张云亭阵亡，官兵伤亡70多人。

日军稳住了海北镇，怀疑海北市民和邓文部内外联系，即惨杀无辜商民百余人，以泄狂急。

15日，才鸿猷从西南方向向海伦发起进攻，但日军已做好回击准备，才鸿猷进至城下，敌人炮火异常猛烈，屡攻不下，不得不折回，不仅没能策应邓文进攻海北，海伦的日军反而如期前往海北增援。

双方在海北镇以北相持数日。22日，日军步炮兵七八百人，进攻邓文驻地时泉镇。邓文下令利用通肯河岸的河柳丛林作掩蔽，待日军至前，突然出击，敌人被打得晕头转向，狼狈逃窜。时泉镇得以暂时保全。

届时，驻守讷河的步兵第三旅徐宝珍旅长，在马占山黑河誓师后，呼海和齐克两路鏖战时，本应前往策应，因日军天野旅团开至讷河，未敢轻动。当马占山向松花江下游转战，日军乃向齐克路集中，拟乘机解决准备行动的徐宝珍部。

7月8日晚，徐宝珍将部队开出城外，骑兵连向日军兵营偷袭，日军先有戒备，不得攻入。

双方在讷河城内外激战，日军凭高墙厚垣，架炮轰击。日军联队长小泉率骑兵、炮兵潜出城外，准备渡河夹击徐部，被置于河岸的徐部炮兵迎头痛击，日军尸浮河面，渡河失败，退守城内。

驻宁年车站的日军大队赶来增援，被徐部截于河岸。日军不甘受阻，不断增兵，从里外围攻徐宝珍部。徐宝珍被迫弃讷河，沿齐克路向省城方向推进。

9日，离开时泉镇一带的邓文2000余官兵，会同1000多义勇军，开始由拜泉进攻克山。

日军平松支队扼守克山县城及齐克路鳌龙沟。双方激战一日，邓军一部攻占距克山县城三里的崔家店，日军以轻重机枪的火力优势阻止邓军靠近克山。战至晚7时，邓军向克山东北退却，但并未远离齐克铁路。敌我双方形成对峙阵势。

邓文军与日军平松支队在崔家店激战时，李天德部拆毁兴隆镇附近通往省城一段铁路，致使交通一度断绝。

马占山在海伦三门谢家时，曾密令邓文，告以："本人行将东下，与丁、李两司令切实面商吉、黑两军联合会攻哈尔滨，肃清'北满'敌人之计划。但本人一越铁道东行时，敌采取包围作战计划，并图消灭我军主力。对于其他方面必不甚重视，故本人仅带少数卫队随行，所有基干部队七个旅均交与你，你可潜伏在呼海路两侧，海伦、通北、拜泉、克山一带。俟至大部向我包围时，即在包围外发动攻势，使敌腹背受敌，以资牵制。才鸿猷部分驻呼兰、巴彦接近哈尔滨一带，攻敌后路。李忠义部分驻中东路两侧，破坏中东路之交通，遇有机会围攻省城。我将到兰西面示。再，4月初我秘密离省经过拜泉时，朴大同表示候我到黑河即反正，至今未见动作，谅必有种种困难，你速与联络，催速反正。我无炮兵，是我军

1932年5月，日军展示围剿马占山部的战况

缺点，亟待增加炮兵，以增实力，此事极为重要，其他各伪军，要劝令反正，倘再犹豫不决，可以兵力压迫之。"

马占山的作战计划表明，他决定将日军从铁路线引诱到平原区域，趁其追击时，让邓文率主力部队攻敌后路，形成内外夹击日军的形势。

6月28日，马占山到达兰西，检阅了李忠义旅，该旅有8000余人，枪支弹药近七八成，遂委任李忠义为第三军军长，令其分驻中东路两侧，遇有机会，即攻省城。

马占山在兰西留驻两日，率部向东进发。

此时，上校高级参谋李范奭奉马占山之命，率队执行任务。在返回途中被日军包围，他在突围中连杀10余名日本鬼子，身上多处负伤，胜利归来。

李范奭是韩国李氏皇族的后裔，1901年出生于汉城龙洞宫，韩国沦为日本的殖民地后，李范奭流亡到了中国。为了复国，他进云南讲武堂学习军事，和叶剑英是同班同学。毕业后，李范奭来到东北从事复国的革命活动。韩国抗日历史上的第一个大战争，也是亚洲抗日战争史的第一页——青山里之战，李范奭是指挥官。

"九一八"事变后，李范奭来到东北抗日义勇军马占山部，任上校高级参谋，继续抗日。"七七"事变后，李范奭到重庆任中央训练团中队长（少将），后应韩国临时政府邀请，在重庆筹备成立韩国光复军，并任光复军参谋长。1942年秋，李范奭在西安组建光复军西安第二支队，并兼任队长。

抗日战争胜利后，李范奭回到韩国任大韩民国第一任内阁总理兼国防部部长。这是后话。

马占山随行官兵有卫队旅长邰斌山率领的一团团长张广文、团副佟永光、二团团长王凤山、工兵营营长刘润川、新四团一营共士兵2000余人。少将参议韩家麟、参谋处处长容聿肃、少校参谋佟玉国、民政厅厅长韩树渠等，亦随同出发。

在这一阶段，邓文、才鸿猷、徐宝珍、李天德等部，虽与日军苦战数日，确都按马占山的命令，没有离开铁路沿线，牵制日军的行动。

1932年，马占山与韩家麟（前排）在海伦

但是，本庄繁的战略意图是"擒贼必先擒王"，歼灭马占山是其头等要务。他不惜一切代价，倾其赌注，调派平贺旅团、联合第六师团对马占山直属部队穷追不舍，施以大包围战术。尽管马占山命才鸿猷、李天德部于呼海路四处骚扰日军，都不能甩掉日军的追击。日军从松花江乘轮船逆行，堵截马占山东行之路，马占山遂派省府参议李丕祖前往下江，会见丁超、李杜，转达马占山"吉、黑两军联合会攻哈尔滨，先肃北满敌人，再图南下"之意见。并告以本人中途改变，不能亲往晤商之原因，将赴东山一带敬候两司令之意见。至此，遂放弃东行的计划，转进黑龙江省北部。如丁、李赞同会攻哈尔滨，即联合进攻，否则即以本部兵力，进攻省垣。

7月7日，马占山卫队北行至东兴西北无顶山，和日军步兵900余人遭遇，敌机六架轮番轰炸扫射，双方激战到晚上，日军退去。

9日，才鸿猷旅联合义勇军，在巴彦、木兰之间与日军交战。同日，马占山率大部队抵达巴彦大荒台方向，日军平贺旅团追上。两军摆开战场，日军从左右以山炮、重炮轰击，协同步兵夹击。接着，日军飞机在空中轰炸扫射，气势汹汹。

马占山令骑、步兵分头抵抗，双方打得十分惨烈。一架日机低空俯冲扫射，被我军机枪击中，坠落于敌军阵地。

下午3时，才鸿猷部骑兵700多人，由呼海路赶来，从后路抄击日军。日军列阵迎战，马占山督队乘机猛攻。

日军死伤严重，仓皇败逃。马占山部撤出巴彦县城。

就在这东进不成，又欲北上的漂泊之时，马占山视为喉舌和耳目的无线电台突然损坏不能使用，不得不寄存在民户家中。从此，马占山用电报通达四方的声音告停，人们再也听不到马占山慷慨激昂的电文公布于世。自此，马占山已失去用电令调动各地驻军的能力，从而陷入孤军作战之境。

马占山为避开日军飞机的轰炸和炎夏酷暑，不得不于夜间行军，好在官兵熟悉地面道路，忽东忽西，不停转移，日军一时难以跟踪。

10日，日军支队乘江轮从松花江下游乌河登岸，准备呼应平贺部队，夹击巴彦。消息被马占山得悉，将登陆的日军包围在江岸，予以迎头痛击，敌人死伤300余名，溺江者甚多。

当天，松花江航路中断，上下游的船只停泊不前。从水路上岸的日军支队被围一昼夜，至11日上午，被由哈尔滨派出的大批日军救出。随后双方对峙在巴彦和木兰之间。

日军不断调派兵力增援。在依兰的日军一个联队，本拟溯江开回，由水路进攻我军。10日晚间，嫖娼的日军士兵和吉林伪军争风闹事，发生冲突，被吉林伪军刘树之旅堵击，击毙日军60余名。伪军闯下大祸，派人特邀李杜军前来进攻，以为内应，李杜派陆永才部赶来，在依兰南30里处与日军激战。伪军刘树之旅虽然没有响应，但坐观不动，使得日军大受牵制，不能增援进攻马占山部队的日军。

马占山率部夜行军，抵达庆城七道沟子，因雨休整三日。海伦、拜泉的中学生200余人前来投军报国。马占山反复劝阻，告诉他们敌人对我军的包围已完成，作为军人牺牲是应尽天职，青年学生是国家的栋梁，不应在此牺牲。但是学生们誓死不离，不得已将其收编为学生营。

22日，马占山部行至七马架，日军出动600余人将我工兵营七连包围，马占山督卫队增援，将日军击退。

25日，卫队抵达杨老永河口准备渡河之际，日军出动飞机和步骑兵500余人，从背后向我袭击，马占山指挥卫队背河而战，直打到日落，击落敌机一架，双方损失严重。最让人痛心的是学生营损失很重，牺牲了不少年仅十六七岁的学生。

27日，马占山部行至望奎县，与400多名日军交火。吴松林旅长率部与敌激战七小时，毙敌40余人，敌军终被击退。

28日午后1时，卫队行抵十七井子，遇700余名日军步骑兵堵截。

马占山部张广文团长和工兵营刘润川营长，与敌人激战到深夜，终将敌军击退，弃尸40余具，我军伤亡过百。

马占山所属卫队一路北行，连遭日军追堵，由于和各部队失去联络，无法协同作战，再加上阴雨连绵，江河暴涨，洪水流泻，每行一处都得由工兵营沿河搭桥。

29日，马占山部被包围在罗圈甸子一带。

罗圈甸子突围

罗圈甸子，位于海伦县东山里，在东兴安岭大山的一侧，南北三四十里，东西30里，所谓"甸子"，即一片平洼地，平时积水为塔头泥塘，当地人称之为"臭水甸子"。

当年7月，阴雨连绵，积水上涨，淤泥尤深，只有三分之一洼地露出水面，可以人行马踏。除东面临山外，北、西、南三面，均有断断续续的山口，可谓出山之径。

7月29日，马占山率部千余人，进入罗圈甸子。先头部队被日军阻击折回。马占山驻足观察，发现日军已于北、西、南三面设下伏兵，所有出山路口都被堵住。

已和各部队失去联系、又得不到敌人任何信息的马占山部，陷入了日军的层层包围。苦于前堵后追的日军凭借罗圈甸子这一天然的大口袋，调八个联队近万人部署于所有的山口隘地。

马占山部的人马陷在稀泥塘里，强壮的战马跃蹄奋出，士兵只好伏在马背或拽着马尾出塘，许多人马沉在泥底淹死，或被日军射杀。

从泥塘中脱险的部队，四处寻找突围山口，无一不被封锁的日军用轻重火力阻击，难进半步。

马占山下令大队人马分路进攻各个山口，不容敌人集中兵力合击。

然而，马占山部队连日冒雨行军转战，野餐露宿，血战多日，伤亡甚重。

绿林出身，屡建战功的卫队营营长王青龙，率部170余人，向西山口冲击，日军从三面阻击，全营奋战，马陷泥潭，全部牺牲。马占山眼见跟随他转战千里的卫队战死在敌人的埋伏里，心情极为悲痛，他让人将王青龙的尸体安顿好，等候日后埋葬。

31日，各山口发生激烈的战斗，日军倾全力想把追击多日的马占山司令部歼灭在这一天。

决战的时刻，马占山和身边的官兵擦拭着所带的武器，归拢剩下的弹药。他挺起腰，对部下说："看这势头，日本人是想在今天结束战斗。咱们面前只有两条路，要么冲出去重整队伍再干，要么就在这里殉国。现在，就从北山口突围，那里敌人的炮火弱些，准备出发！"

天一放亮，马占山率30多人的队伍，经过泥泞的洼地，向北山口突进。一路上，马占山心情十分沉重，他戎马几十年，征战上百次，从来没有像如今这般凄惨，也从来没有这么大的伤亡。

是他马占山无能吗？

曾几何时，他领导的江桥抗战受到举国上下的拥护和支持；他向北平张学良行辕和南京国民政府不知发出多少禀报战况和请求增援的通电；他花费了多少心血冒险与敌周旋又率众出走反正，发起了二次抗战的号令；他为让国联调查团了解日本侵略东北的真相，付出了多大的代价又做了多少的准备，他该说的都说了，该做的都做了，然而他抗战的道路，越走越窄，越走越难，而且竟有自己的战将从背后打黑枪，断后路，不顾廉耻，为虎作伥。

马占山想来想去，想不出头绪，索性不想了。他横下心来，豁出拼死一逼，除此无二路可走。

马占山一行好不容易走出泥塘，来到北山口处，被日军发现。他命令张广文留下应付，他带队转向东南山口，潜伏在树丛里，摸清日军布防方位后，由机枪连连长张喜春掩护，卫士长杜海山带20多名卫士，于下午5时突击东南山口，然而没出多远就陷入沼泽之中。

马占山身旁只剩下旅长邰斌山、卫士长杜海山、副官张凤岐、卫士赵凤阁等八人，隐伏在泥塘里。

天近黑时，日军一小队前来搜索，马占山立即率人跃出泥塘，开枪打死全部日兵，夺下枪支子弹，趁黑冲出包围，从东侧方向进入山林。

当天夜晚，殿后的张广文、张喜春也从北山口冲出来，与马占山会合。

8月1日，马占山等人向深山行进时，遇上敌人的追兵。张广文和张喜春各持一挺机关枪，隐蔽在山坡路旁，当日军正蹚河时，被机枪迎头痛击，打死几十名日兵，为马占山争得了进山远走的时间。日军头目不知中国军队的底数，慌忙后撤。张广文和张喜春忙起身追赶马占山。

马占山在罗圈甸子被围三天三夜，阵亡及失踪共计500余人。

马占山一行冲出罗圈甸子，向预定集合地张家湾子突进，却不见有日军追击和堵截。这时，日军正在通电各地，庆祝击毙马占山的胜利，特许日军放假三天。

马占山部在罗圈甸子牺牲的官兵与战马（张树明提供）

原来7月28日双方在十七井子一战，马占山部队伤亡严重，他指挥官兵突出包围，而押送辎重、关防印信和物资的少将参议韩家麟、少校参谋佟玉衡、少校

日本人以为消灭马占山，展示缴获的马占山文件、勋章、烟具等用品（张树明提供）

副官刘景芳、少校连长于俊海、省府秘书李煦尧等50余人，在双方激战时，匆忙转移，误以为从相反方向能避敌，迷路脱离了马占山。奔波一天，走到罗圈甸子南八道林子处，见山坡有被弃置的民房，官兵饥劳难忍，进房过夜，不料天亮被日军十五联队，田中大队发现，立即包围，从门窗向内开枪，马占山的辎重队所有官兵阵亡，全部饷款被日军截获。

日军士兵在翻查尸体时，发现少将韩家麟的身材、年龄和相貌酷似被称为"马小个子"的马占山，又从他的行装里发现了马占山的黑龙江关防印信及吸鸦片的烟具，烟具箱里藏有伪满皇帝溥仪赠予的玉质镶金烟具一套和马占山本人的名章等，还有国民政府颁发的勋章等。

这一切，使得日军联队长田中确信马占山已被击毙，身穿将军呢服的韩家麟就是马占山。

韩家麟，号"述彭"。早在马占山任东北军骑兵某团连长剿匪的时候，住宿韩家，相中了还是少年的韩家麟，收为义子，留在身边充为"马弁"（警卫员）。后来马占山送他进"东北军官养成所""东北高等军官研究班"深造，由文书、副官、参谋

少将参议韩家麟的画像

升为上校副官长，一直是马占山最可信任的得力助手。

1931年"九一八"事变爆发，韩家麟辞去万福麟委任的官职，赶回齐齐哈尔参加抗战，被马占山委任为省政府少将参议，多次执行马占山交付的重要任务，成为马占山身边的第一高参。

韩家麟的牺牲，马占山尤为悲痛，尤其被敌人误认是"马占山"，更感是替他作了生死的掩护，甚为痛惜。

后来，马占山一直把韩家麟家人当作亲人，百般照顾，并将自己的孙女许给韩家麟之子，马、韩两家结为世代亲家。

这些都是让人十分感动的后话。

日本关东军司令官本庄繁接到"马占山被击毙"的报告，欣喜若狂，终于一块石头落地，他立即向日本东京陆相和天皇报告战绩。

"消息"在伪满军政大员上下和日本本土引起了轰动，日本关东军开动所有的宣传机器，大肆宣扬日军大捷，把马占山的名章、相片、衣服、烟具和饷款到各地轮番陈列展览，一时搞得沸沸扬扬，好不热闹。

日军中有见过马占山的人，见报纸上刊登的"马占山"遗容，不像马占山本人，提出了怀疑。日军头目将"马占山"首级割下让人辨认，怀疑人仍说不是，直到多日后，马占山复出再战，真相才大白于天下。日本关东军这场丑剧在世界舆论面前丢尽颜面，相关日军将领受到军部的斥责和处治，而为马占山本人又增加了不少神秘的色彩。

8月1日，马占山一行从罗圈甸子突围，向预定集合地张家湾子奔去。为防日军追截，马占山命令离开大路，拉荒走野路。于是，这一班人马钻山越岭，观日而行，所到之处杳无人烟。因突围时粮草已尽，走了两天断饮断食，衣鞋终日在雨水中浸泡，夜间在雷电急雨之中只得依树而卧，困苦之状可想而知。

就是这样，马占山一行以两天急行180余里的速度，摆脱了日军可控区域，终于到达张家湾子。所幸吴松林、张喜春赶到。马占山的兵马骤然增至500余人。

张家湾子为一小山村，集合起来的部队在此仅住一天，吴松林率400余人去木营子防堵可能追击上来的日军。马占山带韩树业、郜斌山、容聿肃、佟永光、刘芷兰、徐国华、杜海山、张凤岐、张玉及卫士赵凤阁等100余人，北行一日到达刘占一店。

此时，马占山除随身衣服及枪支外，仅有一件绒大衣，一颗名章、一副眼镜，浑身上下分文皆无，想要从农民手里买点粮食都难以办到。正求钱无路的时候，卫士赵凤阁将随身携带的皮包交给了马占山，马占山打开一看，皮包内藏有3万余元。

原来赵凤阁为防万一，特意从韩家麟手里取出这笔款项备为后用，一路上无论遇到任何险境，他都死不松手，直到这时才把钱亮出。

马占山非常欣慰，且不说有了救命钱，就是这位跟从的小小卫士的一颗忠心，足以让他把腰杆挺起来和日本人再战。

刘占一店附近的农民听说马占山来到此地，纷纷主动送来粮食，马占山下令立即交付粮钱，农民们坚决不收，都说为了国家和百姓，马将军把命都豁上，送点粮食又算得了什么。

不多时，马占山在当年4月间收编的土匪首领韩玉禄和王庆余两位义勇军司令，率170余人骑马而来。见了马占山，纷纷动容，坚决要求做马占山的随行护卫，一同抗战到底。

马占山的人马越聚越多，每人分两升粮食，少量食盐，在刘占一店小住一日，遂向北进发。

路行一日到达二道河子，但此地没有居民村落。又行三日，8月5日，到达八道河子。

这一路，见不到一处冒烟的村落，部队每人携带的口粮已用尽，只得杀马充饥。

马占山卫队正在拢火烧烤马肉的时候，从空中飞来五架日机，冲火堆连投炸弹，其中四枚落在马占山身旁，幸没伤着。韩玉禄部伤亡10余人，炸死10余匹战马。

从罗圈甸子突围的马占山一行，结束了没有追兵的日子，又处于日军追堵和轰炸的危境。

两天后，马占山部到达吴索伦棚子。

所谓吴索伦棚子，是小兴安岭山林中鄂伦春人吴姓猎民，围猎时临时搭的"撮罗子"，也称"仙人柱"。这种自古以来就沿袭下来的北方少数民族游猎的居所，冬天用狍皮蒙在桦木杆支起的伞形架子上，用来防风防雪。夏秋用桦树皮代替兽皮。猎民住在里边，中间可点火烧肉，烟从顶部缺口冒出。

这种"撮罗子"十分轻便，好拆好驮，随地而迁。

马占山所到之地，并非汉人居住的村落，只不过是鄂伦春人的一位姓吴的头人，设在靠近路边的临时搭起的居所。

清代曾把黑龙江各少数民族统称为"索伦人"，汉人习惯地把这位鄂伦春头人称为"吴索伦"。

鄂伦春是森林的主人，善骑射，当时已经用火枪或快枪围追野兽，猎获的皮张或山货，由头人送到汉人聚居的乡镇去交换粮食布匹和其他生活用品。

吴索伦常去海伦做交易，和汉人比较熟悉。同年6月，马占山号召各地建立抗日义勇军的时候，曾委任吴索伦为山林游击司令，以备日后入山时相协助。

马占山本以为吴索伦能备些粮食，但钻进"撮罗子"，只见粮不过两斗，盐不到半升。马占山无法张嘴，转身欲走。此时，少校连长徐子衡带

50多人赶到，随行带一石多粮食。

徐子衡见了马占山，一时激动难言，长叹一声说："我们由张家湾子到木营子后，旅长离队化装走了，卫队团长李之山也走了，本旅的两位团长刘德霖和王凤山也带队走了，团长张广文也不知去向，我带本连57人，还有受伤的两名弟兄，追寻主席，仅差一天到此赶上。我情愿跟随主席抗战，直到一炮打死为止。"

马占山听了心里又是难受又是感动，连声鼓励他、安慰他，只要是抗日爱国，就亲如一家人。

马占山队伍不断扩大，粮食仍然没有着落。吴索伦确认，这一带没有任何民居村落，难以找到粮食。马占山眼见部下一个个饥肠辘辘，浑身乏力，非常着急，要是几百人聚在一起，就是搞到一点点粮食，也很难分到每个人口中。他决定分路出山，再约定集合地点，命令韩营长带出百人左右，一路下山。

吴索伦带两人做向导，引领马占山连行六日，到达樟树河子，沿途不见行人，走到一半时粮食全部用尽，只能靠马肉充饥。

卫士长杜海山和副官张凤岐将一块烤熟的马肉递给马占山说："这块肉好，请主席尝尝。"马占山一见自己喜爱的战马被宰杀烧熟，顿时肠胃翻滚，想要呕吐，难以吞咽，可不吃又饥饿难忍，没办法，到底还是吃了几口。

一路上，老天像是故意作对，大雨连下没完，被浇湿的衣服无处烤晾，一连几日贴在身上。

马占山这队人马找不到可以避雨之处，在吴索伦的带领下，学着鄂伦春人的办法，剥下桦树皮，搭一个像"撮罗子"的小棚，雨水顺棚漏淌，小雨照样不绝。

一天夜里，身患感冒的马占山，躺在棚角处只得任雨水滴淌，昏然入睡。睡到半夜，把他烧醒，见桦皮棚已经不再漏水，以为雨停风止，他把头伸出棚外，雨仍在下。他正奇怪不解，突然发现副团长佟永光蹲在大树底下，大雨浇得他遍身湿透。

原来是这位佟永光脱下身上的雨衣，盖在马占山睡觉的小棚顶上，而自己却穿着单衣在外面任大雨浇淋。

马占山的眼睛湿润了，不是雨水是泪水，他想，要是没有这些忠勇可靠的将士，他真要撑不下去了。

队伍一路前进，总有雨停天晴的时候，然而林中硕大的蚊蠓暴起，常将人和马糊上。人若被咬，周身疼痛难忍，马若将尾巴缠住不能甩动，能被活活咬死。

行进中，时有敌机低空侦察，发现队伍，就招来多架轰炸，伤亡则不可避免。

马占山的这支队伍最难忍的是——饿，一连几天吃不到一粒粮食，饿得人连杀马的力气也没了。

马占山一遍遍催促吴索伦寻找粮食，吴索伦想来想去，说过樟树河30里，到了太平山那里有金矿，去年冬天有人到此采金，运来过粮食，但不知现在情况如何。

马占山没有别的线索，只得催令部队前往樟树河子。

樟树河子，当地人称"樟河顶子"，意为樟河的源头在山顶上。每逢大雨滂降，山洪暴涨，漫延河谷岸滩，水深过树，流急势猛，人马难以过河。

马占山部队来到樟树河子边，正是大雨滂沱之时。马占山望河兴叹，只得在河旁驻脚暂歇。马占山巡视跟随他一路千辛万苦的官兵，个个饥饿困乏，面无血色，膝盖以下红肿粗大，皮绽血流，徒步的人更为惨不忍睹。

参谋处处长容聿肃本来体弱多病，饿得他几次从马背上坠落，差点断气身亡。副官孙永浩身背印信，肩背压肿，终日浸水不干。

马占山看见这般惨状，心如刀割，流泪不止。

幸好过了两三个小时后，雨势渐弱，河水渐降，经过探试，可勉强渡河。马占山一声令下，队伍扑下河水，一拥而过。

大队人马过河后，尚有四个牵马的人被浊浪打翻在河里，顺流冲下，马被冲走，人幸得救。

马占山的部队在吴索伦的引领下，又走了30余里，终于来到太平山金厂。

太平山金厂空房数栋，无一有烟火。马占山正迟疑，来了一位上了年纪的人，走到眼前，马占山竟认出是海伦的客商老王头。

马占山开口就问："有米面吗？"

老王头告诉他尚有10余石米、四五百斤面。马占山一下子精神起来，急令部下量米造饭，所有的人得以饱餐一顿，脸上这才有了人气。

马占山决定在金厂休整三天。让老王头把米面称好，他高价收买，炒成干粮，按人头分带。

吴索伦告诉马占山，从金厂到龙门，走半个月可出山口，这些粮食可勉强够用，大家听了心里有了底数。

那位到太平山采金的老王头对马占山说，他去年冬天，把粮食运到太平山，搭盖了三间小房，想等到今年春天招雇把头（工头），进山寻找金苗，却怎么也不见金子的踪迹。他几次想罢手回海伦，不料夜里有神仙托梦，说再等几天，贵人一到就可以回家。如今，果然主席驾到，想必是神仙让他看守粮食，现在任务完成，要和主席一起出山回家。

老王头的梦，表明了一位东山老者的心愿，不管有无神仙，他的确是帮了马占山的大忙。

马占山率200多人，在太平山金厂休整三天，继续出发。没走多远，突然有日机七八架飞来，向金厂投弹，几栋房屋刹那间被炸成平地。接着，日机又跟踪轰炸扫射。

马占山事先做了部署，将部队隐藏在山石背后和林木丛中，没有伤亡，终于走进龙门县境。

9月7日，马占山部来到距龙门县城18里的董画匠营处所，这位在乡里雕刻作画的民间画匠见马占山的人，个个须发甚长，衣服破烂，七长八短，怀疑是土匪下山，慌忙闭门"谢客"，不允入内。

马占山站在门外，冲着门缝自述他一路与日军转战的经过。董画匠听完只把门开了一条小缝，让马占山一人进院，当他确认此人就是赫赫有名的马主席时，失声痛哭，躲在房里的全家人也哭作一团。

马占山被哭愣了，忙问这是怎么了。董画匠哽咽着说："主席是爱护老百姓的好官，为爱国爱民，受苦到这般地步，我们看见实在心中不忍，不禁大哭……"

马占山感动得说不出话来，在苦难中，他真正看到了希望，看到了光明。以往他高官在上，官佐成群，听不见最底层百姓的呼声。而今，他在遥远的山边，见到普通的百姓，竟能如此爱国护军，不忘他马占山抗战是爱国爱民，他们的眼泪不但洗尽山中40多天的千辛万苦，而且足以证明民心未泯，壮志犹在，即使战死饿死，也值！

累数马占山一生，这50天让他最动心、最难忘的桩桩件件，思想和情感不能不有极大的变化，他真正懂得了他的根在哪儿！他的心在哪儿！他活着为了谁！

可以说，马占山在江桥抗战的沙场上，经受了一次爱国主义的洗礼，为中华民族立下了赫赫战功；马占山在第二次抗战的殊死血战中，饱尝了中国劳苦大众肝胆相照的血肉之情，从而为马占山后半生所有的爱国抗战的义举，奠定了坚实的思想上和情感上的根基，所以，他才能有后来那许多让人铭记在心的爱民、亲民的业绩。

第七章
远游欧亚的沉思

异邦行旅，匆匆驻足，日夜盼望着回到魂牵梦萦的黑土地……

然而，富饶辽阔的东北已沦陷，白山黑水在呻吟，马占山只能在悲愤中沉思……

难民"方秀然"

1932年12月初，马占山、苏炳文等弹尽粮绝，抵抗陷入了困境，先后退入苏联。

12月4日，得到苏联政府的大力支持，按照对方事先安排的指定地区，马占山和苏炳文部2800余人经满洲里全部退入苏联。马占山化名方秀然，韩树业、杜海山、赵凤阁、张鹤川随行。7日，苏炳文向国内发出通电，为掩人耳目，马占山没有在通电上署名。当时，日寇对马占山的生死去向尚在云雾之中，日寇的宣传一再鼓吹马占山已被击毙。东行10余日后，马占山一行人于20日，抵达苏联远东城市汤木斯克。此时，日本驻莫斯科大使向苏联政府提出要求引渡马占山，被苏联当局拒绝。马占山等人在苏联境内暂时居住了下来。

1933年1月14日，王德林抗日义勇军在国内突破日寇重重围阻，也退入苏联境内。这时，遵照苏联政府的要求，将全部中国军队大批辎重都集中到汤木斯克待命，此后，国内陆续到达的军队、家属、铁路员工万余人。

是时，正值苏联第一个五年计划时期，年轻的苏维埃共和国刚刚从战争的废墟中站立起来，百废待举，经济非常困难。汤木斯克地处偏远，气候十分寒冷，温度达零下40多摄氏度。马占山和他的部队皆住在没有取暖设备的简陋的木板房内，异常寒冷，窗户上结着厚厚的冰花。白天，凛冽的北风透过薄薄的木板和一指宽的缝隙，将无尽的寒风吹击到人身上，所有的人都冻得说不出话来，不停地在屋里转圈、跺脚，以抵御寒冷；夜晚，冻得睡不着，一群人只好挤到一处取暖，数着天上的星星，盼着天亮。天，终于还是亮了，但寒冷依然袭击着他们。每天，每人只能分到数量极少的黑面包，勉强用以充饥，有时连面包都没有，大家只能另想办法。有少数人吃不惯黑面包便扔了，硬是饿着肚子。苏联的管理人员以为他们吃不了，给得更少了。这样，大多数人生活在半饥饿状态，生活十分清苦。对于马占山、苏炳文、李杜、王德林等人，苏联政府并没有给予他们特殊的待遇，地方政府对他们也是冷静有余，而热情不足，没有举行任何形式的会晤，在生活上和普通官兵一样。所不同的是，把他们几个人都安置在一栋大楼里，其人身安全均由苏联政府派人负责。马占山等人无所事事，每天除了等待苏联政府的通知外，对国内的情况一无所知，又不能直接和国内联系，每日里只能聚在一起谈谈刚刚发生的战事，回忆着战争的每一个细节，议论着留在国内部队的生死存亡，在这里打发着难挨的时光。

这时，马占山所部以及其他抗日军队在苏联已休整了一段时间。新的问题出现了，首先，进入苏联境内的中国军队，给养出现了严重不足，士气低落，人心思归。按照苏联当时的生活费计算，每人每天至少一个卢布的生活费，这样每天就得有1万多卢布的消费。短期内尚可得到苏联政府的资助，长此以往生计就出现了困难。马占山等心急如

马占山途经莫斯科留影

焚，在与国内积极取得联系的同时，开始动用抗战时国人所捐的慰问金。其次，摆在他们面前最大的一个难题是军队的去向问题。苏联方面已明确表示，希望休整一段时间后，中国军队应尽快回国。

马占山将处境和想法实事求是地向中国驻苏大使颜惠庆作了陈述，颜大使也向马占山转达了中国政府的态度和决定。经过颜惠庆大使与苏联方面的交涉，1933年3月下旬，大部分官兵被送回了新疆，随军眷属被安置到了海参崴乘船回国。马占山等中国军队在苏联境内的一切费用，统由中国政府付还。出于安全方面的考虑，马占山、苏炳文等高级将领及随员66人由颜惠庆大使安排，乘专车转道欧洲回国，踏上了历访欧洲各国的旅程。

1933年4月8日，国民政府汇款20万元，付清了退入苏联境内的中国抗日武装力量所在苏联期间的生活费用。

4月16日，接到苏联方面通知后，马占山、苏炳文、李杜、王德林及随行人员等来到莫斯科，中国驻苏联大使颜惠庆亲自到车站迎接。一进车站就被众多的外国记者包围在站台上，向他们提出了各式各样的问题，并向他们问长问短。马占山受到了格外的重视，对他的抗日爱国行动纷纷表示赞赏和钦佩。后由大使馆备车前往红场瞻仰、游览市容、参观商店。当晚又乘车离开莫斯科西行。途中，结识了一位波兰女记者，她详细询问了马占山的抗日主张和行动，对马占山充满了敬意，热情地邀请马占山到波兰去访问。马占山向她表达了谢意，告诉她，因归国心切，不准备在波兰停留时，这位女记者耸着肩，摊开双手，表现得非常遗憾。马占山请她转达对波兰人民和波兰政府的敬意时，女记者再次诚恳地邀请马占山到波兰去访问。盛情难却，当马占山等人答应她时，她才满意地离去，并立即电告波兰新闻界同人。

不同寻常的会见

　　波兰首都华沙，沉浸在四月料峭的寒风中，河流尚未解冻，枝头也看不到一丝春意。目力所极，漫山遍野，到处是皑皑白雪，人们裹着厚厚的棉衣。当列车缓缓驶进华沙车站时，即刻就被热情的记者包围了，紧接着波兰人民怀着对英雄的极大敬意，为他们举行了隆重的欢迎仪式。尽管寒风袭人，马占山等人却感受到了一股暖洋洋的春意，他们面对记者的提问，作了简短的回答，并向波兰人民表达了深深的谢意。直到列车开动时，波兰人民才恋恋不舍地摇手挥帽和他们作别。波兰人民的热情给他们带来了无比的欣慰。列车在波兰大地上行进，马占山站在车窗前，望着无际原野，心潮难平，思绪万千。波兰人民安居乐业的情景，深深地留在了他的心头。

　　列车进入德国。此时，纳粹党首希特勒已掌握了政权，全国上下充斥着个人崇拜的风潮。法西斯专政在德国已初见端倪。4月20日上午9时，马占山一行抵达柏林时，中国驻德国公使刘文岛亲率使馆工作人员和留学生早已等候在站台上。柏林市民也蜂拥而至，将马占山等人团团围住，他们热情地高呼着："金道马（马将军）我们欢迎你！金道马，欢迎你！"争着与马占山等人握手，问寒问暖，对他们的英雄行为，发出了由衷的赞叹，整个车站顿时沸腾起来。柏林新闻界也表示了极大的热情，甚至打出了标语。这种热烈的场面，使马占山深受感动，随行的很多人员激动得热泪盈眶。尤其是旅居德国的华侨和留学生表现得更为热情，他们纷纷与马占山等人握手，表达了他们对马占山等人抗日的敬佩之情和对侵略者的愤慨，并纷纷表示愿意在马占山需要的时候前往国内投入抗日战斗中。

是日晚，刘文岛公使作了详尽而周到的安排，马占山一行下榻使馆附近一幢非常漂亮的五层大楼——格拉浩台宾馆。为了防止日本刺客捣乱，保证马占山等人的安全，旅居华侨和留学生义务承担了安全警卫工作。刘文岛公使还配备了10名中国留学生给马占山等人做向导，朝夕陪同。接下来的日子里，马占山等人的日程每天都排得满满的，接见记者、华侨、留学生以及德国友好人士成了他们的日常生活。几乎天天早饭后，就开始接待，往往到夜里还有人不断地来访。德国新闻界表示了极大的友好，每日在报纸上辟出专栏，对他们的言行予以详尽报道，并把接待来访群众的情景拍摄成电影，当天播放。马占山看到自己接待来访者的镜头时，深为感动，他向德国人民详尽介绍了浴血抗战的过程，受到了德国人民的热情欢迎。马占山等人的活动常常被人围住，连幼小的孩童见到他，都要喊他一声："金道马好！"在柏林的街头、广场，马占山等人随时都会遇到热情的德国人民

马占山（左二）、苏炳文（右三）在中国驻德使馆与记者谈话

的赞扬和问候。一次，在穿越街头时，一位老人领着一个孩子，快步迎上来，伸着大拇指，激动不已。他通过留学生告诉马占山，马将军是英雄，我们支持你，我们的孩子也支持你。他指着孩子，说孩子已下决心不吃零食了，省下钱来邮给马将军！然后老人深沉地说："你们太困难了！"

参观德国军事工业时，马占山详细询问德国制造的武器和性能，并对制造过程和工艺进行了了解。他不无羡慕又不无感慨地说，我们太落后了！他对德国的武器爱不释手，嘱咐他的副官买两支手枪作留念。

一日，马占山等人到一家中国餐馆去吃饭。餐馆老板听说马占山来了，三步并作两步跑出来迎接马占山，他抓着马占山的手操着一口天津话说："哎呀，将军哪，您什么时候来的？想吃嘛？肉丝炒菜、肘子，什么都有，只管吃！"并大声地对着餐馆里的食客喊，中国的马将军来了！异国他乡，马占山等感到了祖国亲人般的热情和厚意，吃着家乡的饭菜，感受着亲人的温暖，马占山倍感伤情，一想到国内出生入死的战友，他的心情便格外沉重。日后，他曾对他的朋友、著名爱国人士杜重远先生描述当时的心境，"心里难受，吃不下呀！"

参加完柏林市举行的庆祝"五一"劳动节活动后，第二天，马占山一行离开德国经奥地利抵达意大利世界著名的水城威尼斯。

威尼斯，位于意大利半岛的东北部。马占山等人在穿越奥地利和意大利东部时，目睹了秀丽的风光与祥和宁静的居民生活。一路上没

少帅张学良

有多说话，但他隐约感受到墨索里尼法西斯政权搅起的浓浓战云。尽管威尼斯游人如织，马占山还是没有多少兴致。他们的到来同样受到了威尼斯市民的热烈欢迎，威尼斯的各大报纸和通讯社都播发了这一行人到来的消息。马占山等人除礼节性地作了一些应酬和答谢外，并不想久留，由于一时买不到船票，只好滞留在一家旅馆。

一天黄昏，马占山等人正在等待购买船票时，却得到一个令人鼓舞的、出乎意料的消息，张学良将军已来到罗马。他们急忙去电向张学良将军致意。张学良将军得知他们在威尼斯后，立即邀请他们到罗马晤面。马占山等人非常兴奋，立即赶赴罗马相见。令人意外的是，张学良将军的情绪并不是很高。马占山详细地向张学良陈述了抗战前前后后发生的事情，以及抗战的具体细节。事毕，张学良将军只是简单地向他们作了一些关怀性的指示，没有谈及国内的事情和自己的处境以及想法，也没有对东北抗战的情况进行具体的讨论，甚至没有提到东北抗战的相关事宜，只是勉励马占山等人继续为国家效劳，听从国民党中央的安排。此时，马占山等人并不知道张学良因华北告急，丢失热河，被迫下野的消息。

马占山等人在罗马期间，意大利教皇派中国教区大主教于斌前来表示欢迎，并赠马占山十字勋章一枚。两天后，马占山等人离开罗马返回了威尼斯。

5月12日，马占山一行离开威尼斯，乘船经地中

马占山（中）乘船回国途经香港

海、红海、阿拉伯湾，驶向印度港口孟买。孟买是亚洲著名的港口，风景秀丽。在孟买居住的侨胞千余人涌到码头欢迎马占山等人，并设宴款待。在孟买，马占山等只停留五个小时，即乘船南下，穿过马六甲海峡，直抵新加坡。

30日，船抵新加坡。江桥抗战时期，侨居新加坡的爱国华侨曾给予马占山将军热情的支援与帮助，许多华侨青年还亲赴北国边疆，直接参加他领导的抗日斗争。其时，大批的捐款、医药、物资也由新加坡运往抗战的第一线。马占山等人抵达新加坡后，早在码头等候很久的华侨领袖胡文虎、胡文豹兄弟和数千华侨，热情地拥上来与马占山等人一一握手致意，并表示了热烈欢迎和问候。马占山即席发表演讲，向来自新加坡各界的爱国侨胞表示衷心的感谢，他与胡氏兄弟手挽手一起走出码头。胡文虎、胡文豹兄弟设宴为马占山等人洗尘。席间，胡氏兄弟为再次表达他们的爱国热情，又当场捐赠50万美元，马占山起立，向胡氏兄弟致以真挚谢意。

1933年6月初，马占山等人取道欧亚两洲，远涉重洋，途经苏联、波兰、奥地利、意大利、印度、新加坡等地，抵达香港。

6月5日，船抵香港，香港各界万余人云集码头，热烈欢迎马占山将军等人的归来。马占山的女婿陶英麟和国民党元老胡汉民的女儿胡木兰、广东省主席陈济棠的代表等迎候在码头。胡木兰是代父迎接，说明来意后，马占山深表感谢。亲人相见，倍感亲切，望着欢迎的人群，马占山心潮起伏，眼眶红了，挥手致意了很久，他颇为感慨道："想我马占山仅是尽了一点军人之职，国民之责，民众却对我如此厚待，实在惭愧。占山愿以身相许，再赴疆场，死而无憾！"在女婿和胡木兰的陪同下，稍事休息，船继续向上海驶去。

浦江闲客

香港繁华宁静的高楼大厦，随着滚滚波涛逐渐地消失在眼中，祖国的海岸线已渐渐进入了视野。灾难深重的祖国尽管千疮百孔，但毕竟牵动着每一个中国人的心，家仇国难，背井离乡的漂泊，游子终于还是回来了。山河依旧，近乡情更怯，忍不住有泪要流出，竭力忍住了，却别有一番滋味在心头。

马占山伫立在甲板上，心底却郁结着不尽的惆怅。船在新加坡起航时，老有一种跃跃欲试的激情澎湃着，夙愿久积心头，似乎已身在疆场，热血汹涌。他热切盼望着能早日回到故乡，再酬壮志，抗日复土。这种心绪和激情裹挟着他，让他寝食难安，总是处在焦灼和热望中。然而，还没有踏上国土，一腔热血就骤然冷却、凝固了。途经香港时，已得知还在他万里迢迢归国的途中时，东北四省已全部沦陷，家乡父老、兄弟姊妹皆已成为亡国奴，国破家亡，生灵涂炭，白山黑水此刻该是什么模样呢？

马占山没有想明白，偌大的东北丢得不明不白。而让他更困惑的事情却接二连三地发生了，这就是距北平张学良副司令行营近在咫尺的热河失守，让他感到深深的茫然，难解心头之恨。

热河控制在东北军元老汤玉麟手中多年，屯兵几万。张学良尚在北平指挥，日寇为何能迅速陷落热河省，难道他和自己所遭遇到的情况一样吗？他惦记着自己在热河旧部的命运。马占山出国前通过卫队旅长邰斌山发出命令，大意是："本人将由苏联返国，从速传知邓文、李忠义、徐海亭、才鸿猷各军长，相机各率所部转进热河集结待命。黑河军政两署人员，请全希三照料，退入苏联，由海参崴回国。"邰斌山当即转告邓文等四军长，并电达黑河代理主席郎官普、黑河警备司令徐景德。命令分别转达后，邰斌山即带所部3个团1600余人，另外，韩玉禄旅500余人，张殿九部的唐中信团千余人，总共3000余人，枪马齐全，还有军署参谋处处长容聿肃、执法处处长张庆禄等，携眷属随行。12月中旬，部队由扎兰屯附近出发，进入索伦山，在黑河深山丛林中行9日，不见人烟，时值严冬，饮冰卧雪，备尝艰苦。出山后，到巴林王府休息一天，1933年1月中旬，行抵热河林西县。

部队到达林西县后，集合待命，并电告南京国民政府和北平张学良。韩玉禄旅长因积劳成疾，在林西病殁。北平军委会派员前来慰问，并传令开往沽源。抗敌后援会朱庆澜将军派员来慰劳，给慰劳金7000元。容聿肃、张庆禄两处长去北平报告。

邓文部12月1日由拜泉退出后，敌集众来攻，因缺乏子弹，无法应战，乃越中东路前进，与李忠义军会合。12月中旬，接到邰旅长转达的命令，向热河转移，以图再举。邓文率所部9000人，枪马皆全，并有野炮8门。李忠义部3000人，枪马亦全。于12月18日，在大赉附近渡过嫩江，进入辽宁省境，经安广、洮南县境，沿途屡遭敌机轰炸，改夜间行军，至四洮路附近，复受敌军堵击。24日，我官兵向洪兴车站进攻，一度占领该站，敌向北退去。日军由洮南以铁甲车来攻，邓部一面迎击，一面掩护各部队越过铁道向瞻余方向前进，到达热河开鲁。电告南京军事委员会，奉令开赴察哈尔省沽源。遂前行至林东，适逢农历新年，在该地休息几天，后经林西到多伦，与邰斌山部会合，两部同时开赴沽源。北平军分会传达南京命令，李忠义部开赴察哈尔，归宋哲元收编。邓、邰两部合编为骑兵第十师，邓文任师长，邰斌山任副师长兼二十三旅旅长，郭凤来任二十一旅旅长，檀自新任二十二旅旅长，共骑兵六个团，又炮兵一团，步兵一团。李忠义部编为骑兵第二十四旅，李忠义任旅长，在沽源改编后，就地驻防。

徐海亭在马占山离讷河后，回黑河筹备补充，所部交副军长程德峻、旅长卢明谦指挥，适朴大同部500余人，弹药充足，由泰安镇退讷河，与程、卢两部会合。接到邰斌山旅长转达的命令后，程、卢带所部4000余人，于12月下旬，由甘南越中东路，沿索伦山转进热河，在经布西到达甘南时，被敌军堵截。中东路沿线为敌伪所据守，卢率部激战一昼夜，克复县城，敌派汉奸参议朱俊卿说服卢投降，被卢斥拒后，敌又派大部队将卢部包围。卢部乘夜突围退出，转进德都、龙门一带，与程部会合，因不能转进热河，便在德都、克山一带进行游击活动。

日军攻打热河前夕，汤玉麟等拥有步、骑兵五个旅，分布于热河境内，总计官兵3万余人，由东北退入热河的义勇军冯占海部，此时也在热河地区，加上从辽西退入热河的冯庸、何绍南、唐聚五、汲绍纲等部，以及黑省义勇军邓文、李海亭等部有万余人，加上汤玉麟的五个旅，总兵力应在6万人以上。其时，东北三省沦陷后，张学良想保住热河，他一方面向蒋介石求援，另一方面又积极督促汤玉麟准备抵抗。张学良也做好了应战准备，在其指挥下，万福麟第四军团也已集结待命，向热河地区挺进。此时，迫于形势，张学良决定成立两个集团军，每个集团军辖三个主力军团，第一集团军由张学良自兼总司令，指挥东北军主力和万福麟一个军团；另一个集团军由张作相任总司令，指挥孙殿英一个军团、汤玉麟一个军团，与新编冯占海六十三军及各路义勇军。

1933年2月25日，日军攻陷热河东部门户开鲁县。这时热河省会承德早已乱作一团，汤玉麟急忙动用军车向天津运送他的家私，根本无心应战。日军抓住战机，迅速向承德推进。

3月4日晨，日军逼近承德，汤玉麟即放弃承德，向滦平方向逃去，致使承德失守。与此同时，万福麟指挥所部在平泉、凌源一带阻击日军，虽然进行了抵抗，但由于所部邵本良、崔兴武等团叛变投敌，造成内部不稳，两翼受压，抵抗失败，万部退到张家口。至此，热河全省沦陷。

热河失守后，全国舆论同声谴责南京政府和张学良。张于3月8日引咎辞职，被迫出国，由何应钦接替张的职务。何应钦将东北军重新改编为四个军，分别由于学忠、万福麟、何柱国、王以哲任军长。

长城抗战失败，1933年5月31日，国民党政府与日本签订《塘沽协定》。

热河的沦陷与张学良的下野，使马占山深感收复东北的希望更加渺茫。一路上，马占山闷闷不乐。他不知道等待他的会是一个什么样的结局，他又会有一个什么样的命运。

1933年6月12日，马占山等人由国外乘船回到上海。饱尝日本帝国主义战火蹂躏的上海人民，对抗日英雄马占山的归来表示了热烈的欢迎。他们怀着无限敬意和深厚感情，拥到码头上。船抵上海，浦江岸边人山人海，欢迎的人群手里举着彩色的旗子，高呼着马占山等人的名字。上海市市长吴铁城亲自到码头迎接。南京政府派孙科、于右任、曹浩森、刘哲、王树常到上海迎接。东北同乡莫德惠、高崇民，上海市抗敌总会、市商会的代表，社会名流杜月笙、王晓籁等都来码头迎接。马占山乘坐的车队经过南京路时，人山人海，夹道欢迎，人群高呼"打倒日本帝国主义""欢迎抗日英雄"的口号。欢迎的人群齐集东方饭店广场，经久不散。最后，马占山等向欢迎的人群挥手致意，直到很晚方才散去。

次日，上海各界人士和上百个机关团体万余人，在西藏路跑马厅举行抗日救国群众大会，欢迎抗日英雄的归来。商店橱窗都挂上了马占山、苏炳文、李杜、王德林的照片。当日晚上，上海市抗敌总会在东方饭店举行盛大招待会。大会由吴铁城主持，马占山、苏炳文在会上讲了话。诚挚的

马占山（右二）、苏炳文（右三）从海外归来，到达上海

欢迎使马占山非常激动，他一扫旅途的劳累和郁闷的心情，神情颇为振奋。他接受各界的邀请，每日里穿梭于各种各样的场合。

暂时，马占山忘却了郁结心头的苦闷，到处积极地发表演讲，痛陈日本帝国主义侵占东北的野蛮行径以及在海外的见闻和侨胞的爱国热情，呼唤人们从沉睡中醒来，奋起抗战。

马占山深情地回忆了上海人民给予他在江桥抗战期间的支持，说到动情处，他眼含热泪说："我今天是来感谢上海民众的。"他说："我多想再吸一支马占山牌香烟，这是上海民众对我马某的莫大信任，让我深感三生有幸啊！"令在场的听众无不动容。

早在"九一八"事变时，在全国掀起的抗日救亡运动中，上海人民积极奋起反对国民党政府的不抵抗政策，大力支持东北人民抵抗日本帝国主义的进攻。特别是马占山江桥抗战的消息传来后，上海人民深受鼓舞，掀起新的抗日高潮。上海人民为了支援马占山等人在黑龙江省的抗战，自发组织起"上海赴东北援马抗日团"，许多爱国学生、青年工人、知识分子及方方面面的爱国人士奔赴东北参加抗日义勇军，勇敢地站到抗日斗争的最前线，并募捐巨款以援助马占山的抗战。

上海人民热烈欢迎马占山，不仅因为他是打响抗击日本帝国主义侵略第一枪的民族英雄，也是出于对日本帝国主义的同仇敌忾。"九一八"事变后，日本帝国主义仅用三个月的时间，就迅速占领了辽、吉、黑三省，这激起了全国人民的愤慨。日本帝国主义为了实现其野心，又在上海发动了军事进攻。

1932年1月28日下午，日本驻上海第一舰队司令官发布命令向闸北发动进攻。当即遭到驻闸北的十九路军爱国官兵的奋勇抵抗，爆发了震惊中外的"一·二八"事变。

日本帝国主义入侵上海，遭到上海军民的坚决抵抗，不得不三易主帅。直至从本土调来精锐部队数万人之众，十九路军和第五军在得不到后援和补给的情况下，3月1日才不得不退到嘉定、黄渡一带，使上海军民抗战遭到严重的破坏。国民党政府于5月5日与日本签订《淞沪停战协定》。

所有这一切，都激起马占山的无比义愤。他历数日本侵略者在东北犯下的滔天罪行，号召民众行动起来，抵御日本帝国主义的进攻，把日本帝国主义赶出中国去。民众为他的爱国热情所感染，振臂高呼："打倒日本帝国主义！""还我东北！""废除不平等条约，民族英雄万岁！"

上海是一个有着光荣斗争历史和爱国主义传统的城市，上海人民所表现的爱国热情令马占山深受鼓舞。

他在演讲中慷慨地、充满感情地述说道："……我国对于国防，向无相当之准备，强邻逼处，险象环生，边地皆然，东北尤甚，一旦爆发，虽悔何追！'九一八'事变以来，诚属仓卒，然海内明哲，因早忧之。即以占山之愚，就平日所见闻，足以惊心怵目者。鉴往知来，亦时虑国亡之无日也。日人既下辽吉，曾有不向北满之宣言，而包藏祸心，显非真意。盖以中东路有苏俄关系，若由正面进兵，难免另生枝节，不如利用张海鹏，由洮昂线往取黑垣入手，则哈尔滨处于四面包围之中，复有张景惠供其驱策，于攫取该处之政权、路权，可以事半功倍，而祸遂及于黑矣！

"黑省万主席，远在北平，二十九、三十两独立旅，为黑省之精锐，亦开驻关内，防务异常空虚。张海鹏知之，日人亦知之，以为震以积威，唾手可得，而不虞不抵抗主义，非中华民族心理之所同也。斯时，占山警备黑河，整饬部队，正拟电请缨，适奉代理主席之命，比以事势危迫万分，刻不容缓。乃不舍昼夜，卷甲急驱，于十月十九日，驰抵黑垣。黑省军队无文，器械又极窳败，远非辽吉之比。辽吉两省，尚不能抵抗，黑省又能为！此就敌我强弱异势言之也。"

他又叙述了为什么要抗战。说："占山以为不抵抗主义，无殊拱手让人。若积极义气风发战，尽我全力，尚有几希挽回之望。敌以谲，我以正；敌以暴，我以忠，如此相持，或有是最后之胜利，博列国之同情；目此际敌势凭陵，战机勃发，已到间不容发之时，我战亦亡，不战亦亡。与其不战而亡，何如誓死一拼以尽天职！由是而首挫张海鹏，而江桥，而大兴，与敌以炮火周旋者二周有余。虽终以实力悬殊，退守海伦，而日人打此数次战争，亦颇受重创，深知我民气军心，固未可轻侮也。"马占山表示非常感谢："海内外各界同胞，遂电慰勉，并予以充分之接济，占山与全军将士，膺此隆施，感奋曷已，未能除强乘寇，始愿终乖，至今思之，犹愧有辜厚意……"

接着，马占山讲了出走海伦，再战日寇，以及失败的经过，并表示："占山抗日年余，因由于将士之用命，僚属之用心，然非迭承海内外各界同胞援助军资，勖以大义，则赤手空拳安能济事，是非仅占山一人之抗日，而实为各爱国同志共同之抗日，以多数人之齐心努力，而使少数人居其名，此又占山之所未安者也。"

最后，他指出富饶的东北决不能拱手于日寇，我们必须精诚团结，共赴国难，收复失地！

东三省为我国东北屏藩，带海襟山，气势雄厚，以农业言，则土地肥饶，物产丰富，尤以黄豆为出口大宗；以矿业言，则已经开采，及已经调查，尚未开采者，几于无所不有；以森林言，则向作燃料，取之无穷；以交通言，则水陆畅行绾毂欧亚，南满路素号黄金，不过东北之一部耳。如语其全，曷可胜道！日本以区区三岛尚能定霸称雄，侵占东三省以求达大陆政策之目的，更如虎附翼，经营开辟，势所必至，侵侮数年，其实力之膨胀，安知不十百倍于今日！是我失地一日不收复，即增加一层之困难，况极其野心之所至，将更有不忍言者乎？言念及此，我国人应如何觉悟，如何团结，如何共救国难，如何共图生存，此等重大问题，似非空言所能解决，亦非空言所能达到。而今不图，必更生异日之悔，茫茫前路，焉有津涯。占山患难余生，性命久置度外，分所应尽，不敢后人，披沥真诚，颇闻明教，俾无负今日之荣施，是所切祷。

会后，马占山心情十分舒畅，满怀希望期待着国民政府重新安排他的工作，以便重返前线收复东北失地。在此期间，他前往南京紫金山拜谒中山陵，以示继续抗战之夙愿。

吴铁城在蒋介石的授意下，将马占山安置在上海海军俱乐部暂住，马占山几次催促吴铁城，吴总是告诉马占山，委座自有安排，要体谅委座的苦衷，耐心等待便是了。

上海滩的繁华并没有掩盖整个中国所面临的危机，山河破碎，人民离散。遥望家园，家乡父老、兄弟姊妹已全部沦为亡国奴。对背井离乡的马占山来说，失去家园的痛楚，生灵涂炭的悲凉，远离家乡的守望，男儿有志不能抒，种种不尽如人意的事情，一齐化作复杂的人生况味。热望与悲凉，守望与无奈，期待与失落，时时折磨着他。

马占山在上海期间，每天来访者络绎不绝，特别是国内外记者的采访令他应接不暇。起先，马占山出于礼貌出去应酬一下，随着时间的飞逝，他期待的国民党中央为他安排工作的消息依然杳无音信。马占山便失去了耐心，日渐烦躁了起来。每天处在应酬之中，令他倍感无聊。吴铁城看他整日无所事事，才告知马占山，是奉蒋介石之命要他在此等待的，至今还没有接到政府的通知。这时，国内外的形势发生了深刻变化。长城抗战失败后，华北的形势也急转直下，马占山如坐针毡，到处探寻蒋介石的消息，以期能实现自己收复东北、一洗耻辱、继续抗日的夙愿。

这时，邓文派参谋长李世绩专程来到上海，欢迎马占山回东北继续抗日。旧属相见，格外亲切。马占山面嘱李世绩转告邓文："现在国土未复，抗日事业未了，我们要避免卷入国内纷争，以保持抗日的纯洁意志。"并嘱李世绩联络旧部，再图抗日之举。

一天黄昏，忽然有人求见。进来后，马占山颇感意外，原来是程德峻、卢明谦，亲人相见，激动不已。

终于有一天，马占山得知蒋介石在庐山避暑。这时，他见蒋介石当面请缨的决心已下，但他非常清楚，如果直接去庐山面蒋，定会遭到上海当局的阻挠，吴铁城也不会答应。一个暑热难耐的夜晚，马占山给吴铁城打电话，以上海酷暑难消，要去庐山避避暑热为由，要求去庐山。吴铁城不好阻拦，便答应了他的要求。

马占山、苏炳文等兴致勃勃离开上海，准备去庐山晋见蒋介石。此时，他依然对蒋介石抱有极大的希望。到庐山后，蒋介石闻听马占山求见，遂安排他于避暑山庄下榻。马占山见到蒋介石后，劈头便说："我这次找委员长是来要碗饭吃的……"蒋介石没想到这位"草莽出身"的抗日英雄如此直截了当，开口便直奔主题。随后，马占山将东北抗日之经过向蒋介石作了详细汇报。蒋介石勉励马占山一番后，关切地说："黑龙江部队已从苏联回到新疆，你如出任新疆省主席，可以就便整理那些回国部队。"蒋的用心马占山自然明白。马占山答："抗战无功，不敢再当重任。将来政府收复东北的时候，江省是我故乡，有我旧部和潜伏人员，为竟抗战之功，我当一兵，亦所心甘。现在，我的精力过于劳瘁，请准假稍作休养，再为效命。"遂辞去蒋介石对其委以新疆省主席的安排。蒋介石转而委任他为军事委员会委员。最后，还用十分关切的口吻，希望他回去以后好好休息。并问马占山从苏联经过欧洲回国，对国内外有什么观感。马占山答称："我久与内地隔离，国内情势多所生疏，但本人由苏联回国经过各地，受到侨胞、留学生、驻外使节及国内各界人士的欢迎。尤其是香港、上海两地更为热烈，亲见他们的爱国热诚，抗日意志的昂扬，使我感到兴奋与惭愧，对抗日战争前途，决抱乐观。所以，我刚才向委员长说，为了恢复东北与日寇作战，当一士兵亦所心甘。"马占山再次向蒋介石提出了抗日请求，蒋介石听后，用手揉着额头，连声说："我头疼，头疼……"

马占山这时才恍然大悟，国民党中央对他迟迟不予安置，关键还在蒋委员长。他一直以为，不管怎样，蒋介石不会对他有什么成见。其实，蒋介石对于违反他个人意志的非嫡系部队的将领及其部属，纵横捭阖，手段极其阴险毒辣。"九一八"事变后，蒋介石对待东北军及其他抗日将领的事实，就是历史的见证。蒋介石所采取的手段、伎俩不外乎这几种。

一是能消灭的坚决消灭，消灭不了的便采用借刀杀人的办法。这也是蒋介石惯用的伎俩。"九一八"事变后，蒋介石为了顽固地推行"先安内、后攘外"的政策，对待日本帝国主义的侵略，采取了不抵抗态度。在东北人民进行抗日斗争的生死攸关时刻，不派一兵，不发一弹，马占山、苏炳文、李杜等的抗日武装力量，就是蒋介石这一伎俩的牺牲品。

第二是能瓦解的瓦解，瓦解不了的就要搞乱。当年，蒋介石拉拢张学良易帜，委张学良为海陆空军副总司令之位。虽然如此，但蒋介石处处体现戒备和异心，分化瓦解东北军。东北沦陷和长城抗战失败后，热河相继失守，蒋介石玩弄政治手腕，将责任归咎于张学良和东北军，迫使张学良下野，将东北军收入掌中。

第三是能吞并的便吞并，能拉拢的就拉拢。张学良下野后，蒋介石下令整编东北军，将东北军所部改编为四个军，由其嫡系何应钦掌握。张学良归国后，蒋介石任命张学良为"鄂豫皖剿共副总司令"，将东北军投入"剿共"。后来，又将东北军西调，想借东北军在消灭中共的过程中耗尽有生力量。

马占山是东北军中打响抗日第一枪的人，也是破坏蒋介石预定谋略的人。蒋介石虽然不将他当异己对待，但也绝不会将自己的嫡系部队交他指挥。此时，正是日本帝国主义疯狂进逼华北的时刻，如果这时起用马占山，岂不激怒日寇，蒋介石自然不会因"用人不当"而破坏自己的"战略安排"。所以，马占山归国后，蒋介石迟迟不予安置。但又不能不用，因为蒋介石懂得，像马占山这样在国内外有一定影响的抗日将领，如果完全弃而不用，舆论上便无法交代，但又不能委以要职。因此，蒋介石对马占山的态度是若即若离，忽明忽暗，朝夕两端。

几天后的一个夜晚，马占山偕同随员在庐山牯岭游览。月光洒落一地，四周传来夏虫的唧啾。马占山的心里颇不平静，他沉浸在往事的回忆中，想自己此行夙愿难酬，碌碌无为，心里深感悲凉。抬头望着松林间瓦蓝色的夜空，皓月如水，清风浴岭，偶尔一阵山风吹过，林涛阵阵。信步向一群怪石嶙峋的峭崖走去，便见一峭石如跃跃欲试的玉兔，马占山感慨万分，心头郁结的惆怅似乎一下子找到了一个发泄口。于是，在随从的协助下，吟出了一首《松林曲》，后镌刻石上：

> 百战赋归来，言游匡山麓。
>
> 爱此巅奇石，状如于兔伏；
>
> 摩挲舒长啸，狂飙振林木。
>
> 国难今方殷，国仇犹未复；

禹迹遍荆榛，恐汝眠难熟。

何当奋爪牙，万里飞食肉。

马占山从庐山返回上海后，依然住在海军俱乐部，整日里郁郁不乐，对应酬厌烦不堪，但又没有什么事情可做。正在此时，杜重远来到上海，马占山便常常和杜重远待在一起。杜重远正在为抗日救国而奔走，他组织的东北抗日救亡总会在全国赫赫有名。他来上海也是从事抗日救国的宣传工作的，与马占山有着深厚的友谊。马对杜重远极为钦佩，杜重远也对马占山的抗日言行十分敬佩。马将自己的苦恼一一诉说给杜重远，杜重远对马的处境深为理解。在上海期间，杜重远将自己的一些朋友介绍给马占山。在与杜重远和上海各界爱国人士的交往中，面对沉沉的黄浦江水，马占山暂时忘却了自己的忧虑，只好耐心地等待着国民政府的安置……

上海的初夏闷热而潮湿，这对久居东北的马占山来说，气候上颇不适应，心绪上的郁闷，更令他有苦难言。回国后蛰居沪上，复土无望，求战无门，久经离乱，聚少散多，也该享享天伦之乐了。这一日，他正计划着回归天津寓所，南京国民政府突然打来电话，通知马占山，称蒋介石已在莫干山为他们安排好了休养的地方。

马占山一时摸不清蒋介石的意图，心里感到非常茫然。等到出发时，他才发现同去的还有杜月笙、张啸林等人。马占山颇为诧异，他知道这些人都是上海的一些名人。令他高兴的是，同去的还有杜重远夫妇和孩子。

1933年6月，马占山在庐山月照松林处题诗一首

到了莫干山后，马占山本以为蒋介石会与他们见面，但住了几日，始终没有见到蒋介石的影子，除了和杜重远说说话外，莫干山于马占山来说丝毫没有一点兴趣。此时，他的心思全在国民政府对他的安置上。住在杜月笙舒适的别墅里，马占山甚感别扭，看到别人游山玩水之际，全沉溺在杯觥交错之间，马占山也只好逢场作戏，总算是在莫干山待了下来……

就在马占山等一行人在莫干山游山玩水之际，日寇加紧了对华北的侵略。他们的行动表明日军已经不甘心仅仅满足于占领东北、热河等地了，日本的领土野心是整个华北和全中国。正像毛泽东主席所论述的那样："就是日本帝国主义要变中国为它的殖民地。""已经显示出他们要向中国本部前进了，他们要占领全中国。现在是日本帝国主义要把整个中国从几个帝国主义国家都有份儿的半殖民地状态改变为日本独占的殖民地状态。"

而此时，蒋介石正在调兵遣将，一心要剿灭"共匪"，对日本的军事行动置若罔闻，国内的政治形势正处在一个历史的交汇点。这对马占山的刺激很大，半生戎马，战友零落，故交离别，他甚感孤单和寂寞，决意离开南方，回到他家居住的天津去。

面对莫干山的青山绿水，马占山心潮起伏，壮志难酬，积郁难抒，便信笔在一横岩上题下四个字：横磨歼虏。

江山沦践踏，生灵遭涂炭，战火焚家园，何日见青天？

马占山步履沉重地向山下走去，他不知道等待他的会是一个什么样的前途和命运……

1933年8月，马占山在莫干山的题词

第八章
寓居津门

燕地风云起，津门思绪开。

马占山仿佛"闲庭信步"，又似"心平气定"。然而，思想的转折悄然完成。

日特屡施阴谋，一波未平一波又起……

同心救国

寓居的生活几乎是和社会活动轮番交替进行的。马占山度过了几年"悠闲"的"安宁"时光。戎马生涯，出生入死，难有消闲时日。江桥抗战，屡出奇兵，却难酬心愿。这是他一生中相对宁静的时期，由于名扬海内，不少人前来寓所拜访。他早年的一些战友和部属也经常来做客。他和各地不少知名人士保持着联系，他们都受到了他的热忱、朴素的接待。

自从他寓居天津英租界，几乎整天与要好的朋友在一起，这些朋友中有于学忠、杜重远、高崇民、邹大鹏、栗又文、孙达生和阎宝航等人。这些人的言行都对他产生了深深的影响。

这期间，有一个人对他日后的思想产生了深刻的影响，使他的爱国思想和抗日意志更加坚定和成熟，也奠定了他此后的人生走向。

这个人就是杜重远。

1933年8月中旬，马占山由上海来到天津，住进了英租界46号路37号宅。这里地处闹市边缘，十分幽静。

晚上，于学忠设宴款待马占山。于学忠告诉他，张学良将军目前处境较为困难，希望马能利用自己的身份和影响多为张学良将军做些工作。

马占山到后不久，杜重远夫妇也来到天津，住在与马占山仅隔两条街的一处楼房里。于学忠很高兴，新老朋友相聚，自然免不了往来应酬。特别是马占山，他每天除了打探消息外，便积极与旧部取得联系。无奈，此时张学良已大权旁落，马占山也只能徒叹一声。稍有闲暇，于学忠、杜重远、高崇民、马占山便聚在一起议论国是。

于学忠虽任河北省主席，但蒋介石对他并不信任，处处监视他的言行。于学忠颇感掣肘之苦。杜重远则显得相对平静些，对时事的判断令众人感到前途渺茫，对国民政府的失望，令他们看不清今后的政治前途。杜重远谈得最多的是周恩来。中共的很多主张颇合他们的思想。于学忠除日常的公务外，几乎经常和杜重远、马占山待在一起。

1934年的冬天来得格外早些，霜降过后不久，天气便一天冷似一天。早些日子，马占山已得知消息，邹大鹏将在初冬时节到天津，马占山很高兴。现在，他的知交和要好的旧部差不多又都聚在他身旁了。

马占山一生尊重、推崇杜重远先生。早在"九一八"抗战时期，杜重远即与马占山结下了深厚的友谊。

杜重远，名乾学，字重远，吉林省怀德县杨大城子人，是著名的实业家、爱国人士。

1931年，"九一八"事变爆发后，东北军执行国民党不抵抗政策，使辽、吉两省迅速陷落。杜重远大声疾呼，号召同胞起来勇敢地展开抗日斗争。日本关东军视杜重远为眼中钉、肉中刺，悬赏通缉捉拿。从此，他全身心地投入抗日运动中。他积极支持马占山的抗日行动，为其奔走呼号，与阎宝航、高崇民等发起成立了东北民众抗日救国会。在北平、上海等地大力进行抗日救亡宣传活动，安置东北流亡

杜重远

学生，积极支持东北义勇军抗战，发动各界群众募捐，支持马占山对日作战。接着又多方奔走，积极支持十九路军抗战。这期间，他与沈钧儒、邹韬奋、沈雁冰、史良等各界爱国进步人士结下了深厚的友谊。潘汉年受周恩来指示与杜重远时有联系，更加坚定了他抗日救国的思想。

日后，当马占山在西安与周恩来见面时，周恩来说从杜重远那里早已知道马将军的为人，两人相谈甚欢。日本投降后，绥远内战调停时，周恩来与马占山再次相见，又特意提到了杜，并为杜重远先生的不幸去世，深感惋惜。此时，周恩来和马占山提到杜重远，绝不是偶然的。这使马占山深感这位中共领导人的用心。在日后的调停中，马占山都发挥了积极的作用。中华人民共和国成立后，周恩来亦多次提到马占山。

杜重远经常奔走于沪、宁、赣、湘、鄂等省市到处发表抗日演说，把各地抗日见闻写成通讯，交邹韬奋主编的《生活周刊》发表。同时，积极支持邹韬奋创办生活书店，出版抗日书刊，推动抗日救亡运动的发展，与邹韬奋先生结成了莫逆之交。江桥抗战期间，杜重远倡议《生活周刊》利用其影响，为马占山将军捐款，得到邹韬奋的大力支持。《生活周刊》所团结的一大批沪上及全国各地知名文化人士都向马占山部队捐赠了财物，其中包括著名作家郁达夫等。

在抗日救亡运动中，中国共产党的政治主张对杜重远影响很大。杜重远与进步人士同中共地下党人的交往日益密切，思想获得极大的改变。他抛掉了对国民党的幻想，开始拥护共产党的主张。

1934年2月，《生活周刊》被国民党查禁停刊后，杜重远在胡愈之的劝说下，挺身而出，接替邹韬奋创办了《新生周刊》。《新生周刊》继承《生活周刊》的编辑方针和战斗精神，而且有了进一步的发展，深受群众欢迎，发行量居全国之首。

1935年5月4日，《新生周刊》发表了易水的一篇题为"闲话皇帝"的短文，内容是泛论古今中外君主制度，也谈到了日本天皇。日本驻华总领事以"侮辱天皇，妨害邦交"为口实，向国民党当局提出严重抗议。要求中国政府向日本政府谢罪，封闭《新生周刊》，惩办主编杜重远和作者易水。蒋介石动用法律手段，向《新生周刊》兴师问罪，6月24日，上海市公安局以"触犯刑章，妨碍邦交"罪，迫令《新生周刊》停刊。

法庭在日方的压力下，竟判杜重远"散布文字，共同诽谤，处徒刑一年二个月"，并不能改课罚金，不得上诉。

杜重远当场疾呼："法律被日本人征服了！我不相信中国还有什么法律！"

旁听群众当场高呼："打倒卖国贼！"有的散发传单，纷纷用随身带的果品、铜币向法官和日本人投掷，一时秩序大乱，法官和日本人抱头逃窜。

消息传出，中外舆论大哗，纷纷指责国民党政府懦弱无能，妥协媚敌。上海各界立即成立"新生事件"后援会。上海律师公会以对《新生周刊》判决违法和不合人情处，呈请司法院立即纠正。杜重远夫人向高院提出上诉，高崇民等也为之提起上诉，所有这些都被法院驳回。

高崇民怒而斥之，联合一大批反日爱国之士声援杜重远。马占山听到杜重远的遭遇后，派人向纪清漪律师咨询，期望纪能为杜提供法律援助。受马占山委托，纪清漪挺身而出，参与营救。高崇民回到天津，与马占山、于学忠一同展开了相应的营救。

高崇民，号健国，字崇民，著名爱国人士。

东北易帜后，高崇民曾先后担任奉天省农务会会长、东北边防司令长官张学良的秘书等职务。

1931年"九一八"事变后，高崇民离开沈阳，下决心不做官、不经商，专门致力于抗日复土的斗争。高崇民在北平和阎宝航、杜重远等发起建立东北民众抗日救国会，高崇民担任常务委员兼总务部副部长。他与卢广绩一起利用与张学良和其他东北各界上层人物的关系多方奔走，筹集钱款和物资，大力支援关外义勇军所进行的抗日武装斗争，与马占山建立了亲密的关系。

1935年10月，高崇民接受了孙达生转达的中共党组织要他去西安促进张、杨联合，实行联共抗日的任务。途经北平时，他与中共地下党负责人王梓木又进一步研究了去西安后的工作，然后取道天津，在马占山处住了七八天，和马占山讨论了东北军及张学良的处境。高崇民将杜重远的遭遇告诉马占山后，马占山拍案而起："这简直是中国人的奇耻大辱！"

杜重远被监禁在上海漕河泾江苏第二监狱。孙达生去探望杜重远时，马占山慷慨地赠送给孙达生300大洋。许多年后，孙达生在回忆起马占山时，还颇为感慨，对马的为人深感钦佩。

马占山亦数次托人向杜重远表示慰问，并带去一些钱物。马占山积极利用上海的关系，为营救杜重远先生展开活动。在国内外舆论的压力和朋友的营救下，当局将杜重远转移到虹桥疗养院。不久杨虎城将军也住进虹桥，二人朝夕相处，商讨停止内战、一致抗日的大计。

杜重远逐渐看清了国民党政府卖国独裁的统治，跟随中国共产党的决心日益坚定，不停地为促进抗日民族统一战线而努力。

津门之秋天高地阔，从海上吹来的风夹杂着浓重的潮湿之气，空气中弥漫着一些海腥味。落过两场雨后，天气似

高崇民

乎又回转到了初夏时的潮热，马占山不大愿意出门，孙达生便常来陪着马占山聊天。

1935年10月的一天，马占山正和住在他家里的孙达生说话，突然接到一个电话，放下电话后，马占山显得异常兴奋，电话是栗又文打来的，栗又文告诉他已到了天津。

是日晚，栗又文来到马占山住宅。

栗又文是马占山在江桥抗战后认识的。当时，栗又文在东北民众抗日救国会工作，他热情、稳重，给马占山留下深刻的印象。言谈

孙达生

中，栗又文告诉马占山，中共中央和主力红军已抵达陕北。张学良及其东北军在蒋介石的驱使下，正在西北进行"剿共"。栗又文提出想到张学良处去工作。马占山鼓励他，相信他一定能干好。栗又文告诉马占山，不日他将赴西安。

其实，栗又文是受南汉宸委托，去东北军中做统战工作的。

1935年11月，栗又文抵达西安。不久，即被张学良任命为总部上校机要秘书。此后，他就以秘书身份随从张学良奔走各地，或奉张之命以张学良将军私人代表的身份奔走于京、津、沪、宁和新疆等地，为张学良做对外联络工作。

1936年4月，栗又文经刘澜波、南汉宸介绍秘密加入中国共产党。他的任务是"专门做东北军上层领导人的工作""积极利用各种条件和关系与东北军、十七路军的高级将领、幕僚、东北流亡人士及各地方实力派广泛联系……壮大抗日民族统一战线"。

1936年3月，张学良同中共代表李克农与周恩来先后会谈签订的协议中，均有一条相同的内容，即由东北军负责打通从新疆到苏联的国际通

栗又文

道，以便争取苏联支持中国抗战和双方人员的往来。谁去完成这一使命？张学良权衡左右，认为栗又文最为合适。

1936年8月下旬，栗又文作为张学良的私人信使和代表，从西安启程奔赴新疆联络盛世才。当时，交通非常不便，路上时有险阻。经一个月的长途跋涉，9月下旬，栗又文才到达迪化（今乌鲁木齐），住进新疆外交署。张学良原以为栗又文此行将会扩大抗日民族统一战线的影响，对抗战准备工作将大有裨益。殊不知，盛世才是个"两面派"，他一面标榜"革命""进步"，一面又与蒋介石勾勾搭搭。因此，他与栗又文会谈时不谈实质问题，会谈时断时续。在会谈间歇，栗又文拟访问在迪化的东北籍人士，盛世才也以种种借口不许相见。为监视栗又文的行动，特派两名秘书昼夜"陪伴"，貌似亲热，实是监视。即使栗又文同他在新疆工作的胞弟见面时，"秘书"也在旁作陪，兄弟二人只能谈家常。

盛世才采用了许多拖延和敷衍的手段，栗又文便在新疆滞留了两个多月。后来，栗又文以介绍内地形势和张学良已在做停止内战联共抗日的具体准备为会谈的切入点，才努力将工作完成。盛世才表示支持张学良联共抗日的行动，同意在政治、军事等方面彼此呼应、配合，愿为东北军与苏联的联系提供方便。

栗又文立即将会谈结果电告张学良。张复电要栗请盛派个代表团一同来西安进一步商谈具体事宜。

10月下旬的一天，天气有点阴沉。阎宝航忽然来见马占山，他得知栗又文来到了天津，他是来见栗又文的。马占山告诉他，栗又文已走。交谈中，阎宝航希望马占山多和东北军的旧部联系，日后有机会好抓点抗日力量。阎说，希望东北军少打内战，特别是在"剿共"中不要一味听蒋介石的指使，要停止"剿共"，实行国共合作，一致对外。

马占山听后，便向阎宝航询问张学良的近况和思想主张。阎宝航告诉马占山，张学良太迁就蒋介石，如此下去，恐怕要吃亏。马占山听后，也深有同感。

阎宝航在马占山处待了一天，忙着要去南京。马占山不便挽留，送走了他。

阎宝航，著名爱国人士。"九一八"事变后，日本侵略者悬赏5000银圆缉拿阎宝航。9月23日，阎宝航乔装牧师抵北平，立即与高崇民、卢广绩等发起组织东北民众抗日救国会。从此，阎宝航在关内各地积极进行多方面的抗日救亡活动，作巡回讲演，报告马占山及东北人民浴血抗战的实况，强烈谴责国民党政府的不抵抗政策；参加请愿活动，敦促国民政府抗战复土，往见国联派出的李顿调查团，慷慨陈词，历数日寇的侵略罪行；在上海联络爱国人士李公朴、丁贵堂等，多方募捐，支持马占山抗战。

1935年12月，张学良秘密来上海探望杜重远，马占山得知后，以看病为名也去了上海。杜重远和张学良原本就是无话不谈的老友和同乡，他向张学良讲了中共《八一宣言》的内容，希望张学良多考虑民族前途和东北军的前途。后来张学良把高崇民派到杨虎城的部队，就是在这次谈话中，杜重远向张学良建议的，为后来西安事变埋下伏笔。

杜重远是最早为东北军、西北军和共产党联合抗日疏通渠道和沟通关系的人；也是马占山日后与中共建立良好关系，接纳中共党员，开展西北抗日斗争、发展地方经济的思想启蒙人。

马占山天性疾恶如仇，多年的生活习惯和行武生涯以及残酷的战争环境，使他养成办事认真、一丝不苟的作风。每天，要花很多时间和精力处理公务。各种消息，各路人传递来的信息，让马占山预感到日寇可能会有大的军事行动，而且他的担心并非没有道理，以前他所担心的已经成为事实。

这天傍晚，杜海山接到一个电话。杜海山问了很久，对方也没有报出姓名，只说要找马占山，听声音是非常熟悉的东北乡音，电话指称要找马占山。杜海山见对方如此执意，便将马占山请了下来。马占山接过电话后，也吃了一惊。原来是几年没有联系的韩云阶打来的。韩云阶在电话里称他要见马占山，马占山便格外警觉。

江桥抗战后，马占山与日本人的接触就是韩云阶从中斡旋的，马占山就是听信了他的话，才和日本人有了联系，从而使自己蒙受羞辱。现在，韩云阶打电话找他，马占山不得不有所防备。韩云阶要求见马占山，说有要事相告。马占山问韩云阶住在什么地方，韩说住在海光寺。马占山既感意外，又在意料之中。

海光寺是日本人在天津的一个秘密据点。两人在电话里说来说去，商议要在什么地方见面。韩云阶说法租界，我不能去，日租界，你不能来，不如在英租界的边上找一个地方咱俩见面。

马占山放下电话，沉思了半晌，吩咐杜海山将秘书杜苟若、邹大鹏等人找来。马占山将韩云阶要求见面的事说了，征求大家的意见，设想会有什么结果。大家都知道韩云阶是个汉奸，都劝马占山要慎重。

杜海山说，发生的事太多了，这会不会是个圈套呢？

众人商议之后，马占山也颇感蹊跷，尽管是老熟人，久不联系，毕竟不知对方底细。商议来商议去，还是杜苟若的主意起了作用。杜苟若说，到了约定的时间，你先不必去，先派几个卫士化装侦察一下，看是否其中有诈，如果无事，再约也不迟。

次日上午，几个化装过的卫士早早便到了英租界边上事先约好的地点，卫士自然不认识韩云阶，通过仔细观察，直到过午都没有发现异常，方回来告诉马占山情况。正在此时，韩云阶又打来电话。马占山坦率地向韩云阶道出了顾虑，韩云阶表示理解，于是两人又约好见面的时间和地点。杜海山不放心，派几个卫士提前进入两人约好的见面地点。因为杜海山认识韩云阶，便由副官代替他到现场应变，以便在发现异常时随时处理现场情况。

马占山和韩云阶见面后，没说几句话，韩云阶就直奔主题。韩说，土肥原、板垣已到天津，欲鼓动二十九军军长宋哲元脱离中央，成立华北自治政府。马占山一听，格外警觉起来。韩云阶眼见着马占山面目越来越严峻，才一把抓住马占山的手说，你告诉宋哲元，一定要顶住，不要听日本人的蛊惑，没有出路啊！韩云阶向马占山叙说了自己的处境和无奈。说完，很久没有言声。过了很久才说，此行，也是出于无奈，说着韩云阶摇了摇头，脸上的神情非常悲凉。两人又唠了一会儿嗑，看看天色不早了，便匆匆告辞。临分手时，韩云阶再次告诉马占山，请转告宋军长，无论日本人怎么煽动，派什么人给他做工作，千万别受诱惑。

马占山一面急忙将所得情况向南京军政部部长何应钦报告，并将自己的看法和分析一同告诉何。何听后，让马占山多从侧面了解日本人的动向，随时向南京报告。马急忙电话约请宋哲元来津。

过了两天，宋哲元匆匆自北平而来。一进马宅，马占山就将日本人的企图和韩云阶的劝告一一告诉了宋哲元。宋哲元并未感到意外。马占山也明白了，看来，还有人从中斡旋，宋哲元已见怪不怪。但宋哲元还是向马表示了谢意。谈话间，宋哲元将近日赴南京面见蒋介石时的情况告诉马占山，并将自己的忧虑和苦恼也一同告诉马。同是郁闷中人，两人谈得很是投机，宋表示决不和日本人合作，马遂将自己在日伪政府40天的所作所为以及经历的屈辱都告诉了宋。马说，日本人野心极大，你别看现在给你封官许愿，终究是傀儡，我们决不能做对不起民族对不起国家的事！

两人越说越投机，不知为什么，他们忽然想到了歃血盟誓。

一炷香点燃，青烟袅袅，马占山和宋哲元对天盟誓："绝不降日！绝不屈服！"说完，两人面向苍天，喝酒起誓："如违背诺言，苍天可鉴，五雷轰顶，死无葬身之地……"两双手紧紧地握在一起。

过了不久，宋哲元从北平给马占山打来电话，要马占山放心，他会尽一切努力实现自己的承诺，为国分忧的。马占山听后，备受鼓舞。

此后，卢沟桥事变爆发，宋哲元所部英勇抗敌，威名赫赫，写下了抗战史上可歌可泣的一页。

日本帝国主义者对华北的侵略行动与日俱增，土肥原和板垣的到来，引起了马占山的警觉。他再一次派邹大鹏到绥远找绥远国民军副司令李上林，联系日后抗日之事。这一回，邹大鹏很快就回来了。邹对马占山说，我问李上林，假如战争爆发时，马将军只身到绥，你的部队能否归他指挥，或帮助他争取伪军。李上林回答说，帮助马将军争取伪军在任何方面讲都是义不容辞、理所当然的。至于我部能否归将军指挥，这是指挥系统问题，个人不能作决定。我想只要抗战，无论何人都能受到广大人民的拥护。况且，马将军是民族英雄，受到人民的爱戴，是更不成问题的。我又问他，你在绥远办军事教育多年，定有相当的潜力，可以对马多加帮助。李上林说，一般的学生对我的感情尚不坏，对保安队各干部，马将军如能事先拿出一部分款，作为初步的联络，届时一定可以发挥相当的力量。我听后，不敢耽搁，就立刻回来向将军汇报。

马占山听后很高兴。他问邹大鹏绥远的其他情况怎么样？邹大鹏说，绥远正积极备战，看来德王在日本人的支持下，要进攻归绥（今呼和浩特），市民的抗战呼声很高，可军队还在等政府的指示。

马占山听后，叹了一口气，他立刻想到了对他刺激至深的两件事情。1935年二三月间，日本帝国主义为了配合军事上的进攻，在外交上也发动强大的攻势，高唱什么"中日亲善"、什么"经济提携"，以诱降国民党政府。接着在同年6月制造了"张北事件"，然后又制造了"冀东事变"。国民党完全屈服于日寇的无理要求。6月，国民党北平军分会代理委员长何应钦与日本天津驻军司令梅津美治郎秘密签订了卖国的《何梅协定》。协定是为日寇侵略华北扫清障碍，主要矛头指向在华北的抗日力量。提出了很多无理要求："取消河北境内一切党部""撤退驻河北的东北军第五十一军、国民党中央军及宪兵第三团""撤免河北省主席于学忠及日本指名的其他官吏""取缔全国一切反日团体及活动"。

6月27日，国民党察哈尔省民政厅厅长秦德纯与日本代表土肥原签订了《秦土协定》，又将察哈尔主权出卖给日本帝国主义。

11月25日，日本又唆使国民党专员、汉奸殷汝耕在河北省东部22个县成立傀儡政权"冀东防共自治政府"。国民党外交部也加紧与日本进行外交谈判，准备接受日本外相广田弘毅提出的"对华三原则"：中国取缔一切排日活动；树立中、日、"满"经济合作；中、日、"满"共同防共。马占山深感华北形势已是岌岌可危。

另一件事是抗日爱国运动日益高涨，特别是中国共产党领导的革命力量得到迅速发展和壮大。

1935年8月1日，中共中央发表了《八一宣言》，提出建立抗日民族统一战线，停止内战，一致抗日。号召全国人民，不分阶级、共同团结，组织国防政府和抗日联军，挽救民族危亡。全国人民热烈响应，纷纷要求国民党政府和一切革命力量，团结起来抗日救国。特别是中国共产党领导的革命武装力量——中国工农红军，粉碎了蒋介石发动的五次大规模的"围剿"，进行二万五千里长征，北上抗日，取得了伟大的胜利。中国共产党在国民党统治区发动和领导了著名的"一二·九"抗日救亡运动，迅速地发展到全国，有力地推动了抗日高潮的到来。

12月16日"冀察政务委员会"成立。北平市学联再次发动规模宏大的游行，反对妥协，坚决要求抗日，激起了全国各地学生的响应。18日，马占山目睹了天津大、中学生集会游行示威，心情极为振奋。眼见着全国各地迅速形成了一股势不可当的抗日洪流，他深受鼓舞。

一方面是政府的软弱、退让和无所作为；另一方面是群众爱国热情的空前高涨，这形成了一个鲜明的对比。

此时，正是绥远抗战的前夜，国内抗日救亡运动的高涨，进一步激发了马占山的爱国热情。他毅然决然地再次向蒋介石提出了请缨杀敌，要求重返抗日前线。但是，他的请求依然是石沉大海，杳无音信，他不知自己还要等多久，他甚至怀疑还有没有必要再等下去，自己还有没有这个耐心。一股压抑不住的"痛其之，杀其祸"的念头冲撞着，在久积沉郁的心间激荡、奔涌、欲喷薄而出……

未得逞的阴谋

　　马占山初来天津时，是晴暖初秋的天气，风是柔和的，带着淡淡的清凉。季节的适宜，带给他一些惬意。

　　转眼，冬天就到了，海风夹着一些腥味，远远地吹来。远离战场和硝烟，几次请缨，皆石沉大海，无所事事，寂寥的日子，马占山早已厌倦。他刚站在窗前想透一口气，却被卫士长杜海山急忙拉离窗口。他有些生气，出行的不便，已几次引起他的不快。日本特务随时都可能向他放冷枪。

　　杜海山在门前走了几个来回，当他确信周围没动静时，才回到屋内。这样的天气似乎连乌鸦都懒得飞动，那凶狠不洁的身影就蹲在楼前的树杈上，杜海山觉得不吉利，几次挥手将它赶走，但它很快又飞回来，伏踞在那里，像一团黑色的不祥征兆。要不是英租界有规定，杜海山早就一枪将它打下来了。

　　街面传来一阵响动，杜海山警觉地向外观察着。

　　街道上寂然而空旷，只有寒风卷积着一些落叶拂过街道。再过一天就是除夕了，但租界里清冷得根本见不到一点大年的影子，只偶尔能从远处传来一两声爆竹声。

　　杜海山心里也格外落寞。日本特务几次想暗杀马占山，幸亏于学忠主席安排周到，保卫工作做得周密而井井有条，才几次化险为夷。

于学忠，字孝侯，1890年11月19日出生于辽宁省旅顺，自幼生活在清王朝毅军军营中。1911年毕业于通州速成随营学堂步兵科，先后任排、连长。后任热河林西镇守使公署中校副官长。辛亥革命后，于学忠被直系军阀吴佩孚赏识重用，不断晋升，历任营、团、旅、师、军长等职。在北伐战争中，吴佩孚被国民革命军击败，所属各部大部溃散或投靠其他军阀。于学忠表示愿随吴佩孚进退，遂于1927年6月离开部队，返回山东蓬莱吴的故里。

于学忠退隐后，所部归冯玉祥统辖。不久，于部各师、旅长对冯玉祥不满，将队伍拉至安徽蒙城，找于学忠谋求出路。于学忠出面收拢旧部，不肯投奔国民党，愿投靠奉军。事为张作霖所闻（张作霖与于学忠之父有旧交），遂招于学忠入奉军。于率旧部转入奉系，任第二十军军长。

1928年6月，张作霖在沈阳皇姑屯被日本帝国主义者炸死，张学良继父业任东三省保安总司令。于学忠虽不是东北军嫡系，却得到张学良的信任，从此，与东北军集团同呼吸共命运，成为奉系的首脑人物之一。

张学良于1930年9月18日发出拥护"中央"呼吁和平的通电，进军关内。于学忠受命率部于9月26日进驻北平。经张学良保荐，南京政府任命于学忠为平津卫戍司令。

于学忠

1932年，南京政府明令将于学忠所任的平津卫戍司令职务与王树常所任的河北省政府主席职务调换，并以于学忠第二十军所属各师接防天津及冀东防务。1933年3月，张学良在被迫辞职出国前，东北军改编为四个军，于学忠任五十一军军长。时东北军26万人，除万福麟、王以哲、何柱国各率一军外，其余统交于学忠指挥。于实力扩大，更为日本侵略势力所关注，他们先通过天津的亲日分子拉拢于学忠，表示如能与日本在华势力亲善合作，不但可以保证于在华北地位的巩固，还可以扩张实力，取代张学良。于对此置之不理。当年春夏之交，日寇在天津再次组织便衣队搞第二次天津事变。由于事先得知日寇阴谋，于学忠将其暗藏在天津市区的秘密武器库捣毁，使日军阴谋未能得逞。

尽管有于学忠的鼎力关照，但杜海山始终不敢松懈。楼上又传来了摔东西的声音，他吓了一跳，警觉地站起身，知道马占山又生气了。

这时，听到有人敲门。他向几个卫士使了个眼色，几个人迅速分散开，并通知了楼上的卫士。其中一个卫士将门轻轻打开，进来的人却是解方。大家都很熟悉，才放松了戒备。杜海山热情地上前打招呼。

解方："马将军在吗？"

杜海山向楼上努了努嘴，解方即明白了他的意思。解方向杜海山询问近期的一些安全保卫情况，提醒杜海山春节临近，一定要多加防范，恐口特借此机会……解方做了个手势。杜海山向解方表示谢意，解方随即匆匆告辞。

解方，时任天津市公安局侦缉总队队长，奉于学忠命令保护马占山的安全。在此之前，他夜以继日，不停地进行反特反奸斗争，已破获两起暗杀马占山的特务行动。

解方原名解如川，字沛然，吉林东丰县人，早年被张学良送往日本士官学校留学，1930年回国后，张将其派往天津工作，后曾任张学良联络参谋，并加入中国共产党。入党后，曾任东北军副旅长、师参谋长，是东北军的中共地

解方当年曾在天津工作过

下党领导人之一。1941年，离开东北军到延安军委工作，任中共中央情报部第三室第三局局长。1945年6月，任八路军三五八旅参谋长。在全国解放战争时期，曾先后担任东北民主联军副参谋长，辽宁省军区副司令员兼参谋长，辽东军区参谋长，二十兵团参谋长。曾先后参加了辽沈战役、平津战役、渡江战役、两广战役、解放海南岛等战役，屡建战功，后任中国人民志愿军参谋长，为建设新中国作出了贡献。

解方告辞后，杜海山忙上楼向马占山作了汇报。马占山听后，显得有点不以为意。正在此时，电话响了，是他的老朋友张作相约明晚吃饭，两人在电话里约好了时间，杜海山本想劝几句，一想明天是除夕，也就打消了念头。杜海山下楼后，随即作了安排。

天还没有亮，便有爆竹声传来。马占山早早地起来，吃过早饭就匆匆赶往张作相家。杜海山派几个卫士一同前往，马占山走后，杜海山和几个人坐在客厅里聊天。这时，发现后面楼上出出进进地陆续来了好几个人，有一个女士似乎老是向他们的房子张望。杜海山有些纳闷，卫士告诉他，可能是过年了，家里的亲人都回来团聚。杜海山看不出什么意外，便没有多想。几个人说着话，听着窗外的爆竹声，偶尔也看见一两个穿着新衣服的孩子跑过，似乎一切都与往常一样。

临近中午时，几个卫士便回到了家里，杜海山问了问情况，几个人便坐在一起等待着除夕夜晚的降临。过年了，他们几个心里都有些想家，出来这几年，

天津英租界马占山住宅（今湖南路11号）

离东北越来越远。几个人正说着话，听得前面有人敲门。很快一个卫士进来，告诉杜海山有人要求见他，杜海山颇感纳闷。杜海山问是什么人，卫士说不认识，以前也从未见过，只说有要事相告，非见杜海山不可。杜海山想了想，令卫士把人带进来。

来人是个青年，许是紧张，头上略微有些汗。一见杜海山便迫不及待地说："我姓崔，是日本特务机关的。日本人派我和其他特务共八个人，七男一女，趁今夜来暗杀马将军。我知道马将军是抗日的民族英雄，我自己是中国人，受生活所迫，当了日本特务，已经见不得人了，哪能再跟他们干这丧心病狂没有天良的事。所以，特来告诉你们，我愿意协助你们破坏日寇的阴谋！"崔姓青年说完抹了抹了头上的汗水，紧张地打量着杜海山等人。

杜海山等人完全被这个消息击蒙了，一个个都目不转睛地注视着崔姓青年。

杜海山从短暂的惊诧中缓过神来："请你再说一遍！"

崔姓青年又将先前说过的话重复一遍，说完，补充了一句："请相信我！"接着他详细讲述了敌人的行动计划。原来，特务已租下紧靠他们住宅后面的那座小楼，作为行动的隐蔽点，意图从小楼屋顶搭木板进入马宅的二楼楼窗。具体行动计划和方案是，晚6时在小楼集合，至午夜鞭炮声大作时，以此作掩护，女特务到前面去叫门，以吸引宅内的注意力，并和宅内的人胡搅蛮缠。其余的人从楼窗进入马宅，直扑马占山的卧室，趁着鞭炮声，来完成暗杀任务。并说，这一切都是在日本女特务川岛芳子一手策划下布置的。

杜海山急忙令人上茶，并请崔姓青年坐到了后面的小客厅。随即，几个人商量后，认为情况紧急，宁信其有，不信其无。暗嘱仆人监视崔姓青年，先将其稳住，杜海山立刻驱车来到张作相住宅，将情况告诉马占山。

马占山、张作相等人正在打麻将。马占山一听，当即就火了，吩咐杜海山立即回去布置，把特务们全部干掉！旁边的人急忙劝他，此事非同小可，又在租界内，关系重大，不能随意为之。马占山冷静下来，随即拨通市公安局的电话。公安局的宁向南局长得知情况后，认为马占山暂且不要回家，他会立即作安排的。马占山令杜海山回去做准备，杜海山刚走，电话即响了起来，是于学忠打来的。于学忠告诉马占山，他已派宁向南安排侦缉队化装后进入马宅一带，望马占山放心，尽一切可能，将日本特务一网打尽。马占山向于学忠表达了谢意。

解方很快便赶到，杜海山提出，待特务集结在小楼内时，由侦缉队和马的卫士突击，一举将其捕获，如拒捕就以武力将其解决。解方觉得这一方案不够慎重。他提醒到，这里是英租界，武力突击易引起枪战，造成混乱，处理不当，会影响大局。如有可能的话，要尽量活捉，借此可揭露日特的阴谋，打击他们的嚣张气焰。他建议在日特向楼内集合时，采取行动，各个击破。这样，行动目标小，便于控制局面，也有利于对日特一网打尽。

冬日的太阳落得很早，眨眼的工夫夕阳已沉到树梢后，除夕夜在一阵阵爆竹声中渐渐来临。

一切都作好了安排，卫士们严密地注视着楼后的动静。为了不引起敌特的怀疑，住宅内张灯结彩，一派除夕夜的热闹景象。杜海山等则隐藏在一楼的暗处，不动声色地密切注视着马路上的动静。

一手策划这一阴谋的川岛芳子

马路和马宅周围由解方带领的侦缉队埋伏

在指定地点，一点儿都看不出正面临着一场危机。

临近晚8时，马路上突然走来了两个人，隐在暗处的崔姓青年当即向杜海山发出暗示。杜海山向卫士发出信号，卫士们一拥而上，眨眼便将两个人绑了起来。马路上复归沉静，只有爆竹响个不停。不多一会儿，又有三个人走来，崔姓青年提醒杜海山。杜海山随即发出了命令，如法炮制。卫士们行动时，其中一个特务察觉到了风声，开枪拒捕，惊动了其他特务。解方下令射击，将其击毙，另外两人当场被捕获，枪声惊动了其余特务，遂闻风而逃。

事后，马占山对崔姓青年的觉醒和行为，深表赞许和钦佩。马占山特意将他留在家里，热情款待，为了他的安全和日后的生活，厚礼相赠500大洋。几天后，崔姓青年悄悄离开天津，脱离了日特。

警察局对参与谋杀的日本特务，全部处以极刑，日特的阴谋被粉碎。此事经新闻媒体报道后，引起了天津市民的极大愤慨。

马占山来到天津后，一次次险遭日寇暗杀。在于学忠、解方、宁向南等人的严密保护下，一次次化险为夷，使日寇的阴谋始终没有得逞。但日寇也始终没有放松对马占山的监视和暗杀。暗杀未遂，又变换手法，欲除马占山而后快。

转眼又是一个晴暖的秋天，天津卫的码头上依然船来人往。随着季节的转换，马占山依然"无所事事"，与于学忠、杜重远一起聊天打牌，国难当头，"攘外而安内"，三个人也只是发发议论，泄泄不满，观察着时局。

1934年10月的一天，马占山的儿子马奎应吴俊升太太侄子的邀请，与朋友王德璞一同到地处日租界的中原公司屋顶花园跳舞。

中原公司距河北省政府不远，是日本天津驻屯军和特务的秘密据点之一。屋顶设有瞭望台，并安装有军事电话，一门野炮的炮口正对着河北省政府。这里不仅是日特的乐园，也是他们收集情报的重要场所。马奎和王德璞到后不久，还没待他们明白是怎么回事，几个陌生人便一拥而上，将他们绑架走了。

马奎"失踪"两天没有消息，家人非常着急。王德璞被放回来后，马占山才知道马奎被日本特务绑架了，特务"开价"150万元赎人。马占山一听，气得拍案而起，大骂日本强盗卑鄙无耻。马占山非常精明，他决定以退为进，与敌人斗智。他登报公开揭露日寇绑架勒索的卑劣行为，并"郑重"声明："马奎平时吃喝嫖赌，无所不为，已脱离父子关系，对马奎的一切概不负责。"诱敌上钩。

家人见马占山对儿子如此"绝情"，急得直哭，责备他对马奎不应这样无情无义。马占山训斥说："你们懂什么，只有这样，日本人才不会为难他。否则，你越急，日本人越不放过他。"

他的策略果然奏效。日寇一看马占山不要这个"无所作为"的儿子了，还能榨出什么油水？勒索价马上由150万元降至50万元。马占山一分钱也不出。姨太太和女儿、亲友都要凑钱去赎，被马占山训斥制止。

日寇看勒索无望，随即撤掉了宪兵，放松了对马奎的监视，只让一个姓邱的汉奸翻译跟着他。马奎一直想找机会逃出来，因为姓邱的效忠日寇，跟得很紧，使他无法脱身。

一天，邱翻译的女朋友来了，两人没说几句话，女方又哭又闹，并厮打起来。原来是两人未婚先孕有了孩

马占山之子马奎

子，怕人笑话，急着结婚又没钱办。马奎见机不可失，乘虚而入。女人走后，他对邱翻译说："你如果放了我，我出钱帮你们结婚。"

邱翻译见钱眼开，当即问道："你有钱吗？怎么给我？"

马奎说："我有钱，可我不能回家，我不听父亲的话，到处乱走，招灾惹祸，父亲看见非打死我不可。你把我送到法租界吴俊升侄子家，我打电话让太太把钱送来。"

有钱能使鬼推磨。邱翻译急于结婚，急等钱用，便擅自把马奎送到吴俊升侄子家来。

马家接到电话，副官杜海山当即带人在吴俊升侄子家门口守候。

邱翻译和马奎在吴俊升侄子家等了一个多小时，不见马家来人。吴俊升的侄子急了，马家没人送钱来，时间一长，日本人发现马奎跑了，到他家来搜不就惨了！随即把两人赶出家门。

两人刚出大门，便被杜海山拦住。杜海山指着邱翻译的鼻子说："他给日本人当翻译，是汉奸，把他整死扔到墙子河里算了。"邱翻译一听要整死他，慌忙磕头求饶。马奎说："放了他吧。你回去告诉日本人，说姓马的回家了。"

马奎逃走后，日寇无计可施，无言应对，非常尴尬，只好使用外交手段，向河北省政府声明，已将马奎释放。马占山据理不让，不承认马奎归来，请于学忠通过河北省政府向日方交涉要人。

于学忠当即指示省府向日方施压，令其务必归还马奎。弄得日寇哑巴吃黄连有口难言，无奈之中，被迫承认马奎已被人劫走、同时抢走手枪两支。马占山仍不承认马奎被释，继续向日寇要人，更无所谓枪支被抢。马占山的这一策略瓦解了日寇的阴谋，为避免节外生枝，马占山秘密安排马奎离开天津，远赴西北。

日后得知，日特的这一招，想收到一石两鸟的效果，意在败坏马占山的抗日英名。送钱则抓住把柄，诬陷马占山贪污军款，生活腐化。倘有机会，也可乘机除掉马占山。

一波未平又起一波。

1936年夏的一天，太阳有些毒，树上的知了叫得人心烦。这一段时日，由于日寇的监视和暗杀，马占山差不多闭门不出，社交活动也因此而时有中断。寓居租界，已使他倍感孤独和寂寞，可是他身上仍然保留着军营生活的习惯，早上一醒来，他似乎总是等着军号激动人心的吹奏。起床后，也总是不由自主地想到哪里巡视一番，等到意识过来，也只能无奈自嘲地摇摇头。坐看云起，闲敲棋子落灯花，俨然一副气定神闲的绅士风度，内心里却翻卷着波澜。

立夏以后，天气似乎像蒸笼一样，热得人喘不过气来，道路两旁的梧桐树似乎也被晒干了。花园房边一些不知名的小草开着白色的花朵，碎米粒儿似的，散发淡淡的香味。

这一天午后，马占山正等待着邹大鹏的归来。前两日，绥远省国民军副司令李上林转道北平特来津门见马占山。会面中，马山占问李上林一旦中日战争爆发，我到绥远，人民群众能否群起响应？蒙伪军的招抚能否顺利？李上林答，蒙伪军不管怎样，毕竟是中国人，不会没有一点天良的。只要我们对他们有个适当的安排，事先取得密切联系，战争爆发时，一定很容易招降。绥远接近战线边缘，招抚、集中均很便利。绥远民众虽比较落后，但因日伪势力的压迫，已引起广大人民的愤恨。将军如能到绥远号召，群起响应绝无问题。我在各方面竭尽一切力量，援助将军。会见结束后，马占山将自己不便之处告诉李上林，由邹大鹏和袁晓轩代表自己款待李上林。马占山嘱邹大鹏席间可就具体问题向李上林提些建议和要求，看其能有多少回应。

马占山看了看表，已是午后两点多钟，估计邹大鹏的饭局应该差不多结束了，便向楼下踱去，门口忽然传来一阵喧嚣，不知杜海山在和谁争吵，难道又有什么事？自从他来到天津，日特总是接二连三地找上门来，欲置他于死地。他站起身，想下楼去，秘书杜荀若匆匆地上来了，告诉他有一个自称他父亲的人找上门来，要认他这个儿子。杜秘书说，为慎重起见，海山将他挡在门外了，马占山颇感意外，这一回看来不是日本人在捣鬼，他自嘲地笑了笑，向楼下走去。

下得楼来，见一位衣衫褴褛的老头正在和杜海山争吵，马占山打量着他。

杜海山："这个马占山，不是你要找的那个马占山。"杜海山用手拦着这个老头，老头执意要进来，和杜海山发生了争执。

马占山问："你找马占山有何事？"

老头看有人搭腔，抬头看是一位颇有威仪的人，便道："马占山是我的儿子，我找马占山，可他连见也不见我，这哪像个大英雄！"

马占山听后，呵呵笑道："你从哪来？"

老头答："我从河北丰润县来，我叫马荣，是专门来找我的儿子！"

马占山道："老人家，我就是马占山，你一定是弄错了……"说着话，他将老头让到了客厅里的椅子上，并示意卫士给老头倒水。

老头一听他是马占山，便一个劲地说："可找到我的儿子了！可找到我的儿子了！"老头惊讶地打量着马占山，左看看，右看看，看得马占山倒有些不自在起来。

马占山说："老人家，你认错人了，我父亲在东北已去世多年，坟墓尚在。那时穷，我真是很惭愧，没有好好孝敬孝敬他老人家！"

老头执意要认马占山这个儿子，杜海山看老头纠缠着马占山不放，便插在他们中间，将马占山挡了起来，对老头道："马将军决不是你丢失的儿子，是你弄错了！"可老头听不进去。杜海山怕生出什么意外，示意秘书将马占山送回二楼。马占山还想说什么，杜海山向马使了个眼色，马占山也觉得蹊跷，又将老头上下打量一番，马占山说："老先生，认错没关系，天底下同名的人有的是，你再找一找，不要灰心，我能帮你什么，如果你缺钱的话，我愿意帮助你！"说完才向楼上走去。

老头还想纠缠，被杜海山伸臂挡了下来。

这时，老头哭闹起来，杜海山和秘书怎么也劝不住，只好将他安置在一把椅子上。老头不停地嘀咕着，哪有儿子不认老子的道理，儿不嫌母丑……哭闹了好久，才被杜海山打发走。

临走，老头打量着马宅，才慢慢退了出去。

次日一早，一阵急促的砸门声惊动了杜海山。杜海山开门一看，还是那个老头，所不同的是，昨天褴褛的衣衫不见了，换上了青色的马褂及长袍，站在门前，正怒气冲冲地冲着马宅大声嚷道："马占山呢？还不叫他来接他爹！"

杜海山说："老大爷，昨天不是告诉你了吗？你认错了人！"

老头："马占山就是我儿子，我儿子就是马占山，我没认错人，他以为他是个大将军，就不想认我这个亲爹了！"

院门口的吵嚷声再一次惊动了马占山。马占山来到大门口，被卫士挡住了，为防止意外，卫士说什么也不让他出门。无奈，马占山隔着大门对老人说："老人家，你是不是糊涂了，昨天我已告诉你，你认错人了，你还是到其他地方再找一找吧！"

老头见马占山不露面，隔着门和他说话，便大声地嚷嚷起来："马占山，好你个马占山，竟然不认你亲爹，你不孝顺，我要上法院去告你去！"

喊声惊动了路上的行人，人们纷纷驻足向马宅打量着，不知道发生了什么事。

这时，马占山也起了疑心，便威严地喝道："老人家，你要是胡来的话，我可不客气了，一会儿巡捕房就来人，到时你可别后悔，说我不给你面子！"

老头一听，跺着脚大声叫起来："马占山，你不认亲爹，还要把你亲爹送进巡捕房，你忘恩负义，我上法院告你去，咱们走着瞧！"说完，老头转身离去。边走边指手画脚，连吵带骂，引来路人层层围观，不少围观者一边津津有味地观看，一边东一句西一句互相打听询问。经过老头添油加醋的讲解，抗日英雄马占山将军简直成了一个六亲不认、善恶不分、美丑不辨的衣冠禽兽。马占山听后，心中气愤难平，要不是卫士拉着，他也许就把枪掏出来了。还是杜海山赶快打电话通知租界巡捕房，才将老头弄走。

杜海山颇为怀疑和惊诧，老觉得这一来一往像事先安排好的一样。他一面严令卫士注意加强警戒，另一面急忙将情况通知天津公安局和侦缉队。

一连三天，老头连着来哭闹。奇怪的是老头又换上了褴褛的衣衫，一副蓬头垢面的样子。杜海山始终没有开门，马占山这时已意识到问题不那么简单，随即叫人加强防范。

令人奇怪的是，天津的几家报纸将马占山不认亲爹的事情炒得沸沸扬扬，一时舆论哗然。

几天后，天津地方法院的传票便送到马占山公馆，那个叫马荣的老头以"遗弃尊亲"罪将马占山告上了法庭。杜荀若到法院时才得知，天津的律师拒绝为马占山出庭辩护。

马占山感到这事颇为蹊跷，遂令秘书以"双方无父子关系"的理由提起上诉，但此时，老头突然失踪了，遍寻不见。而此时，天津的一些报纸却大肆宣扬马占山拒认生父的事情。

　　天津的律师像商量好似的，都不愿出庭为马占山辩护，要不就要天价诉讼费。无奈，马占山遂令秘书杜荀若到北平找来了著名女律师纪清漪。纪为清代名臣纪晓岚之后，是一个坚定的具有爱国主义思想的知名人士。1929年，纪第一个向国内介绍了田中奏折的内容："如欲征服中国，必先征服满蒙。""如欲征服世界，必先征服中国……其他如小亚细亚、印度、南洋等地的民族必然敬畏我国，而向我投降，使全世界认识到亚洲是属于我国的，而永远不敢侵犯我国……"马占山在黑河时就知道纪，对她的胆识颇为看重。马占山曾和她有过一面之缘。纪的热情、能言善辩和直率以及抗日的言行都给马占山留下了良好的印象。杜详细向其叙述了这件事的经过及马占山在津门所遇到的种种厄运。纪清漪马上意识到这不是一件普通的民事诉讼，更不是一般的遗弃案件，在向杜荀若详细了解一些具体的细节后，纪清漪决定义务为马占山作辩护。

　　事后，纪清漪曾在回忆中说，她当时征求了中共地下党员王梓木的意见，她和王梓木分析情况后认为，这是和当时的政治形势联系在一起的。当时，正值日本帝国主义加紧对中国侵略的前夜，情况远不像一件孤立的普通的刑事案，如不能及时制止，接下来可能还会有更大的阴谋。王梓木同意纪的看法，支持她去天津出庭，并叮嘱千万要注意安全。王梓木告诉纪："天津律师之所以索取天价诉讼费，这里面是有文章的，你要冒极大的风险，要充分做好准备！"

　　次日，纪清漪随同杜荀若回到天津，马占山即刻和她进行了交谈。她详细询问了此事件的前因后果，并要求马将其所知道的情况尽其所知都提供给她。也许是纪的询问勾起了马占山的心事，马将天津所遭遇到的种种困惑之事一一告诉纪，并对她说："我回国后，向蒋介石请求抗日救国，我说你给我兵，给我番号，给我武器，我去打日本鬼子，我有必胜信心，马革裹尸，在所不惜。可是蒋介石掐着太阳穴说，'我头疼'。把我晾了一年多，不得已，我回到天津，接二连三遇到麻烦，老头子来哭闹认儿子，已经是第三次了。这老头丢儿子可能是真的，开始，我觉得他怪可怜的，本想对他说清楚，给他点钱打发他回家就算了，可这老头说什么也不听，就是哭闹着要认我，我感到事情没这么简单了。我想这老头一定是被人利用了。不料，他又把我告上了法庭，令人奇怪的是，报纸也不问青红皂白，大肆宣扬此事，这就不能不认真对付了……"

纪清漪认真听取了马占山的意见后，坚决支持他对簿公堂，澄清是非，以正视听。

8月的天津，海棠花开，风送菊香，丽日清影，行旅商贾云集津门。时势风云变幻，海河里依然舟船桅影，移舟烟渚，津鼓京腔，人们尝蟹品茗，两岸风景正是宜人之期，掩不住天津卫的风土民情。

马占山无心欣赏这夏日的景色，法院的传票再一次送到他手中。

天津市地方法院正式开庭审理"马占山与马荣无父子关系"一案。站在法庭上的马荣一改昔日蓬头垢面的样子，身着长袍马褂，一副志在必得的模样。纪清漪首先陈述了因某种特殊原因，马占山不能出庭的情况。马荣的律师却坚持要求马占山出庭，双方律师在法庭上就马占山是否到庭展开了唇枪舌剑的辩论。纪清漪征得了法庭的同意，准许自己代理马占山出庭答辩。

法庭通过证人、证物都明确指出马占山与马荣没有任何关系，但马荣一口咬定马占山就是他的儿子，法庭让其出示证据，马荣坚持说马占山左耳朵后有一"拴马桩"，请庭长将马占山传庭对质。

马占山（右）与律师纪清漪（左）及大公报记者合影

纪清漪再一次力陈马占山不能出庭的原因，并提出两点要求：一、法庭如能保证被告人的人身安全，马占山方出庭。二、原告马荣必须提出证明方法，什么人，在什么地方，在什么条件下，得知马占山是原告丢失的儿子，原告必须提出他儿子有什么特征。

马荣依然咬定马占山耳后有一"拴马桩"。马荣的律师立刻提出："也可能动手术割掉了。被告必须亲自到庭，由原告会同法医当庭检验。"法官批准了原告律师的请求，纪清漪再次提出保证被告人人身安全的请求。纪说："如果原告或公诉人能当庭出具保证书，保证被告人的人身安全，马占山会遵守法律，按时到庭。因为被告马占山不是一般的老百姓，同时，也不是今天当权的特权阶层，而是举世闻名的抗日将领。他是中华民族向入侵国土的敌人打响第一枪的抗日英雄，日本特务时时盯着他，处处想方设法置他于死地。前年春节除夕夜，特务组织暗杀小组，要炸死他们全家，因事败破案，这是尽人皆知的事实。目前，日寇仍在疯狂进攻中国，马占山也仍负有抗击日寇的责任。因此，我们每一个公民也都有保护他的人身安全的义务。我再次建议法庭考虑被告人的人身安全问题，不在法庭检验被告人。"

审判长说："马占山律师的意见，本院是理解的。"马荣的律师还想争辩，审判长当即宣告休庭。

次日，天津的一些小报，刊登了马荣诉马占山不认亲爹的报道，一时大街小巷闹得沸沸扬扬。马占山住宅电话不断。马占山才明白此事已波及全国，影响之大远远超出了他的预料。无奈，通过律师斡旋，希望将法院鉴定放到一个安全的地方，最好是自己的家中。

8月20日上午9时，检验人员由主审裴锡晋带领来到马占山家中。检验人员由书记官王玉书、法医李新民、法庭刑庭庭长、检察院检察长、天津市总医外科主任五人组成。许多新闻记者闻讯赶来，聚集在马宅。鉴定由主审裴锡晋主持，马占山随即接受了鉴定。法医详细审视了马的面部及两耳前后，并请摄像师拍了照。所有的新闻记者也争先恐后拍了照。裴锡晋又请马占山将军到院内照相，并就马占山的年龄、出生地以及家属的姓名、职业等进行询问，马占山一一回答，并告诉裴锡晋："我曾任旅长、师长兼地方官、主席等职，共30余年，历受国家俸禄多年，如果不认自己的生父，岂不等同于禽兽，不用法律处治，想我的朋友、部下早已对我加以唾弃。何况，如父子离散，一旦相见，应何等痛快，一定要相抱痛哭流涕，哪有不认之理？而我现在境况，并非不能养活一老人之生活，为何我不认自己的亲生父亲？"

检验结束，所有的新闻记者均见证了本次检验的全过程。次日，《大公报》等众多报纸，都刊登了检验的全过程，并刊出了马占山与记者和律师的合影。

法院再次开庭时，审判长给原告和他的律师出示了放大一尺的四张马占山两耳的照片，向他指明马占山耳后既无"拴马桩"，也没有动过手术的任何痕迹。但律师和马荣还是坚持要与马占山当庭对质。马荣称，只有自己看过之后，才能认定马占山是不是自己的亲生儿子，当即被法官驳回。法官宣告，在原告既提不出任何有力证据，又没有新的证据的情况下，本院据此认定，马占山与原告丢失的儿子并不是一个人，原告之诉驳回，按照法律条文，判处原告六个月监禁。

该案以马占山胜诉而终结，《大公报》等媒体都相应作了报道。至此，本案方落下帷幕。令人奇怪的是，六个月后，马荣出狱，原本有钱买衣服、请律师的老头，此时，却真是衣衫褴褛，连回家的路费都没有。

一场离奇的官司，就这样结束了。但一个普通的老翁为何缠住马占山不放呢？这原本就是一场日特导演策划的闹剧，根本目的是想败坏马占山的抗日英名，借机实施谋杀。日后，川岛芳子在其自述里披露，又是她一手策划了这起阴谋。

这时，时局发生了变化，但马占山以思想、性格和经历所致，爱国热情越发高涨。马占山注定要离开这平静的家园，因为这不是他人生的主调，更不是他生命的底色。投身更加宏伟、更加广阔的抗日救亡，这才是他必然的人生抉择。

第九章
在西安事变的日子里

应蒋约见，前往西安，西安事变，张、杨"兵谏"。

马占山紧随张、杨之后签名，八项主张通电全国。

斡旋栈道，明理通达，一切皆为平定纷争。

洛阳待命

燕地瘦寒，津门卧雪。

回头看看，湘雨陇霜，楚风秦月，不觉马占山在天津已居住三年有余了，宦海无波，远离官场，每日里起居饮食，倒也平静而安闲，心态似乎也达观了许多。

这几年，马占山看到和经历的时事变化实在太多了。

先是蒋介石继续推行"攘外必先安内"的政策，一意孤行，将国家和民族的危亡置之度外，为了推行他的"剿共"方针，蒋介石在西安设置了西北"剿匪"总司令部，自兼总司令。

1935年初夏，短短一个月内，先后调东北军和西北军兵陈陕北，虎视眈眈地要发动大规模的军事进攻。以张学良为副总司令、代总司令，调集国民党西安绥靖公署主任、十七路军总指挥杨虎城，共同对红军作战。陕、甘边区笼罩在一片战争的阴云中。蒋介石这一步棋，意在利用东北军、西北军的力量"剿灭"共军，他的如意算盘是两败俱伤，既剪除了中共的武装力量，也消耗掉东北军的有生力量，坐山观虎斗，收渔人之利。与此同时，蒋介石又将其嫡系部队调集在陕、甘周围，以监视东北军和西北军的作战行动，牵制东北军和西北军，以便随时掌握作战的主动权，可谓螳螂捕蝉，黄雀在后。

可惜，被蒋介石调去"围剿"红军的东北军在战场上遭到了沉重打击，东北军出现厌战情绪，士气低落。在9月至11月的战斗中，东北军一一〇师、一〇九师等近三个师的兵力为红军所歼。东北军连续受挫，厌战情绪空前。此前，由于战略思想上的失误，导致东北军撤进关内，将士们从东北退到华北，又从华北退到华中，从华中又调到西北，疲惫不堪，思乡情绪浓重地弥漫在战士的心头，厌战情绪日积月累，不愿再打内战了。此时，张学良和杨虎城对蒋介石借刀杀人的伎俩已有所认识，也不想再打下去了。

"一二·九"抗日救亡运动爆发后，抗日救亡正处在一个发展期。12月，中国共产党在瓦窑堡会议上提出了建立抗日民族统一战线的口号，随着这一策略的实施，中国共产党在政治上逐渐取得优势，赢得了全国人民的拥护。

1936年1月25日，中国共产党为团结各阶层进行抗日斗争，也为了争取张学良和东北军抗日，发表了致东北军全体将士书，文中着重重申中国共产党关于"停止内战，一致对外"的主张。2月26日，中共代表、中共中央联络局局长李克农和边区苏维埃政府贸易总局局长钱之光等在洛川与东北军将领王以哲会谈，与东北军六十七军局部合作达成协议。3月4日，王以哲陪同从南京返回的张学良与李克农、钱之光会晤，约定由中共中央负责人与张学良作进一步会谈。4月9日，张学良在王以哲的陪同下，与周恩来举行了著名的延安会谈。随后，红军与东北军和西北军先后达成了联合抗日的协议，实现了西北大联合的良好局势。

1936年9月1日，中国共产党审时度势，向全国发出《中央关于逼蒋抗日问题的指示》，在政治上取得了优势，赢得主动权。

蒋介石集团认为张学良和杨虎城心怀异己，明修栈道，暗度陈仓，亲自前往西安督战，一心要"剿灭"红军。

　　1936年10月，秋高气爽，遍地菽麦，陕甘迎来了一个难得的丰年，老百姓还没有来得及品尝丰收的喜悦，战云便迅速密布头顶。蒋介石调集30个师，近百架战机，陈兵陕甘苏区，枕戈待旦，随时听候调遣，战事一触即发。

　　11月上旬，日本支持伪蒙军政府和德王武装进犯绥远，傅作义率部迎击，绥远战争爆发。绥远的战事牵动着马占山的心，他随即向国民党中央请战，并上书蒋介石，马占山寝食不安地等待着消息。

　　12月初，华北出现了一个短暂的暖冬天气。紧接着，一场小雪过后，天出奇地寒冷，出门时，厚厚的棉衣似乎阻挡不了严寒，西北风像无数小刀子一样，迎面扑来，在人的脸上、耳朵上刮来刮去，让人睁不开眼。就在寒冷的日子里，马占山忽然接到了蒋介石从洛阳发来的电令，令他即刻到洛阳听命。

　　这个意外的电令，多少让马占山有些激动，毕竟无所事事的日子过得久了些，刚一接到这一命令，马占山竟有些发愣，好半天望着电令发起呆来，他不知道蒋介石召他到洛阳有何公干。多次请缨抗日未果，这个意外像骤降的寒流，一时有些不适应。短暂的思索后，马占山带着杜海山和张凤岐两人很快就上路了。

　　其实，蒋介石电召马占山赴洛阳是颇有深意的。马占山几次请缨，蒋皆笑而不答，蒋安排他到新疆任职，马意志坚定，一心要复土抗日，婉谢了蒋介石的安排。马认为日本之所以能占领东北，并不是日人不可战胜，而是我国政府和军队支持不力，只要有足够的兵源和相对的后援，战胜日人不是难事。蒋认为马是能打仗善带兵的人，只是蒋不能容于他是东北军的将领，对马的暗示，马没有积极地回应，蒋不知道马是没有领会他的意图，还是马执意为之，蒋干脆将马冷却起来。蒋认为马还没有真正领会自己的意图，便没有及时给马作安排。此时，蒋觉得马经过一段时间的思考和认识，应该能领悟自己的意图。他认为时机成熟了，便打算将马投入对红军的作战中去。蒋介石一贯玩弄权术，总之，此一招也不过是故技重施，与将东北军投入战场的初衷如出一辙。

寒凝大地，霜天暮日，马占山赶到洛阳时恰是个黄昏，中原大地落过一场薄雪，地里的冬小麦刚刚泛青，乱雪中，透出一丝灰蒙蒙的绿意，久羁斗室，忽至阔地，尽管冷风吹面，天空中似乎还飘着几点雪霰，心绪却格外舒展，身心也仿佛春天抽芽的柳条，尽情地吸吮着清冽的春风。

12月6日，马占山到洛阳后，本以为能立刻见到蒋介石，蒋也会委以他重任。没承想，蒋已于12月4日飞往西安。蒋临行前嘱洛阳方面通知马占山要其到西安去找他。马停歇两天，立刻又赶到了西安。

到了西安后，马占山发现这个六朝古都在初冬的阳光下已显得破败不堪。往日的皇家风采依稀可见，但王家气势早已不见了模样，草木凋零，冷风中西安竟有些落魄。谁也不会想到，此时，张学良和杨虎城两人正在积极准备"兵谏"，力劝蒋介石停止内战，共赴国难。开始的时候，他们也想用面劝的办法，说服蒋介石停止内战，一致对外。没料到，蒋介石心如磐石。瞬间，已是兵临城下，战云笼罩着整个西北，似乎干冷的空气中也弥漫着战争的气息。蒋介石的嫡系部队越过潼关，正向西安一带集结。国民党的战机也一架架落到西安，古都上空响着轰鸣声。蒋介石的亲信陈诚、卫立煌等也先后来到西安。随着蒋介石专机的落地，一场大规模的血腥内战已悄悄张开触角。

张学良和杨虎城将自己的想法和盘托出，蒋介石非常生气，向张学良、杨虎城摊牌，明确规定两条路；一条是服从中央命令，东北军和西北军全部开赴陕北前线与红军作战，中央军督后；另一条是如张、杨不愿意执行命令，东北军调闽，西北军调皖，"剿共"任务交中央军完成。张、杨深知这是蒋介石惯用的伎俩，看破了蒋介石玩弄的阴谋，两人认为，如果照第一条办，不仅会将自己的有生力量消耗殆尽，而且将危及中共政权的生死存亡，这是他们所不愿意为之的。在此之前，东北军和红军事实上已停战，东北军厌战情绪浓郁，即使开战，也肯定打不赢。如果照第二条办，离开西北，其结果是东北军将被各个击破，前途更是不堪设想。张学良已有过前车之鉴，对蒋的政治手腕有所了解，自然是有所提防的。当初，蒋介石平定军阀混战，张学良接受蒋介石的主张，拥蒋而入关，为其统一全国奠定了胜利的基础，而当日军侵略东北、热河失守后，蒋介石却将责任归咎于东北军，蒋介石轻而易举夺得了东北军的指挥权，逼张学良下野。蒋介石改编东北军后，张学良几近失去自己的队伍。张学良思前想后，还想再一次说服蒋介石。

张、杨"兵谏"

12月7日，张学良亲自到华清池面见蒋介石，痛切陈述全国民众抗日情绪高涨，劝蒋不要违背民意，接受"停止内战，一致对外"的抗日要求。蒋介石怒不可遏，拍案而起，"剿共"政策至死不变，张学良"苦谏"失败，迫使张、杨痛下决心，决定发动兵谏。

在这样的紧张气氛中，对此毫无所知的马占山来到西安，张学良将其安置到了西京招待所。张学良、杨虎城热情款待马占山，马占山将蒋介石电召的前后经过告诉了张、杨，他们未置可否，但张学良对马占山体贴备至，两人还抽空陪马占山打了几次牌，对蒋到西安的一切行动和目的三缄其口，对行将发生的事件也只字未提。马占山虽为东北军元老，但毕竟脱离东北军务多年，此次西安之行，又是奉蒋之召而来，因此，张学良没有透露一丝口风，使马占山一点儿也没有察觉到即将发生的影响中国历史进程的大事件，就在身边酝酿着。张学良对马占山还是了解的，对他的正直为人和爱国情操一向很敬佩。不久前，张学良还吸收马占山为东北军抗日同志会会员，这个组织是具有鲜明的联共抗日色彩的秘密团体，张学良自兼主席。

寒流刚过，西安表面平静，大雁塔下却悸动着汹涌的暗流。马占山一时还没有见到蒋介石，便闲住在西京招待所，朋友、旧属、故交知他来到西安，来拜访的不少。随从杜海山、张凤岐住在二楼，马占山住三楼。几天来，两人看到张学良对马十分关照，马占山除了打牌消磨时光，就是和来看他的朋友聊天，要不就是赶赶饭局，屋里的人出出进进，显得很热闹。两人也无所事事，只能待在房间里，随时听候马占山吩咐。

是日晚，马占山接受故交宴请，一夜未归。

12月12日早晨，天空灰蒙蒙的，似乎有一层薄雾。杜海山和张凤岐两人惦记着马占山，早早便起来了，忽然发现西京招待所周围树上的昏鸦被惊得四处乱飞。在东北，这东西可不是什么吉祥的玩意儿，他俩还觉得纳闷，可别有什么事情发生。杜海山还清楚地记得，日本特务行刺马占山的那天早上，树上的昏鸦轰都轰不走。两人正说着话，就听楼下吵开了，有人喊："招待所被包围了……"两人吃了一惊，急忙奔楼上的马占山住室。还没上楼梯，便被手枪队堵在了楼道里，才知张学良的手枪队正在逐门逐户进行搜捕，住在这里的蒋介石高级文武官员一一被搜查出来，很快便被押走了。杜海山和张凤岐因身份不明，也一起被押走了。集中楼下要送走时，经申辩，卫队一查住宿登记簿，才知两人是马占山的随从副官，当即道歉还了两人自由身。

两人不知道此时马占山是何情形，马走时也未告他们明确去处，想打听又没有地方，便到楼上，此时见马占山已经回来了，安然无恙，两人放下心来，才知道张、杨发动了兵谏，一时，三个人不知道该如何是好，便只能待在屋内说说话而已。

事变稍稍平定后，张学良立即召集包括马占山在内的各路将领谈话，当众宣布事变经过，声明"这是兵谏，目的是要求蒋介石领导抗日"，并说，"事已经做了，大家亦不必再来劝我……"

马占山听后，心下暗自佩服张、杨两人面临大事、不动声色却泰然处之，而行动果敢又雷厉风行。马占山认为这是一件值得高兴的事情，冷静下来后，他很快考虑到，东北军和西北军毕竟兵力单薄，不如蒋介石兵多将广，力量悬殊，劝张学良行事要三思，以稳妥为主，此事非同小可，万一弄不好，事倍功半，一定要谨慎对待。

事变当日，张、杨即对外宣布，撤销西北"剿匪总部"，成立抗日联军西北临时军事委员会，并通电全国，提出八项主张：

（一）改组南京政府，容纳各党派，共同负责救国；

（二）停止一切内战；

（三）立即释放上海被捕的爱国领袖；

（四）释放全国一切政治犯；

（五）开放民众爱国运动；

（六）保障人民集会结社的政治自由：

（七）确定遵行孙中山遗嘱；

（八）立即召开救国会议。

紧接着，张学良召集各路将领举行会议，在会上，马占山见到了王以哲、孙蔚如、于学忠、刘多荃、何柱国、董英斌等东北军、西北军高级将领，大家群情激愤，纷纷谴责蒋介石的行径。最后，马占山和与会的将领在八项主张上签署名字，并通电全国。

这时，西安城里爆发了大规模的群众游行，支持东北军、西北军的行动，西安各界人士也纷纷称赞东北军、西北军的兵谏壮举。一些官兵因激动竟然鸣枪示威，马占山看到后，摇了摇头。他看到群众和军队的热情很高，反而冷静了下来。

再次见到张学良时，他建议说："要禁止部队乱开枪，勿伤人命。现在国难当头，对于蒋介石如果加以杀害，则全国将陷于无政府状态，恐怕造成四分五裂的局面，反于日人有利……"张学良听后，认为马占山的意见很中肯。

14日，张学良宣布，抗日联军临时西北军事委员会成立，张学良、杨虎城分别任正副主任，王以哲、孙蔚如、何柱国等组成联合参谋团，王以哲同时还被任命为抗日援绥军第一军团副军长。马占山手无一兵一卒，张学良希望马占山能来西北主持东北军骑兵建设，他拟委任马占山为骑兵总指挥。

此时，西安事变所引发的震动波及全国。全国上下各界有识之士一致呼吁，停止内战，一致抗日。但各派系之间各怀心事，亦粉墨登场，难辨向迹。当时，东北军和西北军以及西北地区的人民都主张把蒋介石杀掉，在中国共产党党内和红军中，也有人主张杀掉蒋介石。

就在各种言论激烈争辩时，16日，南京政府决定组织讨逆军，战云开始聚集。张、杨得到消息后，下令王以哲等将领积极部署军队，欲与红军配合，准备迎击讨逆军，保卫西北的革命大联合形势。

同日，在张学良的邀请下，以周恩来、秦邦宪、叶剑英为代表的中国共产党代表团抵达西安。周恩来向张学良说明了中共的主张，冷静分析了目前全国的形势，并就张、杨事变的性质、前途等问题坦诚地和张学良交换了意见，就蒋介石的处理问题以及国内、国际形势等，和张学良取得了共识。提出只要蒋介石答应抗日，就释放他，这样做可以争取一切共同抗日的力量，达到民族统一战线的目的。马占山参加了与中共代表的会谈，这是他第一次见到周恩来。会上，周恩来力陈形势发展与变化，阐明大义。会后，周恩来充分展示了其政治家的智慧与韬略，与各路将领谈笑风生，纵论时势，以极具魅力的交际风格与大家建立了良好的关系。周恩来对马占山的抗日行为深表赞佩，在对事变的处理上与马占山取得了较为一致的看法，给马占山留下了深刻的印象。好感是相互的。日后，当抗日战争结束后，周恩来偕同马歇尔、张治中赴绥远进行军事调停时，再见到马占山已经是第三次了，马占山与周恩来相谈甚欢。

经过中共代表与张、杨两将军的充分协商与共同努力，达成共识，与南京政府和蒋介石进行了谈判，蒋介石被迫接受六项主张：

（一）改组国民党，驱逐亲日派，容纳抗日分子；

（二）释放上海爱国领袖，释放一切政治犯，保证人民的自由权利；

（三）停止"剿共"政策，联合红军抗日；

（四）召集各党各派各界各军的救国会议，决定抗日救亡方针；

（五）与同情中国抗日国家建立合作关系；

（六）其他救国的具体办法。

蒋介石要求不采取签字形式，以其人格担保履行这些条件。张、杨两将军同意蒋介石的要求。张学良为表示对蒋介石的诚意，在宋美龄、宋子文兄妹俩担保下，于12月25日亲自护送蒋介石回到南京。至此，西安事变得以和平解决。蒋介石到达南京后，背信弃义，立刻将张学良软禁起来，这一禁就是50年。

整个事件过程中，马占山头脑冷静、清晰，发挥了不可替代的作用。

首先，带头支持张、杨提出的八项政治主张。事变当天上午，张学良向被扣的南京军政要员讲明"兵谏"意图，接着宣读了"通电"全文，要求同意这份通电的人在电稿上签字。马占山以实际行动支持张、杨的爱国主张。他首先签字后，再次告诫张学良"国难当头，勿杀害蒋介石"。

其次，积极参与西安方面重大军事问题的研究、策划和部署。事变当天下午，当局紧急成立了设计委员会和参谋团四个幕僚机构，分别负责重大政治、军事问题的研究、策划和部署。这两个机构是拟定成立的西北最高军政机关"抗日联军临时西北军事委员会"的最重要组织。参谋团共有七名成员，分别由东北军、十七路军派员组成。马占山由于功高望隆，作为东北军的代表被委任为成员之一。根据张、杨的指示，马占山和参谋团的其他成员首先采取紧急措施，把驻陕北及甘肃、宁夏一带的东北军、十七路军所属部队调至关中东部和西安附近，以对付国民党政府亲日派可能发动的进攻，同时积极筹划援绥抗日事宜。抗日联军临时西北军事委员会成立后，于17日通电全国，宣布组织抗日联军援绥第一军团和援绥骑兵集团军。马占山因是闻名的骑兵将领，根据张学良的提议，被任命为援绥骑兵集团军总指挥。

最后，力促南京方面代表承诺切实履行三方和谈协议。事变发生后，经事变当局、中共代表与南京方面代表数次会议至24日上午达成六项协议，蒋介石表示接受张、杨提出的六项政治主张。随后，张学良立即召集参加事变的高级将领开会，讨论放蒋问题。张在会上讲明了尽快放蒋的必要性，马占山等与会者均表示同意，但又担心协议是否能够真正履行。于是，当天午前，张学良表示，由马占山与鲍文樾、米春霖、卢广绩、杜斌丞五人出面就此问题与南京方面代表宋子文再作商谈。马占山等立即约见宋子文，告之商定的协议必须兑现，宋子文拍着胸膛，竖起大拇指，表示负责担保。

张学良被扣押后，东北军一时陷入混乱，群龙无首，内部矛盾加剧。在如何营救张学良的问题上产生了严重分歧，主战派和主和派争论得十分激烈。董英斌以参谋长的身份，周旋于各派之间，苦撑危局。特别是东北军中的少壮军官，铁血豪情，力主武力解决此事。形势的发展急转直下，整个西安市笼罩在一片恐慌中，市面沉寂，人心惊恐。

王以哲、何柱国、董英斌等为说服少壮派，举行了团以上军官会议，强调东北军要团结一致，希望主战派和少壮派能顾全大局，实现张学良团结抗战的初衷。会上，马占山看到各派各执一词，各谋其事，以取其利，东北军已出现严重分裂，门阀之争颇为激烈，心中甚感失望。会议在争论声中结束，双方都以静观事态发展为策，暂时都没有采取行动。马占山感到事情比较复杂，在会上没有表态。

斡旋"和""战"之争

马占山密切注视着事态的发展，关注着张学良的命运。

1937年1月5日，杨虎城、于学忠、董英斌向全国发出通电，抗议南京政府扣押张学良。

蒋介石在扣留张学良的同时，调遣大批部队集结潼关，企图以武力胁迫西安方面无条件地服从南京方面对善后问题的处理办法。西安方面由于在政治上处于主动地位，而采取了针锋相对的方针，做了迎战准备，蒋介石迫于此情，又加国内外形势已不允许掀起内战，1月9日派与南京方面有联系的东北人士王化一、吴潮涛携蒋介石、张学良的亲笔函飞抵西安，就善后问题与西安方面进行和谈试探。当天下午，杨虎城召集西安三方高级军政人员开会。会上，王、吴劝说西安方面服从南京命令，以免引起战端，并转达了张学良的嘱咐。东北军少壮派军官不顾大局，在会上态度强硬，要求先放张学良回陕，否则不惜与南京拼死一战。王、吴对此很担心。出席会议的马占山经过深思熟虑，从大局出发，认为处理此问题必须以张学良嘱咐的"巩固东北军内部团结，巩固三位一体的统一战线"为前提，以和平谈判为唯一方法。因此，王化一在1月10日午后又专门拜访马占山等人，请他们促进东北人士团结，不要感情用事，以免发生过激行动。马占山等表示同意。

1月13日，南京方面提出解决事变善后问题的甲、乙两种方案，要西安方面择一而行。两案的核心均是要求中央军进驻西安及关中地区。张学良也于当日亲笔致信包括马占山在内的17位东、西北军方面高级将领，希望大家不要考虑个人安危，要以国家利益为重，考虑在甲、乙两案中接受一个，以和平解决事变善后问题。最初，西安方面考虑的结果，无论是主和派，还是主战派，都认为当前最主要的问题是让张学良回陕主持工作，此问题不解决，其他问题均无从谈起，因而表示不能接受。双方部队仍处于对峙状态。

随着南京方面军事压力的不断加强，东北军内部开始分化，"和""战"两派的争论日益加剧。马占山为此感到焦虑不安，他认为，国内战乱已达10年，目前又遭受日本的侵略，同胞内部无论如何也不能再打仗了。因此，他坚定地以和平的立场，反对少壮派的主张。在由高崇民邀请，杨虎城、鲍文樾、何柱国、米春霖等东北军、十七路军高级将领参加的"和""战"问题讨论会上，他明确表示"不赞成用战争方式营救张副司令"，因此引起少壮派的不满。

同时，马占山还在不同的场合，多次呼吁东北军内部要团结一致，巩固与十七路军及中共之"三位一体"的统一战线。

1月28日，西安各界15万人于革命公园举行"一·二八"淞沪抗战五周年纪念大会，马占山的代表邹大鹏到会发表演讲，希望"西北下十二分决心，保持抗日根据地，发动全国抗战"，疾呼形势"不容再有等待，希望拥护张、杨主张，全国大联合，一致抗日"。

1月29日，王以哲等坚持和平解决西安事变的将领，针对军队中少壮派的主战言论，在渭南召开团以上干部的军事会议，强调东北军要团结一致，顾全大局，以实现少帅之夙愿。会上，就"和"与"战"的问题展开讨论，马占山与杨虎城、叶剑英就加强内部团结，巩固"三位一体"的统一战线先后讲了话。马占山激愤地说道："蒋介石是个不讲信义的人，他出卖了热河四省，断送了华北、平津主权，固执其政策，我们要想叫委员长把张副司令早日送回来，大家就得团结一致，否则，张副司令是没希望回来的。"少壮派核心人物应德田作了煽动性发言，会议在对蒋介石政府的强烈愤懑中，作出了"在张副司令回来以前坚持不撤兵，中央军如再进逼，就不惜决一死战"的决定。

2月2日，少壮派军官对王以哲的主和言论深表不满，铤而走险，不顾大局，将王以哲枪杀于家中。西安局势急转直下。

马占山得知消息后，急忙联系东北军中旧部，劝其勿要冲动，冷静处理一切事态，以观时局之发展，并多次与东北军高级将领通电话，了解情况。

当天下午1时，在西安的东北军高级官员举行紧急会议，研究如何处理王以哲等被害后对东北军的解释劝慰问题，马占山抱病参加了会议。会议认为，东西两路主要部队即驻渭南的一〇五师刘多荃部、驻高陵的五十七军缪征流部和驻平凉的六十七军王以哲部是做解释劝慰的重点，必须派有威望的高级军官专程前往，向他们阐明"二·二事件"真相，并劝慰刘、缪二部接受甲案，向平凉、洛川方向集结。会议最后选定马占山与鲍文樾、刘伟、张政枋去渭南说服刘多荃后，再到高陵说服缪征流。此时刘、缪二部正和中央军教导队桂永清部在渭南以东地区相峙中，如果二部因"二·二事件"发生误会，将会导致东北军内部自相残杀的悲剧，中央军再乘势进入，东北军就有土崩瓦解之势，因此，马占山等赴二部做劝慰工作责任十分重大。

会议一直开到当晚7时半才结束，马占山等人匆匆吃过晚饭，约8时即准备出发。此时由少壮派孙铭九的卫队营把守的东门不准任何人出城，经电话联系才送来两张出城证。晚10时许，马占山等4人由22名官兵护送，分乘4辆卡车向渭南驶发。约11时20分到达临潼县东门外，被一〇五师一旅士兵拦截。据报，刘多荃因对"二·二事件"产生误解，已派一旅全体官兵对临潼方向实施紧急戒严，并不时鸣枪射击，禁止任何人员、车辆通行。马占山与其他三人下车开会研究，鲍文樾、刘伟主张回西安，马占山坚持去渭南。他说："今夜不见刘师长说明情况，恐怕明早他可能向西安进攻，而中央军桂永清部随后跟进，这不就坏了大事吗？"张政枋表示同意，鲍、刘二人也为马占山的负责精神感动，最后大家决定徒步前往，定要见到刘师长说明来意，说明西安情况。随后，马占山一行四人徒步前进。到达一〇五师部后，已是2月3日凌晨。马占山等向刘多荃详细说明了"二·二事件"真相，告以城内形势混乱，力劝刘多荃以保持"三位一体""维系东北军团结"为重，按2月1日东北军军事会议要求接受甲案，速令部队撤退，让中央军接防，以维持秩序。刘多荃虽拒绝执行甲案，但表示同意撤出渭南。马占山即刻接通洛阳电话，告知顾祝同赶快前来接防，并介绍刘多荃与顾祝同在电话中接谈，双方达成了协议。当天，刘多荃率部撤出渭南，交中央军接防。接着，马占山一行又兼程赶赴高陵五十七军军部，去说服缪征流接受甲案，缪拒绝接受，马占山虽努力劝说，仍无济于事。

2月3日，缪征流与刘多荃在高陵召开东北军军事会议，宣布接受乙案，全军东开，向安徽和淮河流域集结，至此，西北地区"三位一体"的局面解体。马占山对此甚感痛心。认为再回西安已无必要，决定东返天津。途经华阴时，顾祝同亲往迎接，感佩马占山斡旋和平接防之努力。随后，两人同乘火车东行，顾邀马占山去南京见蒋，马占山答以家中正纷忙之际，暂不前往，辞别顾祝同，回转天津。

2月4日，杨虎城与东北军将领联名发出宣言，陈述事变真相，要求南京政府释放张学良。此时，东北军中的少壮派与元老派剑拔弩张，流血在即。周恩来为防止东北军内部继续发生流血事件，发生混战，帮助杨虎城、董英斌采取果断措施，平息了动乱。

马占山在津门关注着张学良的命运。栗又文取道归绥回到北平，马占山得知栗又文要赴南京为营救张学良再尽力时，特约栗又文到天津一晤。栗又文对张学良的命运深感遗憾和痛惜，一再懊悔自己回来得太迟，没能为阻止张学良去南京而深深自责。

栗又文与高崇民抱着一线希望去了南京，见到宋子文后，宋子文说，他已多次同蒋介石交涉，蒋介石自有主张，表示实在无力实现当初的诺言了，爱莫能助。

1937年4月，栗又文和高崇民见营救无望，黯然回到天津。马占山设宴款待两位老朋友。席间，马占山说，少帅有三不该，一是不该听从蒋介石的命令，不抵抗，丢掉了东北；二是不该参加"剿共"，打内战，这是无期徒刑，是卖命换饭吃；三是不该送蒋介石回南京，此是自入囚牢，难见天日。

灯火稀疏，孤星残月，夜色渐渐浓了起来，杯盏无声，几个人亦相对无言。对中国人民来说，一场长达八年的灾难正随着漫漫长夜降临这个古老的民族……

第十章
西北坚持八年抗战

忽如一夜十万兵，危城楼下英雄魂。

哈拉寨，一个名不见经传的荒僻山村，一夜之间闻名四面八方。马占山给这片土地注入了新的血液。

马占山偏居一隅，屡出奇兵。

革命领袖谈笑风生，欢迎马占山。他对中国共产党有了深切的了解……

受命整军

1937年7月7日夜，尖锐的枪炮声划破了卢沟桥的夜空，抗日战争全面爆发。

寓居津门的马占山密切地关注着战事的发展。

7月8日，中国共产党向全国人民发出通电，呼吁：日本帝国主义武力侵占平津与华北的威胁已经放在了每个中国人的面前。平津危急！华北危急！中华民族危急！只有全民族实行抗战，才是我们的出路。通电要求，立刻给进攻的日军以坚决的反击，并立刻准备应付新的大事变，全国上下应立刻放弃与日寇和平苟安的希望与估计。要求宋哲元将军立刻动员全部二十九军开赴前线应战，要求南京中央政府立刻切实援助二十九军并立刻发动全国爱国运动，发扬抗战的民气，立即动员全国海陆空军准备应战，立即肃清潜藏在中国内的汉奸卖国贼分子及一切日寇侦探，巩固后方，要求全国人民用全力援助神圣的抗日战争。

马占山注意到，通电特别提出，武装保卫平津，保卫华北！不让日本帝国主义占领中国寸土！为保卫国土流最后一滴血！全中国同胞、政府与军队团结起来筑成民族统一战线的坚固长城，抗击日寇的侵略，国共两党亲密合作，抗击日寇的新进攻，驱逐日寇出中国。

晚饭后，马占山在客厅里听秘书杜荀若向他宣读了毛泽东、朱德、彭德怀、贺龙、林彪、刘伯承、徐向前等中共高级领导人致电蒋介石的内容。

马占山得知，蒋介石已于7月9日电促军政部部长何应钦由成都返回南京，全面筹划抗战事宜。7月11日，何应钦在南京召集各主管部门，举行了会议，部署一切军事进入战时状态，并拟出作战方略。

他还得知，在南京会议上，与会人员对日军侵略企图的判断有两种看法，一种是日本不愿扩大事态，对中共的预见和主张不以为然；另一种意见认为，日军将大举进攻，形势究竟如何发展，一时还难以断定，要静观事态的发展。对事变的处理原则，也有两种意见，一种意见认为，按日本的不扩大意向，进行妥协，因为中国抗战准备未周密，开战难操胜算，不如缓兵完成抗战准备。马占山得知何应钦与军委办公室主任徐永昌持这种意见时，他十分地愤怒，他列举自己在东北抗战时对日寇的了解，痛斥了这种观点。当他得知，另一种意见态度强硬时，则显得非常地赞同。他站起来，踱到窗前，望着窗外沉沉的夜色，自言自语地说，小日本就是图谋中国呀，居然还有人再唱降调。他摇摇头，似乎勾起了他的心事，似乎是心痛，他拍了拍胸口，不可回首呀！接着做了一个有力的手势，打！没有其他的办法，对狼只有用枪、用炮，没有办法！

7月16日，马占山得知蒋介石、汪精卫在庐山主持谈话会，邀请各党各派158人参加会议，讨论中日时局，共策御侮图存大计。参加会议的全国各界名流，以学术界、知识界、工商界为主，有胡适、经亨颐、张伯苓、张其昀、陈垣、杜重远、王芸生、王云五、洪深、范寿康、黄炎培、蒋梦麟、张君劢、虞洽卿、刘鸿生、范旭东等人。

周恩来代表中共中央出席谈话会，并提出了中共的抗日主张。蒋介石和国民党中央对一些重大政策性问题未置可否。

18日傍晚时分，秘书匆匆给马占山送来了报纸，报纸上的内容是国民党军事委员会委员长蒋介石在庐山发表的对卢沟桥事变的严正声明，宣布解决卢沟桥事件并提出了对日政策的四项原则。马占山急忙让秘书宣读：

> 如果战端一开，那就地无分南北，人无分老幼，无论何人皆有守土抗战之责任。
>
> 我们希望和平而不求苟安，准备迎战而绝不求战。万一真到了无可避免的最后关头，我们当然只有牺牲，只有抗战。"卢沟桥事件"能否不扩大为中日战争，全系日本政府的态度；和平希望绝望之关键，全系日本军队之行动。在和平根本绝望之前一秒钟，我们还是希望和平的；希望由和平的外交方法，求得"卢事"的解决。但是我们的立场，有极明显的四点：（一）任何解决不得侵害中国之主权与领土之完整。（二）冀察行政组织不容任何不合法之改变。（三）中央政府所派地方官吏，如冀察政务委员会委员长宋哲元等，不能任人要求撤换。（四）第二十九军现在所住地域不能受任何约束。

秘书念完以上这些内容后，马占山似乎也受到了鼓舞，让秘书重新读一遍。听后，他站起身，在屋里走了几个来回，两个手互相砸着想："看来，委员长这回是下了决心喽！"

第二天，马占山宴请在津门的朋友和同僚。宴席上，马占山颇为兴奋，郑重地表示，他将向蒋委员长请战。

他预料到大规模的战事即将爆发，加紧了和旧部的联络。一方面做筹军的准备，另一方面关注着事态的发展。他曾派人亲到北平，观察北平中国守军及日寇的动向，详细让其了解日军的装备、人数以及中国军队的士气。就了解到的情况，他摇摇头，对中国军队素无准备的情况显得忧心忡忡。"九一八"的伤痛还留在心头，教训实在是太沉重了，一点点的疏忽，会带来大患呀！他提请宋哲元将军要多注意向军政人员宣传，务必使中国军队保持高度警惕，不可麻痹大意。

战事的发展果然如马占山所预料，日寇调集重兵对华北地区发动了大规模的侵略战争。7月26日，日军北平特务机关长松井面见中国第二十九军军长宋哲元提出最后通牒，要求八宝山、卢沟桥附近第三十七师于27日中午前撤至长辛店，北平及西苑的部队于28日前经平汉线撤至永定河右岸。宋哲元坚决拒绝了日军的无理要求，并于28日发表了自卫守土的通电。

27日，日本从本土向中国增派三个师团，这一切都表明，日军的大规模进攻迫在眉睫。

28日是个暑热的日子，天空万里无云。北平城内的市民依然在为生计而奔波，市面似乎也显得风平浪静，尽管此前卢沟桥的枪声给市民心理上带来了恐慌和阴影，蒋介石也发表了对日原则，但这一切都还没有引起足够的重视。

8时许，一阵尖锐的炮声划破南苑的宁静。随着炮声，人们还没有辨清隆隆的声响是什么，便见飞机呼啸着俯冲下来，炸弹随即落在人们的头上，顿时血肉横飞。

朝鲜日本军第20师团、关东军第1、第11混成旅团、中国驻屯军河边旅团等部队在航空兵的配合下，分别向驻守北平郊区的北苑、西苑、南苑的第二十九军发动猛烈的进攻。南苑守军奋起抗击日军，战况甚为激烈。中国军队因无险可守，仅凭营地应战，伤亡惨重。二十九军副军长佟麟阁、第一三二师师长赵登禹，在率部向城内撤退时，遭日军河边旅团伏击于大红门，佟、赵二人及3000余将士壮烈殉国。在日军优势兵力攻击下，二十九军决定撤离北平。

28日夜，宋哲元与二十九军军部绕道门头沟向保定撤退。

29日，北平沦陷。

当日军进攻北平时，天津中国守军意识到天津战斗在即，遂于28日夜向占据天津北站、东站的日军发起进攻，一度攻克东站。

29日，关东军向天津派遣援军，大批日军从大沽口登陆，分三路包围天津，飞机数番轰炸，摧毁中国守军的防地，军民死伤惨重，中国军队被迫撤退。日军纵火焚烧了秀山堂、思源堂，使南开大学付之一炬，居民死难者达2000多人。

30日午时，冒着隆隆炮声，马占山率张凤岐等人乘上最后一列火车离开了天津。

车上，马占山凭窗远眺，望着战火笼罩的城市，心情十分复杂，沿途目睹群众逃离天津的混乱场面，仿佛又回到了"九一八"的灾难中，为什么历史总是重演呢？

列车一路驶向南京，马占山也一路未眠。

车上乱哄哄的，到处都是逃难的人群，人们议论着战事的长短，痛惜着中国军队的伤亡和无能，呼唤着英雄的出现。马占山听着这些言论，心头像压了石块一样。谁也不知道，"九一八"的抗日英雄马占山将军就在他们身边。

马占山再一次体会到了兵荒马乱的滋味和痛失家园、人民流离失所的痛楚，不禁仰天长叹。

张凤岐来劝他吃些东西，他挥了挥手，制止了张凤岐的说话。

车上的人们全没有睡意，夜色沉沉，列车发出沉闷晦涩的声音，载着一车无眠的离愁，向着风雨飘摇的国都驶去。

此时的南京，笼罩在战前的慌乱中，市面萧条，人心惶惶，抢购风潮席卷了整个金陵城，秦淮河也黯然失色，全不见桨声灯影，吴侬软语似乎也销声匿迹了，往昔的歌舞升平，已没有一丝声息。

马占山住进了中兴饭店。此时，冯玉祥将军等也住在这里，他们愤怒地谴责政府贻误战机，要求当局火速行动。马占山在去国府的路上，不时看到打着标语游行，要求抗战的人群，人民群众要求抗战的情绪极为高涨。

蒋介石对马占山的到来很热情，马向他陈述了抗战的要求，并向蒋介石表示，政府抗日，我马占山虽做一兵亦所甘心，蒋介石似乎显得胸有成竹，并没有明确表态，对马占山的抗日热情勉励有加，而后询问了他的一些情况和想法，便要他回去等候消息。

其时，淞沪抗战正酣，每时每刻都牵动着国人的心。

马占山在等候消息的日子里，拜访了在南京的一些朋友和高官要人。从他们的言行中，马占山感到这些人抗日斗志消沉，士气低落。大大小小的官吏，似乎只忙着关心自己的前途和命运，全不见一点关心民族存亡的意识。倒是知识界群情激奋、献计献策的爱国热情深深打动了马占山。回到旅馆，心情格外沉重。

8月21日，蒋介石委任马占山为东北挺进军司令，兼理东北四省招抚事宜，同时派他到山西大同组建挺进军司令部，并拨给中央骑兵第六师刘桂五部和国民兵团李大超部作为基干力量。

马占山兴奋地回到旅馆，一进门便冲着张凤岐等人喊："你们今天也要杀敌，明天也要杀敌，这回日本人杀到我们头上来了，明儿赶紧收拾东西，随我上前线吧！"

其实，蒋介石对马占山的任命是经过深思熟虑的。在此之前，马占山几次请缨，蒋介石皆模棱两可。此次战端一开，蒋介石自然要扬起马占山这面抗日的旗帜，以示自己的抗日姿态，这也是在国人面前作一样子。但马占山非自己的嫡系，嫡系部队自然不能交与他。

此时，马占山顾不得多想，他吩咐部属联络旧部。很快邹大鹏、栗又文、李士廉、程德峻等就聚在马占山的旗下。

8月24日，除留下一些人员准备接收武器装备外，马占山带领郜中复（前文郜斌山之子）、杜海山、张凤岐三人抵达大同，住进西北饭店，着手组建挺进军司令部。

当时，马占山手下没有一兵一卒，调拨的所辖部队，还没有集结到大同，司令部组建起来十分困难，经费也不宽绰，马占山一面电令各部迅速集结大同，一面在大同招兵买马。

过了几日，杜重远携同栗又文、徐寿轩等人来到大同，并带来一部电台。因武器装备未到，马占山很焦急，便又派郜中复回了趟南京。

郜中复到南京时，日寇已在上海吴淞登陆。敌机轰炸南京，郜中复冒着日军飞机的袭击，领到了组建挺进军的武器装备，随即转回大同。

日军侦知马占山在大同集结整军，迅速调集部队沿着平绥路向大同逼近。日军这次进攻，非常迅速，来势甚猛，仓促之间使马占山措手不及，马占山被迫转移到内蒙古的丰镇，继续组建挺进军。

9月初，刘桂五部、李大超部先后到达丰镇，马占山即刻开始整训军队，他亲自向官兵训话，勉励官兵爱国爱民，精诚团结，负起守土抗战的责任，驱逐日寇，收复国土，以血还血，爱我河山。

刘桂五随即向马占山表明了抗日心迹，马占山倍感欣慰。

刘桂五，字馨山，1902年7月4日出生于热河省朝阳县（今属辽宁省）六家子屯八家子村一户贫苦农民的家庭。幼读私塾两年，便辍学务农，1924年入宋哲元部当兵，后参加热河地方军白凤翔部，历任排长、连长，该部后改为东北边防骑兵六

刘桂五将军

旅，刘桂五任少校连长。1926年春，宋哲元改编保甲民团为陆军，刘桂五被委任为排长。以后，他又受到张学良重用，担任了东北军骑兵第五旅连长。

刘桂五作战勇敢，善于带兵，赏罚分明，很受士兵的拥护和官长的赏识，不久被提升为团长。以后，其部开往河北，整编为陆军骑兵第六旅，刘桂五被任命为该旅第十八团团长。

1931年"九一八"事变爆发，刘桂五义愤填膺，要求率部参战狠狠打击日本帝国主义，但他的要求未被批准。他屡次请求解甲归田，以期组织抗日义勇军对日作战，打回老家去。不久，刘桂五又被提升为陆军骑兵第六师少将师长。他上任后，时时不忘抗日，念念不忘收复失地。为提高部队的战斗力，他严格训练部队，与士兵同甘苦共患难，教育官兵永远不忘国耻，随时准备对敌人作战。为提高自己指挥作战的能力，增长学识，他每日坚持读书写字各一个小时，从不中辍。在他的努力下，骑六师兵强马壮，抗日气氛日益高涨。

卢沟桥事变后，刘桂五十分愤怒，立即请缨上书，要求开赴前线，与日本侵略军血战到底。刘桂五出发前在写给其胞兄的信中说："弟此次出发抗日，不成功则成仁，成功则到老家相见，成仁便到九泉相见。望兄安心理家，勿以弟为念。"

李大超系辽宁人，毕业于日本士官学校，秉性桀骜，目空一切，不愿寄人篱下，野心颇大。

刘桂五和李大超的到来，增加了马占山的实力，在极短的时间内，马占山就将这支抗日队伍组织起来，后在绥远保卫战中又先后招抚和收编了不少伪蒙军。

保卫绥远

初秋的田野上，到处是忙碌的人群，眼前的情景让马占山感到非常地亲切，他望着地里已经开始成熟的庄稼，想起了家乡的秋野。也许是窗外的风光勾起了他的心事。此时此刻，此情此景，令他格外地思念起家乡来。

太阳渐渐偏西了，大青山浓重的山影，沉沉地落下来，车子已渐近包头，他早听人说过，先有复盛公，后有西包头。他问身边的随行人员，这是什么意思。随行人员告诉他，早年山西的乔家来包头做生意，开了一家复盛公的商行，后来，买卖越做越大，居然修起了一条街，这便是包头最初的城市雏形。

马占山听后笑起来，看来这商人还蛮厉害的哟，他建起了城，倒要我们来保卫了！车上的人也都笑了。

车抵包头城时，天已经黑透了，望着包头城的灯火，车子悄然驰过街道，转眼就消失在黑暗中。

谁也想不到，这预示着一个新的开端。

1937年9月17日，马占山带领骑兵第六师一个步兵团，来到绥远省包头市，此时的绥远正处于混乱之中，绥远省政府主席傅作义已带领部队和绥远省各机关撤离到山西。绥远省除少量的地方部队外，已没有多少兵员，装备低劣，士气涣散，军纪不整。而日寇已沿着平绥线，推进到集宁一带，形势十分危急。

马占山进入绥远省后，立即部署军队。因事前和门炳岳的骑七师取得联系，协同作战，互为掩护，步调一致。和绥远国民军副司令李上林取得了联系，见过李上林后，才知德王的伪蒙军武器装备还是很有威胁的，虽遭傅作义打击，但现在又纠合了二三万乌合之众，此时，正受日本人驱使，意图占领归绥，成立伪政府。

1937年9月21日早晨，根据报告，在归绥的山西省骑兵司令赵承绶余部和国民军司令袁庆承余部已撤走，傅作义留在绥远的部队此时已全部撤出，归绥已成空城。集结在集宁一带的日军，继续调兵遣将，准备进攻归绥。马占山在李上林的支持下，即令包头站调集车辆，立即向归绥运兵，所有骑兵开始沿包绥公路向归绥东进。

22日午时，马占山和李上林乘火车到达归绥，下车后立即召开军事会议，部署军队。骑六师驻守旗下营与来袭之敌对峙，为正面战场。马占山亲率骑一旅吕存义部及蒙古军独立第一旅白海峰部并国民军李大超部联合布防于绥远城大黑河一线，摆开了战场，意在保卫绥远。李上林随即将归绥情况，电告山西的傅作义，傅作义立即回电，任李上林为国民军司令，带所部官兵在绥远抗战。

25日晚，马占山接报守军在旗下营抓获一名日本特务，其任务是侦察地形，收集归绥军事情报，马占山由此判断出，日寇将在近期内进攻归绥，随即召开军事会议，会上分析了敌我形势，作了必要的安排，同时，指示驻包头的部分地方部队做好后援工作。

次日，马占山在做了周密的防御部署后，邀集绥远社会各界，召开了动员会，通报情况，阐明了自己的抗日主张，并积极与绥远国民军司令李上林取得沟通，共商抗敌之事，取得了李上林的支持。

马占山据报，板垣师团和酒井机械化部队，纠集李守信匪帮，已进犯到旗下营一带。马占山即刻前往，查看地形。

马占山对绥远这个地区虽然不陌生，但毕竟是12年前的情况了。戎马倥偬，对马占山的部队来说，依然是客军，没有深厚的群众基础，又无依靠的旧关系，因而在这里开展抗战和建立根据地，绝非易事。他把自己的担心坦诚地告诉李上林，李上林看他忧心忡忡的样子，在车上向他介绍了绥远的情况。

当时绥远的情况是，1931年傅作义任绥远省政府主席后，无论在政治上或军事上，均秉承阎锡山之意，竭力推行蒋、阎政策。尽管如此，蒋介石和阎锡山对傅作义并不是十分放心，时时监视掣肘傅作义的行动。阎锡山派其嫡系部队赵承绶驻扎集宁、丰镇一带；王靖国的步兵驻扎包头、五原一带，从两个方面监视傅作义的行动。蒋介石对傅作义采取即拉又压的政策，以牵制阎锡山。傅作义处在蒋、阎拉拢和压制之下，处境十分艰难。

1933年秋，日本帝国主义收买蒙奸德穆楚克栋鲁普，即德王。德王在日寇的支持下，扩充军备，准备进犯绥远省。傅作义得知消息后，立即电告南京蒋介石、太原阎锡山，要求抵抗。蒋介石认为绥远一隅之地，得失无关大局，应把力量放在对付共产党上。阎锡山深恐战而不胜，山西老巢倾覆，因而主张和为贵。傅作义深知，倘若绥远失守，自己将无立足之地和立足之本，因此坚决主张抗战。后经傅作义再三坚持，

统率东北挺进军之马占山

蒋、阎才勉强同意抵抗，于是，傅作义积极还击来犯之敌。打击了日寇的嚣张气焰，绥远抗战取得胜利，挫败了日伪的阴谋。德穆楚克栋鲁普不甘心失败，在日本的支持下，继续做着"自治"的美梦。

德穆楚克栋鲁普，原是锡林郭勒草原苏尼特右旗的一个王公。此人野心勃勃，一心想要成立一个蒙古帝国。"九一八"事变后，与日本帝国主义勾结在一起，出卖民族利益，换取自己的政治和军事资本。1935年冬，日本关东军司令部邀请他到长春与关东军首脑南次郎、板垣征四郎、田中隆吉等密谈，支持他建立蒙古帝国，随即，日本关东军送他50万元和5000支枪作为扩兵装备之用，并勾结李守信匪帮，于1936年7月，在化德县组织伪蒙古军政府，成立伪蒙古军司令部，德王亲任总司令，李守信为副司令，共计兵员12000余人。11月24日，德王和李守信所部伪军与傅作义在百灵庙展开激战，遭到傅部痛击，一蹶不振。卢沟桥事变爆发后，德王在日本帝国主义的扶持下，再次猖獗起来，纠集匪帮，助纣为虐。

李守信出身蒙古马贼，1922年在热河北部一带，烧杀抢掠，胡作非为。后来被热河游击队收编，不久由连长升为营长。他原名李义，为表示自己改邪归正，弃暗投明，改名为李守信，后任团长。热河失守后，李守信投日，任热河游击师司令，甘心充当日寇爪牙。手下有三个支队，每个支队下设三个团，第一支队司令为刘继广，第二支队司令为尹宝山，这两个支队共有汉族官兵6300多人；第三支队司令为胡宝山，有蒙古官兵1700多人。

马占山等在前线视察了一圈，重新回到归绥。马占山的心情显得有点沉重，他对李上林说，政府拨给我的兵力实在是太少了，除刘桂五师战斗力尚好外，其余都是地方杂牌军凑成的，没有多少战斗力，最使我伤脑筋的，是本地军事防御设施太差了，应该加强。

次日，马占山命令部队加强对防御工事的修筑，并亲到现场督察。

1937年9月27日，日军开始由丰镇、集宁分三路向归绥进攻，东路日军一个旅团，配属蒙伪军一个师，一个炮兵大队，沿平绥路向旗下营直攻而来；南路日军一个旅团，两个炮兵大队，由师团长后宫指挥，从丰镇乘汽车经凉城山口子，直向归绥城南部20里地的大黑河插来；北路敌军在蒙伪军第九师师长的率领下，沿大青山北面经武川到归绥的坝子口，意图切入归绥北面。敌人分三面形成一个钳制之势，想一口吃掉归绥。

马占山作出部署，东路由刘桂五骑兵第六师和一个步兵团在旗下营车站山口一带设防；南路由吕存义部沿大黑河一线布防；西大黑河由国民军第三旅加一个团防守，由旅长孟文仲指挥，意在互相照应，随时支持旗下营和大黑河，要求部队做好隐蔽工作。北路我军没有布防，事先，马占山派出策反人员和蒙伪军井德泉取得联系，策反成功，井德泉部在行进到大青山北面坝子口时，实行反正。

一切部署就绪后，马占山和李上林亲到各阵地防线督察。

10月11日早晨，太阳刚刚升起，战斗就打响了。

东线的战事进行得颇为激烈，午后3时，初冬的太阳灰蒙蒙地悬在头顶，旗下营的守军战士伏在工事里，冻得瑟瑟发抖。就见远处的山道上，骤然腾起一片白色的烟尘，敌人的先头部队进入我守军的伏击范围，骑六师师长刘桂五率先打响了战斗，我守军全线出击，把敌人击退五六里。东路军将敌人彻底挡在了旗下营。

上午9时，南路敌军先遣部队乘装甲车到达凉城山口子。旅长孟文仲正率部在凉城山口子埋设地雷，加强工事，作阻绝道路的布置，五六百敌人乘20辆装甲车突然袭来，孟文仲当即率一营人马与敌人展开战斗。至中午，日军的进攻始终没有奏效，随着后续部队的陆续到达，战斗日趋激烈，但一直没能突入山口。

午后3时左右，孟文仲忽然发现北面的羊肠小道有敌军在向我后方迂回活动，感到形势极为不利，遂率部退守白庙子村事先修筑好的工事内。敌人调集炮火猛烈轰击白庙子，我方工事受损严重。我守军战士顽强抵抗，敌人没能继续深入。

晚6时许，敌人停止轰击，战斗进入休止状态。

夜幕很快降临了，因工事几乎被摧毁，已无险可守，马占山命令部队乘夜色撤退至大黑河一线，连夜加固工事，准备次日战斗。

晚10时，马占山率领特务营忽然出现在最前线，他勉励战士们勇敢杀敌，保家卫国，战士们深受鼓舞。乘着夜色，马占山等人观察了敌人的阵地驻防，提醒战士们不要麻痹大意，第二天将有一场恶战。战士们纷纷表示，杀敌卫国，在所不惜，马占山和战士们一一握手。

12日一早，太阳刚刚露头，南路日军就开始炮击大黑河我守军阵地，我守军虽然只有六门山炮，但依然进行了还击。敌人发现了我方的山炮阵地，便调集优势炮火压制摧毁我方炮火，我守军伤亡二三十人，两门山炮被击毁。

9时许，双方炮击非常激烈，马占山令李上林率参谋长带预备队两个营增援到大黑河前线，为了避免敌人炮火轰击，预备队全部隐蔽于水渠内。此时，正是寒水刚刚结冰之际，不少战士几乎是半浸在冰水里。敌我双方仅一水之隔，相距不过七八百米，双方炮击非常激烈。

大黑河最宽处仅五六十米，最深处也不过两米，河水刚刚结了薄冰，河上没有任何船只。此时，敌人炮火

马占山快马加鞭开赴前线途中

采取向我第二线预备队打击的策略，意图摧毁我有生力量，破坏我方战略部署。

马占山估计炮火之后，敌将开始用重兵重炮压制我第一线守军，掩护敌人渡河。他命令，第二线守军取疏散状，全部隐藏于掩体内，第一线守军，非在敌人渡河之际，不准射击。

10时许，大黑河战斗异常激烈，马占山几次给吕存义部打电话，均未和吕取得联系，他异常着急。

10时40分，马占山驱车往前线视察，一路坑坑洼洼，车子行进得很不顺利。

临近大黑河时，到处都是弹坑，最深处达两米左右，车子无法前往。马占山命令停车，车还未停稳，他就下了车，卫士长急忙跟了下去，又行进10分钟左右，大黑河已在眼前。此时，枪声却稀疏了下来，马占山颇感蹊跷。命令特务营前往阵地观察，其余人员原地待命，恰在此时，便见右前方驰来一辆车。卫士长很快就判断出是李上林司令的车，他急忙将情况报告了马占山。

车驶近了，果然是李上林司令，带着几名卫士，问时，才知李上林刚从第一线下来。

这时，炮火突然猛烈起来，马占山随即命令部队立即进入指定防线，并一再强调，延误时间者，军法处置。马占山和李上林做了短暂的商量后，决计向后撤退两公里。就在这时，前面传来了枪声，根据判断，也不过两百米左右，卫士长迅速安排大家隐蔽，就听到日本人叽里哇啦的叫喊声。马占山手疾眼快，随手就是一枪，枪声反而突然沉寂了。

马占山命令车辆后退，人员随地形就地隐蔽。

日寇也听到了我方的声音，随即集中炮火向我方隐蔽处猛烈轰击。

马占山等隐藏到一条河渠内，渠内冰水及膝，发现地形对我有利，于是让所有人员集中到河渠内。五分钟后，所有人员沿河渠破冰蹚水向东撤退，脱离了险境。

此役后，马占山退往包头，腰腿疼痛难忍，由此落下终身疾患。马占山身患感冒，战事匆匆，无暇顾及，感冒一直没好，竟持续至黄油杆子战斗时卧病难起。

11时，枪炮声骤然激烈起来。

日军调集重炮和重机枪疯狂扫射，企图压制住我第一线守军的炮火。我第一线守军迂回到敌人两侧，敌人并没发现。随着敌人炮火的加强，强渡大黑河的日军出现在我炮火的有效射程内。

此时，马占山正在距大黑河不到两百米的高地视察，他观察了敌人的运动方向后，随即下达命令，靠近打，再靠近一些。说着话，马占山随手抽出了手枪。

这时，实行强渡的敌人已进入我火力范围，马占山大喝一声：射击。我方的炮火没有及时配合，日军已推进到大黑河的中央。

马占山看到情况危急，命令特务营前往各处督战，身边仅留少许警卫。在他的严厉督促下，战斗持续了三个多小时。有力地遏制了敌人的进攻，缓解了两翼的压力。

午后1时许，挺进军与进攻的日寇已对峙了三个小时，敌军几次渡河都被我守军击溃。

太阳直直地照射在河滩上，两百余具敌尸横陈河滩，炮火出现了短暂的沉寂，接着又骤然响起，腾起的烟雾和尘土将阵地遮蔽得严严实实，守军战士剧烈地咳嗽。此时隐蔽在河渠内的第二梯队，完全为日寇的炮火所阻隔。李大超遂下令向后撤退。这样，挺进军的两翼便暴露在敌人的进攻下。

敌寇看正面进攻无望，遂迂回20余里，绕到东大黑河向我守军侧翼扑来。

马占山发现孟文仲旅已完全被敌人包围，情势十分危急。此时，联系已中断，他随即命令一名卫士前去送信。

卫士赶到时，孟文仲部对被包围全然不知，旅长孟文仲正赤膊督战，卫士急忙转达了马占山的命令。马占山为缓解孟文仲旅的压力，遂令我守军炮火猛烈轰击敌指挥所，并出动步兵进行反冲锋，把敌人压缩到大黑河岸，趁此间隙，孟文仲旅成功实行突围，但损失惨重。

马占山严厉训斥李大超放弃阵地，引起李的不快。

从此，李部作战消极。马占山亦不再将其放在重要战线之一面。

马占山看情势异常严峻，遂令守军向归绥城垣撤退。敌军似乎也发现了马占山的意图，便调集炮火猛烈轰击。

东路，沿平绥路向旗下营进攻的敌军并不顺利，虽然敌军在早晨做了炮火延伸射击，但效果并不大。

刘桂五部于9时许，替换了一线守军。一线守军士气高昂，竭力抵抗日军的进攻，坚持不下前线，一连长声泪俱下，控诉日军在东北的罪行拒不撤退，直至全连战死，连长殉国。

马占山得知情况，派人化装后将连长尸体从日军眼皮底下取回，厚葬了该连长。

刘桂五师长亲临前线督战，直到中午，敌人仍无进展。

午后2时许，敌由阵地侧面爬山迂回，登上一座山峰，居高临下，牵制了整个阵地，迫使我后方交通联络以及指挥系统受到严重威胁。

同时，正面敌军调集有生力量对我实行猛攻，致使我守军左翼一部被突破。坚持到黄昏，刘桂五下令所有守军向城垣收缩。收缩进行得异常有秩序，没有使敌人发现意图。敌军看我守军有序而退，没有立即进攻。等敌人发现意图时，我守军已全部收缩到城垣一带。

12日午后1时许，马占山估计井德泉部已到达坝子口，遂令特务营先期前往坝子口，迎接井德泉部。马占山此时正在阵地视察，他与李上林商量计议后，达成共识，欲带警卫团和特务营突然袭击归绥后方之敌。

午后3时许，马占山驱车直抵坝子口，适值特务营正与伪蒙军先头部队遭遇。马占山接报后误以为是井德泉部，随即令特务营营长张悦新前去接洽，结果得知对方不是井德泉部，而是蒙伪军第九师。

张悦新看情势不对，一方面虚与委蛇，另一方面暗中派人向马占山汇报情况。

此时，敌先头部队一个团千余人已进入坝子口，和特务营几乎混在一处。双方都发现了异常，立即开火，一时人仰马翻，打得不可开交。

马占山虽然仅带着十几名卫士，但武器装备精良，火力甚猛，被一营敌人围困在一地势低缓的小院内，双方激战一个小时，难分胜负。马占山急令特务营向西迂回，以麻痹敌人。

敌人果然中计，遂调两个营驰往西线。马占山抓住有利时机，向外猛攻。

正在此时，特务营二排长带30余名战士前来救援。二排是特务营的精锐力量，轻重武器配备齐全，战士亦各个英勇善战。混战两个小时，依然处于胶着状态。

马占山令卫士高声呼喊，骑六师来增援了，大家向外冲啊！

敌人稍一迟疑，马占山集中特务营所有精锐武器，将敌人的包围撕开一个口子，成功突围。但也付出了沉重代价，伤亡30余人。

黄昏很快降临，阴云密布，似乎一场风雪即将来临，敌军迫于气候，撤离大黑河沿岸。

马占山抓住时机，收拢队伍，全线向归绥城内收进。

果然，晚9时许，袭来一阵狂风，狂风过后，雪雨骤至。马占山命令所有部队在两个小时内全部进入归绥城垣阵地，违令者就地正法。

是日夜，风雪时缓时急，凌晨时，大黑河一夜封冰。日军亦抓住时机，突击到大黑河对岸。为稳固阵地，日方炮火随即延伸射击。

马占山发现敌人意图，派出小股部队，在大黑河岸袭扰，误使敌寇错误判断军情，只能用炮火压制我守军。

一夜无战事，只闻日军隆隆的炮声。

13日早晨，已过河集结的敌军，分东、南、北三路向归绥进逼，到中午时，三路敌军皆会集到东城。敌寇依然使用惯用的伎俩，用延伸炮火打击我后方阵地，扰乱我战略部署。城内遭到敌人炮火轰击。

午后3时，敌军全线出击，战斗异常激烈，城防工事被敌人延伸炮火毁坏，守军来不及修筑工事，便依托城垣现状，迅速进入阵地。敌军采用轮番攻击的战术，一番比一番激烈，我守军伤亡惨重。

马占山于4时从坝子口回到城垣，遂令刚刚收编的井德泉部部署到城垣内侧一线，以支持城垣外围的作战。马占山亲临前线指挥所，指挥井德泉部。

马占山站在房顶，指挥从容，给井德泉留下了深刻的印象。日后，井德泉紧紧追随马占山，直到奉调离开挺进军。

下午5时许，南路日军突破我守军防线，率先进入新旧两城中间的赛马场地段，隔开了新旧两城，对我方的防御构成威胁。

马占山分析情况后，认为当天晚上日军不会有大的军事行动，决定派四个连分为两部分，由晚11时开始，同时行动。第一部以一个连由次日凌晨3点出动，分东、南两面出击，并以一部由西迂回专袭击敌人炮兵阵地。第一部分按时到达指定位置，由东向南袭扰敌人。第二部分由南向东两面出击，采取声东击西的办法袭扰敌人。如此，使敌寇彻夜不能眠，意在打破敌人第二天的军事部署。

与此同时，马占山决定抽调两连兵力，迂回到敌军后方，采取明枪暗箭的战略以声东击西之方式打一枪换一个地方。凌晨4时，马占山又增派一个营，从正面突然发起佯攻，使敌人误认为马占山已将其分割包围。

这样，敌人仓皇应战，彻夜不安。我守军一度占领敌炮兵阵地，毁坏敌炮数十门，所有阵地炮弹全部抛于水沟内。

是夜，马占山急令所有部队集结到绥东，并连夜调集车辆，整装待命。

14日，日军因夜晚遭到袭击，不辨情况，于是就地设防。此时马占山已将部队全部收缩到位。

午时，敌军似乎发现我方的意图，分东、南、北三路开始向城垣进攻。马占山遂令部队放弃正面抵抗，以一小部分部队迂回到敌人两侧，发动进攻，迫使敌人停止进攻，以观形势。

午后3时，战斗非常激烈。恼羞成怒的日军集中重炮，向城东发动异常猛烈的攻击，时间持续了一个小时，几乎摧损了我城垣所有防御工事。我守军亦在敌人炮火中伤亡惨重。

午后4时许，南茶坊为日军突破，巷战异常激烈。随即，日军即放弃巷战，集中优势兵力向我城中心脏地带插入，意图像一把尖刀一样，直刺我指挥中心。

马占山急忙召集刘桂五、李上林等团级以上干部研究对策，认为现在情势极为严重，今夜如不退走，明日就有可能被敌人包围。

是时，马占山令精锐部队沿台阁木车站一线加强警戒，任何人不准接近车辆。为麻痹敌人，于黄昏后抽调一部分兵力，对敌实行夜袭，牵制敌人注意力，借以掩护大部队向包头转移。

前线敌我仍在隔河炮战，马占山和李大超等亲临前沿阵地视察，鼓舞士气。归绥商会给将士们送来大批慰劳品，部队士气更加高昂。

马占山与李大超考虑到北路门炳岳骑七师等在武川一带受德王伪蒙军四个师重兵节节进攻，中路刘桂五骑六师在旗下营斗金山与李守信四个师和一个炮兵队激战四天四夜，已给敌以痛击，敌伤亡甚重，我方亦人困马乏，势难久守，遂决定迅速撤退。即令门炳岳、刘桂五所部骑兵脱离战斗，沿大青山向西撤退，令城郊守军翌日全部向包头转移。

晚6时，袭扰部队向敌发起进攻，敌措手不及，我袭扰部队一鼓作气，竟然将敌寇逼迫到南茶坊一线。日军惊慌不已，急令所有夜战部队全线压上，顿时，南茶坊一带枪声大作，火光冲天。

当晚，马占山即令李大超将枪械弹药等物资装上火车星夜运往包头，然后，急令所有部队提前上车。

晚9时许，所有部队已乘上火车。马占山令袭扰部队沿南茶坊一带向东突进，日军误以为袭扰部队将作迂回穿插，即令城南部队向东增援，这样使我撤退部队顺利离开归绥。袭扰部队连夜撤出归绥，向美岱召挺进，日军没有追击。

马占山是个练达而内敛的指挥官。出于团结和大局意识，14日上午，他令国民军司令部人员先行撤退，自己和骑六师所部掩护，这在当时是非常危险的，稍有不慎，即有被日伪包围吃掉之虞。上午，在黑河北岸的守军撤至台阁木车站上了火车；下午，马占山亲率特务营在环城马路布防，直至蒙旗独立旅登上火车后，马占山才和特务营到台阁木与从旗下营退下来的骑六师一同登上最后一列火车西去。

在他到台阁木时，从山后撤下来的井德泉部亦赶到，马占山令其星夜驰驻萨县，阻截西进敌人，掩护主力在包头布防。

此时，北路德王伪蒙军包海明师已到蜈蚣坝顶，归绥的灯火犹在眼前。李守信的骑兵也进到市郊白塔车站。

是日晚，归绥城沦陷。

15日早4时，所有部队均西进，早7时许，即全部到达包头。

鏖战阴山

15日，马占山所部全部退到包头。马占山将司令部设在绥西屯垦督办公署，即令召开团以上干部军事会议。经研究决定，在磴口设置防线，运走包头物资，向绥西后套撤退。令骑六师和国民军两个团统归刘桂五师长指挥，防守磴口正面；令井德泉部在萨县阻击敌军，滞敌前进；王哲民团由山后向萨县北山口逼近敌侧背；国民军第一旅担任包头城防；骑六师的步兵团、吕纯义旅及总部特务营等做总预备队。委任刘澍代理包头县长，王文质为警察局局长；征民夫挖城壕，构筑防守工事，准备应敌。

会后，马占山忽然风趣地问道，蒙语里包头是个什么意思呢？

刘澍忙答道，就是有鹿的地方，神鹿出没的地方。

马占山似乎来了兴致，便问起了包头的来历，刘澍回答了几句，马占山颇不满足，索性让刘澍给他介绍介绍包头、归绥以及周边地区的历史和现状。

刘澍在谈到归绥周围的历史时说，秦统一中国后，现在的归绥、包头、伊克昭盟的一部分地区为云中郡、九原郡。

马占山对云中郡产生兴趣，问刘澍云中郡包括现在的哪些地区呢？刘澍告诉他就是现在归绥、包头、伊盟接壤地带的一部分地区。

马占山说，看来，我们所在的这个地方还很有来头啊。神鹿，好，有意思。

刘澎看马占山念叨不止，便说，神鹿后来为它救的几个势利小人所射杀死时，血溅为泉，故包头有个地方叫万水泉。

马占山听后，久久无语，表情严肃。

不料，日军10月14日占领归绥后，于15日就派伪蒙军两个师由归绥出大青山北面直向西挺进，企图截断我后方联络线。日军机械化部队同日向西尾追直抵萨县，与我井德泉部在萨县东门接火，激战至午后，井部由萨县西门退出向西转进。日军进城后，残酷屠杀群众多人。

15日萨县沦陷后，日伪敌军紧接着进犯磴口，16日早7时许，敌向我全面攻击，我阵地左翼靠大青山处国民军防守一线被敌突破一处，刘桂五师长见第一线出现动摇，即命预备队吕纯义旅增援反攻，到午后3时夺回左翼被突破的阵地，伤亡官长十几员，士兵近200名。

马占山严令李大超稳固阵地，不得擅自放弃防守。

下午7时许，日伪似乎找到了薄弱点，集中炮火轰击我阵地左翼，所有工事几乎全部被摧毁，国民军不得不退出第一线。刘桂五两翼受压，左右难顾，阵地被突破，致全线动摇。

马占山决定用夜袭办法，调刘桂五师二团和特务营前往，欲在拂晓前夺回关系全线安危的左翼阵地。不料，夜半敌炮射击更为激烈，而且由第一线延伸射击到总预备队，阻止我军趁夜反攻。

此时，左翼部队前线指挥官阵亡，夜袭部队已伤亡近百人不能前进，马占山令刘师返包。又接便探报告，大青山北面两师伪蒙军预计明天午时即可到达包头附近。

根据敌情的变化，马占山立即作撤退布置，电王哲民团迅速后撤，令包头所有部队沿大青山麓和黄河北岸向后套撤退。骑六师派一团沿狼山根西进，国民军派一团沿黄河岸西进，其他部队先到麻池停止。

马占山忽然接到密报，称李大超有可能出走。

马遂派人前往李部，即下令部队赶往麻池。

此时，李正带领国民军向东转进，除带去自己的国民军外，还企图带走收编的一个团，幸好马占山派去的人赶到，才制止。

马占山怒不可遏，要取李的头颅，因情况紧急，方被劝住。至此，李大超部脱离挺进军。

等前方部队都走后，马占山等于17日4时许乘汽车离开包头。在撤退中，全城乱作一团，群众家舍、大小商号，均遭各杂牌军的抢劫，几乎无一幸免。

马占山部沿山前西退，至公庙子一带遭到敌机扫射。马占山令部队分散行动。

沿途所见，确为一幅国破家亡的流民图。地方团队以及绥、包两地的行政人员及其家属、商人和市民人流如潮；汽车、马车、马匹、骆驼、毛驴争先恐后，公路为塞；军民穿插，贫富混迹，扶老携幼，人喊马叫，哭天喊地；人马杂沓，尘土弥天。此情此景令马占山颇为伤怀，他仿佛又看到了东北沦陷时的凄凉情景。

一夜行军，一夜伤情。

国破家亡，覆巢之下难有完卵。

再说蒙旗独立旅在旅长白海峰的率领下，按马占山的部署，由南海子渡黄河到了伊盟达旗展旦召一带，部队正在按既定路线转进，忽遭伏击，白海峰随即下令就地予以还击。

原来，是森盖林沁的第一团马子喜部400余骑兵企图将白海峰部消灭在展旦召盆地内。森盖林沁时任达拉特旗保安司令，已投日，后任鄂尔多斯挺进队司令，甘心为日寇驱使，死心塌地为日寇卖命。白海峰看出了对方的意图，命朱实夫部抢占前村有利地形，向来犯之敌发起进攻。

山炮命中率很高，顷刻之间就将进攻之敌击毙10余人，俘虏多人，朱实夫不幸受伤。

马子喜此时才发现白部有900余人，武器精良，弹药充足，山炮的命中率和杀伤力给其极大的威胁。马子喜始知自己的行动太过轻率，不自量力，急忙收缩部队准备逃走。

白海峰用望远镜观察得一清二楚，他发现马子喜逃窜的方向是居民非常集中的村庄，遂下令停止射击。

炮兵营长不明白旅长意图何在，便问为什么停止炮击。

白海峰叹息一声说："那里都是蒙古老乡的住户，不能伤害无辜。"

这话很快传到老百姓的耳中，赢得了百姓的赞誉。这件事不仅激起当地蒙古族老乡对马子喜的强烈不满，连马子喜的士兵也骂他这位团长是浑蛋，这为挺进军进入伊盟赢得了口碑。

白海峰不愿事态继续扩大，为了团结抗日，采取息事宁人的高姿态，将缴获的枪支、人员、马匹悉数归还马子喜。白海峰给他传话，一再声明，此事是误会，希望以后不要再发生这样的误会。

马占山部撤到五原后，受到当地各界的热烈欢迎。

五原位于内蒙古自治区巴彦淖尔市东部，古时为五原郡，南邻黄河，北倚河套，现为包兰铁路必经之地，农业颇为发达。

此时，日寇正在挑起民族分裂。绥、包沦陷后，日本帝国主义加紧推行吞并"满蒙"政策，煽动蒙、汉分裂。故意制造民族纠纷，公然策动伊克昭盟背叛民族和祖国，将伊克昭盟所属七旗均列入伪蒙军组织之内。一时间，许多蒙古王公贵族和上层分子经受不起日寇的威胁利诱，纷纷投敌叛国。

马占山所部稍事休整后，一方面秣马厉兵，积极准备再战；另一方面，马占山认识到，在蒙、汉杂居特别是蒙古族王公贵族及其上层控制的地区，争取他们一道参加抗日斗争的重要意义，否则，日本帝国主义定要拉拢和收买蒙古王公贵族及其民族败类，为其效命。为了尽力不使其投向日伪，采取招抚策略，收编了相当部分地方部队，马占山明知这些人是墙上芦苇，但拉回来总比推向对立面强，遂加大招抚力度，取得了非常好的效果，扩大了抗日统一战线。日寇为了扶持德王成立的"大蒙古帝国"，并以伊盟为其基地，大肆封官许愿，利用特务机关，挑拨民族关系，鼓吹蒙古独立，驱逐汉人于蒙境，使蒙、汉两族矛盾日益加深。

马占山得知上述情况的变化。他认为，伊克昭盟是一战略要地，背倚大青山，西与宁夏接壤，南邻黄河，与晋、陕邻接，交通方便，物产富饶。古时，就是少数民族入主中原的跳板。在清王朝时期，是各旗会盟的地方，又是蒙古族重要的游牧场所，居于南、北要冲之塞。如果伊盟有失，陕北及宁夏将岌岌可危，此乃关系西北大局安危之大事。马占山遂将情况电告国民党中央。国民党中央即回电令挺进军"警卫伊盟，兼守河防"，同时加任马占山为东北挺进军总司令。归傅作义所部节制。

马占山即奉命率所部离开五原，向伊盟挺进。

马占山进军绥远以来，在争取蒙古族兄弟特别是争取蒙古族上层方面做了很多有益的工作，取得了良好的效果。对于争取德王也是颇费苦心的。绥远保卫战后，德王被傅作义所部逐出德化后，德王得知马占山要进攻苏尼特右旗。苏旗是德王的老巢，畜牧业非常发达。德王在此起家，极为看重苏旗。他很担心马占山进驻苏旗后自己的利益会受到损害，特派部下赵文儒到马占山处刺探军情。马占山表示，决不向苏尼特右旗进攻，请德王放心，并劝德王要以民族立场，多替蒙古族人想一想，多关心民族团结之事，不要助纣为虐，受日本人指使，作出有损人格、国格的事，为人唾骂。为表示其诚信之意，马占山在洁白的哈达上写了一封信，郑重表示此意。哈达是蒙古族的象征物，代表着吉祥、富贵、诚信与安康，马占山这样做是颇有深意的。

马占山率部西撤时，为争取德王尽量不使其投向日寇，履行诺言，没有进攻苏旗，而是绕道苏旗。后来，德王在其回忆录中写道："由此可见，马占山颇有拉拢我之意，否则，他若当时进兵，占领我王府易如反掌。"

12月初，马占山率所部到达伊克昭盟东胜县，俘获了投日的东胜县县长刘牛。

此时，正值日本特务内田四勇在伊金霍洛旗召集伊盟各旗蒙古王公开会，筹划成立伪蒙帝国，沙王、图王、阿王均亲自前来参加会议。会后，内田四勇与沙王等乘汽车赴包头，企图进一步就建立伪蒙政府进行分裂活动。

他们万万没有想到，车抵东胜时，发觉马占山所部已进驻东胜，在此等候多时了，内田及阿王等想躲藏已来不及了，只好向包头方向逃窜。

马占山发现日特之意图后，即令所部将其包围，内田四勇、阿王、沙王侥幸逃脱，只将图王截获。

马占山对其晓以民族大义，劝其应从大局出发，热爱祖国，热爱民族，勿受日特所诱惑、利用，以免沦为日寇的傀儡，成为民族和祖国的罪人。

马占山语重心长地面劝图王后，将图王送回王府，图王深为马占山的爱国热忱和民族大义所感动，表示将尽其所能，协助做好上层王公的工作。

日特因马占山的进驻，不得不将设在东胜及伊金霍洛旗的特务机关和电台撤回包头。此时，达拉特旗的康达多尔济已归附日寇，准旗河北地区的奇子祥也已投日。

12月16日，康达尔多济乘马占山在东胜立足未稳之际，纠集伪蒙军第四师及达旗森盖林沁部队，企图袭取东胜。

此前，白海峰的遭遇已为马所知，马憎恨不已。马占山获悉情报后，痛恨康达尔多济背信弃义，一方面即令刘桂五部阻击来犯之敌，另一方面乘达旗王府兵力空虚之际，派骑三师二团李公九率30余精锐骑兵趁夜色直抵达旗。为保万无一失，马占山在李公九率骑兵出发后，又派侯化民副团长率30余名手枪队队员，随后前往策应。

17日，刘桂五师与日伪军在东胜羊场壕一带展开激战，将来犯之敌击溃。并令井德泉完成任务后，也前去接应。

李公九带骑兵一夜急行军，于拂晓时赶至达旗王府。至一井畔时，几个骑兵正在饮马，发现李公九等人后，没有声张，遂骑马向包头方向驰去，李公九为了不打草惊蛇，没有追击，也没有开枪，迅速向王府包抄过去。

王府的士兵发现了李公九的骑兵，问是哪一部分的，李公九答："我们是包头方面来的，请康王带路打东胜，大队在后，很快就到。"

王府的管家给李公九打开了王府的城门，正说话间，侯化民所带的30余名手枪队队员也赶到了。进入王府后，李公九迅速派人占领了王府的前后院，并控制了王府各炮台。侯化民也立即在院外动手，将王府的卫兵缴械。并商定，只要王府院内信号一发，内外立刻动手。

李公九进入内院后，一再催管家请王爷出来回话，管家进内院连催三次，均不见康王动静。李公九随即带五名手枪队队员直入王府内宅。康王和三个姨太太同眠一炕还未起床。睡梦中，康王觉得有一个冷冰冰的东西戳到了他的头上，睁开眼，李公九正用枪对着他的太阳穴，命令他立刻穿上衣服。康王似乎还想反抗，队员们手疾眼快，从康王的枕头下夺过手枪一支。三个姨太太抖作一团，缩在被子里体若筛糠，挤成一堆，面无人色。

康王故作镇静，边穿衣服，边说李公九是土匪。

李说，请你放明白，规矩一点，我们是挺进军，马将军请你去东胜面议军机。康王才如梦方醒，顿时耷拉下脸，变得规矩起来。

李公九见事已成功，冲天鸣了一枪。

这时，骑三师三团的其他策应部队也已赶到，迅速包围了王府。原来，马占山恐有意外，又增派井德泉率骑兵增援。里外一起动手，仅仅十几分钟的时间就解决战斗，王府残兵全部交出武器。

井德泉师长进入达旗王府，对康王稍加安慰，说明让其去东胜参加会议的意图，康王亲自开上自己的车，井德泉师长也同车前往东胜。

李公九率人将康王的电台、枪支、弹药、马匹全部押上，也向东胜驰去。

汽车开出两三个小时后，早晨逃往包头的康王骑兵与日军联系上了。日军派三架飞机，在康王府上空盘旋几圈后，向东胜方向飞来。

飞机追上康王的汽车后，低空盘旋了几圈，井德泉遂下令停车，挺进军恐日机投弹，遂组织机枪火力对空射击，一时，十几挺轻重机枪交织起一片火力网，日机不敢再盘旋，向包头方向飞去。

在返回东胜的路上，李公九即得到消息，由森盖率领的来犯之敌，已被刘桂五部彻底击溃，森盖去向不明，不用担心袭击，一路轻车直往东胜。顺路将森盖家查抄一空。

井德泉回到东胜后，随即将康王送交马占山，马立即召开伊盟各旗王爷会议。

会上，各旗王爷纷纷谴责康王附逆的丑恶行径，康王将所有责任都推在森盖身上。马占山力陈抗日救国之道理，晓以民族大义，动之以情，劝各旗王公要以团结为重，为国出力，共同将日寇驱逐出去，并以种种事实揭露日寇之野心，告诫各王公贵族要分清是非，不做千古罪人。

会议开了三天。散会后，马占山即刻把康王押送西安行政公署，转往重庆。

会后，挺进军在东胜整肃队伍，于12月23日移师准格尔旗。挺进军浩浩荡荡开入准旗，虽值隆冬寒冻，士兵不入民居，号令严明。

安营扎寨后，马占山和刘桂五亲赴神山，面晤准旗代理扎萨克（旗长）奇文英，晓以民族大义，劝其协助抗日，为国立功。并同奇文英商定：挺进军司令部设于杨家湾，骑六师驻纳林、沙圪堵，骑三师驻哈拉寨、古城及大、小什拉塔，骑一旅驻马栅沿河。为了协调军队与地方关系，奇文英派团副杨光普住于挺进军总部，以便随时商洽。

马占山对准旗的军事实力以及各派的政治态度洞若观火。他很清楚，在绥、包沦陷的混乱时期，"二奇"都在旗内招兵买马、积草囤粮，积极扩充实力。奇凤鸣还收编了由萨拉齐溃退下来的保安团的500多骑兵；奇文英也收编了托县护路保商团400余骑兵。再加上旗内其他武装，约有5000之众；这些队伍地形熟悉，射击准确，马术高超，足可和挺进军一比高低。虽然"二奇"因权力冲突也时有矛盾，但在挺进军面前又不得不团结一致。

马占山针对这些情况，一方面对"二奇"尽量表示友好，处处尊重"二奇"的权益，耐心解释抓放康王及查抄森盖家不得已的苦衷；另一方面又积极在两人的部队开展工作，使一部分部队弃暗投明，这大大削弱了"二奇"的军事实力，解除了挺进军的后顾之忧。

马占山到准格尔旗，在很大程度上，分化了奇文英、奇凤鸣的势力。他与"二奇"争夺控制权，不时发生摩擦，左右着准旗的局势。准旗大小士官包括奇文英都不敢得罪马占山，生怕马占山对他们兴师问罪。控制着准旗东北部黄河两岸的奇凤鸣，因环境与地理条件的关系，和挺进军处于非敌非友的状态。奇凤鸣虽曾派副官王天荣到沙圪堵会晤马占山，表示愿负责供应粮草，希望两军友好合作，避免主、客军的摩擦，而实际上两军经常处于剑拔弩张、互相戒备的紧张气氛之中。

敌伪为了使奇凤鸣一心趋附，派伪蒙军第四师十二团约400骑兵开到新召湾奇凤鸣所在的万和堂。奇凤鸣别无选择，只有派自己的保安队300多骑兵，协同伪蒙古军向沙漠内大营盘马占山部进攻。

大营盘地处于内蒙古鄂尔多斯境内的库布齐沙漠的北端，是准旗历代的王府所在，一度是伊克昭盟的政治中心，伪军将驻扎于此的马占山守军约一团人马击败，迫使该团退出大营盘，撤往纳林。

马占山得知情况后，立即令其主力骑六师刘桂五部、新骑三师等部队反攻大营盘，猛攻三日，伤亡较大。伪蒙十二团被围无援（伪蒙四师此时在萨县一带被门炳岳的骑七师牵制抽不出援兵），伪蒙军总部速调柴磴、西碾房驻防的森盖部400多骑兵奔赴大营盘增援。日军由托县出发，以步、骑、炮兵联合编成了队伍1500余人，附装甲车20余辆，向大营盘进攻。刘桂五部给日军以迎头痛击，相持两昼夜，因马占山策动伪军刘盛五部反正，里应外合，将敌击溃，日伪军被迫退回万和堂一带。

这时，奇文英突然集中保安队，企图袭击马占山部后路。

马发现奇的意图后，去电质问，奇文英支支吾吾回答不出。马警告其就地驻扎部队，不要轻举妄动。马部正准备撤回沙圪堵，而伪十二团及奇凤鸣保安队因援军不到亦准备退走。刘桂五师长在其撤退之前发起猛烈反攻，劈死了日军指挥官，伪十二团伤亡惨重，狼狈退回萨县。

刘桂五回师，粉碎了奇文英阴谋，受到马占山及准旗群众的隆重欢迎。

伪蒙军十二团向东溃退以后，李守信的伪蒙军进占大营盘驻守。马占山又用兵力夺回了大营盘，致使奇凤鸣的保安队付出巨大代价突围，退回新召湾万和堂。

奇凤鸣自知危险，带自己的家属及保安队退过黄河北岸到将军窑子等地，取得伪蒙军四师的支持，与东北挺进军相抗衡。

马占山深入准旗后，为协调各方关系，一方面先派人与背后的奇文英取得谅解；另一方面又派人到将军窑子对奇凤鸣说："伪蒙军来，你们自然得应付，我们能十分谅解，好在大家都是中国人，再不要发生误会就好。现在，我们马上北上抗日，你们还是回府来住！”与奇凤鸣暂时取得谅解，稳住了奇凤鸣，也羁住了日军的脚步。

至此，马占山所部已全部驻扎于准格尔旗境内，经过不断的斗争，扫清了前进道路上的障碍，以准格尔旗为根据地，展开新的抗日斗争。

1938年年初，日军集结重兵，准备向徐州等地发动进攻。蒋介石及国民党中央为牵制华北日军支持徐州，在下令国民党守军向徐州一带调集的同时，遂令全国各战区做好准备，协同作战。命令傅作义反攻归绥，牵制敌人，傅作义由晋南向晋北移动，并命令东北挺进军马占山部配合其整体反攻。马占山即奉命渡过黄河反攻归绥。

此时，日军正在归绥加紧策划“分而治之”的阴谋，妄图打通包宁路，在宁夏地区搞“大回帝国”。同时，企图在晋陕蒙接壤地区成立“陕北自治政府”，配合德王成立的伪蒙古自治政府。

日军为顺利实施侵略计划，打乱蒋介石的战略部署。1938年3月初，日伪兵分三路以合围之势来犯，意图一口吃掉挺进军。日伪一路由包头渡河南进，包围了东胜县。

此时，东胜由二十二军高双成所部驻守。一路由山西偏关攻河曲，与何柱国军相持。一路进攻陕西省府谷县，使晋陕蒙接壤地区处在日伪的合围之中。日军为迫使挺进军离开一线，以冈本部队配合伪蒙军三个师并重炮十余门、装甲车20余辆直攻大营盘及十里长滩一带。挺进军处在敌人的包围中，各旗王公在敌人不断的煽惑下，随时有蠢动之虞。

马占山分析形势后认为，应与敌人展开游击战，采取灵活机动的战术，主动出击，袭取敌人后方的战略，才能挫败日伪军的计划，化险为夷，并迫使日伪不敢轻易过黄河。

3月16日，马占山令骑六师师长刘桂五指挥所部及程德峻、刘盛五部从蒲拐滩渡过黄河，进攻萨县车站，截断了绥包交通。马占山亲自带新三师暂编一、二旅及特务营从巨合滩渡过黄河，进攻托县。

这样，挺进军主力全部渡过黄河，进入敌占区。从挺进军渡过黄河起，就出现了战略决策上的失误。当然，这有客观原因，即奉令出击配合傅作义军。其实，日伪就是要将挺进军调离黄河天堑一线。

17日晚，马占山向托克托县发起进攻，经一天激战，守敌溃逃。马部于傍晚收复托县，受到托县人民的热烈欢迎。

此役共毙敌百余名，并俘获伪军团长门树槐。马占山给门树槐讲了抗日的道理后，将其释放，并给李守信带了一封信，信的内容是劝说李守信要顾全民族气节，指出受日本人指使做日本人的傀儡是没有前途的，劝其以民族大义为重，回到抗日的队伍中来。日后，挺进军在绥远进行抗战时，还受到门树槐的关照和保护。

刘桂五部同时进攻萨县车站，焚毁日伪仓库及缴获交通器材甚多。

由于马占山部采取迅雷不及掩耳之战术，迅速在敌后取得了胜利，给日伪沉重的打击。日伪急忙调集大军堵截，何柱国乘机反攻，克复河曲；苦守东胜多日的高双成部亦乘机反攻，克复府谷，迫使日伪退守包头，东胜之围遂解。日伪利用挺进军行动不便、地形不熟、没有后援、情报不灵的弱点，诱其深入占领区腹地，然后调集重兵分而歼之。

马占山部深入敌后不便据守所克复城地，遂撤回准旗境内，同时，以游击部队控制绥包交通。

马占山得到情报，日伪正在绥远召开会议，筹备成立伪蒙古国，拟将伊盟各旗划入伪组织建制。马占山遂令部队秣马厉兵，准备再进，以彻底粉碎日伪的阴谋，同时，将所获情报及伊盟、晋陕蒙各地形势电告国民党中央政府。

4月1日，马占山率骑六师、暂编骑一、二两旅、特务营及程德峻部，由高隆渡口过黄河，向敌军后方归化及武川、百灵庙挺进。10日夜，袭击平绥线察素齐车站，击毙顽敌百余人，焚毁敌之交通器材与辎重甚多。在此次进军中，俘虏伪蒙军官兵很多，马占山等人对他们进行爱国主义宣传教育，说："蒙汉一家，同是中国人，勿受日本人的欺骗，要切记中国人不打中国人的这句话；如果甘心附敌，为国人所共弃，亦国法所不容。"对于这些俘虏的处理，采取留去自便原则，留者欢迎参加挺进军，共同抗战；去者发给盘费，释放回家。

马占山的这些措施收到了很好的效果，留在绥远地区的许多爱国人士和群众，在这种政策感召下，纷纷归向马占山。特别是自发组织起来的抗日义勇军和其他抗日武装，也来参加挺进军，要求共同抗战。马占山收编白玉昆部为骑兵独立第一团，委白玉昆为团长，收抚韩宇春及杨毓青部合编为暂编骑兵第三旅，任韩宇春为旅长，杨毓青为团长。收编后抓紧训练，教育官兵坚决抗战，严守纪律，不扰害百姓，不歧视蒙古人。马占山时常向官兵讲述抗战事迹，以提高他们的抗敌意志。

由于马占山部的日益壮大和发展，引起日寇极大震动，惶恐异常，急忙在沙家口召开军事会议。在会议上，他们判断马占山可能率10万之众进行反攻，于是决定从大同、绥远、包头、百灵庙等各地，调集酒井师团、冈田部队，杂以各地伪军，采取包围、追击、迂回战术，决意对马占山部发动围剿战。

4月15日，马占山率部逼近张北敌人巢穴，日寇大为震惊，忙调晋南、晋北四个师团迅速从阴山山脉中段迎来。两军相遇，展开了白刃战。这次战斗达七个昼夜。虽然给敌人以很大杀伤，但马部在粮弹将绝、饥渴难耐情况下，不得不退往武川一带，以期整军再战。

20日，马占山率部转进于武川黄油杆子一带，连日激战，马部官兵极为疲惫。黄昏时，宿营于黄油杆子村。是夜，马占山卧病，腰腿剧痛，几至不起，医生诊断，由寒所致，并发重感冒。

21日拂晓，马占山为枪声惊醒。此时，日军已将马部包围在黄油杆子村一带。

空中，日军以30余架飞机向黄油杆子村俯冲投弹，顷刻间，小小的村子成了一片火海；地面，日军集中50余辆铁甲车，分四路向村内扑来。

病重的马占山闻讯后，翻身而起，跃上房顶，面对数倍于己之敌，从容指挥作战。他下令所有部队向四面散开，分散敌人注意力，避免被敌人包围在这个小村子里。他命令两个营，奋力向外突围，并集中重火力打开一条通道，把日军分割开。两个营伤亡惨重，但还是有一部分官兵突围了。马占山命令身边的部队分东南西北四个方向，同时向外突击，撕破敌人的包围，以免形成合击。自己带卫队营集中火力牵制正面之敌。

此时，日军已将挺进军分割包围，司令部更是处在日军的重重包围之中。

特务营营长张悦新率特务营由邻村来援，被日军包围，张悦新拼力冲杀，欲解司令部之围，几番冲杀，均未见效，自己却身陷重围，英勇战死。

骑六师在师长刘桂五的率领下，顽强战斗，顶住了日军的进攻。

刘桂五观察到日军的右翼是一片开阔地，适宜骑兵大规模出击，便集中骑六师优势兵力和炮火猛攻其右翼，将日军的包围圈突破。

刘桂五率队向包围司令部的日军背后杀去。一时将日军打蒙了头，向两边退去。但外围的敌人很快推进上来。刘桂五部只有苦战。

日军从左翼逼近司令部驻地，随从副官孟克敏一再劝马占山撤下房顶，马占山就是不肯，仍在房顶坚持指挥，将士见他如此英勇，精神振作，打退了日军几次进攻。

此时，弹飞如雨，挺进军已相互不能照应，首尾难接，被分割成几块，失去了统一指挥，各部几乎都处在孤军奋战之中。

马占山见日军来势凶狠，后续援兵源源不断，遂下令放弃坚守，找准日军兵力较为薄弱的东北角，集中兵力奋力突围。

东北角是一片庄稼地，无险可守，日军调集七八辆铁甲车试图挡住挺进军的出路。

马占山下令特务营二排，迂回到装甲车背后，将日军截住，一阵猛打。终因寡不敌众，二排牺牲殆尽。

日军潮水一样扑向司令部。此时，司令部只剩下不到100人的兵力。马占山将卫队营集中到司令部后翼，凭据院子的矮墙作依托，几次顶住了敌人的压力，但还是被日军压缩到一个极小的范围。

日军逼进了马占山所据守的房屋，总部卫队顽强抵抗，猛烈的火力，筑起了一道坚固的城墙，日军的进攻被阻止了。阵地前，日军的尸体堆积如山。日军调集重兵从四面八方压来，猛烈的炮火像暴雨一样，倾泻在院子里，房屋全部被炸塌。马占山从废墟里挺起身子，抖了抖头上的土，继续指挥战斗，再次组织起较强的火力，压制住了敌人的进攻。随从副官孟克敏被炸昏，失去了知觉，卫队营伤亡惨重。

刘桂五见司令部受困，遂率部从外围向里猛冲，马占山见状迅速组织反冲锋，里外夹击将敌人的包围圈撕破，乘敌人火力减弱之时，马占山单人匹马由东北角突出重围。

刘桂五冲进司令部的废墟中，除了遍地尸体，没有找到马占山，也没有看到卫队营。卫队营此时已被日军火力压缩到东北角的两处院子里，正在苦战。

刘桂五正要乘马西驰，忽听马的卫士长徐洵喊："刘师长，马将军还没有来！"

刘桂五一听，又拨马返回，但依然未找到马占山。

当初，徐洵一步不离地紧随马占山身边。马占山转身向房后走时，喝退了徐，徐便留在院内，故不知马占山已突围。

此时，日军已意识到这是司令部所在地，遂调集2000余人的重兵围堵过来。由于双方力量悬殊，骑六师损失相当严重。日军意识到刘桂五是一重要指挥官，遂调集重炮猛烈轰击，刘桂五不幸中弹，炸伤了下肢，战马也倒在血泊之中，警卫员见状不顾一切地冲上前去，营救刘桂五。

战士们发现刘桂五受伤，便从四面八方向刘桂五身边会集。

日军也发现刘桂五受了重伤，立刻意识到这是骑六师的核心人物，便调集火力，在距刘桂五不到100米处，筑起了一道环形火线。日军指挥官下令，生擒这个挺进军指挥官。警卫员王景贵、狄凤华、袁某某一个个冲上前去，却又一个个倒下去。

刘桂五眼见这么多人倒地，他急了，喝令不要前来相救。挺进军战士也用生命筑起了一道屏障，抵住了日军的疯狂进攻。但是，刘桂五的喊声渐渐弱了，最后血尽殉国。

战士们见师长战死，意志也垮了。炮火如雨，日寇冲破了挺进军的防线，战场上浓烟弥漫。

壮烈殉国的刘桂五师长

日军准备拖走刘桂五的尸体时，骑六师余部急红了眼，随即以最猛烈的火力击退了日军，但很快日军又围堵了过来，为争夺刘桂五的尸体，双方展开了激烈的战斗。

正在此时，刘桂五的夫人单枪匹马闯入阵地，她隐身于马侧，忽然跃起，俯身将刘桂五的尸体拖到马上，从血泊中将刘桂五的尸体夺了回来。

刘桂五殉国时，年仅36岁。为表彰他英勇抗击日寇的功绩，国民政府追授他为中将。中华人民共和国成立后，人民政府追认他为烈士。

日后，当时的战地记者关梦觉在《悼念刘桂五师长》一文中写道：
"刘师长壮烈地捐躯在荒烟蔓草的塞外，埋骨于大青山下，在他个人，已
尽了军人的天职，可以死而无恨！"

马占山突出重围后，仅率百余人撤离黄油杆子村，退到一处山坡上，
回首时，黄油杆子断壁残垣，一片废墟，日军依然源源不断地从后拥
来……

马占山整顿军部后，率突围之所部，向大青山腹地转移。在榆树背一
带，又遭敌人重重包围，血战八昼夜后，突出重围，率部向五原挺进，渡
过黄河后，于4月末，先后抵达纳林、沙圪堵。

刘桂五的尸体运回纳林时，马占山在纳林为刘桂五等阵亡将士举行了
隆重的追悼大会，深切怀念他的战友和部下。之后，马占山将刘桂五的尸
体运往西安安葬。并令人将刘桂五的战死情况写成文字，发表在报刊上，
以怀念战友。

起灵时，大雨骤至，纳林镇数千名群众自发伫立雨中，为这位英雄送
行，肃立了很久，直到灵车远远地消失于视野，人们才慢慢散去。其场面
感人至深，催人泪下。直到现在，刘桂五的英雄事迹还在默默地流传着。

人民是公正的，历史是公正的，刘桂五等将士英勇牺牲的精神深深铭
记在当地人民心中。

5月22日，刘桂五的尸体运抵西安。

西安市各界成立了刘桂五将军治丧筹备处，国共两党共同追悼公祭一
位东北军的抗日将军，这在当时确实是一件空前的事。《西安日报》《国
民日报》《新华日报》等大小报纸，均连续报道了刘桂五牺牲的消息和生
前的事略，高度赞扬了刘桂五的爱国主义精神，褒扬的词语"英勇战斗，
治军极严""转战塞北，屡见奇功""光荣殉职，杀身成仁，光照日月，

彪炳千秋""其忠勇报国之精神，堪为后世者矜式"等随处可见。

蒋介石在其送的挽联上写道：

绝塞扫狂夷百万雄师奋越石

大风思猛士九边毅魄拟睢阳

中共中央军委朱德和彭德怀的挽联写道：

贵军由西而东，我军由南而北，正期会合进攻，遽报沉星丧战友

亡国虽生何乐，殉国虽死犹荣，伫看最后胜利，待收失地莫忠魂

此役，挺进军共伤亡将士4000余人，毙敌1400余人，击毁日军铁甲车20余辆。

此役，震惊了华北。这是马占山自江桥抗战以来，又一次颇为惨烈的战斗，在绥远的抗战史上，留下了浓墨重彩的一笔。时间过去了80多年，但关于这次战斗的经过和意义以及评价至今很少让人念及，是一次被人遗忘的战斗。

1938年5月上旬，马占山率部至五原渡黄河，进驻哈拉寨。并将此作为挺进军司令部的驻地。马占山听说美国海军陆战队上尉作为总统特使来华观察中日作战。卡尔逊一行已先期去过延安考察了八路军，25日已达神木。马占山派护卫骑兵到神木迎接。5月27日，卡尔逊一行来到哈拉寨，马占山举行了盛大的欢迎仪式。第二天，马占山抱病与卡尔逊交谈。马占山的机敏、疲惫的神志，给卡尔逊留下很深的印象。卡尔逊一行还拍了一批照片，这批珍贵的照片见证了马占山西北坚持抗战的历史。

与中国共产党的交往

1939年的4月间，春雨不期而至，北方干旱的田野上，细雨绵绵。刚刚泛绿的山野，此时，正萌发着浓浓的春意。马占山的心情还没有从失利和挫折中恢复，望着渐渐沉落的原野，心里涌起了无尽的哀思。

黄油杆子和榆树背两役的失利，部队遭到严重损失，亟待整编和补充。马占山也意识到，今后作战部署等重大问题也都应及时予以明确，经过一系列的思考和实地考察后，他将在伊盟的战事以及挺进军的情况电告国民党中央，准备实行新的整军计划。

初夏的哈拉寨，迎来了一场小雨。因为连续干旱，镇子里的老百姓都跑到雨地里欢呼起来。在此之前，连续三年未下透雨。马占山也颇为高兴，和挺进军的一些将领一起加入欢呼的队伍。民众见马占山笑逐颜开，第一次感觉到这个小个子军人原来很平易近人。

群众正在举行祈雨活动，他们抬着龙王爷的泥塑彩色坐像，男女老少自发地排成长队，乐器班子吹吹打打，一路走去，好不热闹。马占山也自动加入祈雨的行列，摘下自己的礼帽，和大家一样，戴上柳条枝扎成的头圈，和群众一起游走起来。

哈拉寨的生活是清苦的，小米饭、山药蛋是家常便饭。除了繁忙的军务之外，闲暇下来的马占山没有任何可消遣的事情。冬天的晚上，窗外北风怒吼，他在屋里一边听"戏匣子"手摇唱机，一边在火盆里烧土豆吃。少夫人见他扒拉的是一个霉土豆，抢过来随手扔在地上，他下炕去追那个滚动的土豆，捡起来剥掉霉皮烂瓤，把剩下的塞进嘴里大口吃下。过去，走南闯北，吃惯了山珍海味的他，现在，吃起土豆却是那样地心安理得。

此后的几年中，马占山与镇子里的老百姓结下了深厚的友谊。至今，关于他的抗日故事以及他的趣闻逸事还在民间流传。在晋、陕、蒙边地老百姓的口中，马占山是个传奇人物，随着时间的推移，越来越为广大民众所尊重。

马占山回到司令部后，收到重庆发来的电报，同意他赴陪都汇报诸事，他便赶紧安排赴重庆汇报事宜。数日后，马占山便率领参谋长戴济仁、秘书于鹤龄、尹秀峰、交际科科长杜海山、副官张凤岐等人前往重庆。到重庆必须经过延安。出发前，众人疑虑延安是否会顺利放行。议来议去，没有把握。如果不放行，就得绕行数千里，这就要在路上消耗许多时间。马占山经过思考后，认为形势紧迫，不容有多余的考虑。于是，就抱着试试看的想法，经榆林向延安出发了。当他们来到绥德境地时，一路上出乎意料地顺利，几乎没有遇到任何问题，沿途的八路军都很热情，向他们提供了力所能及的帮助。

其实，马占山对中国共产党并不陌生，只是国民党的宣传机器整天都在嚷着共产党是"洪水猛兽"，"杀人放火"……马占山在这种宣传中浸淫久了，自然便产生了迷惑。"九一八"事变前，中国共产党所领导的工农红军主要活动地在南方，马占山对中国共产党的主张和所作所为毫无所知，只听国民党一面之词。后来入关，也只能听到国民党的反动宣传。直到"九一八"事变时，首先是中国共产党发出了抗日救国的号召。这时，马占山才开始对中国共产党有所了解和认识。江桥抗战，得到了全国人民的热情支持，中国共产党也推波助澜，在其领导和支持下，各地纷纷组织援马团捐献抗战物资，给他以真诚的支持，支持他的抗战。但对中国共产党的主张和认识还不很了解，对共产党的认识也存在着偏颇之处。西安事变，使他对共产党的了解发生了根本性的转变。

当时，马占山对张学良所采取的行动并不甚明了，后来，他才知道蒋介石作为红军的宿敌，不杀他是中国共产党的主张。认识周恩来后，周恩来积极促进西安事变和平解决的所作所为给他留下了深刻的印象。卢沟桥事变后，中国共产党坚决抗日的言行，吸引和感染了一切爱国人士，极大地调动了全国军民抗日的积极性。平型关大捷后，马占山对中国共产党的军队十分佩服，对中国共产党也有了新的认识。

进军绥远后，黄油杆子一战损失颇重，几乎失掉所有的有生力量，地方有势力的武装，对挺进军蠢蠢欲动，而作为友军的八路军，却待他一如既往，和他友好相处，坚决支持他的抗日行动。

如此顺利地通过八路军的防地，反而激起了马占山的好奇心，几人商议，如果时间允许，回来时，顺道去延安看看。

5月中旬，马占山等一行到达重庆。

重庆的气氛异常紧张，日本人每次调集数十架飞机，对山城实行轮番的狂轰滥炸，一日之内空袭警报连续不断，使重庆平民异常惊扰。马占山几次请办所求之事，总是一拖再拖，办公效率极为低下。他心急如焚，不由得要发火。杜海山提醒他，这不是哈拉寨，忍一忍吧！重庆的国民党政府大员不知在忙什么，见一面往往需跑上数次，即使见了，也没有任何结果。马占山颇感纳闷，市面上人心惶惶，倒是国民党政府官员的太太们却在士兵们的前呼后拥下，大包小包地采买东西。士兵们拎着、背着太太们抢购的东西，在大街小巷走过时，令马占山哭笑不得。士兵不像士兵，仆人不像仆人，吃着军饷，行为却不像军人，这岂不是天下怪事。

马占山无奈，只好在重庆耐心地等待着。他希望能有一个好的结局，这两个月使他想起了从海外归来在上海的一段时间，与往事惊人地相似，这使马占山不得不产生疑问。

拖了两个月，才匆匆见了蒋介石一面。马占山实在待不下去了，在他的几次请求下，才领到步枪500支，轻机枪30挺，手枪数十支。国民党军事委员会还作出决定，指挥依然归傅作义，而子弹服装等给养则由西安行营胡宗南拨给，同时对挺进军的番号、编制等也作了统一的规划，对其部队的军费也略有增加，并一再告诉他们，今后部队所有开支均由西安胡宗南拨给。马占山非常失望，在重庆活动两月有余就得到这么一点可怜的装备，行前，所亟待解决的问题依然迫在眉睫，而新的顾虑却接踵而来。

一天晚上，有五个青年忽然来到招待所，要求晋见马占山。马听说他们是东北流亡学生，忙请他们进来，一问，才知道他们是来重庆请愿，得不到国民党政府的支持，食宿无着，来求马占山给予帮助。马占山非常同情他们，当即令张凤岐给他们拿些钱并叫他们听候政府的决定。

追随马占山多年的副官张凤岐

学生们走后，马占山颇为感慨，但也只能叹息。他对杜海山等人说，我坚信，我们的抗战不是孤立的。比如，今天的学生，他们就是我们的朋友，只要他们有希望，我们就有希望。

马占山等人在飞机的轰炸中告别了这个浓雾弥漫的山城，重庆之行，实在没有给他留下什么好印象，倒是普通民众艰难度日与国民党官员花天酒地的对比，让人觉得重庆实在不像个陪都的样子，更没有战时所应有的精诚团结和众志成城。

马占山是怀着失望与郁闷的心情离开重庆的。

7月底，马占山等人来到西安，西安没有任何变化。马占山不由想起当年西安事变的情景，看着熟悉的街道，却已是物是人非，心中不胜唏嘘。见了胡宗南，向他汇报了国民党政府的批示，并报告西北前线的战况。胡宗南倒是很痛快，悉数拨给了给养和装备。

胡宗南说，西北交通运输十分不便，戈壁沙漠连绵不断，千里馈军，一走就得几个月。新筑的公路不能走汽车，往来运输全以畜力车为主要交通工具。西安至哈拉寨如取道延安，一月可达，如绕道宁夏则需四五个月之久，你能否自己想办法解决。

由于来时八路军沿途给他的关照，马占山有了信心，他相信延安方面一定会给他方便。马占山说，取道延安问题不大，有问题我会随时处理的。

胡宗南表示，既无问题，就可以照办了。

回到挺进军驻西安办事处，马占山即交代办事处人员，准备领取给养辎重，尽快运往哈拉寨。又住了两日，安排好大小事宜后，这天早晨，办事处的工作人员都来送马占山一行。一位东北抗战时的旧部知道马占山爱打猎，就送给他一支双筒猎枪，老部下不好意思地说没什么好送的。马占山对他的诚意表示了感谢，说前方有支猎枪，婉拒了。

车子开出西安城，公路变得坑坑洼洼起来。

车近延安的甘泉时，天突然下起小雨，山野绿油油的，令人心旷神怡，一行人一扫旅途的劳顿，神情为之一振，车速便慢了下来，许是马达的轰鸣声惊吓了路边林子里的动物，野林子里忽然蹿出几只山鸡。车又行一会儿，天气豁然晴朗，马占山也一扫几个月来的焦急和郁闷，观路旁山鸡飞舞，柳绿山翠，这是一个好天气。

马占山便说，早知这样，就应该把猎枪收下。

随车卫士说，将军，这儿有支猎枪。

杜海山嘿嘿一笑，叫司机把车停下，卫士随手从车上取下一支猎枪，很快便把药装好了，递到马占山的手上。他接到手上说，到底还是收下了，说着便下了车。

原来，车子启动时，办事处处长张瑞三还是悄悄把猎枪塞给了杜海山。

"嘭"的一声，枪响的同时，马占山却倒在了地上。副官张凤岐急忙扑了上去，只见马占山的左手血流不止，掌心已被炸开，拇指和食指不知飞到什么地方去了，中指折断下来，血流如注。马占山已不省人事。张凤岐紧紧抱住他，众人被这个意外惊蒙了，还是杜海山反应快，下令将车上的弹药和通信器材以及其他东西全部卸下，扶马占山上车后，驱车直奔延安求医。车行到途中，进入延安边区，杜海山通过边区电话与中共中央交际处处长金城取得联系，金城随即安排医院。又行一会儿，车距延安市区20余里时，交际处金城处长亲自乘救护车赶来，将马占山接上救护车向市区医院驶去。

到延安后，延安警备负责人萧劲光听说马占山意外受伤来到延安，急忙通知有关方面，组织医生和护士进行抢救，才止住了手指的血。他的左手伤势严重，医生会诊后，认为必须马上进行手术。萧劲光将马占山受伤来到延安住进医院的事报告了党中央，中共中央特派王康博医生前来医治。王医生与有关专家对他的伤势作了进一步的会诊，认为马占山的伤势严重，如不立即采取手术治疗，将会引起更大的危险。碍于当时延安的医疗条件，王康博将情况向中共中央作了汇报。中央指示，一定要尽一切可能处理好伤势，如要手术，要征求马占山的意见，并将处置方案告诉马占山，征求他的意见后再行手术。如要转院，延安将尽一切可能协助。王康博征求马占山意见，他同意手术方案，最后由王康博亲自主刀。手术进行得相当顺利，术后，马占山的身体有所恢复。金城处长告诉马占山，中共中央领导考虑到您的身体和刚刚手术后，暂时请您留在延安医治一段日子。马占山非常感激，决定留下交际科科长杜海山、副官张凤岐二人在这里护理，其他随行人员返回哈拉寨。随后，住进拐峁医院疗养。

拐峁医院方面对马占山的伤势精心治疗，在饮食、起居方方面面照顾得非常热情周到，使马占山的病情有了明显的好转。开始时由于他的伤势严重，精神过度紧张，对于医院的环境、医疗条件、医务人员的服务态度，一点也没有注意。当他伤势好转时，才觉得这里的一切都与国民党地区的医院不同，尤其是医护人员的态度极端认真负责，对他的关照充满体贴，就像自己的亲人一样。他以为这可能是自己身为国民党高级将领，来到军医院住院，自然会得到一些格外的关照。与这里的医护人员相处久了，马占山发现无论是普通工作人员还是医生，人与人之间相处和谐、平等，处处能感受到体贴、关心和爱护，使他体会到一种全新的人际关系和生活、工作氛围。与国统区大大小小官僚化的医院相比，简直有天壤之别。后来，在日常生活中，他发现这里的医护人员不仅对他和蔼可亲，而且对待一般患者也是无微不至，照顾得极为周到。在医疗方面也是一丝不苟，认真负责。面对延安的医疗条件和现实，他颇为感慨。医院的设备虽然简陋，但卫生条件非常好，到处张贴着"发扬革命人道主义""救死扶伤"等标语，给马占山留下了深刻的

当年马占山养伤的延安拐峁医院旧址

印象。

最让他感动的是珍贵的友谊。他住院期间，有许多老朋友、新朋友前来探望慰问。他才发现，东北的一些老相识、老战友在延安的真不少。来得次数最多的是张学良的胞弟张学思。此时，张学思正在延安学习。张学思每天学习后便来看他，与他聊天有时谈到深夜，方才归去。张学思向他介绍了延安的一些情况，并将他与中共领导人毛泽东、周恩来等人的交往和印象告诉马占山，张学思的言谈中充满了对中共领导人和中国共产党的赞佩。张学思把他在延安的工作、学习、生活一一介绍给马占山。张学思身体力行的做法和坚定的信仰以及这些全新的生活、工作和学习令马占山深受感染。张学思讲述了共产党员的战斗和品行，马占山闻所未闻，结合自己耳闻目睹的，马占山对中共有了一个全新的认识。

一天，交际科科长杜海山兴奋地告诉马占山："将军，毛泽东主席来看您了！"

马占山对毛泽东并不十分了解，过去听到有关毛主席的种种传闻，主要是来自国民党宣传部门对毛泽东和他领导的中国共产党的诽谤和诬蔑，也听到过杜重远等著名人士对毛泽东的高度评价。过去也曾经想过，将来有机会一定拜会这位当代的伟人。然而，马占山毕竟是一个国民党的高级军官，他出身于旧军队的局限，对毛泽东仅仅是钦佩而已。全国抗战开始后，他们多次得到中国共产党在道义上的援助和鼓励。因此，他这次借去重庆的机会，决心到延安拜访毛泽东，以表示答谢之意。

秋天的延安温暖而明净，湛蓝的天空飘着朵朵白云，宝塔山下延河水缓缓流淌着，高亢的信天游萦绕这片土地，洋溢着泥土的气息，使这里的一切都显得祥和而宁静。

毛泽东风尘仆仆地来了，他推开门，像老朋友似的向马占山伸出大手。

马占山急忙迎上来，两双手握在了一起。

毛泽东谈笑风生："对你，我可是久闻大名哟，八年前，马将军在黑龙江抗战，饮冰卧雪，奋战于冰天雪地中，马将军劳苦功高，对马将军的到来，不胜欢迎啊！"

马占山向毛泽东表示了谢意。

毛泽东关切地望着马占山受伤的手："我看马将军伤势不轻，不过你放心，延安完全给你想办法，不会误了你的伤势。"

马占山又急忙表示了谢意。

毛泽东接着说："我当然欢迎你留下来，可是过几天你还是回榆林吧！你是世界上的知名人士，万一你死在延安，蒋介石会大做文章，给我带来洗不掉的污点！"

马占山也忙笑着说："不要紧，我死不了。"

毛泽东说："有时间，马将军到处走走看看，一定要给我们提意见哟！"

过了几天，陕甘宁边区政府举行欢迎大会，欢迎马占山将军的到来。马占山接到邀请的时候非常喜悦，一整天精神都颇为振奋。

是日晚，毛主席设宴款待马占山。王明、吴玉章、张鼎丞等同志作陪。席间，毛泽东纵论古今，指点江山，谈笑风生，使马占山感到从未有过的亲切。宴后，马占山在毛泽东、王明等人的陪同下，一同来到中央大礼堂。进入会场后，马占山才发现出席晚会的人非常多，几乎包括了延安党政军各界，特别让他感到亲切的是许多原东北籍的军政人员和爱国人士也都出席了。由各界群众代表组成的人员，环坐在主席台周围，秩序井然。会场布置得朴素而整洁，气氛热情而充满友爱。马占山走进会场时，众人报以热烈的掌声。

大会由萧劲光主持，王明首先代表中共中央及延安各界欢迎马占山的到来，王明说："第一，马将军于'九一八'事变后，他不顾一切，首先起来反抗民族敌人，首先起来打日本帝国主义，这是历史上应大书特书的。第二，马将军不但勇敢，而且机智，在敌人的重重包围下，能设法从危险中逃出，是值得人民学习的。第三，马将军是自始至终抗战到底的人。马将军主张团结全国，顾全大局；主张进步，反对倒退，只有如此，才能打败日本帝国主义。"

欢迎词毕，毛泽东首先讲话："我国古代社会即是欢迎有始有终的人，一直到今天都是这样，半途而废的人不被欢迎。抗日是一件大事，要始终如一抗到底。马将军八年前在黑龙江首先抗日，那时红军在南方即致电热烈支持。八年之前，红军与马将军则已成为抗日同志，我们相信马将军一定抗战到底。现在有些投降派，半途妥协，他们是虎头蛇尾。我们要和马将军一道，和全国抗战的人一道，我们真诚地欢迎那些始终如一、抗战到底的民族英雄。他们为中华民族解放而奋斗到底，我们就欢迎到底。马将军年逾半百，仍在抗战的最前线与敌周旋，这种精神值得全国钦佩。"

马占山应邀即席讲话，对延安各界的欢迎表示感谢，对延安给予他的无微不至的精心治疗表示谢意。马占山说，在延安治疗期间，延安给他留下了深刻印象，延安军民艰苦奋斗的精神，实在令人钦佩。从八年前的江桥抗战，到今天的抗日战争，我们一定要抗战到底！奋斗到底！打到鸭绿江边，粉身碎骨，在所不惜。马占山热情洋溢的讲话，感染了在座的每一个人，特别是那些背井离乡的东北同胞。接着，马占山又说："今天，我们打日本至上。不管什么人，只要他真正抗战，一心打日本，我们就跟他一起干，等把日本打垮之后，把小鬼子赶出中国，我们的任务完成了，我自会把军衣一脱，做一个平平安安的中国老百姓。"

马占山的讲话刚一结束，就响起了《东北三部曲》的大合唱，马占山十分兴奋。张学思告诉马占山，为欢迎他，鲁迅艺术学院专门为他赶排了这首大合唱，马占山听后，心里感到热乎乎的。半生戎马生涯，一曲浓重乡音，马占山的眼里突然感到一阵潮湿。就在这时，《黄河大合唱》犹如黄河汹涌的涛声席卷了整个会场，全体与会人员都激动地站起来，和着音乐的节拍，同声唱起了《黄河大合唱》，把晚会推向了高潮。

这次盛大的欢迎晚会，给了马占山很大的鼓舞。他在延安又住了一个时期，并就挺进军的给养过境问题与中共进行了交涉，得到了中共的热情支持。他在交际处处长金城的陪同下，参观了延安的名胜，了解了延安的生活情况和陕甘宁边区政府的施政方针，对延安的一切又有了进一步的了解。延安之行在他的思想和意识中打上了深深的烙印。

9月下旬，马占山基本上恢复了健康。他以十分感激的心情向毛泽东辞行，毛泽东建议他到榆林再休息一段日子，因为延安的生活比较清苦，条件也不甚好，到榆林后再好好调养调养。马占山怀着依依惜别的心情，告别了延安。毛泽东特派王康博医生和交际处处长金城将他护送到榆林。

延安之行，给马占山留下了深刻的印象，在其后的抗日斗争中，他的政治思想发生了较大的变化。特别是延安和重庆的对比，加深了他对中国共产党的了解和认识，在挺进军坚守黄河的八年中，中国共产党对他的政治影响直接贯注到他的抗日言行中，在哈拉赛的所作所为，明显地可以看到中国共产党对他思想的深刻影响。

此后，挺进军到后方的军政人员，只要持挺进军护照，通过边区关卡，皆畅行无阻。双方部队毗邻驻防，毫无畛域之分。挺进军三团副团长杜海荣所部与八路军一个团驻在一个村里，常与八路军举行各种各样的赛歌会。举凡赛歌会、演戏，双方一起观看，概未发生过摩擦之事，一直和睦相处到抗日战争胜利。

接受共产党员

马占山到了榆林后，住进邓宝珊将军的公馆，邓宝珊热情款待。他自然和邓宝珊谈起刚刚结束的延安之行，邓宝珊听后，也谈起对中共的印象和理解。马占山对于邓宝珊亲共早有耳闻，此刻，听邓宝珊自道，便哈哈地笑起来。邓宝珊当即明白了马占山的发笑，也笑了。邓宝珊问到他的重庆之行时，马占山的脸上即刻显出一些不愉快来。他不满蒋介石对他的冷落，对胡宗南的"公事公办"也颇为气愤。他将自己的重庆之行如实告诉了邓宝珊，邓宝珊听后许久没有说话。

马占山凑在烟灯下抽烟时，邓宝珊突然提醒道："我可没少听到有人告你在部队中重用中共党员，散布共产党主张，还不许宣传反共言论。"

马占山听后，吃了一惊，吐出一口烟后，他沉思不语。

早在寓居天津时，邹大鹏、栗又文、孙达生就和马占山有密切往来。组建挺进军时，栗又文、邹大鹏、李士廉、邰中复、徐寿轩、关梦觉又都聚在马占山的旗下，栗又文任秘书处处长，邹大鹏任军械处处长，徐寿轩任少将秘书长，李士廉任参谋处少校参谋。马占山把这些中共党员安排在重要位置，自然引起了国民党特务的注意。赴重庆前，马占山又接受参谋处处长萧兆麟的提议，把李士廉晋升为参谋二科的科长，萧兆麟是思想靠近共产党的进步军官，这引起一些国民党特务的非议。

挺进军组建不久，跟随马占山很久的机要秘书杜苟若是一个顽固的反共分子，他满以为可以得到秘书长或秘书处长的职位，不料，马仅给其一般秘书名义。杜大失所望，不久离开东北挺进军去了重庆。路经榆林时，杜在此小住，在榆林的国民党特务机关中没少散布马占山亲共的言论，引起了国民党西北特务机关的注意。恰在此时，栗又文、邹大鹏、李士廉三人在军中成立了东北救亡总会陕北分会。马占山便以此组织是对东北籍官兵进行抗日爱国教育的一个非党非团的组织为理由，将上面的追查搪塞了过去，对分会的工作也未加过问，任他们活动。其实，该组织是中共党员领导下的一个抗日救亡团体，秘密宣传抗日民族统一战线政策，教育官兵收复失地，打击日寇，一致对外，自己人不打自己人。是中国共产党的外围组织。

这时，邓宝珊旧事重提，马占山意识到，这不是一般的问题了，否则，以自己对邓宝珊的了解，邓是个谨言慎行的人，凡事皆点到为止。他对邓宝珊的提醒表示感谢。马占山说："我只是执行中央的国共合作团结抗日的政策而已，这并不值得大惊小怪！"他说得轻描淡写，似乎根本没当一回事。邓宝珊也只是笑而不语，并很快就换了一个话题。

马占山在邓宝珊处疗养一段日子后，便回到哈拉寨防地。

此时，栗又文亲赴武汉找张希尧请示周恩来后，已回到哈拉寨。经周恩来同意，在挺进军中建立了中共挺进军支部。栗又文任支部书记，邹大鹏任支部副书记，李士廉任军事委员。在军中宣传中国共产党的抗日民族统一战线政策，从事着团结官兵共同抗日救国的工作，在挺进军中扩大八路军的政治影响。几人研究后认为，有必要提供一个公开的场合为掩护，加强党群之间的联系，沟通信息，使挺进军官兵及时了解八路军的抗战情况，同时，也便于了解挺进军军官的思想状况，有条件、有机会和各级军官多接触，交朋友。在栗又文的提议下，设立了一个书报阅览室。栗又文把从武汉、西安、延安等地寄来的中国共产党领导人的著作以及八路军的报纸刊物送进阅览室，如毛泽东的《论持久战》《新华日报》等，皆可在阅览室里找到。栗又文还时常把这些刊物和著作送到有关的师和处、科给官兵们传阅。阅览室定期向部队官兵和群众开放，供群众阅读。

马占山回到哈拉寨不久，西安补给的物资和辎重也陆续运到，他即着手补充军实，调度训练。每天清晨，他亲自到河边的操场上督训。这时，蒋介石再次委任马占山为东北挺进军总司令，兼理东北四省招抚事宜，马占山接到任命后，即着手整编军队。

其组织如下：

总司令马占山、副总司令郭殿臣、参谋长戴济仁、总参议王鼎三、政治部主任魏洪绪。

司令部下设八大处：

参谋处处长　李世绩

副官处处长　吴元垣

军需处处长　田庆功

军械处处长　邹大鹏

军法处处长　张庆禄

军医处处长　李子才

兽医处处长　蔡东波

招抚处处长　邓乃伯

特务营营长　邰中复

秘　书　长　段中藩

秘书主任兼机要秘书　栗又文

军械处是军中的核心，承担着全军武器弹药的供应，直接关系着全军的生死存亡；特务营是当时全军最强的武装力量，人员战斗素质最强，设有两个骑兵连，一个机关枪迫击炮连，一个步兵连，一个通信排，武器装备精良，共计600余人，担负着全军首脑机关的安全警卫任务。秘书主任兼机要秘书是全军军事机密的制定者、执行者和保卫者，是军中的战略核心。除政治部主任外，八大处的负责人都是马占山任命的。政治部是国民党当局派到军中的特务组织，马占山自然不能安插人。从这个安排可以看出，马占山依然把中共党员放到重要位置，对国民党特务的言论未予理睬。

马占山对整编后的挺进军加强了训练，并制定了操典行为规则，对体能训练和军事训练同样重视。不许官兵吸食大烟。在加紧练兵的同时，注重抗日爱国教育。马占山经常亲自向全体官兵训话，勉励部下爱国爱民、精诚团结，负起抗战责任，并把驱逐日寇、收复国土，作为东北挺进军义不容辞的神圣任务。马占山聘用李士廉讲授游击战术课。李士廉使用的教材，以八路军的游击战术为基础编成。每完成一次课，进行一次野外演习。经过马占山坚持不懈的训练，部队战斗力迅速得到提高。

栗又文、邹大鹏经常在军中宣传中国共产党的政策，引起了国民党特务的憎恨。

11月的一天，政训处处长刘广英正组织国民党军校毕业的军官讨论"赤匪是不是国民革命军"。一毕业生说："共产党的军队只是游而不击，是土匪，不能称为国民革命军。"恰逢邸中复检查连队工作经过，邸中复便进到屋中，义正词严地指出："你们这种论调是敌人说的话，已站在敌人那面了，使亲者痛，仇者快，在客观上起了汉奸作用。马将军是抗日的，你们破坏团结抗战，他是绝对不允许的！"

刘广英听后颇为不服："你散布共产党言论，是要追究后果的。"

刘广英马上跑到马占山处告状，气势汹汹地说："邰中复骂我们政训处人员是汉奸。他是共产党员，不应在挺进军中工作，应该调离特务营！"

马占山听后，很不以为意地说："邰中复这个人，我很了解，他不是什么共产党，就是爱抬杠。你们在特务营进行反共宣传也是不对的。"

事后，刘广英四处散布邰中复是共产党员，还到处说他们是有组织的，这些人迟早会把队伍带坏。栗又文、邹大鹏、李士廉等中共党员坚决支持邰中复，不断向挺进军官兵宣传中国共产党的政策和抗日主张，在官兵中取得了良好作用。在挺进军中还发展了一批党员：上尉参谋谢仁述、连长李广彦、上尉副官孙博生、中尉译电员邹学曾、准尉司书王吉然、谍报员李森等就是在这一时期秘密加入中国共产党的。

邹大鹏

刘广英是个坚定的反共分子，目的没有达到，反而引起了官兵的不满和怨言，便去山西河曲向傅作义告状。傅作义听后，觉得问题严重，事关重大，建议刘广英向蒋介石汇报。随即，刘广英就用傅作义的电台向蒋介石作了报告。报告中称，东北挺进军有共产党员和进步人士100多人。此后不久，傅作义奉蒋介石之意，到哈拉寨查处这件事情，认为挺进军确实存在亲共、通共问题，请马占山注意，认真处理好这个问题。并提醒马，蒋介石的耳目到处都有，还是早些劝这些共产党员离开挺进军。马占山听后，只是笑笑说，有些人是捕风捉影，大年三十看月亮，根本没影的事。没有听从傅的建议。

邰中复

这件事后，国民党政训处反共活动的作用和影响就降低了。而栗又文、邹大鹏、李士廉、邰中复的共产党员的身份也为挺进军官兵所知。

1938年10月，武汉失守后，国民党当局转为消极抗战以至观战，暗中积蓄力量，准备反共。局势发生变化，中共中央六中全会作出决定，在国民党军队中不再发展共产党员，并把一些身份暴露、不宜在国民党军队中工作的共产党员撤出来。

1939年年初，栗又文、邹大鹏、李士廉、邰中复、徐寿轩、关梦觉先后离开了挺进军。栗又文和邹大鹏走时，马占山真诚挽留，并希望他们日后有机会还回到挺进军来。马占山对他们在军中所起的作用给予了充分的肯定，然后依依不舍地将二人送出防地……

中华人民共和国成立后，栗又文、邹大鹏、李士廉、关梦觉、邰中复皆成为共产党的中、高级优秀干部。

守卫黄河

"哈拉"蒙语意为黑色的意思。哈拉寨位于内蒙古与陕西省交界处，清水川由北向南穿镇而过，两翼背山，一川为涧，地势颇为险要，坐落在内蒙古高原和陕北高原交界地的沟壑中。哈拉寨在历史上是边防与军事重镇。哈拉是蒙语，寨却是汉语，即屯兵的地方。

马占山将挺进军总司令部进驻此地后，严格执行国民党中央"警卫伊盟，兼守河防"的命令，除积极备战外，密切注视着内蒙古准格尔旗及其他旗县蒙古王公贵族的动态。

准格尔旗是晋、陕、蒙边地武装实力最强的一个旗，拥有兵力数千人，武器装备精良，分别由东、西协理奇文英和奇凤鸣所掌握。准格尔旗的武装力量早已为日伪所觊觎，极力拉拢"二奇"，封官许愿，重金收买，用尽手段。"二奇"拥兵自重，与日伪暗送秋波。挺进军进入伊盟后，"二奇"的投日活动由公开转入地下，伺机而动，成了挺进军家门口的两只狼。

随着形势的发展，准格尔旗的东、西协理奇文英和奇凤鸣，政治态度大相径庭，矛盾日趋严重。在马占山的督促下，奇文英在国共合作抗战形势的影响下，同东北挺进军关系密切，人员时有往来；与蒙旗长官指导公署和绥境蒙政会的抗日部署相配合，抗日的态度明朗、坚定起来。奇凤鸣为了保全自己在河套的租税利益及统治权力，一步步被捆上了日伪"共存共荣"的战车。表面上，奇凤鸣仍与马占山和傅作义保持着关系。

马占山意识到，一旦"二奇"投日，自己将面临腹背受敌的危险，便时时加以提防。这样，挺进军的行动就处处受到牵制，这成了马占山的心头之患。马占山为了尽量不使"二奇"投向日寇，采取了种种息事宁人的办法，力图保全自己的两翼不受威胁。但这种种努力，仅仅是个人愿望而已。马占山不得不采取一些必要的手段来牵制"二奇"。

1938年冬，傅作义驻军河曲。此时，马占山正在河曲与何柱国、邓宝珊参加军事会议。奇凤鸣派侄子奇子祥和秘书李碧青来晋见傅作义。奇子祥到河曲时，献出一匹好马给傅作义。见傅作义时，奇子祥表示愿意提供给傅作义粮草、人力及一切军需物资，不愿意提供给挺进军，说挺进军纪律不好，对旗下百姓惊扰太多，并说马占山逼迫自己的伯父。

傅听后，诚恳希望奇凤鸣要顾全民族大义，不要听信谗言。挺进军是存在一些问题，但会解决好的，要和挺进军团结起来，共同抗日，警卫好黄河。

马占山听说此事后，心中颇为不快，但为顾全大局，他没有将自己的不快表露。

马占山未到河曲前，奇子祥和李碧青先到哈拉寨挺进军总部拜见马占山。攀谈中，马占山对奇凤鸣的特殊处境表示体谅，希望他为国家和民族作出力所能及的贡献。马占山对奇子祥款待有加，待为上宾。奇子祥也表示愿为挺进军做些力所能及的事情，马占山十分高兴，还送给他一支德国造的手枪。

奇子祥和李碧青在两地活动完毕，返至神山，与奇文英面商，共同抵制挺进军，希望与傅作义合作，只解决傅的粮草及其他供应。奇凤鸣闻知后，颇为吃惊，饬令奇子祥疾速返回，不能在神山多逗留一天。奇子祥走后，奇文英把奇子祥的所作所为报告给了马占山。

马占山知道后，嘱奇文英密切注意奇子祥的行动，防止他投日。其实，奇凤鸣这时已和日寇建立了密切关系，并得到了日寇的军事援助。

1939年1月，马占山、傅作义、邓宝珊在河曲召开会议，中共派南汉宸出席，山西新军续范亭也同时参加了会议，共同讨论抗战事宜。奇文英派白凤岐代表自己参加河曲会议。事前奇文英先晋见了马占山。

会议期间，傅作义与白凤岐商量三件事，一是报告蒙游军一区及准旗情况；二是询问奇凤鸣是否投日，如确系投敌，要求奇文英查究；三是三十五军要开赴绥西，路经准旗，商量在准旗设九个兵站，筹粮储草，以备补给。

白凤岐电话请示奇文英后，奇文英与傅作义亲自通话。奇文英对追查奇凤鸣投日一事，委婉推辞："奇凤鸣是否投日不能肯定，如果他投日了，一个是东协理，一个是西协理，是平级，不好过问，最好还是省府查究为妥。"

会议结束后，傅作义将查处奇凤鸣投日一事，交给了马占山。马占山回到哈拉寨后，挺进军井德泉部奉调入绥西，其所防守的准旗北部河防十二连城、新召湾一带，交给了新调来的热河先遣军白凤翔驻守，归马占山节制指挥。白凤翔是西安事变捉蒋的风云人物。西安事变后不被蒋任用，"七七"事变后组建了热河先遣军。

1939年2月，马占山得知白凤翔已将所部的兵力部署停当，即令白凤翔依计行事，前去万和堂拜见奇凤鸣。奇凤鸣察觉自己投日的事已为挺进军所知，时时提防戒备。万和堂的房上、炮楼内遍设保安队警戒。

万和堂是奇凤鸣多年经营的老巢。奇的住宅是一个四方形的大宅子，宅子外围设有五米余高的围墙，四角设有炮楼，可屯兵500余人。白凤翔到来时，先将队伍隐蔽在离万和堂五里外的一处林地，自己仅带几个人先来到万和堂。奇凤鸣看到白凤翔的人马并不多，便将白凤翔等放入院子。

奇凤鸣和白凤翔还在寒暄之际，白凤翔的先遣军源源开到。奇凤鸣意识到自己上当了，但此时，已无计可施，只得虚与委蛇，和白凤翔套近乎。先遣军几乎是里三层外三层地包围了万和堂，万和堂的空气顿时变得紧张起来。

白凤翔以好言劝说奇凤鸣回哈拉寨，让其向马占山解释自己对敌伪的态度。因奇凤鸣的投日行为，在傅作义处多有报告，傅电告马占山，要求他就地查处奇凤鸣投日一事，以正视听，确保黄河不受日寇的威胁。

奇凤鸣极诡秘，已感大事不妙。但他是久经官场变故的官僚，老于世故，很会逢迎，立即开始盛情款待白凤翔，让其讲述在西安事变中的"英雄壮举"。并笼络白凤翔，天天以大烟土招待，将自己最心爱的坐骑大青马也送给了他。没几日，两人结成"金兰之好"。

几天后，奇凤鸣之侄奇子祥完婚，白凤翔与部下都"送礼相贺"。这时，日军闻知奇凤鸣被困，派出部队与先遣军隔河战斗，准备乘酒宴混乱之际，解救奇凤鸣突围。可是，黄河已解冻，先遣军占领了高隆渡口，日军不能抢渡过河，只能以野炮轰击。大量的炮弹倾泻到黄河南岸，连万和堂的房屋也被炸塌了几间。白凤翔为保险起见，迅速将奇凤鸣转移到了新召。奇凤鸣的保安队在日军的遥相支持下，立即在万和堂和新召湾两地同挺进军展开激战。轻重机枪、迫击炮全部投入战斗，双方互相攻击，彻夜不绝。

第二日凌晨，奇凤鸣见事已无望，于是将金戒指吞入肚中。

此时，奇子祥正指挥着保安队在外围与挺进军战斗，身已负伤，在弹尽无援的情况下，被迫放下武器，缴械投降。白凤翔急忙找来军医，给奇子祥包扎了伤口。日军已调集兵力，悄悄从黄河对岸增援过来，刚一踏上河面，即遭到了挺进军的猛烈打击。

白凤翔听到岸边的枪炮声后，急令部队前往。在岸边阻击的挺进军也派人来与白凤翔联系。原来马占山料到北岸的日军一定会支援奇子祥，便调集两个团的兵力布置在黄河南岸，日军被阻击在黄河北岸。

白凤翔对奇子祥说，实在是误会太深了，你叔父年岁大了，不适宜带部队了。劝奇子祥收拢驻在黄河以北的保安部队，回到河南来，脱离日本控制。并告诉他："你叔一时想不开，吞了金，经军医抢救，性命问题不大了。"奇子祥闻听后，如霹雳轰顶，急忙去见奇凤鸣。

奇凤鸣一见奇子祥，严厉呵斥道："你在我身边，打算同死吗？"要他立即逃奔黄河北岸，顶起天地。奇子祥受到训斥后，向白凤翔诡称去收揽河北部队，连夜过河宣布投日。

白凤翔知晓后，亲自带领部队，将奇凤鸣带回哈拉寨挺进军总部，途经杨家湾，就地休息，管家德力格尔以酒宴款待白、奇二人。酒宴罢，白凤翔屏退侍卫，和奇凤鸣在卧室一边吸大烟，一边和言倾谈。正在腾云驾雾之际，奇凤鸣抓起烟枪照白凤翔的脑袋猛力击去，白凤翔"哎呀"喊叫时，卫士急忙开门闯进，才将白凤翔救下。

白凤翔苏醒后，愤怒万分，立即捆缚奇凤鸣疾速赶赴哈拉寨。一到哈镇，奇凤鸣已气绝。马占山认为这有损于团结抗日，给国家添了麻烦。随即，通知奇文英和奇子祥来哈镇看视，并厚殓了奇凤鸣。奇子祥不敢去哈镇，派了几人将其叔父的灵柩运到河北，予以安葬。

马占山解决了后顾之忧，遂着手准备外线作战的计划。

仲秋时节，黄河两岸正是草美鱼肥的季节。田野上到处都是忙碌的人群，黄河已进入汛期，水流汹涌，巨浪滔天。中秋节刚过，马占山接到国民政府任命他为第十二战区副司令长官的委任状。

此时，马占山已基本完成了部队的整编，休整训练也已进入正轨，并健全了组织。除司令部的八大处之外，又增加调整了政治部和特务营的人员配置。将所辖部队重新编整为两个骑兵师，即骑兵第五师和第六师，每个师下辖三个骑兵团，其余部队都编入游击军。马占山依据形势和当时所处的环境，仍将司令部设在哈拉寨，将兵力部署在沿黄河一线的河岸边。骑兵五师一团驻暖水，二团驻大营盘、控制托县，三团驻纳林，扼守包头至东胜的通路。骑兵六师三个团分驻沙梁、马栅、长滩，以控制凉城、偏关、烤锅营各地。

1939年春，军队整编训练完成。

4月30日，马占山亲率骑六师东渡黄河，深入偏关一带，于黄昏时包围了天峰坪守敌。敌人龟缩在营房里，拒不投降。马占山令守军围而不打。天明时，敌军欲趁挺进军熟睡之际突围。挺进军将计就计，将敌军引出天峰坪，消灭敌伪数十人。

5月1日，日伪发现挺进军大队出动，急调步、炮兵围堵，敌、我在天峰坪黄河一线展开了拉锯战，双方僵持不下。马占山恐日伪调集大军切断挺进军后路，遂派一团人马埋伏于天峰坪以西一侧的制高点。日军侦知马占山亲率骑六师突过黄河，迅速调集近万人马，由阳明堡出动30余架飞机，气势汹汹地向挺进军杀来，意图将马占山和骑六师消灭在黄河岸边。

4日，一夜小雨，挺进军冒雨渡河，船只和40余人被河水冲走，迟滞了撤退的脚步。

5日，日伪军将挺进军压缩到黄河岸边的狭长地带，骑兵无法发挥作用，亦无险可守，遭到了日伪军的猛烈炮击，空中30余架飞机的轮番轰炸。由日军组成的轻重机枪火力网，封锁了河面和退路，致使挺进军伤亡千余人，损失惨重。游击军军长夏子明壮烈殉国。马占山指挥余部退过黄河，回到了准旗境内，在马栅筑起灵堂，吊祭夏子明等阵亡将士，激励部下报仇雪恨，奋勇杀敌。

马占山吸取大军出动行动迟缓的教训，改变战术，依托地形，转进敌后，开展游击战。

7月，马占山令游击军副司令郜斌山由黄河高隆渡口过河，经托县进入凉城境内，与日军在阳坡窑一带接火，打死日军40余人。挺进军包围了驻凉城香火地的伪蒙军第三师第七团慕新亚部，策反慕部，慕率团反正投诚。马占山当即电请国民党中央，将其收编入新编骑兵第五师，慕任师长，归东北挺进军建制。

8月，慕新亚率骑五师转战于凉城、东窑子一带，各部利用熟悉的地形，互相配合，分头作战，取得了丰硕的战果。

12月26日，挺进军又一次协助傅作义进行的包头战役，派骑五师出击绥东，牵制日伪，分散敌军兵力。部队行抵西丰沟，日伪步、骑各一团包围了慕部骑兵团，慕新亚命令各连在分水岭据守以待。时慕部步兵团迅即增援，作侧翼配合。日伪军遇到骑五师的步、骑联合反击，激战一整天，五师毙敌100余人，敌伪溃逃。当敌军再次组织围攻时，五师趁夜色迅速转移。

这种小规模的出击，使敌军处于提心吊胆的境地，严重打乱了敌军的防御战线。同时，向日伪显示了挺进军在受重创之后，不仅可以固守河防，且能深入敌军腹地作战的能力。

日本侵略者对挺进军恨之入骨，时时准备伺机消灭，常派飞机对哈拉寨总司令部狂轰滥炸。

1939年9月10日上午，日伪军百余人，附山炮两门，机枪五挺，以四架飞机作掩护，试图突破关河口黄河渡口。骑一旅一团二连奋起反击，激战四个小时，击退了敌军的偷渡。

1939年冬，黄河封冻后，为防止日伪袭击伊盟，马占山收缩所有深入敌后的部队，沿黄河一线布防，坚守黄河。

1940年5月，正是抗日战争最为艰难的时期，国民党政府再度任命马占山出任黑龙江省政府主席。此时，整个东北的白山黑水皆笼罩在日寇的太阳旗下，马占山只能将黑龙江省政府设立在哈拉寨。这年年底，绥远省国民军司令李上林被傅作义派到挺进军视察防务。马占山知道李上林在军委会和军政部方面有熟人，就请李上林代表他到重庆见蒋介石、何应钦，要求把挺进军两个独立团，再添一部统编为一个师，准备反攻东北时作基干力量，同时拜见孔祥熙要求增加黑龙江省政府经费。

李上林名义上是到马占山部队视察防务，实际是和马占山在加强联系，既然马有这个意思，李上林便照办了。

翌年春天，李上林代表马占山专程到重庆面见蒋介石，请示挺进军扩编。李上林对蒋介石说："马占山部队多系伪军反正的，素质较差，一旦反攻很难完成任务。现在想对各部加以整顿，又因没有基干部队难以生效。因此，马将军派我来请示整编部队。"

蒋介石问："马占山部队与延安有没有什么接触？"

李上林说："中共对马将军还比较客气。"

蒋介石显得漫不经心地说："那马将军对他们抱什么态度呢？"

李上林忙替马占山表明态度："马将军当然知道，这只不过是一种拉拢的手段而已，但现阶段和中共这样相处，也不无裨益。"

蒋介石意味深长地笑笑："共产党的手段厉害得很！"蒋介石把话锋一转，"那么，马占山想如何整编挺进军呢？"

李上林把整编方案作了汇报。

蒋介石听后，同意了马占山的方案，吩咐李上林直接去找何应钦办理。

何应钦听说李上林是为马占山而来，表现出极大的轻蔑。何应钦对马占山如此态度，李上林很不舒服，又不便说什么，见他正好有事，便匆匆告辞。

李上林找到财政部部长孔祥熙，孔祥熙开门就说："你来替马占山要黑龙江省政府经费，他那省政府在哪里呢？"孔祥熙连个座都不让，李上林站在客厅里很尴尬。望着孔祥熙昏头昏脑的样子，李上林心里颇不是滋味："前方开展工作很不容易，增加联络人员，招抚散兵游勇不是件容易的事，才要求政府增加经费，以利工作。"

孔祥熙好像哪里着了火似的，慌里慌张地说："好吧，回头给你们再增加点。"一面说着，一面向外走去，竟把李上林晾在了客厅里。

李上林感到这趟重庆之行非常晦气，没待多久，办完事很快就回到了陕北。他把这些遭遇告诉马占山后，马占山颇感无奈。从这件事以及上次自己的重庆之行，马占山觉得国民党中央并没有把这支抗日军队当回事，但他觉得抗日要宠辱不惊，也就没太放在心上。

挺进军除骑六师和特务营之外，其余都是收编的地方保安团队。策反过来的伪蒙军和收编的土匪等，成分极为复杂，纪律不好，人民群众时常受其欺压，怨声载道。马占山几度整饬纪律，收效甚微。在使用军费上，一些收编的地方保安团队对马占山时有不逊之言。因马占山管束极严，一些地方团队行为受到限制，便联名告马占山克扣军饷，国民党中央便调马占山到重庆述职。到重庆后，蒋介石并未予以深究。

马占山从重庆返回陕北时，再次来到榆林挺进军驻榆办事处小住。适逢晋陕边区总司令邓宝珊、二十二军军长高双成、蒙旗宣慰使荣祥、蒙旗指导长官公署代长官朱绶光及各方面来榆的军政界人士正在榆林开会，他应邀也参加了会议。

马占山平常是个十分好客的人，此前曾多次来榆林小住，也经常请邓、高、荣、朱等聚会畅饮。特别是和邓、高感情融洽，每年农历十月十三日邓宝珊的生日，马占山必来祝寿，邓宝珊待为上宾，热情款待。高双成有一班秦腔剧团，经常为他们演出助兴。

会后，朱绶光邀请马占山去高双成驻防的榆林北郊红石峡赴宴，马占山与邓宝珊、高双成、荣祥相偕一起来到了红石峡。

马占山等到来时，恰逢黄昏，夕阳将暖暖的余晖涂在褐红色的石壁上。余晖将石壁上文人墨客题诗、题词映衬得多姿多彩，一行人兴致颇浓。

邓宝珊是位儒将，平常好舞文弄墨，与文人墨客多有唱和酬酢。此时，面对如此多娇的红石峡，不禁引发了感慨。

马占山联想到沦陷的祖国大好河山，情不自禁感叹了一声："还我河山！"

邓宝珊也深受感染，忽然提议："马将军抗日有年，始终不改其志和初衷，一直战斗在抗战的最前线，抗日意志越发坚强，应该请马将军将这几个字写下来，以寄将军之志，共同抒发我等抗日之心愿。"

马占山说："我是一介武夫，哪写得了字，只是发发感慨而已，你们这些秀才就别难为我了！"

众人执意不让，马占山推脱不过，便奋笔题下了四个遒劲的大字：

"还我河山"

马占山在榆林红石峡崖壁上题词"还我河山"

过后，邓宝珊请人将题词刻在了红石峡的崖壁上，为世人留下了一幅珍贵的手迹。

马占山返回防地后，对部队存在的军纪问题进行了严厉整顿。

马占山假托召开师、旅、团、营长会议，令韩遇春、白玉昆到哈拉寨开会。韩遇春旅部驻地在苏计沟，马占山派总部政治部主任魏洪绪亲临通知。韩遇春为提防起见，率副官林荫格、郝茂村及卫士12人一同赴哈拉寨。闲住8天，仍不开会，似等人员到齐。

一日，忽请赴宴，一入总部大门，韩遇春、林荫格即被缴械，捆绑监押。当天，即行枪决。告示大意云：奉重庆军政部电，暂编骑兵第三旅旅长韩遇春，私通敌人，就地正法……同时，被处决的还有骑兵团长白玉昆等几人。

韩遇春被枪决前，所部分驻黑岱沟、窑沟一带。归、萨、托一带的烧煤一向依赖准旗供给，抗战以来，两国交战，煤运自然停止。韩遇春组织军民大量采掘煤炭，运抵河口、喇嘛湾销售，换取大烟土与食粮，竟能自由往返。

1939年春，韩因其父出丧，向群众无偿征派大量猪、羊、鸡肉，摆了400来桌酒宴，场面之大实属国难当头的奇闻。

韩遇春、白玉昆等被处决后，对挺进军上下震动很大。

1941年5月，国民党中央拨给挺进军的给养和新兵到了胡宗南的西安行营，马占山派参谋处处长李世绩前往西安接收新兵和给养。

临行前，马占山告诉李世绩："当部队进入洛川八路军防地时，无论发生什么情况，都必须保持镇静，即便是被包围缴械，也不准还击，有事来电报请示。"李世绩领命去了。

新兵和给养装备接齐后，部队整训了3个多月，于9月初，便向陕北哈拉寨防地出发。

一天拂晓，部队进入八路军防地，李世绩事先未通知八路军方面，部队进入防地后才匆匆派人来联系。联系人员还没有回来，驻洛川的八路军前方部队误以为是包围延安的胡宗南部队进攻解放区，于是出动守军，将已进入防区的先头部队约800人，全部包围缴械。

李世绩见情况不妙，急令未进入的部队及给养全部停止前进，转道西凉方向。随即，李世绩便带人进入洛川八路军部队机关，与八路军取得了联系。

马占山在哈拉寨一直等候着李世绩的消息。

这一天上午刚过9点，他匆匆从外面进来，脸上的表情很严肃。他刚刚处理了一件士兵抢掠百姓的事件。近一段时间，他腾出时间再次整肃军纪，对抢劫财物、奸淫妇女、私通敌伪的分子坚决予以严惩。但由于挺进军成分复杂，几次整顿，军容风纪均未见大的好转，老百姓怨声很大。

就听得大庙前的钟声响了起来，接着便响起了两声枪响。

哈拉寨的老百姓都知道，肯定又有违反军纪者被枪决了。

后来，一首民谣便流传开来：“哈拉寨的牛车坐不得，大庙的钟声听不得。”

什么意思呢？

原来，马占山对官兵一直管束极严，军纪森严，对违反军纪和有损于老百姓切身利益的，坚决予以严惩。违反军纪严重的，被处决时，都要坐上牛车送往刑场。大庙前有一口大钟，凡是被枪决的人，都要敲钟召集群众宣布，以示警醒，以儆效尤。

秘书于鹤龄见马占山表情严肃，便倒了一杯水给马占山，马占山刚刚喝了一口水，电台台长王化春匆忙从外面进来，递给于鹤龄一封电报：“延安方面来的。”

于鹤龄接过一看，吃了一惊，忙向马占山报告说：“将军，是毛泽东的电报。"

马占山"噢"了一声:"念!"

电文的大意是:

> 府谷马占山将军。纯系误会,希即派员来接。
>
> > 毛泽东

马占山一听电报的内容,便知道是接新兵和给养出了问题。马占山思考了片刻,对于鹤龄说:"你马上给毛泽东写一封信,说电报收到了,感谢他的关怀,写明我马上派本部交际科科长杜海山前往延安,接领新兵,希予关照。并所有在延安地区的粮食费用,容后补给。"

杜海山持马占山的信很快便赶到延安,与交际处联系后,很快就见到了毛泽东,说明情况后,即刻把兵员和给养全部接回,枪支弹药亦完整无损。杜海山离开延安时,毛泽东特意送了七八斤延安产的糖果给马占山品尝。

马占山收到毛泽东的糖果后,对毛泽东的关心和馈赠特别感谢,于是回了一封信:

> 延安毛　泽东主席:
>
> 　接兵部队已经如期安全到达了陕北防地哈拉寨。
>
> 　承您赐赠糖果和新兵过延安时期有劳关怀之处,在这里一并表示感谢。顺祝您健康愉快。
>
> > 马占山

此后,双方往来密切,时有书信往返。毛泽东每次来信,均尊称秀芳(马占山字秀芳)兄,对这支共产党的亲密友军倍加关怀。

新兵到达后，马占山将新兵整编为两个团，投入训练。这时，马占山接到傅作义的指示，令他监护准格尔旗小王爷奇治国继位。马占山得到命令后即令慕新亚全权负责。

蒙古王公贵族是世袭制。抗日战争爆发时，小王爷奇治国年仅13岁，按照蒙古王公贵族的传统，不到继位的年龄。当时，伊克昭盟的盟长便安排其到伊盟中学读书，如今已到了袭位的年龄。这时，札萨克一职正由实力雄厚的奇文英代理，小王爷没有武装力量，接位实非易事。马占山早已闻听，准格尔旗为争夺王位屡有互相残杀事件发生，恐奇文英不会轻易让位，便早早做了安排。

大营盘王府被日伪军焚毁后，王府一直设在奇文英的住宅。现在要奇治国到奇文英的府上去继位，这简直是不可能的。马占山权衡利弊后，决定将德胜西奇治国的亲戚院落暂时辟为王府。马占山决定接印时由他全权负责，亲临主持监护。典礼前，马占山派慕新亚四个加强连，由杜海荣指挥，全部部署在德胜西四周，严加戒备，以防奇治国遭遇不测，并令所有河防部队，密切注视对岸日伪的动态。马占山严令，如果有误，唯头是问。

接印继位典礼的前一天，小王爷带了两个卫士前去迎接慕新亚，杜海荣为安全起见，亲率40余人随往，到了德胜西东南10余里处，便见前方来了一干人马。杜海荣以为是慕新亚到了，走近一看，却是奇文英从神山率部驰来，奇文英见到杜海荣也很吃惊，在马上和杜海荣打了招呼。当他看到小王爷也在路旁，一愣，眼都红了，欲动手。杜海荣一看万分着急，目示手下，手下士兵手持枪械对着奇文英说："奇司令，你走吧，我们还得等着迎接慕师长呢！"

奇文英只好匆匆驰往德胜西。

杜海荣受此虚惊，不敢大意，迎接到慕新亚后，将情况向慕作了汇

马占山在哈拉寨的旧居——赵家大院

报。慕认为情况严重，恐奇文英派兵来袭，随即命令杜海荣留一个连在此监视，再增加两个连的兵力，加强对德胜西四周的警戒。

马占山到来后，慕新亚重新做好了警戒部署，临时王府警备森严，房顶架了十几挺机枪，院里院外站满了荷枪实弹的士兵。慕新亚将情况向马占山作了汇报，马占山听后表情严肃，对典礼的警戒安排表示满意。他对慕新亚说："今天得给奇文英一个下马威，免得日后欺负小王爷，我们得表个态度。"

典礼由慕新亚主持。

这时，气氛顿时变得紧张起来，马占山声色俱厉地说道："从今天起，奇治国就是准旗的当家人，你们都要拥护，谁不服从，我马占山绝不客气！"

奇文英脸色变得煞白，一言不发。

马占山又说："奇文英老司令是有功的，给你们看门看得不错，你们要很好地尊重他！"说完，开始交接印信仪式，奇文英不敢怠慢，交出了印信。

马占山带头鼓掌，并对奇文英说："兄弟，你也表个态度。"

奇文英无奈，只得面对全旗军政人员说："刚才马将军说了，从今天起，奇治国就是准旗的札萨克，我们要听他的话，以后，我会好好协助的。"

交印典礼结束后，人们才松了一口气。马占山与奇文英一同回到了沙圪堵，就今后加强双方合作等事宜作了协商。奇文英经此一事，态度变得和顺，很快与马占山达成了协议。

1942年春，抗日战争进行到相持阶段，为了怀念在抗日战争中阵亡的将士，马占山在哈拉寨修筑了忠烈祠。忠烈祠依哈拉寨山势而建，凿岩以进，辟为厅堂。祠堂内设有灵牌千余位。祠堂前建有八角亭，山上建有高大的纪念塔。

马占山亲自撰写了碑文：

　　抗日军兴以来，我国军死事者多矣。忠烈祠之建设，所以妥忠魂、励士气，典至重也。而追往事谂来兹者，又后死之责也，爰徇袍泽之请，奋笔而为之书曰：哈拉寨之有忠烈祠，用以祀吾东北挺进军死事者之将士也。溯自九一八事变起，余在黑省即与倭寇作殊死战。迨七七事变，又奉命编组本军于大同。未几而冀察相继沦陷，倭寇长驱西犯进略绥远。本军诸将士在绥远辗转防守，鏖战兼旬，寇势虽挫，然其援军续至，众寡悬殊，故退守五原、临河。此抗战初年事也。次年，复奉命警卫伊盟，兼守河防。伊盟者，本蒙古族游牧地，而在战略上，我西北之屏蔽也。倭寇蓄谋已久，间谍充斥，操纵甚亟。本军行抵东胜，乃先伐其谋，擒其渠魁，倭寇气夺，蒙族之反侧者以安。遂进驻哈拉寨，迄于今且六年矣。综计此六年中，其始也，寇焰方张，迭陷我偏关、河曲、保德、府谷各县，神木、榆林莫不震惊。在此艰危之际，本军乃浴血苦战，纵横驰骋于托县、萨县、武川、凉城、关河口之间，大小不下数十战。率皆袭其要害，攻所必救，卒使倭寇不能立足，将其侵陕部队撤援托萨，所陷各县次第收复，而本军诸将士之为壮烈牺牲者亦众矣。抑尤以武川黄油杆子一役为尤惨，师长刘桂五殉国，即今之端然列祀者也，是岂余之德薄能鲜，所可感召哉，盖自先总理以大无畏之精神训练中国革命军，而所谓不成功即成仁者，天经地义久已如然于每一军人之心目。今总裁蒋禀承之，益为发扬光大，杀敌至果，义无反顾。固不独本军诸将士有此表见也。独念本军诸将士年来从予，于沙漠之际历尽艰辛完成责任，虽无赫赫显著之功，然用兵之道固有牵一发而动全身者。曩使艰危之际，本军诸将士而不能奋死决斗，所陷各县未必能复，伊盟七旗未必能保。藩篱尽撤且将影响于西北全局，而重为我最高统帅宵旰之忧矣。然则诸将士诚不为徒死也，祠而祀之。固宜祠在哈拉寨西山之麓凿石为屋，鸠工庀材。董其事者为本军王总参议鼎三，并由奇司令文英及地方绅商赞助。祠左岗上建有本军抗日阵亡将士纪念塔，祠畔置田十余亩，以供岁祀。委托地方育婴堂保管之，例得附书。

东北挺进军总司令兼黑龙江省政府主席马占山撰

中华民国三十二年十二月吉日立

忠烈祠建成后，马占山又请傅作义和邓宝珊分别为忠烈祠题词。

傅作义的题词是："浩气长存"。

邓宝珊的题词是："碧血有痕留战垒，青山无语拜碑亭"。

马占山在1943年刊印的《府谷县志》序言中说："噫！予以民国二十六年又提军转战于斯土。驻守以来，于今已七稔矣，虽夙夜欲东，急趋于白山黑水，而扼守大河，久留斯土，能不眷眷于是哉！"

1943年春，马占山收到陈长捷发来的要求挺进军协助开垦土地的公函。马占山急忙写了回函，劝阻陈长捷要适度开垦土地，不要激化民族矛盾。还没有等公函发出去，"三·二六"事变就爆发了。

此前，伊盟地区遭受了特大旱灾，大部地区颗粒无收，牲畜大量死亡，造成饥荒遍野，疫病蔓延。不仅天灾如此，而且人祸倍加。为了封锁陕甘宁边区革命根据地，国民党于上年冬季在东胜设立了"伊盟守备军总司令部"，并派大批正规军进驻伊盟，挤走了中国共产党领导的抗日部队，企图把伊盟变成进攻解放区的重要基地。陈长捷奉蒋介石、傅作义之命，从后套出发，辗转来到东胜，任伊盟守备军中将总司令兼晋陕绥边防军副总司令、伊盟保安长官公署副长官。陈一上台，首先强化"防谍"反共组织，设置"党政军特别汇报组""情报科"等情报机构；实施党政军一元化，把东胜变成了统治伊盟各旗的政治中心。陈长捷曾公开宣称："余与别人不同，是委座派来镇压你们蒙古的。"后来，陈向蒋献计：在伊盟开垦荒地5000顷，"以充军粮"。蒋介石准其试垦5000顷。陈长捷获准后大加发挥，制定了10项决策，以强权命令盟、旗、县、处立即实施。其主要内容有：训练民众，组建保甲；建造营房，军民分住；设立垦务局，开垦各旗牧场、庙地、蒙民户口地等一万顷；征收农牧民的骆驼、牛、马11000头，归伊盟守备军运输处驮运队、牛车大队使用；以整饬社会风气为由，不准蒙妇戴头饰、逼喇嘛娶妻等。开垦牧场，导致牧民无草场放牧，等于断了蒙民生路；强征牲畜，致使大批役畜劳累过度，病伤而死，使农牧业生产急剧下降。所谓整饬社会风气，更是严重破坏了蒙古族的风俗习惯和宗教信仰。这些政策和措施普遍遭到农牧民以及土官、王公们的强烈反对。尤其是扩大开垦，肆无忌惮地破坏成吉思汗陵地、召庙等

位于哈拉寨的忠烈祠

神灵圣地，这不仅直接侵犯了蒙古族人民的经济利益，而且也严重地伤害了他们的民族自尊心。全盟人民怨声载道。

马占山听到、看到陈长捷的所作所为，几次和傅作义的联络员谈起此事，请傅作义提醒陈长捷，但陈长捷置若罔闻。

陈长捷为了顺利推进开垦，加强对伊盟的统治，与特务组织相互勾结。中统特务、蒙政会财务委员会科长白音仓，以各种手段取得沙王的宠信，掌握了财政大权，身兼党、政、军几个重要职务。顾列三，中统札旗据点负责人，任蒙政委员会委员保安处主任。在开垦问题上，他们内外夹攻，逼沙王照数完成任务。沙王无奈，备函请陈长捷减少垦量，但无效。

1942年12月间，沙王先派陈长捷秘书，亦为蒙政会秘书王兰友，后派白音仓面见陈长捷，再三求减。实则王、白二人不但从中作梗，而且白音仓擅作主张，满口答应开垦万顷草原，其中包括成陵寝地和沙王祖坟地。引起全盟、特别是札萨克旗军民的切齿痛恨。白音仓以权仗势欺人，强迫札旗保安团集体加入国民党，致使矛盾愈演愈烈。旧恨加新仇，激怒了阿陵阁和札旗西协理兼保安司令鄂齐尔巴图以及保安团二连排长老赖等，他们积极主张铲除这帮内奸、特务，以免后患。

1943年2月21日，白音仓及侍卫郝三从榆林返至札旗三里界时，突然被札长保安队的士兵暗枪打死。白的同伙、盟兄弟顾列三、王兰友等暴跳如雷，执意报仇。陈长捷闻讯，异常震怒，除严令沙王惩办凶手外，又派骑七师一个连，由李连长带领进驻伊金霍洛和再生召。

3月26日凌晨4时，札长保安团400余人发起了武装暴动。这次暴动以新街镇王府为中心，西起札萨召之国民党绥蒙党部、中统绥蒙调查室，东至再生召之国立伊盟中学，25里一线为事变地区，捣毁了党部、中统、军统特务机构及电台四部，击毙了顾列三、王兰友两人，拘禁了绥蒙党部特派员、伊盟保安长官公署政治部主任、特别党部书记长王天籁，绥蒙党部书记长、代主任委员兼中统绥蒙调查室主任赵城璧，绥蒙党部特派员、蒙政会委员、伊盟中学校长经天禄等四五十人。

这就是震惊全国的伊盟"三·二六事变"。

事变发生后，准格尔旗保安队积极响应，欲在旗内起事。后因马占山严加防范，未敢行动。奇子祥将准旗之事详告日军。驻包头日军司令小岛，认为准旗的奇文英受陈长捷的压迫，军需负担繁重。小岛令奇子祥、森盖部队过河进攻挺进军。

奇子祥领令后，率部千余人，趁一个漆黑的夜晚，从李三壕偷渡过黄河南岸，向七保窑子、新召湾挺进军驻防部队猛烈攻击。激战两昼夜，在黄河北岸日军炮火的掩护下，挺进军不敌日伪火力，四个连的河防部队撤至黄河沿岸的沙漠地带。马占山速令新骑五师及骑六师各一个团，共2000多人，由慕新亚指挥，星夜驰来。

此时，奇子祥已在七保窑子附近，日夜修筑起不少防守工事，站稳了脚跟。挺进军在慕新亚的指挥下，进行有力的反击，日军用炮火支援奇子祥，阻挡了挺进军的反攻。挺进军久攻不下，形成了敌我相持状态。日军恐马占山调集更多的人马，遂调集河北岸沿黄河一线所有日军，向河南岸沿线发动进攻，牵制了挺进军的兵力。胶着两个多月，双方难分胜负。

哈拉寨的抗日阵亡将士纪念塔

为哈拉寨小学修建的秀芳图书馆

奇文英见有机可乘，又伺机而动，调旗内兵力5000余人，暗中增援奇子祥，妄图从背后袭击挺进军，构成我方阵地左翼的威胁。慕新亚发现日伪的意图，紧急变更部署，同时将情况电告马占山。马占山命令不惜一切代价将来犯之敌赶到河对岸。慕新亚得令后，令杜海荣团天亮前撤至沙漠边缘，隐蔽待命。

此时，马占山已发现了奇文英调集兵力的意图，他派总参议王鼎三到神山质问奇文英集中兵力为何目的。奇文英说，我怕你们打不了敌伪，正要出兵帮助你们。王鼎三将计就计，请奇文英派部队到前方助战，并旁敲侧击地告诉奇文英，别有什么其他想法。

奇文英知道企图被马占山识破，不得不派奇子礼率300余骑，与挺进军一起到前方助战。奇子礼来到阵地时，不仅不支持作战，反而暗中与奇子祥在河北会晤。慕新亚迅速将情况电告马占山，马占山遂改变作战部署，突然向奇文英的老巢神山派去两个团人马，切断了神山与外界的交通往来。

奇文英知阴谋败露，派军需官白凤岐向马占山解释，马占山对白凤岐说："回去告诉奇文英，赶快觉醒，将部队迅速各归原位，否则，两天之内，使神山变成一堆焦土。"

奇文英慑于马占山的压力，急令奇子礼部就地待命，切不可轻举妄动。

慕新亚抓住机会，向突入南岸的奇子祥发动猛攻，奇子祥得不到奇子礼的支持，被迫又退回了黄河北岸。

此役持续三个多月，挺进军牺牲官兵近百名。

在哈拉寨修建的育婴堂

1944年，抗日战争进行到反攻阶段时，国民党政府令前方部队抽出一部分兵力，到敌后开展游击活动。马占山遂派挺进军游击支队共4个中队，300余人，乘夜渡河进入敌占区。日军调集重兵企图对大青山一带的游击队进行铁壁合围。日伪军的这次大规模扫荡，历时月余，封山口、断粮道、纵横梳剿，企图一网打尽。

马占山又派出三支小股部队，采用声东击西的办法，支援游击支队。日伪军疲于应付，左奔右袭，疲惫不堪。游击支队和三支小分队彼此呼应。

一天傍晚，三支小分队包围了美岱召车站，策反警备队30余人，消灭了驻车站的日军15人。日伪得知消息后，向美岱召车站驰援。游击支队在背后突然向日伪军发动袭击，日伪急忙掉头围剿游击支队。土默川及大青山的老百姓得知挺进军深入敌后打击日寇的消息后，纷纷奔走相告。

游击队利用这种战术，密切配合，解了挺进军的河防压力。

马占山在坚守河防的同时，积极发展地方经济，特别是在文化、慈善、教育等方面，作出了不懈的努力。他捐资15万元，兴建了一所小学，在校内修建了秀芳图书馆、中山堂等。为了改变重男轻女的封建习俗，校内男女兼收，还鼓励女孩上学，给女生每人发制服一套。

马占山看到哈拉寨文化落后，封建思想浓厚，常有弃婴、溺婴和歧

当地群众为马占山树起的德政碑

视妇女现象，又拿出钱来创办了一所育婴堂，收容被遗弃的婴儿，雇请保姆抚育成人。同时发动官兵协助地方建桥补路、修理河堤，开办纸坊、油坊、军鞋厂等，发展地方经济，并设立集市，每10天一集，加强蒙、汉物资交流，受到了人民群众的赞扬。

现在，晋、陕、蒙边地形容哈拉寨当年的繁荣景象时，有一句谚语："七十二道油坊上梁杠——一年四季响三响！"意思就是说，油坊繁荣，梁杠经常要换，每换一次油梁杠，皆要放三声炮。出油频繁，油梁易坏，每天都有换油梁的油坊。因此，一年四季炮声便不断，可见当时哈拉寨的繁华程度。

当年，哈拉寨有小北平之说，皮毛、油、粮及手工业在晋、陕、蒙边地首屈一指。"声闻胡地三千里，鸣冠晋陕十六州"便是哈拉寨当时的写照。

当地人民群众为了感念马占山为造福人民所做的好事、益事，特意为他立了一块"德政碑"，几经风雨，直到今天依然伫立哈拉寨。

也许石碑某一天会倒掉，但已深入广大民众心中的口碑，会世代相传……

第十一章
为和平解放北平而奔走

抗日战争胜利了。

马占山率部离开西北，心愿依旧，却不知身往何处。

他实践了一贯反对内战的主张，遥望东北，只能仰天长叹。

解放军兵临城下，马占山为和平解放北平而奔走……

"我生平理想的新型国家已建立，我虽因病与世长离，但可安慰于九泉之下……"

生命终结了，历史却留下来……

心愿依旧何处去

1945年8月15日，日本宣布无条件投降，抗日战争取得了最后胜利。

马占山登上哈拉寨东边的瞭望台。这是一个俯瞰四野的制高点，就要离开了，再看一眼这片战斗了八年的土地吧！放眼望去，四面山河直扑眼底，苍黄而低垂的天空下，是绵延的黄土高坡，起落的沟谷，褶皱的深崖。长风浩荡，扑面而来。塞外朔地，大漠孤烟，满目黄土，苍山暮日，抗敌的工事依然坚固，这里真是个怀乡的好地方。

应该告别了，向忠烈祠鞠个躬吧，生死与共的战友们，安息吧！

1945年8月中旬，马占山告别哈拉寨，率部北上。

9月初，马占山所部开赴绥东、大同，为配合傅作义部总反攻，部队行进到平绥路柴沟堡一带，遭到人民解放军的猛烈攻击。这是马占山部第一次和共产党的军队打仗。战斗十分激烈，经三昼夜血战，弹尽粮绝，伤亡过重，师长慕新亚、副师长刘建华等人带着骑兵五、六师仓皇而退。此役，损失战马2000匹。

不久，马占山称病，去了北平。

10月，蒋介石宣布东北三省划为九个省区，设立了东北最高行政机构，即东北行营和东北保安司令部。蒋介石以"东北人治东北"为口号，任命熊式辉为东北行营主任，由马占山、莫德惠、万福麟、冯庸、张作相、王树翰、达王等组成了东北行营政治委员会。

马占山称病未到任，却应傅作义的电请，去了一趟归绥，与傅作义共同会见了由马歇尔将军、周恩来、张治中组成的三人军调小组。

此行，是马歇尔特意通过傅作义邀请他来归绥的。马歇尔久闻马占山大名，一直无缘得见。马占山与马歇尔交谈甚欢。周恩来与马占山是第三次相见了，像老朋友一样，重温了他们所共同经历的事件。此行，马占山也给周恩来留下了深刻的印象。中华人民共和国成立后，毛泽东、周恩来不忘这位抗日的老朋友，邀请他出席中国人民政治协商会议一届二次会议。

1946年10月11日，国民党《中央日报》刊登一条消息：马占山在平养病暂不克来沈。全文是："东北保安副司令长官马占山将军现尚留平，闻已有电致杜长官，因病须再疗养，短期内不克来沈。"

1947年年初，国民党在东北的处境每况愈下，蒋介石为挽救东北的危局，意欲重整旗鼓，几次动员马占山出山。

4月12日，沈阳市一些团体发出通电，欢迎马占山早日莅沈。

电文说："大驾不日来沈，东北人是无不欢歌备忧，不甚雀跃之至……吾等谨代表东北全体民众，特致电欢迎，切盼即日就任，时不甚企盼。"

熊式辉、杜聿明也多次电催马占山，期望他早日来东北。

此时，马占山正在北平称病。最初，马占山以为会让他回黑龙江省，而蒋介石却仅给他一个东北行营政治委员会委员的名义。蒋介石见马占山迟迟不肯到职，才加衔任命马占山为东北保安副司令。

在北平期间，马占山与傅作义交往日渐频繁。其时，马占山的部队全部交由傅作义，部属也希望马占山留在北平与傅作义合作。马占山却一心要回东北，他多次表白说："东北是我的家乡，离开这么久了，我很想回去，也很想我在那里的乡亲，我愿意为他们做些力所能及的事情。"

马占山的心迹未被蒋介石理会，称病终不是办法，遂于1947年4月17日动身前往东北。

临行前，他接见国民党中央社记者，发表了书面谈话："由于结束原职务上各项手续，故未能早日前往东北，承新闻界朋友殷殷相询，谨表谢意……占山忝属军人，早下以身许国之决心。此次前往东北，必当竭尽心力，以唤起当地民众，明辨是非，在政府领导下，努力恢复秩序，促成统一……到东北后，必可召集其旧部，为国家效命疆场。"

然而，他的报国愿望又落空了。

4月17日，即他来沈阳的前一天，沈阳各界欢迎马占山将军筹备会在市政府召开会议，讨论准备热烈欢迎马占山事宜。决定18日下午3时偕同长春、滨北等地专程来接的代表，前往沈阳北站欢迎马占山的到来。

4月18日，马占山到山海关后，改乘国民党东北行营长官部特备专车，于下午6时20分到达沈阳北站。国民党军政机关和社会团体代表以及各界群众共3万余人，在沈阳北站举行了热烈的欢迎仪式。马占山深感欣慰，亦欢欣鼓舞。

台湾著名作家李敖先生写道："马占山将军万里荣归，一下火车，群众一拥而上，包围了他，他们大喊：'马将军万岁！'把他抬了起来，在东北同胞的内心深处，他们知道除了马将军，没人值得喊万岁。四天后，东北同胞开大会欢迎他，十万人到场欢迎。马占山将军才六十岁，可是多年流亡，人已苍老，他满脸皱纹、满脸风霜，对着每一张苦难的脸、折磨的脸、马首是瞻的脸，他泪下，十万群众也泪下。泪尽胡尘的东北遗民，又重新学会了流泪，他们流汗欢迎接收大员，但是流泪欢迎马将军！"

是日晚，杜聿明在其办公处所设宴，为马占山接风洗尘。

这是一次盛大的欢迎会，国民党东北的军政要员熊式辉、曾扩情、雷彦平、郑洞国、梁华盛、关吉玉、吴焕平、吴澎涛、王维宇、冯庸、马愚忱、马毅、张庆澜、董文崎、彭立如等多人出席作陪。

席间，觥筹交错，谈笑风生，各个踌躇满志。杜聿明首先起立致辞，对阔别故乡15年的马占山表示热烈欢迎，并希望今后同心协作，共谋国是。马占山亦作了答谢，"愿今后团结家乡人民，形成宏大力量，辅助熊主任、杜长官建设新东北"。

4月21日上午，市政府广场人山人海，各界隆重集会，欢迎马占山重新回到东北，赠予马占山"民族英雄"大锦旗，马占山在接受锦旗后，发表了书面讲话：

> 承中央不弃庸陋，委以重寄。本应该克日东来，看一看梦寐难忘的故里，因为结束旧的职务，一直延迟了很久。最近又承熊主任、杜长官的督催，和各法团的敦促，今天才能回到离别十五年的故乡，重与父老兄弟姊妹们见面。在感激兴奋之余，同时又觉得有无限的感慨和惭愧。
>
> 回想当时在黑龙江抗战的将士们，为了祖国，奋不顾身，许多人流尽了最后一滴血，完成了神圣庄严的使命。占山原拼一死，可是竟未能和他们光荣的死在一起，反而博了一个"民族英雄"的虚名：而他们却早已埋骨原野，黄沙碧血，永为国殇了！留下的孤儿寡母当然是颠沛流离，这在我内心里是一个不可弥补的创伤！今后应该如何？吁请政府来褒扬先烈、抚恤遗族！能够叫死者瞑目，生者得安。占山来到东北这是首先应该清偿的一笔血债。
>
> 至于那些留在山林地带坚持游击的同志们，多少年来含辛茹苦的冲锋浴血、忠贞不屈。这种可歌可泣的精神，国家、社会都应该予以相当的安慰，来表彰正气……
>
> 怎样使东北恢复安定，走向富强康乐的坦途……而占山职在赴

1947年，马占山返回东北沈阳。在欢迎大会上讲话

军，义当辅弼，尤其是谊关桑梓，凡能有利于国家民族的，即使赴汤蹈火，也是在所不辞。今后东北前途的好坏，不仅关系几个负军政责任的官吏，要紧的还是东北民众，尤其是知识青年们，希望你们担起历史的使命，认清时代，明辨是非，团结在政府的周围。来保卫我们的家乡，开发我们的产业，建设和平统一民主自由的新中国。

一腔热血溢于言表。

会后，马占山即到职视事，名义是保安副司令，其实仅是个角色而已，手中没有一点实权，调动一兵一卒也颇不易。纵有万丈豪情，然而辽阔的东北，没有马占山心愿驰骋的天地，一腔热血骤然冷固。马占山心灰意冷，坐视人间冷暖，伫看变幻风云，怅然度日。

1948年年初，中国人民解放军已兵临城下，大兵压境，国民党统治阶层分崩离析，正处在灭亡的边缘。市面萧条，法度松弛，国民党军政官员营私舞弊，中饱私囊，通货膨胀，货币贬值，人民挣扎在痛苦之中。东北各界反内战、反饥饿的运动此起彼伏，一浪高过一浪。各界团体纷纷走上街头，特别是青年学生举行了规模盛大的反内战、反饥饿示威游行。马占山虽出面劝阻，但他的声音很快就被淹没在一片示威声中了。

商人李德新不堪忍受腐败导致的破产，在沈阳《中央日报》刊登广告，向马占山控告国民党官吏关瑞玑的勒索行为：

　　商人李德新原系裕兴泰经理，打去年11月间，生产促进会东北辅导委员会常委关瑞玑，曾代表该会卖给小号水稻三千斤。当时收去定金陆百万元，立有合同为证。订约后迄未照约交稻。因将军系该会之首领，屡次叩谒面述原委，奈均遭门禁，迫不得已，前于4月18日曾登报略陈概略。原望下情得以上达，对该事件有所指示，不料，关某向沈阳地方法院控诉德新犯诽谤罪。查德新系流亡难民，所交购稻定金，亦系出于告贷。因关某收款而不付稻，以致裕兴泰事值倒闭。现在德新日以豆饼充饥，乃伊又控民犯罪，欲置民于狱中，实有冤难伸。将军系该会之会长，务望鉴察原委，对此有公平合理之处置至盼。

　　　　　　　　　　　　　　民权街193号，李德新启。

　　广告登发以后，一时舆论哗然，人皆关注。人们本以为这位民族英雄能替百姓伸张正义，主持公道。但时间过去很久了，此事仍无动静。其实，马占山此时是有心杀贼，无力回天了。毫无实权可言的马占山对李德新的求助无能为力，只能对天徒叹。

　　有一天，《东北前锋报》记者孙序夫来访。门卫通报后，马占山在客厅接见了他，寒暄之后，孙记者提问："马将军，您的部队是从东北带出去的，为什么没带回东北来？"马听后目光直视记者，激动地回答："我若带部队回来，那蒋介石还能一心打八路吗？还不得先打我！"简单的一句话，把他的难言苦衷和满腔义愤倾泻无遗。

　　江河日下，天道阻塞。

　　而此时，解放军以摧枯拉朽的攻势，连连克城取地。

　　身为国民党东北保安副司令的马占山等人，急忙向蒋介石发出了呼吁："东北局势已进入极严重关头。"

战场上，蒋介石已无兵可调，人民解放军节节胜利，已取得了军事上的优势和主动权，牢牢地牵住了蒋介石的鼻子。

杜聿明奉调入关后，蒋介石派陈诚接任了杜聿明的职务，任命陈诚为东北"剿匪"总司令，但陈诚也未能挽救国民党在东北的命运，依然一败涂地。后又以卫立煌接替陈诚。蒋介石再次任命马占山为东北"剿匪"副总司令。

辽沈战役时，东北大部分地区已为人民解放军所掌握，国民党军在东北已丧失了主动权，处于被包围歼灭的态势。

1948年10月下旬，马占山亲赴南京面见蒋介石，希望设法解救被围困的国民党军队。蒋介石无计可施，马占山大失所望，遂决心离开东北，以治病为名，乘机飞往北平。

此时，东北内战正酣，大批学生逃难到北平。国民党政府忙于内战，无暇顾及。学生们要生存、要学习，怎么办？只好投奔到一些有地位、有影响的东北人家中，算是投奔老乡长。马占山北平的家中就住了近百名学生，管吃、管住。学生们白天外出上课，中午、晚上回来，直至解放前夕。

从此，马占山告别了东北，再没有涉足这片生他、养他，并为之洒过热血、尝过屈辱，但依然令他魂牵梦萦的黑土地。

为和平解放北平而努力

雁转春秋，河山易色。

北平初冬的早晨，阳光清亮，空气中飘浮着酿酒的味道。地安门油漆作胡同里，老井窝子的辘轳咿咿呀呀响起时，马占山便走出院门，穿过水井积水形成的薄冰，向小巷的深处走去。天才蒙蒙亮，早起的居民看到一个身材瘦小的老人，天天从这条巷子里走过。老人的散步并未引起他们的注意，他们不知道这个小个子老人就是驰名中外的抗日英雄马占山。此时，正为北平百万人口的命运而斡旋。

长年戎马生涯养成的习惯，一时是很难改掉的。马占山自寓居北平后，早起的习惯一直保持着，环境变了，他也想多睡一会儿，但就是做不到。于是，索性到街上走走。

今天与往常不同，没走多远，马占山就转出胡同，匆匆向家里走去。其实，他也知道，蔡运升才刚刚出去，离约定的时间尚早，但心里就是不踏实。此事非同小可，马占山不敢大意。他明白一点小小的疏忽，就可能酿成大祸，好多人的命运就会发生残酷的转折。

离家几步远，忽然听身后有人唤他，不用回头，便知是他的好朋友画家陈半丁。陈半丁问："这么早，又走走啊？"马占山笑了笑。陈半丁说："有好几天没在一起聚聚了！回头到我家里坐坐，老先生可念你

1948年秋，马占山在北京北海公园九龙壁

啦！"马占山应了一声，心里有事，也没多说，便告了再见。看陈半丁兴冲冲地进了院，马占山也转身向自家院子里走去。陈半丁所说的老先生，便是大画家齐白石。

马占山与画家陈半丁同在一条胡同，斜对门。闲来无事，两人常聚一起聊天，居然十分投机。后来，陈半丁将大画家齐白石介绍给马占山，没想到齐白石和马占山竟一见如故。皆是穷家子弟出身，靠奋斗求生路，仿佛寂路逢知己，叙古话今，十分亲热。久之，二人竟要结金兰之好。齐白石年长马占山许多，马占山就要行大礼，被齐白石扶住了，马占山执意要敬大哥三拜，说："你是画界的泰斗，我一介武夫，你愿认我这个兄弟，三生有幸，当受三拜。"齐白石说："你是如雷贯耳的英雄，军界骁将，一介草民哪敢受如此之大礼。"就是不让。两人扯来扯去，还是马占山的少夫人解了围，代他向齐白石行了大礼。

有时，马占山无事，常约齐白石、陈半丁来家串门，看齐白石作画。齐白石洇花染鸟，点梅幽菊，摹春霞秋水，倚秀虾逐黄蟹。日久了，马占山手也痒痒，忍不住展开纸墨，也来上几笔，竟上了瘾。马占山好写"虎"字，一笔下来，居然也是蛇盘虫落、啸林木而落秋风，猛似一只下山虎。齐白石见了，便指点一番，马占山的字也日渐长进。几人便常在一起切磋，四海之内皆话题，都很投机。齐白石笑傲"江湖"，虫鸟鱼虾，上天入地，尽收尺幅之上，活灵活现，真是春风大雅能容物，秋水文章不染尘。马占山枪林弹雨，出生入死，沙场点兵，气拔山岳，可谓风流肯落他人后，气岸遥凌豪士前。每每几人是兴致飞扬，大有相见恨晚之意。

这一天9点刚过，马占山就听到了来客声。不用问，他也知道，是他的老朋友蔡运升带着华北法学院教授王之相来了。在此之前，马占山刚刚和王之相见过一面，知道他与中共地下党联系密切。

原来，马占山设想通过和平方式推动解放北平。

马占山回到北平后，对国民党政府就不抱任何幻想了。从东北抗日，经西安事变、西北抗日几个阶段，他已基本上看清了国民党和蒋介石的面目。马占山与傅作义关系很深。傅作义的军队中马占山的旧部很多，挺进军新编骑五师师长慕新亚，被傅任命为一〇四军二六九师师长。当年被收编的栾乐山、刘化南均为傅作义军中的师长，这些人与马占山的关系极为密切。正因如此，马对傅的命运也极为关切，不能不留一条退路。在天津未解放前，慕新亚曾到油漆作胡同马占山住处，向马请示如何应变。马对慕说："南下，咱们不去，我由东北把这些人带到西北，现在抗战已经胜利，好不容易回到北平，连家带眷人数不少，眼看就能回老家啦！离别多年的骨肉可以团聚。你再把他们带到江南，因为你不是黄埔嫡系，就连你也难保原职，不用说那些跟我们多年的下级军官啦！不等到江南，你也就成了赤手空拳的师长啦！"慕问马如何办，马回答他："可以告诉栾乐山、刘化南，坚决不能走！"马占山也做了应变准备。

不久前，他的好友蔡运升带来一位名叫王之相的，是华北法学院俄语系教授。马占山和王之相一见如故。王首先谈到对时局的看法，谈到和平解放北平的重大意义，如能通过和平方式解决问题，既可保护北平120万人的生命财产，也保护了文化古城。接着，王又讲了中共争取和平解放北平的决策，并向马、蔡宣传，中共欢迎他们的转变和合作，希望二人能为和平解放北平作出贡献。马占山听后，很受启发，觉得这真是一条新路。

王之相说："马将军可以借助友谊关系，劝告傅作义将军放下武器，接受和平，北平人民将感念不忘！"

马占山对王之相说："你来得好，说得对。"

马占山没有想到会谈得如此投机，也就免去了不必要的客套。

几天后，马占山抱病去见傅作义，说明来意后，傅作义略微沉吟了一下："您是旁观者清，今天抱病前来，我很感动，咱们好好谈谈！"

傅作义告诉马占山，他也和中共代表接过几次头，都不得要领而回。他正为此发愁，请马帮助想些办法。

马占山才知道，在他见傅作义以前，傅曾两次派人与中共谈判。一次是派《平明日报》社长崔载三、李炳泉为代表前去解放军处进行第一次谈判。第二次是周北峰陪同燕京大学教授张东荪等人前去蓟县进行第二次谈判，结果仍没有达成一致协议。

这次，蔡运升约王之相来，就是进一步深入谈此事情的。

见面后，没有多少客套，马占山直截了当告诉了傅作义的顾虑和想法。

王之相说："没想到马将军如此平易近人，我觉得仿佛好多年前就相识似的，有一种亲切感，今日相见就像老朋友重逢一样！"

马占山哈哈笑起来："看来我们真是有缘哪！"

蔡运升便说："那就开门见山吧。"

几个人都很高兴，马占山说："对于当前局势和北平命运问题，大家都很苦闷，我这几天身体不舒服，当年行军经过蒙古草地得的风湿病发作

马占山赠好友蔡运升题签照片

了，腰背很疼。今天只能勉强起来坐坐，不然我同品三（蔡运升字）早到你家去了。你的意见很好，等我病情好转，咱们好好谈谈。"

王之相说："马将军已认识到此事不可操之过急，那就还请马将军多操劳了！"

马占山说："傅宜生（傅作义字）确实是有很多顾虑，他不得不替他自己和手下跟随他多年的部属的命运而担忧啊！"

王之相说："消除傅将军的顾虑，还需马将军来做。当然，我觉得首先必须尽力说明共产党的政策。"

马占山说："傅宜生这个人我了解，为人处世稳重，他会有自己的主张，相信傅宜生已看开了形势，他不会无动于衷的。"

王之相说："有东北辽沈战役的实例在先，共产党的政策是不容怀疑的。有两个例子可以说明，一是白世昌，他是国民党党员，日本投降后被派往东北'接收'，任命为辽北省教育厅长，住在四平市。在解放军攻占四平时被俘，送往佳木斯，安置在俘虏营。后来问他是否愿意参加革命，他说老母和家属都在北平，必须回家。解放军就依照他的意愿发给路费，让他回北平与家人团聚。他现在仍在北平，非常感谢共产党的宽大政策。这是一个例子。再一个例子是长春解放时，对起义人员曾泽生将军和他的部队，都编为解放军了。"

蔡运升说："还请马将军向傅将军作恳切说明，使傅将军消除顾虑。"

王之相说："蒋介石历来歧视和消灭杂牌军，我想对此马将军是深有体会的。"

马占山摇摇头："一言难尽啊！"

蔡运升说："这样的事例太多了，这是蒋介石惯用的手段。日寇投降后，马将军由西北返回东北，到沈阳后，蒋只给了一个闲职。"

马占山说："其实，傅将军和很多人都知道蒋介石只重嫡系、排斥杂牌军的手段。只是事关国是，大家心照不宣罢了。"

王之相说："蒋介石对待嫡系部队还有黄埔、非黄埔之分，杂牌军更不用说了。这些，马将军和傅将军作为军人一定比我们知道得更清楚。"

三个人说了一会儿话，王之相便告辞了。

蔡运升问马占山："对王的印象如何？"

马占山说："人家是知识分子，自然见多识广，处事也就从容多了。"

马占山很快便去找了傅作义。傅作义告诉马占山，他已做了应变计划：一是把全部国民党军队撤到江南；二是固守平津；三是放弃平津，退保察绥。

马占山问傅作义："那你打算怎么办？"

傅作义说："谈判不成，那就打吧，还能怎样？"

马占山说："你若不把解放军的四野部队挡在滦河以东，古北口以外，一旦接近天津，你就不好办了！"

傅作义内心矛盾重重，来回在屋里踱着步，忽然回转过身："大哥，叫你说我简直没有办法了！"

傅作义称马占山"大哥"是有渊源的，这要追溯到他们之间的历史关系。1930年蒋、阎、冯中原大战时，蒋派吴铁城等到沈阳拉拢张学良，阎也派傅作义到东北游说张学良。傅在沈阳结识了马占山。傅跟万福麟关系密切，而马占山是万福麟的老部下。西安事变时，傅曾受阎锡山之命，坐飞机去西安见张学良，中途因飞机发生故障而未果。这些都说明傅与东北军关系之深。抗日战争初期，日军攻太原，阎派当时三十五军军长傅作义死守太原。这一仗三十五军损失很大，傅仅与少数人撤离太原。到了山西河曲，收集残部不到3000人。傅在河曲城会见马占山、何柱国、邓宝珊，谈了守城战役经过，甚为悲痛，并说百川（阎锡山字）有意牺牲自己。后来，马、何、邓三人联名电蒋，请委傅重任。蒋复电，叫傅扩充军队，开往后套。傅由此起家。邓宝珊因于右任的关系，很早就当了国民党的甘肃、绥远省主席。在北洋政府时期，邓曾任岳维峻、胡景翼部的参谋长。论资历，邓是傅的前辈。邓、马、傅三人还拜过把子。抗日战争时期，他们都在一个战区，傅是十二战区司令长官，马是副长官，邓是晋陕绥边区总司令。因此，常常见面，每见面总是盘桓数日，关系甚为融洽。

马占山此刻知道傅作义没把他当外人，也是真心希望处理好此事，便说："有办法也好，没办法也好，我们都是60岁的人了，还能活几个60岁？蒋介石消灭异己，壮大嫡系，永远也不会改变。不要因为你傅宜生一个人，而把千年古都、一二百万人民的生命财产毁于一旦，做一个历史罪人。我看你是自己的刀削不了自己的把。我出个主意，你把宝珊接来，他和中共的关系好，又有威望，他是个文人，主意多，比咱俩谁出面都好。"

傅作义茅塞顿开，以拳击掌道："对，好主意！"

随即下令，飞机赴榆林接来了邓宝珊。

1月4日，邓宝珊来到北平。一进马占山家门就用手杖捣地连连发问："什么事，这么急？我连帽子都没来得及戴，就来了。"

马占山说："有事有事，等宜生来了再商量，你先休息休息，大哥，可又好久没见了！"马占山打量着胖乎乎满面红光的邓宝珊，揽过镜子照了照自己，"我咋就黑瘦黑瘦的，不见一点长进呢！"自叹弗如。

邓宝珊说："操劳过度，操劳过度！"

两个人一起笑起来。

过了两天，马占山要蔡运升通知王之相到家里来。此时，蔡运升住在马占山家。

晚间，马占山正在客厅里等邓宝珊和王之相，孙女马志清回来了。马志清正在北京大学读书。1946年秋末，由重庆回到北平，当时已高中毕业了，但错过了北平的升学考试时间，还是马占山亲赴北京大学找到老友胡适校长，把她送进了图书馆学系。马志清在学校参加了党的外围组织。此时，正接到组织的一个任务，让她多回家，寻找一切机会接近祖父，了解他的思想和活动，协助党对他做统战工作。通过一段时间的接触，马志清了解到祖父经过东北抗日、西安事变、西北抗日等几个重要阶段的亲身经历，对中国共产党有了一定的认识。尤其对中共的主张感受特别深刻，承认他们的一切言行都是从有利于人民利益出发的，而对国民党政府已不存在任何希望了。

马志清一进门就叫了声："爷爷。"

马占山问："这段日子你怎么不在学校里住？"

马志清说："这两天学校太乱，晚上学习老受影响。"

马占山说："今天又给爷爷讲什么新鲜事？"

马志清说着拿出一沓报纸："今天给爷爷读读报纸，叫您知道又发生了哪些事。"

过不多久，邓宝珊、王之相先后到来，马占山便叫马志清走了。

马占山对王之相和邓宝珊说："我这个孙女，天天给我讲时事，还给我讲共产党的政策，看来是想赤化我呀，不过也好，我也洗洗这旧脑子，看看能不能跟上时代的变化呀！"

王之相与邓宝珊互不相识，落座后，马占山将王之相介绍给邓宝珊。

马占山又对王之相说："邓将军已来北平两天了，和傅将军谈过两次，谈得很痛快，问题都谈到了，也说到你们的意见和希望，现在请邓将军谈谈。"

邓宝珊说："由于形势紧迫，问题复杂，我和傅将军进行两次深入的会谈。我们估计了形势，分析了问题。和平解放北平是大势所趋，人心所向。为了保护市民的生命财产和古都的文化古物，都必须和平解放北平，避免不可估计的损失和空前的浩劫。中国共产党和人民解放军，也正是为此希望北平能够得到和平解放。傅将军说，抗日战争打了八年，国内战争又打了三年，元气大伤，再打下去怎么得了。只是当前的处境，面临的问题，不能不审慎考虑。说到顾虑是有的，傅将军认为，自己现在和过去曾与解放军共产党为敌，今日响应和平解放北平号召，可以受到宽容和优待，这是战时政策。将来正式成立政府，这种战时政策，会不会成为一时权宜之计？另有新政策，还要追究旧日的罪责？比如，作为战犯或反革命分子而加以惩办？"

王之相说："这点，请邓将军相信，也请邓将军转告傅将军，共产党的政策是一贯的，中国共产党从来都是信守承诺的！"

邓宝珊又说："还有一个问题，有人向傅将军建议，作为和平解放北平的条件，提出要成立'华北政务委员会'，即由中国共产党和各界人士，以及自愿参加的国民党人士组成一个联合委员会，保留傅作义的现有部队和中国人民解放军共同保卫治安，维持和平，据说这是'缓和国内战争，防止国际战争'的暂时办法，将来如何要看形势而定，如能达到国共合作，就成立统一的联合政府。这位建议者分析说，中国人民解放军已经完全占领了东北，又占领了华北各省，这样就将严重危及南京蒋介石政府的存在，从而危及美国利益。根据美蒋条约规定的权利和义务，美国必将进行武装干涉，这是有各国共同武装干涉俄国十月革命先例的。"

邓宝珊看了看几个人，几个人听着颇为认真，谁也没说话。

邓宝珊接着说："我们认为附有这样的条件，就不是和平解放。中国人民解放军是不会接受的，我们不考虑这个方案。"

王之相听后，点了点头："相信我们还会取得更一致的看法。"

邓宝珊对王之相说："王教授，你能不能谈谈美苏到底能不能打起来的问题。"

王之相听后，想了想说："我的理解是根据美蒋条约，美国在华的权利和利益都是纸上谈兵，不是现实的权益，为维护这种利益而发动战争，是不合算的。美国垄断资本家不会做这种赔钱的买卖。说到1918年各国出兵西伯利亚干涉俄国革命的先例，美国等国曾出兵到伊尔库茨克，结果都撤退了，这是一个干涉外国革命失败的先例，没有什么宣传价值。"

邓宝珊听后，也没再说什么。王之相似乎看出马占山有些疲劳，对马占山说："马将军抱病为此事而努力，实在让人感动，同时我也很抱歉，打扰已久，还请你多注意身体。"

马占山听后，很不好意思地笑笑："我也是做点力所能及的事情，你们谈得好，事情就能解决得好，不必为我分心。"

王之相说："想必大家已经知道了，北平市市长何思源先生的女儿在家里被特务的炸弹炸死了。这是非常时期，提醒大家提防特务，注意安全。"

几个人听后，皆点了点头。

蔡运升说："国民党特务已光顾马将军家多次了，不过不要紧，马将军有时就躲到陈半丁家去了。"

此时，解放军已兵临城下，炮声清晰可闻，风声鹤唳，一日数惊。

这天早晨，军统局北平站副站长宋维一忽然要求见马占山。马占山的秘书于鹤龄告诉宋维一："真是不巧，马将军外出了，有什么事由我转告吧。"

宋维一问："去什么地方了？"

于鹤龄回答："将军出门，没有告诉我，不知去向。"

宋维一随手把一份电文递给于鹤龄。电文是蒋介石发来的：

马总司令秀芳兄，希来京，共商国是。

宋维一说："飞机停在南苑机场，希望马将军即刻成行。"

马占山知道情况后，颇不以为意。此前，顾祝同也来电报请马占山赴南京，并许诺委以总司令之职云云。马占山始终未理会。

马占山说："别听他们扯淡，咱们不能跟他们走，不能手背朝下跟别人要饭吃。"

这天晚上，马占山的女儿马玉文正在听广播，忽然听到广播里念万福麟和父亲的名字，便留心听下去，就听广播里说道："……别跟蒋介石走，蒋介石不会给你们好处！"

马玉文急忙跑到陈半丁家告诉了父亲，马占山听后，沉默了许久才说："你去告诉你万大爷。"

马玉文又匆匆赶到万福麟家，将听到的消息告诉了万福麟，劝他留下来别走。

万福麟苦笑着说："我不像你父亲，不走不行啊！学生不能容我，共产党更不能容我。"

马玉文回到家后，马占山即从陈半丁家打来电话，提醒家里要注意安全。

一天，住宅外忽然来了一辆吉普车，车上下来男女两个人。门卫一看都认识，原来是在东北挺进军政治部做过干事的熟人。男的姓郭，女的姓冯。就将他们让了进来。进门后，这两人直奔马占山住的里院，几步就窜到马占山的卧室，但扑了个空。事后才得知，这两人是想把马占山绑架走，门口的吉普车就是接应二人的。

1月14日，邓宝珊受傅作义委托偕周北峰、刁可成前去天津蓟县会谈。谈判很快达成有关和平解放北平的协议，由邓宝珊代表傅作义签字。

1月17日，邓宝珊一行返回北平。

这一天，马占山嘱蔡运升去找王之相。蔡运升见到王之相后向他转达了马占山的意思："马将军叫我告诉你，已经决定和平解放北平，叫你放心。这两天，北平现有的南京党政军人员，以及退入北平的残余部队，日内可以完全撤出。马将军说，傅、邓二人还要见见你，明晚7时，有汽车来接你，一同前往邓宅。"

次日，马占山早早来到邓宝珊住宅，不多一会儿，傅作义也到了。二人会心一笑，也没说什么。一会儿，王之相和蔡运升也来了。

马占山忙将王之相介绍给傅作义。

傅作义说："王教授和蔡交涉员对办理外交事务都是有经验的，我们很钦佩。你们忧国忧民，关心时局，提供了许多宝贵意见。现在已经决定和平解放北平，大家见面谈谈，请你们放心。"

王之相说："傅将军早已看到抗日战争打了八年，国内战争又打了三年，再打下去是不行了。现在响应和平号召，停止内战，这是爱国爱民的重大贡献，我们和北平市民十分感激。"

傅作义说："大家都应当感谢中国共产党和中国人民解放军！"

在座的几个人一起会心地笑起来。

1949年1月21日上午，傅作义召集高级将领会议，宣布《北平和平解放实施办法》的具体条文。

1949年1月31日，解放军举行入城仪式，北平和平解放。

太阳升起来了，古老的北平沐浴在灿烂的阳光里，崭新的日子开始了。从这一天起，北平展现她健康、充满活力的身姿，吸引着全世界的目光……

最后的日子

逝我去者，昨日之日不可留；悦我心者，今日之日多清朗。

北平和平解放了，这对马占山是极为振奋人心的喜事，为和平解放北平，他已尽了力，看着新生的人民政权政通人和，当然感到十分自慰。

马占山看到社会秩序井然，人民安居乐业，呈现百废待举的欣喜局面，他从心里感受到了极大的愉悦。他仿佛是在经历了巨大的伤痛后，忽然迎来了一个满心欢喜的早晨，一切都舒展开了，就像叶片沐浴在明媚的阳光里，尽情吸吮着阳光雨露。

但他的心情并不平静，思想上依然存在着一些顾虑。他忘不了他曾经是国民党的高级将领，解放战争时期，又曾任过东北"剿总"副司令，这一切共产党能谅解和宽大吗？每念及此，他便诚惶诚恐。他的一些老同事、老朋友甚至子女都感觉到他这种矛盾的情绪，但谁也无能为力。因为没有事实能说服他。尽管王之相多次向他宣传过党的政策，他依然纠缠在这种矛盾中不能自拔。王之相对他说："不论何人，只要转变立场，走向革命，都能受到中国共产党的欢迎，前途是光明的。"可他依然顾虑重重。

马占山关注着中国共产党是否执行了14条，也关注着中共对傅作义的态度。当时，北平聚拢了一大批国民党溃散的官兵，他不知道中共会如何处置这些官兵，他为自己的命运而忧虑。当他亲眼看到傅作义不仅受到中共极为热忱、真诚的对待，而且受到全市人民的赞誉时，他长长地舒了一口气，这时，他似乎也看到了自己命运的端倪。

1949年2月2日，新生的北平警备司令部政治部成立了流散军人处理委员会，负责收容和登记国民党军的流散人员。从2月3日起，每天都有成百上千的国民党流散官兵前来登记。

一天，马占山正在屋里喝茶，进来了几位解放军。寒暄之后，一个干部模样的同志问他："你为什么没走？"

马占山回答说："我是抗日的，我没有打过共产党，请你们转告毛主席，我马占山没有跑……"

解放军的干部向他耐心地宣传了党的政策，鼓励他去登记。马占山满腹狐疑，不大相信共产党会如此迅速地解决这一问题。干部走后，儿子马奎、女儿马玉文也再三动员他前去登记，马占山欣然前往。

1949年3月15日，《东北日报》登载了一条消息：自流散军人处理委员会成立以来，至3月15日，据不完全统计，自动报到者已达二万一千二百零二名。报到者有国民党军中下层官兵，也有高级将领，如，国民党华北"剿总"副总司令冯钦哉、东北"剿总"副总司令马占山等人。这一消息公布后，震动全国。国民党官兵万分惊讶，他们不相信共产党会如此宽大。马占山等人的事实教育了他们，使他们看清了形势，大批国民党流散军官，纷纷前往登记。

马占山看到，解放军既练兵又扭秧歌，既进行战斗训练，又学习文化，官兵们欢天喜地，载歌载舞，他感到十分兴奋。看到政府修马路，疏浚北海，他感到共产党一心为人民造福。他天天盼报纸，来了就让家人给他读，听到高兴的地方就发议论。他感慨地说："咱们国家现在行的才是正道，过去中国受外国欺负，这回租界地都收回来了，社会安定，欣欣向荣，真是好哇！"

一天，马占山同蔡运升到前门外买香烟，从街上走过时，看到市场繁荣，人民群众喜气洋洋，处处呈现一派欣欣向荣的景象。马占山很欣慰，他边走边笑着说："看这样的和平景象，咱们冒一回险，总算值得了。今天在群众中谁也不认识咱们两个老头子，更想不到为他们出过一点力，可是咱们并不希望人家知道，总算在自己心里是一桩痛快事！"

1950年，马占山看到长期以来持续的通货膨胀被制止了，物价开始稳定，货源也相当充足，人民生活水平得到很大提高，这一切使他从心底涌出对中国共产党的敬佩与热爱。

一天，他看到自己住宅外面的小胡同修了马路，十分感慨："还是共产党好，刚刚修完大马路，又修小胡同……"

1950年6月初的一天晚上，他忽然接到毛泽东派人打来的电话，邀请他出席中国人民政治协商会议第一届全国委员会第二次会议，参与讨论国家大事。此时，马占山已重病卧床。

6月13日，政协开会的前一天，家里又接到毛主席办公室打来的电话，询问马占山的病情，电话通知说："如能参加会议，便派专车来接。"

马占山听到后，挣扎着说："试试看，如果吃上药能挺两个钟头的话，就去参加会议。"结果药吃下去只能维持一小会儿，马占山遗憾地摇摇头，无法参加会议，这成为他终生的憾事。

1950年6月25日，美帝国主义悍然发动朝鲜战争，战火烧到鸭绿江边，激起了中国人民的无比愤慨。毛泽东主席在《伟大的抗美援朝运动》一文中号召："全国和全世界的人民团结起来，进行充分的准备，打败美帝国主义的任何挑衅。"全国掀起了轰轰烈烈的抗美援朝运动，无数祖国儿女积极响应，纷纷要求赴朝卫国抗击美帝。

久卧病榻的马占山得知这个消息后，抑制不住爱国热情，立即请老友康心知代写一份申请书上交政务院，要求赴朝作战，以表明他的爱国心迹。

6月27日，针对台湾国民党残余势力的叫嚣，马占山、孙蔚如、高桂滋、李兴中联名发表《告台湾金门国民党军政界书》，由中央人民广播电台向海内外做了播发：

> 海南岛和舟山群岛已经先后解放了。这证明了蒋介石所夸耀的"坚强防御"，是绝对经不起解放大军进攻的，不管美式配备也罢，汪洋大海也罢。都挽救不了蒋介石的死亡命运。台湾金门的解放，已在眼前了。

> 当然你们今天的内心一定是非常矛盾和痛苦的，老是犹豫徘徊，觉得找不到出路。其实，出路早就摆在你们的面前，只是你们的决心不够罢了。过去，你们受了蒋介石的欺骗，跟着他跑到台湾金门。蒋介石的阴谋，无非是想利用你们作最后的挣扎，想把你们当作工具来维持他那垂死的政权。这一阴谋，是注定了要失败的。等到台湾金门解放以后，国民党反动政权便彻底宣告灭亡，那时候你们又往哪里跑？美帝国主义是决不会收留你们的！因此，你们如果不赶快脱离反动阵营，那么就势必走向灭亡的道路。这一点，想来你们现在都应该明白的了。

> 直到目前为止，你们由于对新中国的情形不了解，加以受了蒋介石多年的造谣宣传，难免存在着一些疑虑。这种心理，我们过去也有过。但这一年来，我们亲眼看到和亲自经历的，使我们深切感到过去的想法完全错误。一切的顾虑是完全不必要。像我们这样的人，以前在反动阵营里那么多年，替蒋介石服过务，自己总觉得对不起国家人民。可是，毛主席、中国共产党和全国人民却那么的宽大，本"与人为善"的精神，非但对我们不究既往，而且还处处帮助我们进步，使我们逐步的建立起新的思想和新的作风。

> 今天，在新中国到处充满了光明和希望。全体人民在毛主席和中

国共产党的领导下，正在努力进行国家的建设工作。通货膨胀已经消灭，物资空前稳定，人民生活有了基本的保障。每一个人都有工作的机会，并且可以充分发挥他的能力，来为人民服务。这一切，在你们是万万想不到的。

朋友们，最后的一刻已经来到了。希望你们毅然决然的脱离反动阵营，响应人民解放军解放台湾金门。不要再犹豫了，再徘徊了。失去了这最后的一个机会，将来一定会后悔无穷的。你们的前途是光明、是黑暗、是新生、是毁灭，就在你们自己抉择了。

前国民党第六战区司令长官　孙蔚如

前国民党东北挺进军总司令　马占山

前国民党第一战区副司令长官　高桂滋

前国民党第四集团军总司令　李兴中

（原载1950年6月27日《人民日报》）

这时，马占山被送进医院，确诊为肺癌，医生建议手术。马奎、马玉文问医生："手术有把握吗？"

医生说："不扩散就可以做，如果扩散了就只好缝上。"

子女没有将医生的话告诉马占山，也不同意做手术。马占山却认为这点病算不了什么，坚持要手术。他说："长个疥子拉下来不就好了吗？你们不签字，我自己签。"

子女坚决不同意，问医生有没有别的办法，医生告诉他们还可以用放射治疗。

马占山的病情被周恩来知道了，总理非常关心马占山的病情，特意派人了解了他的身体情况，然后派人告诉医生："就先放射治疗吧！"

周恩来的关心让马占山感到格外地温暖。此时，他已处于肺癌晚期，放射治疗的副作用，使马占山病情急剧恶化。他见治疗不起什么作用，就坚持回家了。回家后，马占山日渐消瘦。亲人们精心地照顾他，尽量为他减轻病痛，到最后，人瘦得连针都打不进去了，他还咬牙坚持着，实在是疼痛难忍了，他就拒绝治疗。

马占山说："快死了得了，我不死把你们都拖垮了。"

有人建议："实在不行，就让将军抽几口烟吧。"

马占山听后，坚决不同意。

马占山有抽鸦片的嗜好，程度之深，非比寻常。全国解放后政府严令戒烟，但允许他吸，可是他硬是戒掉了。

马占山感觉到自己将不久于人世，想写一份遗嘱。可他一提遗嘱，子女们就不由得要哭，好几次都没有写成。

马占山劝他们说："我要是在东山里让日本鬼子的炮弹炸死了，你们连骨头渣子都捡不着，人总得死，别哭了。"

子女们总算不哭了，马占山就叫来他的女婿陶英麟，由他口述，陶英麟代笔写了一份遗嘱：

予戎马半生，向不怕死。自江桥抗战以来，飞机炸弹，血肉横飞，随时可以粉身碎骨，早将生死置之度外。倘得老死家中，尚复何憾。现在卧病经年，能否痊愈，殊难预料，特作遗嘱如左：

（一）予身后之事已亲自预备，如一旦辞世，关于葬仪，不必铺张；（二）长子马奎谨慎，尚可放心，次子复兴尚未成立，应由马奎、玉文作监护人，加以教管；（三）孙儿庆六、庆祥尚幼，要好好教育，以继予为国未竟之志；（四）家产一项，自抗战后，已破家数次，所有生活，1949年12月已分配各户，现计余自己所余者约值五百匹布，年来疗养用款，其他如果去世，或足以自了。家中人口甚多，虽分为四户，考查情形，似独立能力尚多，不够应由长子马奎负主持之责，共同生活，维持家庭生活现状。愿我家人守平日勤俭之风，共遵此言。如日后有不愿同居者，应用自己所分得之份，独立谋生，不得再分共同生活费。再我亲眼看见我中国在毛主席和中国共产党之领导下，全国人民获得解放，新民主主义已胜利实行，人人安居乐业，我生平理想中之新型国家已建设起来。我虽因病与世长离，但可安慰于九泉之下。我嘱尔等，务须遵照我的遗嘱，在人民政府的英明领导下，诚心诚意去为新中国的建设努力奋斗到底，实事求是，做事为人，不可稍懈。此嘱。

遗嘱人　马占山

（原载1950年12月5日《人民日报》）

1950年11月29日下午，马占山病逝于北京，终年65岁。

周恩来和马占山生前好友以及政府各部门送了花圈，邵力子夫妇亲往吊唁，李济深副主席送灵，一直送到西直门外，方受劝止步。

古道长亭夕阳外，目送西鹤杳然去。

苍天落日，大地风起，依然江山出红日，不尽岁月阅春秋。盘马弯弓仰天啸，功过是非任人评。

一代抗日民族英雄马占山将军走完了他曲折而富有传奇的一生……

马占山病逝后葬于北京万安公墓

马占山生平年表

1885年

11月30日　出生于吉林省怀德县毛家城镇毛家城子村西炭窑屯。

1902年

12月　受人诬告，离家出走，上黑虎山落草为寇。

1905年　脱离绿林，响应收编，参加怀德县地方武装"游击队"，被推为哨官。

1908年　怀德县"游击队"改编为清政府直属部队，委马占山为哨官，进驻昌图，是年参加镇压蒙古叛匪战斗。

1911年　归吴俊升部，先任哨长，是年升哨官。

1913年　擢升为中央骑兵第二旅第三团少校连长。

1914年　驻防怀德县城。

1916年　参加镇压蒙匪巴布扎布。

1918年　升任营长。

1920年　升任团长，驻防黑龙江省海伦县。

1925年　升任陆军第十七师第五旅旅长。是年，二次直奉战争爆发，调往河南新乡、驻马店。后率部回师攻白旗堡，镇压郭松龄部。

1926年　升任骑兵第十七师师长。

1927年 升任第二军军长。

1928年 改任黑龙江省剿匪司令。

1929年 改任黑龙江省骑兵总指挥。

1930年 调任黑河镇守使兼警备司令、步兵第三旅旅长。

1931年

9月18日 日军发动"九一八"事变。

10月10日 被国民政府任命为代理黑龙江省主席,兼黑龙江省军事总指挥。

10月11日 由黑河启程赴省城。

10月20日 举行正式就职典礼,同时向各省市、各党部、各报馆发出就职通电。

10月25日 据理驳复日方要求代修江桥的照会。

11月2日 上午,再次拒绝日方派人修桥并派兵监护之要求。

11月3日 晚,日方强行修桥并放枪示威。

11月4日 晨,日军侵入我军防地,在马占山指挥下奋起还击,揭开江桥抗战序幕。

11月7日 亲上前线,率全军与日军长谷、田野两旅团血战。晚,主持召开旅、团长军事会议,并发出虞电。

11月8日 受张学良电委升代东北边防军驻江副司令长官,所有驻江军队,一律归其节制指挥。是日,日改用政治攻势,前后三次通知马占山下野,将政权交张海鹏,马义正词严,予以驳斥。

11月10日 发出灰电,阐述江桥抗战前期战况和坚持抗战之决心。

11月14日 再上前线,将士士气倍增,将敌击退。

11月17日 国民政府委任为黑龙江省政府主席。

11月18日 亲赴三间房督战。日军不断增援,我军损失极重,昂昂溪失守。下午，下总退却令，同时发出巧电。

11月19日　军政两署撤离省城，向克山一带转移。

11月20日　抵克山，整饬部队，并发出号电。

11月22日　在海伦成立黑龙江省抗战政府，组建机构，并召开军事会议，分三道防线，决定骑兵指挥部设在克山。

11月30日　日多门师团长致函马占山，提出允许黑龙江省"自治"等四项条件，进行诱降，马置之不理。

12月6日　张景惠、赵仲仁通知马占山，板垣等人将去海伦会谈，遭到拒绝。

12月7日　板垣、驹井等人强行去海伦。马事先邀见中国新闻记者，表示"决不投降"。是夜，同板垣、驹井等会谈，直至次日晨结束。

12月10日　应张景惠之邀，去松浦镇会谈。

12月13日　日再次发动攻势，在林甸县二道镇防线被马占山部击溃。

12月27日　日军全力围攻齐克路，马占山部处境十分危急。

1932年

1月6日　张景惠偕同日新田顾问等20余人到达齐齐哈尔，接管黑龙江省行政。

1月7日　张在黑龙江省政府大礼堂，成立傀儡政府。

2月1日　同谢珂、苏炳文等将领联名发出"黑龙江省军官团结一致抗战"的通电，表明心迹。

2月4日　发出支电，提出抗日救国的具体主张。是日，日伪军分兵两路向哈尔滨进犯。丁超、李杜、宫长海、冯占海等部奋起抵抗，战斗十分激烈。马占山派苑崇谷部往援。

2月5日　哈尔滨为日军占领。

2月6日　马占山与张景惠再次举行会谈，决定接受张景惠的劝说，响应"联合自治"号召，同意参加"四巨头"会议。

2月8日　赴哈会见多门。

2月12日　日本关东军高级参谋板垣征四郎通知张景惠、马占山和熙洽16日去沈阳参加会议。

2月14日　在马家船口会见张景惠，商议张景惠让出黑龙江省政权问题。

2月16日　飞抵沈阳，当日晚召开所谓"联省自治"会议（"四巨头"会议），至17日凌晨结束。

2月17日　马占山由臧式毅、张景惠陪同，赴关东军司令部会见本庄。成立东北伪行政委员会，任马占山为伪黑龙江省省长。同时，起草《独立宣言》，马占山声称身体不适，未在宣言上签字。

2月18日　马占山抱病乘车返哈转赴海伦。

2月21日　发表个电表明心迹，"一面应付事机，一面另谋瓜代"。

2月23日　马占山同旅长程志远、团长李少峰带卫队一营和各厅处长官由海伦抵省，就任伪黑龙江省省长。

2月24日　马占山在日本关东军的导演下，于伪省政府大礼堂举行就职典礼。

3月1日　日本顾问村田致函马占山，要求"一切政务，必须事先征得顾问同意"，马占山置之不理。

3月7日　土肥原邀马占山去长春迎接溥仪。

3月8日　马占山在长春参加迎接溥仪活动。

3月9日　参加伪满洲国成立典礼。

3月11日　会见溥仪。

4月2日　马占山密令第三旅官兵200余人，携带两署关防印信及重要作战物资，突然出走。

4月3日　抵达克山，召开营、团以上军官会议，表明抗日决心。

4月4日　到达讷河。

4月5日　再次发电林义秀，声称转道哈尔滨返省；由讷河出发奔黑河。

4月7日　抵达黑河，发电称："已顺道直抵黑河，途中偶遇感冒，亟待休养，待春暖江开，再行回省。"

4月8日　电请省党部常务委员王宪章等速来黑河组织党部，恢复工作。

4月9日　电告张学良，本人"已返黑河组织军政机关办公"。

4月12日　向全国发出"详陈忍辱应付情形再抗战"的通电。是日，致电国联调查团，揭露日本阴谋。

4月17日　再致国联调查团，电文中附有强迫未签的合同文。

4月21日　在黑河欢迎席上讲对日虚与委蛇的原因。

4月22日　发表"长期抗战最后胜利必属于我"的讲演。

4月23日　宴请黑河各界，发表"先治其国，后齐其家"的讲话。

4月26日　致电溥仪、郑孝胥，动员其反正。

4月28日　发出俭电，声明没有与日方签订任何条约。

5月初　召开全体将领会议，决定联合辽、吉抗日义勇军进攻哈尔滨。

5月12日　向各报界发出文电，表明继续抗战。

5月15日　在黑河举行誓师大会，并发出誓师通电。是日，发表《告黑省农民书》《告黑省绅商书》。

5月16日　马占山部才鸿猷旅在松浦镇与日军接火，焚毁呼海路局大楼和日军军需库。各路义勇军、救国军、大刀会等抗日武装开始向日军发动进攻。

5月23日　率部在呼兰将日军击溃，向哈尔滨郊区逼近。不料，程志远叛变，马部受程部攻击，被迫后退。

5月30日　日机轰炸海伦，引起大火，马占山率部退往东北方。

是月　派省府参议姜松年为代表，在哈尔滨美国领事馆会见国联调查团成员。

6月1日　在海伦西乡三门谢家会见国联调查团秘密派遣的美国新闻记者海米斯等人。

6月3日　海伦失守，准备再战。是日，李海青部在安达、洪家店附近歼灭日军200余人。

6月28日　抵达兰西，检阅李海青旅，委李海青为第三军军长。

7月14日　日集结第十四师团和第八师团，向马占山部发动总攻击。马占山苦战三昼夜后，转战于深山老林之中。

7月29日　马部少将参议韩家麟等在海伦罗圈甸子突围时，被日杀害。日误认为马占山，大肆宣称马阵亡，向天皇邀功。

8月1日　在罗圈甸子突围后潜入大青山，辗转40余日。

9月9日　率余部到达龙门县城，着手联络各路抗日军准备再战。

9月18日　发表《痛告国人书》。

10月16日　与苏炳文等在扎兰屯举行会议，决定分兵三路攻打齐齐哈尔。

11月　各路抗日部队定于12月初分兵六路与日决战。因计划暴露，日首先发起进攻，马占山部被迫退回德都、通北一带。

11月29日　与苏炳文等在扎兰屯召开军事会议。

12月4日　与苏炳文等被迫退入苏联。至此，马占山前期抗战结束。

12月30日　与苏炳文等抗日将士集中苏联阿穆尔州汤木斯克市。

1933年

4月14日　与苏炳文、李杜、王德林、张殿九等一行66人乘专车赴莫斯科。

4月18日　抵达莫斯科，中国驻苏大使颜惠庆等及苏联外交委员会人员到车站欢迎，颜大使设宴招待。按中国政府决定，鉴于人身安全，绕道欧洲回国。

4月19日　中午抵达波兰华沙。

4月20日　抵达德国柏林。

5月4日　到意大利威尼斯。

5月8日　在罗马会见张学良。于斌大主教代表教皇授十字勋章。

5月10日　返回威尼斯。

5月12日　由威尼斯乘船回国。

5月30日　船抵新加坡。

6月5日　抵达香港。

6月12日　抵上海，吴铁城市长等出迎。

6月13日　去南京拜见各部院会报告出访见闻，拜谒中山陵。

6月15日　赴庐山晋见蒋介石，报告东北抗日情况。辞退蒋委任新疆省主席职位。

7月中旬　蒋介石电召马占山到南京听取东北抗战与出访汇报。委任马占山为军事委员会委员。此后，马一直闲居天津、上海。

1934年

2月　常与杜重远、阎宝航、栗又文、孙达生等交往，宣传停止内战、一致抗日思想。

6月　接蒋介石通知，去莫干山休养。

1935年

1月至11月　身处逆境，屡遭不测，先后发生日特谋杀、绑架马奎、无赖老汉冒充马父事件。

12月9日　"一二·九"抗日救亡运动爆发。再次向蒋介石请缨杀敌、重返抗日前线，但无答复。

1936年

11月底　蒋介石电召马占山速来洛阳报到待命。

12月6日　抵洛阳报到，因蒋已飞西安而转赴西安请命。

12月10日　赶至西安，受到张学良、杨虎城热情接待。未能与蒋介石晤面。

12月12日　西安事变。张、杨向全国发出通电，提出八项主张。马占山在通电上签字并向张、杨建议，"国难关头，勿杀害蒋介石"。

12月29日　重返天津。

1937年

7月30日　率杜海山、张凤岐等离天津，赴南京。

8月21日　受蒋介石委任为东北挺进军司令，兼理东北四省招抚事宜。赴西北疆场。

8月24日　在山西大同组建东北挺进军司令部。

9月13日　大同失守，挺进军司令部迁往丰镇。

9月19日　日军大举进犯绥远，马占山所部奋起抗战，展开绥远保卫战。

9月28日　日伪蒙军进犯旗下营，刘桂五师英勇抗敌。马占山亲临前线指挥。

10月17日　在敌强我弱形势下，率部撤出包头，向西山嘴一带转移，进驻五原镇。

12月13日　东胜战役，马占山所部遭受日伪蒙军四师袭击。

12月17日　率部与伪蒙军交战于达旗三厂羊壕。

12月18日　活捉伪蒙军康王，毙敌700余人。

12月23日　马占山部进驻准格尔旗沙圪堵。致电沙宣抚使，除康王附逆外，均应晓以大义，不咎既往。

1938年

1月　所部分驻黄河沿岸，稳定伊克昭盟局势。粉碎敌人"分而治之"阴谋。

2月20日　日伪军向马占山部驻地准格尔旗大营盘侵犯。企图组织伪政权。

3月初　日、伪蒙军分兵三路向马占山部进犯，马处境困难，各旗王公不稳。

3月16日　亲率所部夜袭河口镇，会合刘桂五骑六师进攻萨县车站，切断绥包交通线。

3月17日　率新三师、暂编一、二旅及特务营，拂晓进攻托县，守敌逃散。刘师同时进驻萨县车站。奉令将康王送西安行营处理。

4月1日　率部由高隆渡口过黄河，向归化、武川、百灵庙敌后方挺进。

4月15日　率部转移至张北，敌伪判断10万大军来攻，采取迂回包围战术反扑。

4月21日　日伪军集中兵力包围黄油杆子马占山司令部，刘桂五师长牺牲。马占山突围后转移。

5月上旬　率部至五原，渡黄河，进驻哈拉寨。

5月27日　在哈拉寨为美军观察员海军陆战队卡尔逊上尉一行举行盛大欢迎仪式。并向其介绍蒙绥战况。

1939年

2月　马占山所部东渡黄河，挺进河曲、偏关一带，出击日伪军，因敌强我弱失利。游击军军长夏子明牺牲，撤回哈拉寨。

5月中旬，率戴济仁、于鹤龄、杜海山、张凤岐等，赴重庆报告晋绥抗战形势，解决武器弹药补给，受任第十二战区副司令长官。

7月中旬　归途至西安面见胡宗南，报告西北战况，研讨补给运输问题。

7月下旬　由西安返防，行至稻草铺因猎枪爆炸受伤，去延安拐峁医院疗养，受到热情接待。伤愈，陕甘宁边区政府召开盛大晚会，毛泽东主席出席欢迎马占山一行。

9月下旬　告别延安，在榆林邓宝珊处小住后返回哈拉寨。

10月上旬　抵哈拉寨。补给陆续运到，整训部队、组织调整东北挺进军司令部，总司令马占山，副总司令郭殿臣，参谋长戴济仁。

1940年

5月3日　国民政府命令改组辽宁、吉林、黑龙江、热河四省政府，仍任马占山为黑龙江省政府主席。

1943年

3月　率部出击，七保窑子战役失利，损失甚重，撤回哈拉寨驻地。

1945年

8月15日　抗日战争胜利结束。

10月　蒋介石组成东北行营委员会，任命马占山为委员。

1946年

10月1日　国民党《中央日报》报道："马占山为东北保安副司令，因病需要疗养，短期内不克来沈。"

1947年

4月17日　赴沈阳前对中央社记者发表谈话，表明："以身许国之决心……"

4月20日　在沈阳市府广场，召开欢迎马占山将军大会，马发表书面谈话。

1948年

10月　返回北平就医。

12月　为促进和平解放北平而奔走。

1949年

1月31日　北平和平解放。

2月3日　北平市警备司令部政治部成立流散军人处理委员会，马占山前往登记。

1950年

6月13日　毛主席办公室电话通知，邀请马占山出席全国政协一届二次会议，马因病未能参加。

6月25日　美帝国主义发动侵朝战争。委托康心知代写申请书一份呈政务院，要求参加抗美援朝。

11月　病情急剧恶化，由医院回寓所。由女婿陶英麟整理其口述遗嘱。

11月29日　病逝于北京寓所，终年65岁。

12月3日　中央有关部门送花圈、挽联致祭。

12月4日　生前友好李济深、邵力子、邓宝珊等到寓所灵堂吊唁。

12月7日　马占山灵柩葬北京西郊万安公墓。

再版后记

2021年是中国抗日战争爆发及江桥抗战90周年的日子，这是一段不能忘记的历史。

1931年，"九一八"事变爆发后，当日寇占领辽宁、吉林，进逼黑龙江时，祖父马占山率领黑龙江省爱国军民最早奋起抗争，在嫩江桥畔，给气焰嚣张的日本侵略军以迎头痛击。江桥抗战得到了中国共产党和爱国民众的支持和声援，得到了赵尚志、张甲洲领导的中共巴彦游击队的配合，中共满洲省委派出共产党员加入抗战队伍，组织动员民众支援抗战。江桥一战振奋了国人的精神，吸引了全世界的目光。祖父被人民誉为抗日民族英雄。

本书是在纪念中国人民抗日战争暨世界反法西斯战争胜利60周年时首次出版的。回顾了祖父爱国的一生、追求进步的一生，展现了祖父始终坚持抗战、最终赢得抗战胜利的一生。尤其是祖父与共产党人的交往，从最初的相识、相交，并引为同路人，在共产党人的感召下，认同新中国是"自己生平理想中之新型国家"。这个转变，反映了当时一批旧军人的心路历程。此次修订再版，我有机会再次重温祖父爱国、抗战的一生，看到祖父与共产党人交往的一些新的史料，内心受到很大的震撼。共产党人为人民谋幸福、为民族谋复兴的信念，才是祖父认同与转变的关键。时值建党百年，开展党史学习教育，再版此书，以史为镜，有较强的现实意义与深远的历史意义。

　　祖父出身贫苦农家，戎马一生，历经坎坷，走过了一条曲折而又漫长的道路，曾留下一些令人费解的历史疑团，引来了史学界多年来的众说纷纭，一度成了有争议的人物。甚至在当时，部下、家人也不理解。但纵观祖父的一生，抗日的信念是坚定不移的，为了了解对手，详知日军的图谋，他不惜背负骂名，以"联省自治"与日伪军周旋。历经生死，逃出敌营，黑河再举抗日大旗。此后遭到日军重兵包围，祖父组织抗日义勇联军攻打哈尔滨，在海伦设立黑龙江省政府，接待外国记者，讲述日本侵略中国的阴谋。在敌强我弱的情况下，节节抵抗，直至退入苏联。

　　祖父在苏联的经历，用他自己的话说，是见了"进步的世面"。他的抗日举动得到苏联政府的支持，也引起共产国际及中共代表的重视。祖父从欧洲辗转回国，定居天津，结识了一批共产党人。祖父对中共代表说过，"剿共"是死路一条，"中国人打小鼻子一定能得到大鼻子的援助"。并多次派人联系中共地下党，向共产国际中共代表汇报自己的想法，即建立抗日统一战线，自己愿意潜入东北，拉出队伍抗日。

　　1936年的西安事变，祖父完全是偶然的因素，亲历了事变的全过程。事变改变了中国的进程，让祖父认识了以周恩来为首的中国共产党领导人，在混乱局面中处变不惊，在危难关头依旧真诚照顾各方。西安事变和平解决，对祖父而言，最大的收获是加深了对共产党的了解，看到了自己重上抗日战场的希望。

　　从1937年始，祖父组建"东北挺进军"，在蒙绥晋抗击日伪蒙军，与八路军联手协防，坚守在黄河一线，直至抗战胜利。这期间，祖父去过延安，与毛泽东主席有过交往，得到了中共领导人及延安军民的特殊关照，这种亲身经历是许多旧军人不曾有过的。这是祖父最难忘的经历，在延安看到建立新中国的希望是在共产党人身上，这个改变影响着他在北平和平解放进程中，与蒋介石集团彻底分道扬镳，推动傅作义起义，一同走向"生平理想中之新型国家"。"愿以身殉国",爱国、抗日贯穿了祖父的一生。

本书此次再版,由于时间与篇幅等原因,有些新的史料无法展开,仅将历年来读者指出的部分讹误做了修订,部分内容作了修改。有点遗憾,很期待有机会重新续写祖父的传奇故事。

2005年本书出版时,时任全国人大常委会副委员长、民革中央主席的何鲁丽同志在百忙中题写书名;时任全国政协副主席、民革中央常务副主席的周铁农同志为本书写序。他们是我尊敬的老领导,我希望此次再版原样保留,并再次向他们致以感谢与深深的祝福。

《马占山将军传》的再版,让我想起曾经为此书付出巨大贡献的黑龙江省作家、历史学家刘邦厚先生;内蒙古准格尔旗政协文史工作者王建中先生,是他们的研究与造诣,为本书奠定了坚实的基础,我会永远铭记在心。

为此书再版提供帮助的新老朋友;如窦应泰先生、贾振铎先生、邢安臣教授、长春市牛守枕、李晓霞夫妇等;新朋友如泰来县张振明、刘国忠等,有些老朋友已经去世了,但我始终不能忘记他们给予的帮助与支持,在此一并致以最诚挚的谢意!

马氏家族的亲朋:马耀东、马玉文、马志清、马志平、韩明、刘伟、马曦缘、马春林等,为初版与再版做了大量编撰、史料收集、联络等细致且具体的工作,有些长辈已离世,但我看到后人已成长,在感激的同时,嘱咐后来者,要代代传承祖辈求索、爱国、奋斗的精神。

最后,要感谢中国文史出版社在江桥抗战90周年之际,再版此书。同时感谢刘夏编辑认真细致的编校。

马志伟

2021年8月